建筑企业

物资设备管理核算与控制实务

主　编 | 段世明
副主编 | 宋连英　马　雪
主　审 | 余兴喜

中国财经出版传媒集团
中国财政经济出版社

图书在版编目（CIP）数据

建筑企业物资设备管理核算与控制实务 / 段世明主编；宋连英，马雪副主编. --北京：中国财政经济出版社，2022.9

ISBN 978-7-5223-1648-2

Ⅰ.①建… Ⅱ.①段… ②宋… ③马… Ⅲ.①建筑企业-物资管理②建筑企业-设备管理 Ⅳ.①F407.96

中国版本图书馆 CIP 数据核字（2022）第 148857 号

责任编辑：温彦君　　责任校对：张　凡
封面设计：智点创意　　责任印制：党　辉

建筑企业物资设备管理核算与控制实务
JIANZHU QIYE WUZI SHEBEI GUANLI HESUAN YU KONGZHI SHIWU

中国财政经济出版社 出版
URL：http://www.cfeph.cn
E-mail：cfeph@cfeph.cn

社址：北京市海淀区阜成路甲 28 号　邮政编码：100142
营销中心电话：010-88191522
天猫网店：中国财政经济出版社旗舰店
网址：https://zgczjjcbs.tmall.com
固安华明印业有限公司印刷　各地新华书店经销
成品尺寸：185mm×260mm　16 开　18.75 印张　434 000 字
2022 年 9 月第 1 版　2022 年 9 月河北第 1 次印刷
定价：88.00 元
ISBN 978-7-5223-1648-2
（图书出现印装问题，本社负责调换，电话：010-88190548）
本社质量投诉电话：010-88190744
打击盗版举报热线：010-88191661　QQ：2242791300

前　言

本人从教前曾从事铁路建设工程建设成本核算和工程施工成本核算实务工作，当时的办公室就紧邻物资、设备部门。那时因受通讯技术限制，部门间因业务沟通而频繁走动。后调入石家庄铁道兵工程学院财务材料系执教，再后又随军队改革、院校体制变动，先后在石家庄铁道学院财务材料系、石家庄铁路职业技术学院经济管理系任教。至今，财务会计、物流管理（实质主要是建筑企业物资管理）仍是石家庄铁路职业技术学院的主打专业。从教以来，本人先后兼任中国成本研究会、中国铁建会计学会、中国铁建内部审计学会理事等职务，从实务到教学，几十年从未脱离与物资设备管理的专业关联。

长年的专业生涯，使我深感财务、审计等知识对物资设备管理工作的重要性。物资设备管理从业人员，不掌握这些知识就很难做好本职工作；不掌握这些知识就极易导致企业税务风险、审计风险的发生；不掌握这些知识就很难成为物资设备管理的高素质人才。遗憾的是，我国目前专门培养企业物资、设备管理专业人才的院校极其罕见，专门为其开设财务、审计等相关知识课程的院校更是未曾听闻。本人曾设想在石家庄铁路职业技术学院物流管理专业开设该类课程，但终因学制总课时等诸多因素的限制而未能如愿。

基于上述情况，经本人提议，中国铁建、中国中铁等系统近年来在物资设备人员培训中开设了《物流与财务》课程。但由于培训时间限制，很多内容很难讲全、讲透，于是萌发了撰写本书的想法，以期能为广大企业物资设备管理人员，尤其是为建筑企业物资设备管理人员提供一本较为系统的专业参考书籍。

本书以介绍与物资设备管理核算和控制相关的财务、审计、税务、成本等方面的知识为主，每一章基本就是一个相对独立的知识模块，其内容涉及面较宽，以致全书构思完成乃至书稿成型后，书名怎么起却难坏了作者和众多相关人士。经长期、反复思考并与出版社、企业相关专家反复交流，最终才赋予了现名。书名与内容搭配并不十分贴切，实属无奈，望广大读者能够理解。

本书第一章由中国铁建十一局集团宋连英和段世明主笔；第二章由中国铁建十六局集团马雪主笔；第三章由段世明主笔；第四章由马雪和段世明主笔；第五章由宋连英主笔。全书由段世明策划、统稿，由中国铁建股份有限公司余兴喜主审。

限于作者的专业知识和文笔水平，本书内容难免存在不当甚至错误之处，敬请读者不吝赐教。

段世明

2022 年 7 月

目　录

第一章
建筑企业物资设备采购结算及增值税涉税业务

物资设备采购结算是建筑企业财务结算的重要组成部分。企业财务结算是指企业通过货币方式清偿与各方之间交易款项或债权债务的经济活动。与建筑企业设备物资管理部门相关的结算业务主要有设备及物资采购结算、劳务供应或加工业务结算，以及对内部财务部门的借款及报销业务等。

目前，我国企业涉及的结算业务可分为货币资金结算和往来转账结算两大类。货币资金结算又分为现金结算和银行转账结算两种。现金结算是指直接用现款进行货币收付的结算形式；银行转账结算是指不直接采用现款进行货币收付，而是通过银行以转账划拨的方式进行货币收付的结算形式。根据国家规定，除按《现金管理暂行条例》规定的范围可以使用现金以外，其他业务都必须采用银行转账结算。这对于稳定国家金融状况、保证结算安全、提高资金利用效率都具有重要意义。

第一节　物资设备采购结算凭证及票据书写

会计数据书写是各类业务核算中最为规范的书写方式，因此，在办理物资设备采购结算等业务及票据填制时，为了保证相关数据的准确识别，并防止在结算过程中发生涂改等现象带来经济风险，业务凭证及票据书写应按照会计书写要求进行。

一、会计数据书写的基本要求

在办理货币资金结算和会计业务处理中，进行会计数据书写时，必须遵循以下要求：

1. 小写数字必须使用阿拉伯数字 *1*、*2*、*3*、*4*、*5*、*6*、*7*、*8*、*9*、*0* 十个基本数码来表示，手工书写时应向右倾斜约 *55°*；

大写数字必须使用中文数字零、壹、贰、叁、肆、伍、陆、柒、捌、玖、拾、佰、仟、万、亿等。

会计大小写数字及位数对照表如表 1－1 所示。

表 1－1　　　　会计大小写数字及位数对照表

0	1	2	3	4	5	6	7	8	9	十	百	千	万	亿	元	角	分
零	壹	贰	叁	肆	伍	陆	柒	捌	玖	拾	佰	仟	万	亿	圆	角	分

2. 小写合计数前加人民币简写符号“¥”，手写时与小写阿拉伯数字一样应向右倾斜约55°；大写合计数前加“人民币”字样。简写符号“¥”或“人民币”后书写金额，中间不得留有空位。如图 1－1 所示。

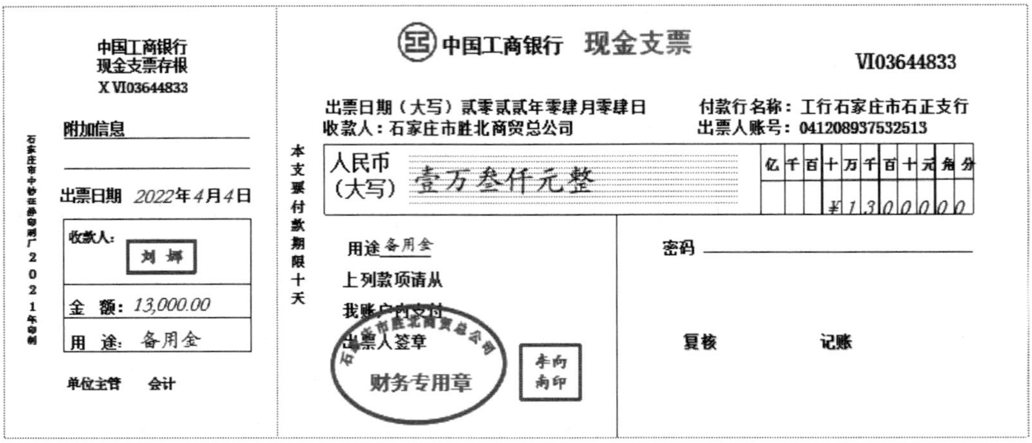

图 1－1　现金支票

3. “元”或“角”后应写“整”字或“正”字；有分的，“分”后不写“整”字或“正”字。小写金额有连续几个 0 的，大写可只写一个零。“元”位是 0 但角位不是 0 时，大写金额可只写一个零，也可不写零。如：

¥*8, 900. 23* = 人民币（大写）捌仟玖佰元贰角叁分或捌仟玖佰元零贰角叁分

¥*34, 007. 00* = 人民币（大写）叁万肆仟零柒元正（整）

4. 所有大写数字必须用正楷或者行书体书写，不得用 0、一、二、三、四、五、六、七、八、九、十等简化字代替，不得任意自造简化字。

5. 小写数字无书写栏次的，整数部分应从右至左每三位加一分节号“,”，以便迅速识别数字位数，这在大额数字识别中非常重要；数字作为金额书写时，应保留两位小数，无小数时以 *0* 补齐。手工书写中，小数点和分节号均不单独占用字符位置，如表 1－2 所示。①

二、会计数据书写的其他要求

1. 用蓝色或黑色墨水书写（套写时可以用圆珠笔）；

2. 书写认真，字迹工整、清晰、易于辨认；

3. 大小写数字必须一致，阿拉伯数字应逐个写清，不得连写，大写金额应一律用正楷

① 根据出版社体例要求，无特殊需求，本书后文会计数字书写不再采用55°斜体且不再添加分节号。

表 1 – 2

收　料　单

供料人：鼎力水泥有限责任公司　　2022 年4 月23 日　　收料单号：2204238

材料名称	材料编号	材料类别	材料规格	计量单位	数量		单价	总价
					进货数	入库数		
水泥	4010325	主要材料	P.O32.5	吨	50	50	260.00	13 000.00 ~~12 000.00~~ 李东
水泥	4010425	主要材料	P.O42.5	吨	1 000	1 000	285.00	285 000.00
								ϟ
合计								298 000.00

物资主管：张华兵印　　收料：李东　　记账：王丽芳　　制单：李东

字或行书字书写；

4. 如果填写错误，一般应采用划线更正法更正，即用红色墨水将错误的文字或数字整组划单红线或双红线注销，再在划线注销数字的上方用蓝色或黑色墨水写上正确的文字或数字，并加盖经手人印章。对填写文字、数字不得随意涂改、刮擦或挖补，更不能用涂改液改错。如表 1 – 2 所示。

5. 在有横格的核算资料中，小写数据应紧贴底线书写，但不能写满格，一般不得超过格高的 1/2。

6. 小写数据除 6、7、9 外，其他数字高低要基本一致。6 的上端可比其他数字高出约 1/4；7、9 下端可比其他数字下延约 1/4。

7. 小写数据间隔应均匀，以中间不能添加数字并互不重合为准；有固定格次的，不得将两个数字写在一个格里，也不得留有空格，以防止被涂改。

8. 发票、收料单等重要原始凭证填制完成后，多余的行次应划 ϟ 或对角线 ／注销，以示此后再无业务。其上端起于合计数上方最后一行数字下的空行。如表 1 – 2 所示。

三、银行票据填制

1. 必须用黑色墨水填写或打印。

2. 单位名称应填写开户名称全称。

3. 日期应大写，位数要完整：

①年份必须完整填制四位数；

②填写月份时，壹月、贰月前必须加零；叁月至玖月前可不写零；拾月至拾贰月必须写成壹拾月、壹拾壹月、壹拾贰月；

③填写日数时至少应填制两位，位数不够的前面补零。具体要求为：壹日至玖日前必须加零；拾日至拾玖日必须写成壹拾日及壹拾×日；贰拾日至叁拾壹日必须写成贰拾日、贰拾×日、叁拾日、叁拾壹日；

4. 加盖的印章之间不得重叠；

5. 各种银行票据的大小写金额一律不能更改，如果填写错误，应加盖“作废”戳记做作废处理，再另行填写新票据。

6. 在各种票据和结算凭证填写时，如果金额数字使用繁体字，银行也应受理。

少数民族地区和外国驻华使领馆根据实际需要，金额大写可以使用少数民族文字或者外国文字记载。

如办理外币业务，上述大小写金额前也必须填写相应币种的简写符号和币种名称。

银行票据填制方法如图 1－1 所示。

第二节 现金结算与管理

一、现金的使用范围

按照国务院《现金管理暂行条例》规定，企业现金使用范围为：

1. 职工工资、津贴；
2. 个人劳务报酬；
3. 根据国家规定颁发给个人的科学技术、文化艺术、体育等各种奖金；
4. 各种劳保、福利费用及国家规定的对个人的其他支出；
5. 向个人收购农副产品和其他物资的价款；
6. 出差人员必须随身携带的差旅费；
7. 结算起点（现行制度规定为 1 000 元）以下的零星支出；
8. 中国人民银行确定需要以现金支付的其他支出。

结算起点的调整，由中国人民银行确定，报国务院备案。

企业因抢险救灾、生产急需等特殊情况必须使用现金的，可由本单位财务部门负责人签章，向开户银行提出申请，经银行审核同意后提取和支付现金。

二、现金的库存限额

为保障现金的正常流通，同时避免因现金库存过大带来的各种风险，我国对各单位的现金库存实行限额管理。现金的库存限额通常由企业申请、银行审查核定。在大中城市银行开户的单位，可保留 3 天日常零星开支所需的现金量；在县及县以下银行开户的单位，可保留 5 天日常零星开支所需的现金量；边远地区和交通不便地区的开户单位，可保留 10

天以下日常零星开支所需的现金量。企业超过库存限额的现金，应于当日送存银行，当日送存确有困难的，由开户银行确定送存时间。经核定的现金库存限额，开户单位必须严格遵守。需要增加或者减少现金库存限额的，应当向开户银行提出申请，由开户银行核定。凡在银行开户的独立核算单位都要核定现金库存限额。一个单位在几家银行开户的，由一家开户银行核定开户单位现金库存限额。

现金库存限额一般每年核定一次。企业因生产经营情况变化需要增减库存限额的，应向开户银行提出申请，经批准后方可调整。

现金库存限额的计算公式如下：

$$现金库存限额=\frac{\begin{matrix}基准期现金\\支出总额\end{matrix}-\begin{matrix}基准期非日常零\\星现金支出总额\end{matrix}}{基准期日数}\times 限额计算日数$$

【例 1－1】兴达建筑公司 2021 年全年现金支出总额 2 422 500 元，其中工资等非日常零星支出 1 875 000 元，银行核定现金库存日数为 10 天。求该公司现金库存限额。

$$现金库存限额=\frac{2\ 422\ 500-1\ 875\ 000}{365}\times 10=15\ 000（元）$$

三、现金存取及日常收支管理办法

1. 现金送存

企业因现金库存超过定额或其他原因需向开户银行送存现金时，应填制“现金存款单”一式二联，连同送存现金送交开户银行。银行受理后，将“现金存款单”的第一联盖章退还存款人，作为现金支付的原始凭证。现金存款单的一般格式如表 1－3 所示。

表 1－3 **现金存款单**

中国××银行 现金存款单

年 月 日

存款人	全 称			
	账 号		款项来源	
	开户行		交 款 人	

金额（大写）	金额（小写）	亿	千	百	十	万	千	百	十	元	角	分

票 面	张 数	十	万	千	百	十	元	票 面	张 数	千	百	十	元	角	分	备注:
壹佰元								伍 角								
伍拾元								贰 角								
贰拾元								壹 角								
拾 元								伍 分								
伍 元								贰 分								
贰 元								壹 分								
壹 元								其 他								

第一联 银行盖章后退回存款人

第二联 存款单位开户银行代凭证

2. 现金提取

企业现金库存不足支付时，可到其开户银行提取，但不得自行坐支现金，即从本单位现金收入中直接支付现金。确需从本单位现金收入中直接支付现金的，应事先报经开户银行审批，在银行核定的范围和限额内坐支现金。

企业办理现金提款时，应在银行实有存款额度内填制“现金支票”，据以到开户银行提取现金。提款时，收款人为个人的，由收款人向银行提供有效的身份证明，并在支票背面签章；收款人为单位的，由单位在“现金支票”背面加盖单位预留银行的印章。支票签发后，企业应根据经现金收款人签章的“现金支票”副联（存根）填制付款凭证，作为银行付款的原始凭证。现金支票正面的一般样式如图 1－1 所示，其背面如图 1－2 所示。

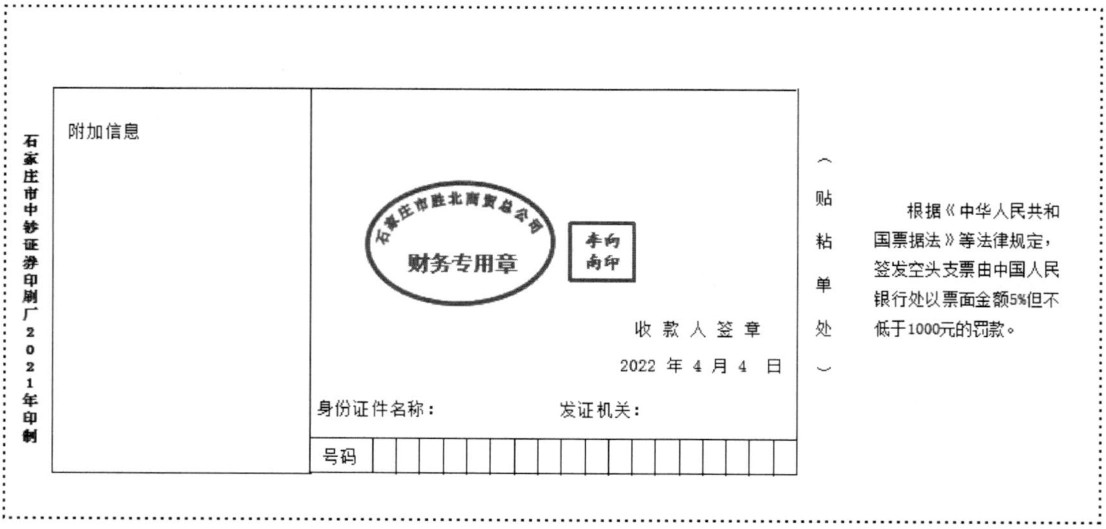
石家庄市中钞证券印刷厂2021年印制
附加信息
石家庄市胜北商贸总公司
财务专用章
李向南印
收款人签章
2022 年 4 月 4 日
身份证件名称：
发证机关：
号码
（贴粘单处）
根据《中华人民共和国票据法》等法律规定，签发空头支票由中国人民银行处以票面金额5%但不低于1000元的罚款。

图 1－2 现金支票背面

3. 现金日常收付

现金日常收付一般应由会计人员填制收（付）款记账凭证，由出纳人员审核无误后办理收（付）款业务。办理收（付）款后，出纳员在记账凭证上加盖收（付）款专用戳记和出纳员印章；对方付款后交付对方用于财务报销的，通常应开具发票等报销凭证并加盖发票专用章或财务专用章及经办人员印章；对方不用于财务报销的，通常开具一般收据并加盖财务专用章及经办人员印章即可。

4. 现金管理的其他规定

①一个单位在几家银行开户的，只能在一家银行开设现金结算户，支取现金；

②不准谎报用途套取现金；

③不准以不符合财务制度的凭证（白条等）顶替库存现金；

④不准企业之间相互借用现金；

⑤不准将单位收入的现金以个人名义存入储蓄卡；

⑥不准只收现金，拒收银行转账结算凭证，也不准对现金结算给予比转账结算优惠的待遇；

⑦不准利用银行账户代其他单位和个人存入或支取现金；

⑧不准保留账外公款；

⑨禁止发行变相货币，不准以任何票券代替人民币在市场上流通；

⑩禁止签发空白支票，为防止支票丢失造成损失，支票密码可到银行再填写。

开户单位必须建立健全现金账目并逐笔记载现金收付事项，账目要日清月结，做到账款相符。开户单位违反上述规定的，开户银行应当依照中国人民银行的规定，予以警告或者罚款；情节严重的，可在一定期限内停止对该单位的贷款或者停止对该单位的现金支付。

第三节　银行结算与管理

一、银行账户的种类及开立

为办理对外结算业务，企业应在银行开立结算账户。

（一）银行账户开立

企业应在注册地或其所在地自主选择商业银行开立单位结算账户。办理结算账户开户，企业应自主选定商业银行领取并填报开户申请书。企业应当对开户申请书所列事项及相关开户证明文件的真实、有效性负责。

申请开立单位结算账户，企业应向银行送交盖有存款人印章或签名的印鉴卡片，经银行同意后开立账户。卡片加盖的印章为单位的公章或财务专用章，另加法定代表人（单位负责人）或其授权代理人的签名或盖章。

单位开立银行结算账户的名称应与其提供的申请开户的证明文件的名称全称一致，印鉴卡片签章名称应与开户的全称一致。

银行收到企业的开户申请，应当审核企业开户证明文件的真实性、完整性和合规性，开户申请人与开户证明文件所属人的一致性，以及企业开户意愿的真实性，并判断企业开户的合理性，防止企业违规开立或随意开立银行账户。企业存在异常开户情形的，银行应当按照反洗钱等规定采取延长开户审查期限、强化客户尽职调查等措施，必要时应当拒绝开户。

经审核符合开立条件的，银行应当与企业签订银行结算账户管理协议，为企业开立银行结算账户，并于当日将开户信息通过账户管理系统向当地人民银行分支机构备案。企业银行结算账户自开立之日即可办理收付款业务。

银行结算账户管理协议应当明确银行与企业双方的权利、义务和责任，其内容包括但不限于：

①银行与开户申请人办理银行结算账户业务应当遵守法律、行政法规以及人民银行的

有关规定，不得利用银行结算账户从事各类违法犯罪活动；

②企业银行结算账户信息变更及撤销的情形、方式和时限；

③银行控制账户交易措施的情形和处理方式；

④其他需要约定的内容。

（二）银行账户的种类

按存款人的不同，银行结算账户分为单位结算账户和个人结算账户。单位结算账户按用途不同，可分为基本存款账户、一般存款账户、临时存款账户和专用存款账户。

1. 基本存款账户

基本存款账户是存款人因办理日常转账结算和现金收付需要开立的银行结算账户。存款人日常经营活动的资金收付及其工资、奖金和现金的支取，应通过该账户办理。单位现金的支取只能通过基本存款账户办理。

企业法人、非法人企业均可申请开立基本存款账户，除另有规定外，存款人只能在银行开立一个基本存款账户。

企业法人、非法人企业申请开立基本存款账户，应向银行出具营业执照正本、税务登记证、组织机构代码证、企业法定代表人身份证等。

企业申请开立基本存款账户的，银行应当通过人民币银行结算账户管理系统审核企业基本存款账户的唯一性，未通过唯一性审核的不得为其开立基本存款账户。

企业申请开立基本存款账户的，银行应当向企业法定代表人或单位负责人核实企业的开户意愿。核实开户意愿可采取面对面、视频等方式，具体方式由银行根据客户风险程度选择。

银行完成企业基本存款账户信息备案后，账户管理系统将生成基本存款账户编号，银行应当通过账户管理系统打印《基本存款账户信息》和存款人查询密码，并交付企业。

企业可以向基本存款账户开户银行申请重置存款人查询密码。申请重置查询密码时，银行应审核企业法定代表人或单位负责人有效身份证件；授权他人办理的，还应当审核法定代表人或单位负责人的授权书及被授权人的有效身份证件。

2. 一般存款账户

一般存款账户是存款人因借款或其他结算需要，在基本存款账户开户银行以外的银行营业机构开立的银行结算账户。企业根据需要可开立多个一般存款账户。

一般存款账户用于办理存款人借款转存、借款归还和其他结算的资金收付。该账户可以办理现金缴存，但不得办理现金支取。

存款人申请开立一般存款账户，应向银行出具其开立基本存款账户规定的证明文件、提供基本存款账户编号和下列证明文件：

①存款人因向银行借款需要，应出具借款合同。

②存款人因其他结算需要，应出具有关证明。

3. 专用存款账户

专用存款账户是存款人按照法律、行政法规和规章，对其特定用途资金进行专项管理和使用而开立的银行结算账户。专用存款账户用于办理各项专用资金的收付。下列资金的管理与使用，存款人可以申请开立专用存款账户：

①基本建设资金；

②更新改造资金；

③财政预算外资金；

④粮、棉、油收购资金；

⑤证券交易结算资金；

⑥期货交易保证金；

⑦信托基金；

⑧金融机构存放同业资金；

⑨政策性房地产开发资金；

⑩单位银行卡备用金；

⑪住房基金；

⑫社会保障基金；

⑬收入汇缴资金和业务支出资金；

⑭党、团、工会设在单位的组织机构经费；

⑮其他需要专项管理和使用的资金。

存款人申请开立专用存款账户，应向银行出具其开立基本存款账户规定的证明文件、提供基本存款账户编号和下列证明文件：

①基本建设资金、更新改造资金、政策性房地产开发资金、住房基金、社会保障基金，应出具主管部门批文；

②财政预算外资金，应出具财政部门的证明；

③粮、棉、油收购资金，应出具主管部门批文；

④单位银行卡备用金，应按照中国人民银行批准的银行卡章程的规定出具有关证明和资料；

⑤证券交易结算资金，应出具证券公司或证券管理部门的证明；

⑥期货交易保证金，应出具期货公司或期货管理部门的证明；

⑦金融机构存放同业资金，应出具其证明；

⑧收入汇缴资金和业务支出资金，应出具基本存款账户存款人有关的证明；

⑨党、团、工会设在单位的组织机构经费，应出具该单位或有关部门的批文或证明；

⑩其他按规定需要专项管理和使用的资金，应出具有关法规、规章或政府部门的有关文件。

4. 临时存款账户

临时存款账户是存款人因临时需要并在规定期限内使用而开立的银行结算账户。临时存款账户用于办理临时机构以及存款人临时经营活动发生的资金收付。

有下列情况的，存款人可以申请开立临时存款账户：

①设立临时机构；

②异地临时经营活动；

③注册验资。

存款人申请开立临时存款账户，应向银行出具下列证明文件：

①临时机构，应出具其驻在地主管部门同意设立临时机构的批文；

②异地建筑施工及安装单位，应出具其营业执照正本或其隶属单位的营业执照正本，以及施工及安装地建设主管部门核发的许可证或建筑施工及安装合同；

③异地从事临时经营活动的单位，应出具其营业执照正本以及临时经营地工商行政管理部门的批文；

④注册验资资金，应出具工商行政管理部门核发的企业名称预先核准通知书或有关部门的批文。

上述第②③项还应提供基本存款账户编号。

当建筑施工及安装单位以建筑安装单位名称后加项目部名称开立临时存款账户时，应出具建筑安装单位按上述规定开立临时存款账户所需提供的证明文件、建筑安装单位的基本存款账户编号及单位负责人的身份证件、项目部负责人的身份证件、建筑安装单位授权该项目部开户的授权书。同时，按规定填写“开立单位银行结算账户申请书”及“建筑施工企业以建筑施工企业名称后加项目部名称开立临时存款账户申请书附页”。建筑施工及安装单位授权项目部开户的授权书中应载明：项目部名称、项目部负责人姓名，以及项目部因账户开立、使用和撤销而产生的所有法律责任由该建筑施工及安装单位承担等内容。

临时存款账户应根据有关开户证明文件确定的期限或存款人的需要确定其有效期限。存款人在账户的使用中需要延长期限的，应在有效期限内向开户银行提出申请，并由开户银行报中国人民银行当地分支行核准后办理展期。临时存款账户的有效期最长不得超过两年。

临时存款账户支取现金，应按照国家现金管理的规定办理。

注册验资的临时存款账户在验资期间只收不付，注册验资资金的汇缴人应与出资人的名称一致。

存款人为临时机构的，只能在其所在地开立一个临时存款账户，不得开立其他银行结算账户。

存款人在异地从事临时活动的，只能在其临时活动地开立一个临时存款账户。

建筑安装单位在异地同时承建多个项目的，可根据建筑施工及安装合同开立不超过项目合同个数的临时存款账户。

存款人有下列情形之一的，可以在异地开立有关银行结算账户：

①营业执照注册地与经营地不在同一行政区域（跨省、市、县）需要开立基本存款账户的；

②办理异地借款和其他结算需要开立一般存款账户的；

③存款人因附属的非独立核算单位或派出机构发生的收入汇缴或业务支出需要开立专用存款账户的；

④异地临时经营活动需要开立临时存款账户的；

⑤自然人根据需要在异地开立个人银行结算账户的。

存款人需要在异地开立单位银行结算账户，除出具上述有关证明文件外，还应出具下列相应的证明文件：

①经营地与注册地不在同一行政区域的存款人在异地开立基本存款账户的，应出具注册地中国人民银行分支行的未开立基本存款账户的证明；

②异地借款的存款人在异地开立一般存款账户的，应出具在异地取得贷款的借款合同；

③因经营需要在异地办理收入汇缴和业务支出的存款人在异地开立专用存款账户的，应出具隶属单位的证明。

属第②③项情况的，还应提供基本存款账户编号。

二、账户年检、变更及撤销

1. 银行账户年检

银行对已开立的单位银行结算账户实行年检制度。账户年检是指开户银行按年度根据存款人提交的账户年检资料，对已开立的银行结算账户的合规性、合法性及账户信息、账户资料的真实性、有效性进行审核确认，并在账户系统中标注年检标识的业务行为。企业基本存款账户没有通过年检，其一般存款账户就不能年检。

银行账户年检所需资料一般包括：

①通过年检的营业执照正本和副本复印件；

②组织机构代码证正本和复印件；

③税务登记证正本和复印件；

④法人代表身份证正反面复印件；

⑤被授权人身份证原件及复印件和授权书。

上述复印件须用A4纸复印，并在复印件上加盖企业公章。

随着我国电子技术的发展，银行账户年检正逐步向在线年检方向发展，将逐步取消纸质材料的提交。

2. 银行账户变更

企业名称、法定代表人或者单位负责人以及其他开户证明文件发生变更时，企业应当按规定向开户银行提出变更申请。

银行应当对企业银行结算账户变更申请进行审核。经审核符合变更条件的，银行应为企业办理变更手续。

银行发现企业名称、法定代表人或单位负责人发生变更的，应当及时通知企业办理变更手续。企业营业执照、法定代表人或单位负责人有效身份证件列明有效期的，银行应当于到期日前提示企业及时更新。

办理企业名称、法定代表人或者单位负责人变更的，账户管理系统将重新生成基本存款账户编号，银行应当打印《基本存款账户信息》并交付企业。

单位存款人申请更换预留公章或财务专用章但无法提供原预留公章或财务专用章的，应向开户银行出具原印鉴卡片、营业执照正本、司法部门的证明等相关证明文件。

3. 银行账户撤销

有下列情形之一的，存款人应向开户银行提出撤销银行结算账户的申请：

①被撤并、解散、宣告破产或关闭的；

②注销、被吊销营业执照的；

③因迁址需要变更开户银行的；

④其他原因需要撤销银行结算账户的。

企业撤销银行结算账户，应当按规定向银行提出销户申请。

银行应当对企业销户申请进行审核，经审核符合销户条件的，银行应及时为企业办理销户手续，不得拖延办理。

存款人超过规定期限未主动办理撤销银行结算账户手续的，银行有权停止其银行结算账户的对外支付。申请撤销账户时，存款人必须与开户银行核对账户余额，经开户银行审查同意后办理销户手续。销户时，存款人应交回各种重要空白凭证。

存款人撤销银行结算账户的，应先撤销一般存款账户、专用存款账户、临时存款账户，将账户资金转入基本存款账户后，方可办理基本存款账户的撤销。

银行为企业变更、撤销基本存款账户、临时存款账户，应当于两个工作日内通过账户管理系统向当地人民银行分支机构备案，并将账户变更、撤销资料复印件或影像报送当地人民银行分支机构。

4. 银行结算账户使用的禁止行为

①违反《人民币银行结算账户管理办法》规定将单位款项转入个人银行结算账户；

②违反《人民币银行结算账户管理办法》规定支取现金；

③利用开立银行结算账户逃废银行债务；

④出租、出借银行结算账户；

⑤从基本存款账户之外的银行结算账户转账存入、将销货收入存入或现金存入单位信用卡账户；

⑥法定代表人或主要负责人、存款人地址以及其他开户资料的变更事项未在规定期限内通知银行。

三、银行账户收支及结存额的核对

为反映和监督银行账户存款的收支、结存情况，开户单位必须设专人对每一银行账户设置并登记“银行存款日记账”。为保证“银行存款日记账”和银行收支、结存账实相符，单位应定期将“银行存款日记账”发生额及余额与“银行对账单”进行核对。

“银行对账单”是银行月末或每页记满后向客户转送的加盖银行业务章的客户明细账副本。企业收到银行对账单后，通常由出纳人员将其逐笔与银行存款日记账核对。由于结算单证传递及双方记账时间不同，在实务中往往双方的记录会出现差异，即形成未达账项，出纳人员必须在月末编制“银行存款余额调节表”，以核实银行存款的真实余额。

银行存款余额调整的公式为：

$$\text{银行存款日记账余额}+\text{银行已收而企业未收的款项}-\text{银行已付而企业未付的款项}=\text{银行对账单余额}+\text{企业已收而银行未收的款项}-\text{企业已付而银行未付的款项}$$

银行存款余额调节表的基本格式如表 1－4 所示。

表 1－4　　银行存款余额调节表

编制单位：兴达建筑公司　　2022 年 3 月 31 日

项　目	金　额	项　目	金　额
银行存款日记账余额	112 430.00	银行对账单余额	111 630.00
加：银行已收企业未收租金	1 400.00	加：企业已收银行未收电料款	1 500.00
减：银行已付企业未付电费	2 500.00	减：企业已付银行未付材料款	1 800.00
调整后余额	111 330.00	调整后余额	111 330.00

【例 1－2】2022 年 3 月 31 日，兴达建筑公司银行对账单余额为 111 630 元，银行存款日记账余额为 112 430 元。经逐笔核对，发现有如下未达账项：

①3 月 27 日收到 B 工程公司向其购买电料的支票一张，金额 1 500 元，企业存入银行后，银行尚未入账；

②3 月 28 日用转账支票支付五金公司材料款 1 800 元，银行尚未付出；

③3 月 28 日委托银行向 C 工程公司收取房屋租金 1 400 元，银行已收回入账，但企业尚未收到收账通知；

④3 月 29 日银行代付电费 2 500 元，银行已付出，但企业尚未收到付款通知。

根据以上资料，应编制“银行存款余额调节表”，如表 1－4 所示。

编制银行存款余额调节表时，加减的各未达账项必须逐笔列出，不得汇总计算。银行对账单和银行存款日记账余额经调整后相等，一般即可视为账实相符。

为防止银行存款收付错弊的发生，银行对账单必须定期或不定期地由单位指定的出纳以外的人员到银行领取，并编制“银行存款余额调节表”或对出纳人员编制的“银行存款余额调节表”进行详细复核。

四、银行存款的一般管理要求

单位银行存款的管理，除前述要求外，还主要包括以下内容：

1. 由出纳员负责办理银行收付款日常业务；

2. 必须按国家统一规定的结算方式办理收付款业务；

3. 各种结算凭证必须如实填写，不得弄虚作假；

4. 不准签发空头（即票面付款金额大于银行实际存款余额）或远期（即票面填制的签发日期远于实际签发日期）银行支付凭证；

5. 必须定期和银行核对存款余额，如有未达账项，应在月末编制“银行存款余额调节表”，核实银行存款月末余额，保证银行存款日记账与银行对账单一致无误；

6. 银行结算凭证及结算印章应固定专人分别保管；

7. 根据《人民币银行结算账户管理办法》规定，单位从其银行结算账户支付给个人银行结算账户的款项，每笔超过 5 万元的，应向其开户银行提供下列付款依据：

①代发工资协议和收款人清单；

②奖励证明；

③新闻出版、演出主办等单位与收款人签订的劳务合同或支付给个人款项的证明；

④证券公司、期货公司、信托投资公司、奖券发行或承销部门支付或退还给自然人款项的证明；

⑤债权或产权转让协议；

⑥借款合同；

⑦保险公司的证明；

⑧税收征管部门的证明；

⑨农、副、矿产品购销合同；

⑩其他合法款项的证明。

从单位银行结算账户支付给个人银行结算账户的款项应纳税的，税收代扣单位付款时应向其开户银行提供完税证明。

五、单位结算卡的申办与管理

单位结算卡是一种由发卡银行向单位客户发行并与单位银行结算账户相关联，主要用于账户查询、转账汇款、现金存取、消费等功能的支付结算工具。

单位结算卡是为提高客户业务办理效率而在前述各类账户基础上衍生出的一种支付结算工具。单位结算卡可以集中关联企业已开立的各个银行账户，但必须并且只能关联一个主账户，其余账户均为其子账户。单位结算卡的功能应与其所关联的各个银行结算账户的使用和管理要求保持一致，符合前述各类账户管理制度的规定。单位结算卡开通 ATM 取款功能的，其所关联的银行结算账户应符合前述的现金管理规定。

在银行开户的企业申请办理单位结算卡时，必须与开户行签订《单位结算卡使用协议》并提供以下资料：

①法人授权委托书；

②《单位结算卡业务申请表》；

③《单位结算卡关联账户申请表》；

④法定代表人或单位负责人身份证原件及复印件；

⑤持卡人身份证原件及复印件。

企业可根据需要申请办理多张单位结算卡，但必须为每张卡指定一名持卡人并根据其业务需要授予相应使用权限。企业财务部门应建立单位结算卡登记簿，详细记载每张卡的号码及其他相关信息，持卡人领卡时必须在登记簿签字确认。

办卡申请通过后，企业对收到的单位结算卡应予激活，并到开户银行营业网点柜面修改初始密码，初始密码未经修改时只能办理存款业务。

单位结算卡激活后，还应在开户网点申请办理单位结算卡基本信息、关联账户、支付限额等签约信息维护。签约信息维护完成后，单位结算卡即可正常使用。

六、银行结算方式的种类

（一）支票结算

支票是出票人签发的，委托办理存款业务的银行在见票时无条件支付确定的金额给收款人或者持票人的票据。支票包括现金支票、转账支票和普通支票三种。现金支票只能用于在银行支取现金，转账支票只能用于办理转账结算。支票上未印有“现金”或“转账”字样的为普通支票，普通支票可以用于支取现金，也可以用于转账。普通支票左上角划有两条平行线的，为划线支票，划线支票只能用于转账，不得支取现金。

支票可在全国范围内使用。

1. 支票结算注意事项

①一律记名；

②转账支票无结算起点；

③必须用墨汁或碳素墨水填写，或按规定用支票打印机打印；

④如填错，出票金额、出票日期、收款人名称不能更改，其余更改应加盖预留银行印鉴之一；

⑤不得签发空头（即票面付款金额大于存款余额）或与预留印鉴不符的支票；

⑥不准签发空白支票；

⑦账户结清时，全部空白支票应退回开户银行；

⑧已签发而遗失的支票，现金支票可挂失，转账支票不能挂失，可请求收款单位协助防范；

⑨签发空头、印鉴不符、密码错误支票的，银行将处5%但不低于1 000元的罚款，直至禁签支票，同时持票人有权要求支票签发人按规定给予赔偿金；

⑩为避免支票丢失等带来损失，支票密码可由持票人待交易成功后再自行填制；

⑪企业从银行领购的支票应指定专人管理，严防丢失；

⑫企业保管支票的人员不得同时保管预留银行印鉴；

⑬签发的支票必须设置专门登记簿登记，并由持票人签字确认。

2. 转账支票的结算方法及程序

支票的提示付款期限为自出票之日起10天，超过期限的支票银行不再受理。

采用转账支票方式结算，由付款单位签发转账支票，并在其正面加盖预留印鉴，将支票正联交付收款单位；副联通常要由取票人签章，作为付款记账的依据。转账支票样式如图1－3、图1－4所示。

收款人收到转账支票，经审核无误后可直接向银行办理进账收款。

收款单位转账支票的进账有正送和倒送两种方式。采用正送方式时，收款单位收到转账支票后，应在支票的提示付款期内填制银行印制的进账单一式三联（格式如图1－5所示）连同支票送存开户银行，并根据银行盖章退回的进账单第一联和有关原始凭证编制收款凭证入账；采用倒送方式时，由签发人直接填制进账单连同银行支票送交收款人开户银

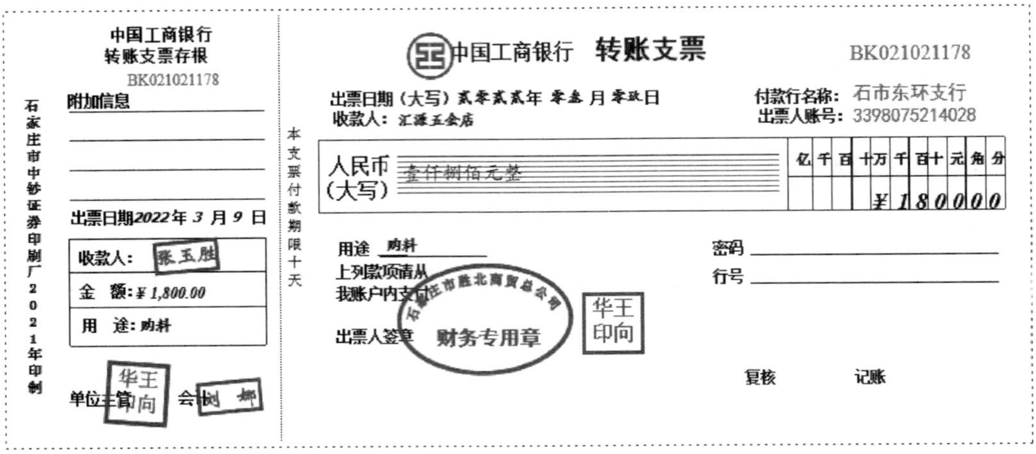

中国工商银行
转账支票存根
BK021021178
附加信息
出票日期2022年3月9日
收款人：张玉胜
金 额：¥1,800.00
用 途：购料
单位主管 华王印向 会计 树娜

石家庄市中钞证券印刷厂2021年印制

中国工商银行 转账支票 BK021021178
出票日期（大写）贰零贰贰年 零叁 月 零玖日 付款行名称：石市东环支行
收款人：汇源五金店 出票人账号：3398075214028
本支票付款期限十天
人民币（大写）壹仟捌佰元整

亿	千	百	十	万	千	百	十	元	角	分
				¥	1	8	0	0	0	0

用途 购料 密码
上列款项请从 行号
我账户内支付
出票人签章 石家庄市胜北商贸总公司 财务专用章 华王印向
复核 记账

图1-3 转账支票正面

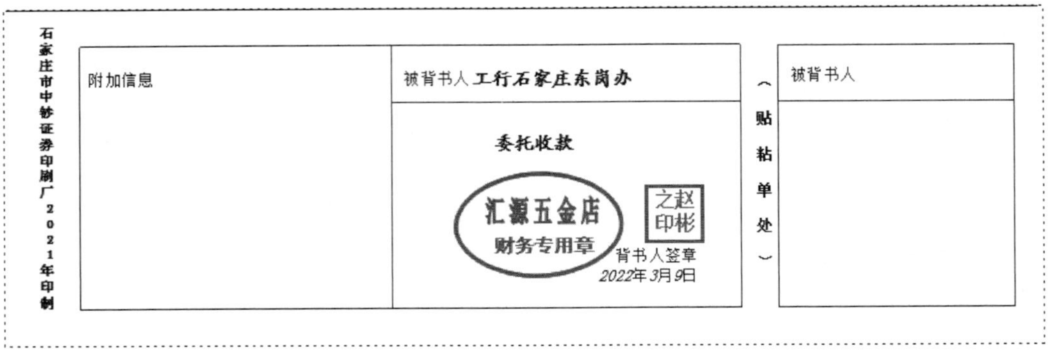

石家庄市中钞证券印刷厂2021年印制

附加信息
被背书人 工行石家庄东岗办
委托收款
汇源五金店 财务专用章 之赵印彬
背书人签章
2022年3月9日
（贴粘单处）
被背书人

图1-4 转账支票背面

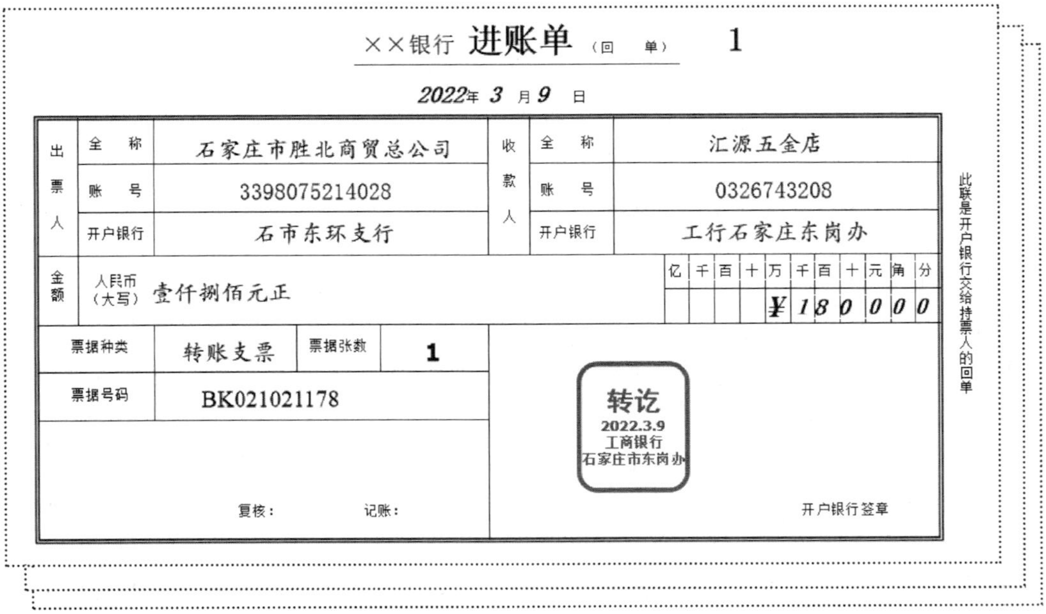

××银行 进账单（回 单） 1

2022年3月9日

出票人	全 称	石家庄市胜北商贸总公司	收款人	全 称	汇源五金店
	账 号	3398075214028		账 号	0326743208
	开户银行	石市东环支行		开户银行	工行石家庄东岗办
金额	人民币（大写）	壹仟捌佰元正		亿千百十万千百十元角分	¥180000
票据种类	转账支票	票据张数	1		
票据号码	BK021021178				
复核： 记账：			转讫 2022.3.9 工商银行 石家庄市东岗办 开户银行签章		

此联是开户银行交给持票人的回单

图1-5 银行进账单一般格式

行，经银行审查盖章后由签发人将进账单第一联送交收款人。采用正送还是倒送，主要取决于结算时间上的需要和付款人的商业信誉。正送的入账时间一般较长，倒送的入账时间则较短；正送有可能会因付款人空头或其他原因导致款项不能正常收回。

采用支票倒送方式结算时，收款人收到银行受理后的进账单后，首先应检查金额是否正确，同时必须确认其真伪。通常的确认方法，一是以以往的银行业务凭证印章为准，比对银行加盖的受理业务章是否真实；二是通过电话等与银行进行核查。

收款单位如有对外付款的结算业务，只能在正送方式下将支票背书后转让给其他收款单位，办理转账付款业务。

所谓背书，是指票据所有人在票据背面签章以将票据所有权转让给指定（被背书）人的票据转让行为。背书可分为转让背书、委托收款背书和质押背书。在提示付款期内，票据可以多次背书，但背书必须连续。背书连续是指票据第一次背书转让的背书人是票据上记载的收款人，前次背书转让的被背书人是后一次背书转让的背书人，依次前后衔接，最后一次背书转让的被背书人是票据的最后持有人。票据的最后持有人必须在票据的提示付款期内将票据背书后送存其开户银行办理收款。背书不连续的，被背书人应拒绝接受，银行应拒绝受理。背书委托银行收款的支票如图 1－4 所示。

收款单位收到支票后，应注意查验以下内容：

①支票填写是否清晰；

②支票收款单位或最终被背书人是否为本单位（全称）；

③支票是否在付款期内；

④支票的各项内容是否填写齐全，是否在签发单位盖章处加盖预留银行印鉴，印鉴加盖是否合规；

⑤大小写金额和收款人有无涂改，其他内容如有改动是否加盖了预留银行印鉴；

⑥支票大小写金额填写是否正确，两者是否相符；

⑦支票背书是否正确和连续；

⑧查验支票提交人身份证件。

上述内容审核无误后才可办理交易并填制进账单到银行办理收款或背书转让。

支票由出票单位签发，出票单位开户银行为支票的付款人，支票结算手续简便，方便灵活，在社会经济生活中被广泛采用。但支票结算中可能存在签发空头支票、支票上的实际签章与预留银行印鉴不符等问题，存在一定风险。

支票转账结算业务处理程序如图 1－6 所示。

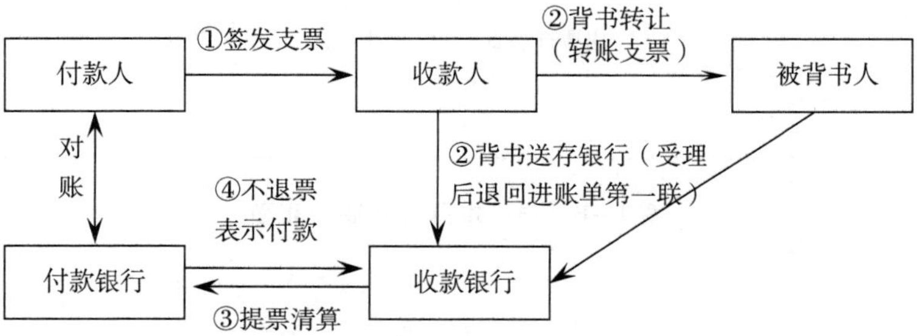

图 1－6　支票转账结算业务处理程序

（二）银行本票结算

银行本票是付款人将款项存入银行后，由银行签发的，承诺自己在见票时无条件支付确定金额给收款人或者持票人的票据。单位和个人无论是否在银行开有账户，在同城范围内需要支付的各种款项，均可使用银行本票办理结算。银行本票可以用于转账，注明“现金”字样的银行本票也可以用于支取现金。但现金银行本票的申请人和收款人均只适用于个人，不得用于单位。银行本票的一般格式如图 1－7、图 1－8、图 1－9 所示。

××银行本票　　1　　本票号码

提示付款期限自出票之日起贰个月

出票日期（大写）　　年　　月　　日

收款人：　　申请人：

凭票即付 人民币（大写）	亿	千	百	十	万	千	百	十	元	角	分

□ 转账　□ 现金　　密押＿＿＿＿

行号＿＿＿＿

备注　　出纳　　复核　　经办

图 1－7　银行本票（卡片联）

××银行本票　　2　　本票号码

提示付款期限自出票之日起贰个月

出票日期（大写）　　年　　月　　日

收款人：　　申请人：

凭票即付 人民币（大写）	亿	千	百	十	万	千	百	十	元	角	分

□ 转账　□ 现金　　密押＿＿＿＿

行号＿＿＿＿

备注　　出票行签章　　出纳　　复核　　经办

图 1－8　银行本票（正联）正面

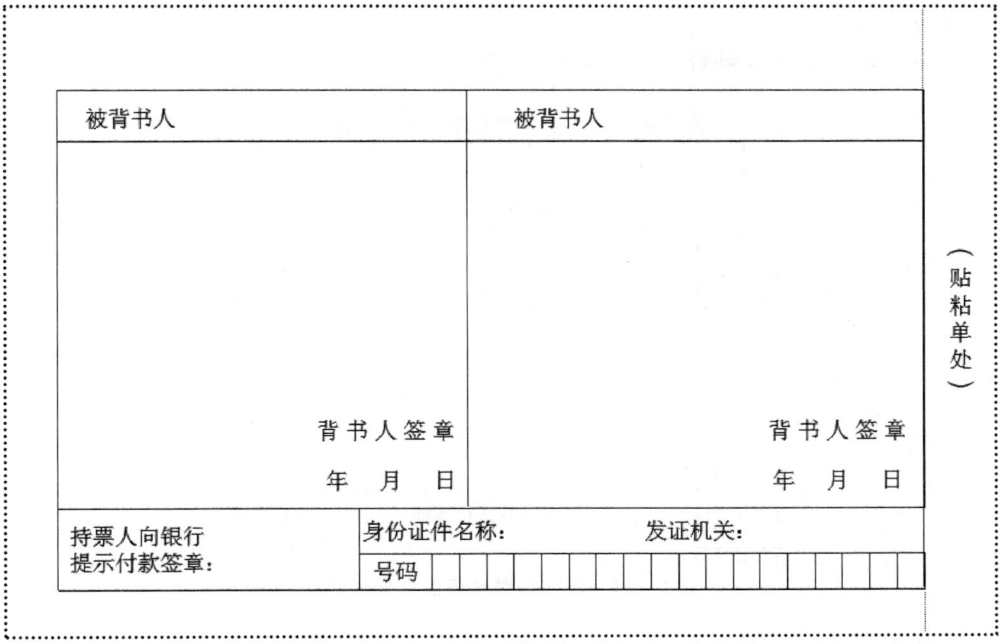

图1－9　银行本票（正联）背面

银行本票分为不定额本票和定额本票两种。定额银行本票面额分为1千元、5千元、1万元和5万元四种。

银行本票提示付款期限为自签发之日起两个月，不论大月、小月，均按到期月对日计算（到期日遇节假日顺延）。

未注明“现金”字样的银行本票可以背书转让。银行本票丧失，持票人可以凭人民法院出具的其享有票据权利的证明，向出票银行请求付款或退款。

申请人使用银行本票，应向银行填写各商业银行自行印制的“银行本票申请书”（各商业银行印制的业务办理凭证格式不完全相同），填明收款人名称、申请人名称、支付金额、申请日期等事项并签章。需要支取现金的，应在支付金额栏填写“现金”字样。

出票银行收到银行本票申请书经审核无误并收妥款项后签发银行本票。用于转账的，在银行本票上勾选“转账”选项；申请人和收款人均为个人需要支取现金的，在银行本票上勾选“现金”选项。不定额银行本票由出票银行用压数机压印出票金额，并在银行本票上签章后将银行本票正联（第二联）交付申请人。

付款单位收到银行签发的银行本票后，应将银行本票交付给本票上记明的收款人。付款单位因银行本票超过付款期限或其他原因要求退款时，在交回本票、填制的进账单经银行审核盖章后，根据进账单第一联编制收款凭证。

在银行开立存款账户的持票人向开户银行提示付款时，应在银行本票背面“持票人向银行提示付款签章”处签章，再将本票连同填制的进账单送交银行办理转账，根据银行盖章退回的进账单第一联和有关原始凭证编制收款凭证；未在银行开立存款账户的个人持票人，持注明“现金”字样的银行本票向出票银行支取现金时，应在银行本票背面签章，记载本人身份证件名称、号码及发证机关，并交验本人身份证件及其复印件，银行审核无误后办理现金支付。

银行本票结算业务处理程序如图 1－10 所示。

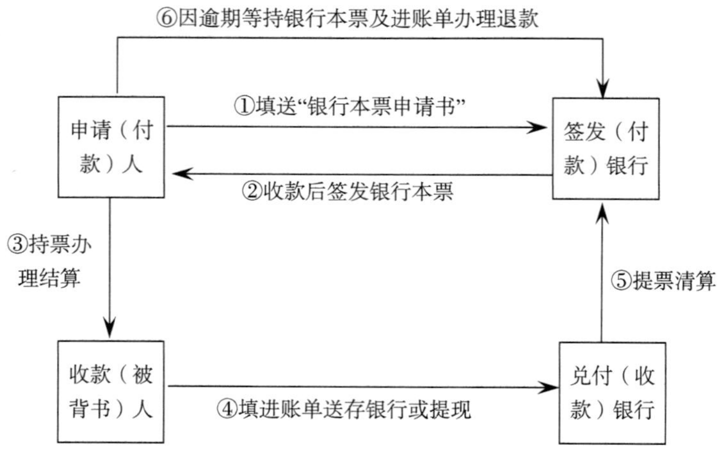

图 1－10　银行本票结算业务处理程序

与其他银行结算方式相比，银行本票结算具有以下特点：

①使用方便。单位、个体经济户和个人不管其是否在银行开户，在同城范围内的所有商品交易、劳务供应以及其他款项的结算都可以使用银行本票。银行本票票随人走、见票即付，结算迅速。

②信誉度高，支付能力强。不定额银行本票由各大商业银行签发，定额银行本票由中国人民银行发行，各大商业银行代理签发，都必须于指定到期日由签发银行无条件支付。由于银行本票签发是以申请人有足够存款为保障的，同时签发银行都有雄厚的资金力量，因而信誉度很高，一般不存在不能正常支付的问题。

③银行本票由银行签发，与支票结算相比，手续相对繁杂。

银行本票结算注意事项：

①一律记名，允许背书转让，但填明“现金”字样的银行本票不能背书转让；

②不定额银行本票结算起点 100 元；

③银行见票即付，不予挂失；

④申请人因逾期或其他原因要求退款时，可持票连同进账单到签发行办理；

⑤遗失的不定额本票在付款期满后一个月，确未冒领的可办理退款；

⑥只办理全额结算，多余款项应以其他方式退回。

收款单位收到银行本票后，应注意审核以下内容：

①收款人或最终被背书人是否为本单位；

②银行本票是否在提示付款期限内；

③银行本票必须记载的事项是否齐全；

④出票金额、日期、收款人是否有更改痕迹；

⑤不定额本票是否有压数机压印的出票金额，大小写金额是否一致；

⑥出票人签章是否合规；

⑦查验送票人身份。

（三）银行汇票结算

银行汇票是汇款单位或个人将款项交存当地出票银行（通常为汇款单位开户银行），由出票银行签发的，由其在见票时按照实际结算金额无条件支付给异地收款人或持票人或提取现金的票据。无论是否在银行开立账户的单位或个人，均可向各商业银行申请签发银行汇票。银行汇票具有使用灵活、票随人到、兑现性强等特点，适用于先收款后发货或钱货两清的商品交易。

1. 银行汇票结算的特点

①票随人走，结算快捷。采用银行汇票结算，业务经办人可以随身将汇票带到业务经办地，人到即款到，可以迅速与对方办理相关交易，避免票据周转的等待时间；

②使用灵活，操作便捷。采用银行汇票结算，可以将收款人设定为业务经办人，既可以待业务处理完毕后再将汇票背书转让给对方单位，也可以通过银行分次支取或转让，特别适合于交易额不确定的款项结算和异地采购使用；

③安全可靠，诚信交易。由于银行汇票是以存入银行的资金作保证的，可以保证交易资金的正常支付，因而银行汇票结算具有较高的信誉；

④准确结算，避免周折。持银行汇票办理交易，可以灵活处置交易价格、数量等变化带来的结算金额的影响，对业务经办人给予更大的业务处理机动性。结算金额发生变动时，通过银行汇票可以据实结算，多余款项将由银行自动退回，可以有效避免交易尾款清理的后续工作。

2. 银行汇票结算的注意事项

①适用于单位或个人异地各种款项的结算；

②一律记名，即必须记载收款人的姓名；

③结算起点 500 元；

④自签发日起计算，付款期为一个月，因逾期等退款时，汇款人可持原汇票第二、三联到签发银行办理退款；

⑤可以背书转让，确定不转让的应在申请书和汇票正面备注栏注明“不得转让”字样。

⑥需要提取现金的，必须在汇票“出票金额”栏填写“现金”字样，“现金”字样后再填写出票金额。提取现金的申请人和收款人都必须为个人；

⑦收款人为个人的，可持转账的银行汇票经背书向兑付地单位办理结算；

⑧在银行开立账户的收款人（被背书人）须在汇票背面加盖预留银行印章方可办理转账。未开户的收款人须交验足以证明其身份的证明或证件并在汇票背面签章，注明证件名称、号码、发证机关，方可办理转账手续；

⑨填明“现金”字样的汇票遗失，应立即向签发行或兑付行申请挂失，若被冒领，银行不负责任。已填明收款人的汇票银行不予挂失。遗失的汇票在付款期满后一个月确未冒领的，可办理退款。

银行汇票为一式四联，其样式如图 1－11、图 1－12、图 1－13、图 1－14 所示。银行汇票第二联背面与银行本票相同，如图 1－9 所示。

××银行

银行汇票（卡片） 1 汇票号码

付款期限 壹个月

出票日期（大写） 年 月 日 代理付款行： 行号：

收款人： 账号：

出票金额 人民币（大写）

实际结算金额 人民币（大写）

千	百	十	万	千	百	十	元	角	分

出票人：＿＿＿＿ 账号：＿＿＿＿

出票行：＿＿＿＿ 行号：＿＿＿＿

备 注：＿＿＿＿

复核： 经办：

复核 记账

此联出票行结清汇票时作汇出款借方凭证

图 1－11 银行汇票（卡片）

××银行

银行汇票 2 汇票号码

付款期限 壹个月

出票日期（大写） 年 月 日 代理付款行： 行号：

收款人： 账号：

出票金额 人民币（大写）

实际结算金额 人民币（大写）

千	百	十	万	千	百	十	元	角	分

申请人：＿＿＿＿ 账号：＿＿＿＿

出票行：＿＿＿＿ 行号：＿＿＿＿

备 注：＿＿＿＿

凭票付款

出票行签章

密压：

多余金额

千	百	十	万	千	百	十	元	角	分

复核 记账

此联代理付款行付款后作联行往账借方凭证附件

图 1－12 银行汇票

××银行

银行汇票（解讫通知）　3　　汇票号码

付款期限 壹个月

出票日期（大写）　年　月　日　　代理付款行：　　行号：

收款人：	账号：									
出票金额 人民币（大写）										
实际结算金额 人民币（大写）	千	百	十	万	千	百	十	元	角	分

申请人：＿＿＿＿　账号：＿＿＿＿

出票行：＿＿＿＿　行号：＿＿＿＿

备　注：＿＿＿＿

代理付款行签章

复核　经办

密压：										
多余金额										
千	百	十	万	千	百	十	元	角	分	复核　记账

此联代理付款行兑付后随报单寄出票行，由出票行作多余款贷方凭证

图 1-13　银行汇票（解讫通知）

××银行

银行汇票（多余款收账通知）　4　　汇票号码

付款期限 壹个月

出票日期（大写）　年　月　日　　代理付款行：　　行号：

收款人：	账号：									
出票金额 人民币（大写）										
实际结算金额 人民币（大写）	千	百	十	万	千	百	十	元	角	分

申请人：＿＿＿＿　账号：＿＿＿＿

出票行：＿＿＿＿　行号：＿＿＿＿

备　注：＿＿＿＿

出票行签章

年　月　日

密压：										
多余金额										
千	百	十	万	千	百	十	元	角	分	左列退回多余金额已收入你账户内。

此联出票行结清多余款后交申请人

图 1-14　银行汇票（多余款收账通知）

3. 银行汇票的结算方法及程序

单位采用银行汇票办理结算，通常应在其开户银行办理出票。办理时应向银行提交其统一印制的银行汇票结算申请书，申请书中的收款人可直接填写收款单位，为便于结算，收款人也可填写为业务经办人。银行审核无误后签发银行汇票一式四联，并将第二、三联交付申请人，同时退回加盖银行受理印章的申请书回单（一般为第三联）作为申请人入账

凭证。

申请人收到银行汇票后，应将汇票第二联（汇票）、第三联（解讫通知）同时交付业务经办人，由其持票到对方单位办理相关规定业务。业务经办人在办完相关业务后，应当在出票金额以内，据实在汇票第二、三联相应栏次内准确、清晰填写实际结算金额和多余金额，实际结算金额不得更改。填制完成，收款人为对方单位的可直接将两联汇票交付对方；收款人为业务经办人的，应经经办人背书后交付对方。

收款人收到汇票后，必须对银行汇票进行审查，其内容包括：

①汇票、解讫通知是否齐全、相符；

②收款人或背书人是否确为本单位；

③银行汇票是否在付款期内，日期、金额等填写是否正确无误；

④印章和压数机压印的金额是否清晰；

⑤背书人的身份证明或证件姓名与其背书是否相符。

收款单位或被背书人对银行汇票经审查无误后就可以到银行办理进账，也可以再背书转让给他人。办理进账时，收款单位应将两联汇票连同填制的进账单送交银行，银行审核无误后将第三联（解讫通知）转送出票银行。有余款的，出票银行将出票时留存的第四联盖章后转交付款人，作为余款退回通知。

银行汇票结算业务办理程序如图1-15所示。

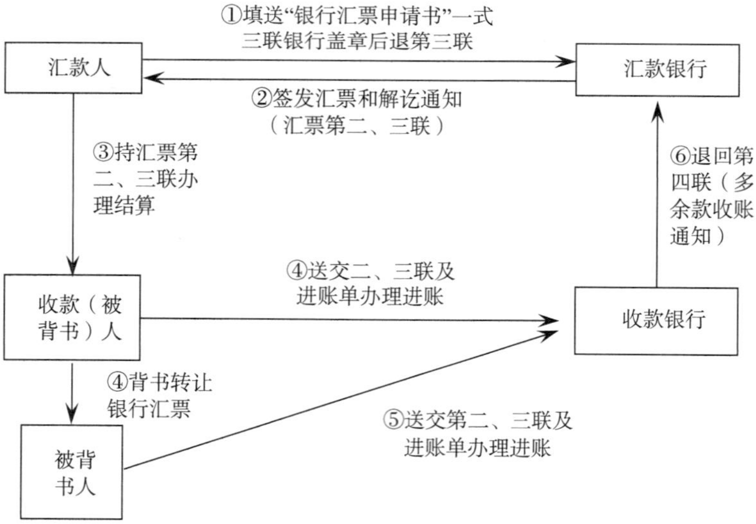

图1-15 银行汇票结算业务办理程序

（四）商业汇票结算

1. 商业汇票概述

商业汇票是出票人签发的，委托付款人在指定日期无条件支付确定金额给收款人或者持票人的票据。

按其承兑人的不同，商业汇票分为商业承兑汇票和银行承兑汇票。商业汇票的付款人为承兑人。商业承兑汇票由银行以外的付款人承兑，银行承兑汇票由承兑申请人提出申请，经银行审查同意由银行承兑。商业汇票一经承兑，承兑人即负有到期无条件付款的责任。

所谓“承兑”，是指付款人承诺对远期汇票到期付款的行为。具体是指付款人在汇票上写明“承兑”字样，注明承兑日期、签章并交付持票人的行为。

按其存在物质形态不同，商业汇票分为纸质汇票（简称纸票）和电子汇票（简称电票）两种。纸质商业汇票是以传统纸张形式填制的商业汇票；电子商业汇票是出票人依托中国人民银行批准建立的电子商业汇票系统，以数据电文形式制作的商业汇票。电子商业汇票是纸质商业汇票建立在互联网技术基础上的扩展形式。相对于纸质商业汇票，电子商业汇票具有票据使用安全性强、业务办理便捷、凭证流转速度快并且可在网上全程管控的优势。

按付款日期确定方式的不同，纸质商业汇票分为定日付款和出票后定期付款两种，电子商业汇票为定日付款。

所谓定日付款，就是在开具汇票时即确定付款日期的汇票，定日付款的汇票付款期限自出票日起计算，并在汇票上记载具体的到期日。

出票后定期付款是根据出票日期确定到期日。出票后定期付款的汇票付款期限自出票日起按月计算，并在汇票上记载。见票后定期付款的汇票付款期限自承兑日或拒绝承兑日起按月计算，并在汇票上记载。

例如，一张汇票的出票日期为 2022 年 6 月 1 日，出票后三个月付款，那么汇票的到期日即为 2022 年 9 月 1 日。

确定汇票到期日的目的在于确定提示付款期限。提示付款期限为汇票到期日起 10 日，如果持票人未在 10 日内向付款人提示付款，则丧失对其前手的追索权。但并不丧失对出票人和付款人的票据权利。

2. 商业汇票使用的一般注意事项

①一律记名，允许背书转让；

②在银行开立存款账户的法人以及其他组织之间，必须具有真实的交易关系或债权债务关系，才能使用商业汇票；

③兑付期限由双方商定，纸质商业汇票最长不得超过 6 个月，电子商业汇票最长不得超过 1 年。如分期付款，应一次签发不同期限的数张汇票；

④汇票一经承兑，承兑人即负有到期无条件付款的责任；

⑤商业汇票在同城或异地均可使用；

⑥收付款双方均应固定专人管理商业汇票，并设“应收（应付）票据备查簿[①]”详细登记，结清票据后再逐笔注销。

3. 商业承兑汇票

商业承兑汇票是由付款人或收款人签发，经付款人承兑的商业汇票。持票人需要资金

---

① 备查簿亦称备查账，是指对主要账簿未能记载或记载不全的经济业务进行补充登记的账簿。如租入固定资产登记簿、受托加工材料登记簿、委托加工材料备查簿等。企业各部门可根据实际需要设置该类账簿，其格式可由各部门根据需要自行设计。

时，既可以申请贴现①，也可以背书转让。承兑人作为付款人，其付款保障程度因企业的信誉高低而不同；收款人、被背书人等接受商业承兑汇票的难易程度也因承兑人的信誉而定，其付款保障性远不如银行承兑汇票高。但对建筑企业而言，采用商业承兑汇票结算不仅可以延缓资金支付时间，减轻资金使用压力，而且可以免去银行承兑汇票的承兑费用支出，因此，很多建筑企业都充分利用其大额集中采购的数量优势尽可能选用商业承兑汇票结算。

纸质商业承兑汇票为一式三联，其格式如图 1－16、图 1－17、图 1－18、图 1－19 所示。

商业承兑汇票（卡片） 1 10113285 43204368

出票日期（大写） 贰零贰壹 年 壹拾壹 月 贰拾柒 日

付款人	全称	兴达建筑安装公司	收款人	全称	蓝剑机械有限公司
	账号	10320589033752		账号	4094076232839
	开户银行	工行石家庄市西郊支行		开户银行	工行徐州市淮海支行
出票金额	人民币（大写）	伍拾肆万元整	亿千百十万千百十元角分		¥ 5 4 0 0 0 0 0 0
汇票到期日（大写）		贰零贰贰年零肆月贰拾陆日	付款人开户行	行号	03826425860321
交易合同号码		11110237		地址	工行石家庄市西3环附8号
兴达建筑安装公司 财务专用章 王毅印东 出票人签章			备注：		

此联承兑人留存

图 1－16 纸质商业承兑汇票（卡片）

商业承兑汇票 2 10113285 43204368

出票日期（大写） 贰零贰壹 年 壹拾壹 月 贰拾柒 日

付款人	全称	兴达建筑安装公司	收款人	全称	蓝剑机械有限公司
	账号	10320589033752		账号	4094076232839
	开户银行	工行石家庄市西郊支行		开户银行	工行徐州市淮海支行
出票金额	人民币（大写）	伍拾肆万元整	亿千百十万千百十元角分		¥ 5 4 0 0 0 0 0 0
汇票到期日（大写）		贰零贰贰年零肆月贰拾陆日	付款人开户行	行号	03826425860321
交易合同号码		11110237		地址	工行石家庄市西3环附8号
本汇票已经承兑，到期无条件支付票款。 兴达建筑安装公司 财务专用章 王毅印东 承兑人签章 承兑日期 2021年 11月27 日			本汇票请予以承兑于到期日付款。 出票人签章		

此联持票人开户行随托收凭证寄付款人开户行作借方凭证附件

图 1－17 纸质商业承兑汇票

① 贴现概念见本节“5. 商业汇票贴现”内容。

被背书人	被背书人
背书人签章 年　月　日	背书人签章 年　月　日

（贴粘单处）

图 1－18　纸质商业承兑汇票（第二联背面）

商业承兑汇票（存根）　3　10113285 43204368

出票日期（大写）　贰零贰壹 年 壹拾壹 月 贰拾柒 日

付款人	全　称	兴达建筑安装公司	收款人	全　称	蓝剑机械有限公司
	账　号	10320589033752		账　号	4094076232839
	开户银行	工行石家庄市西郊支行		开户银行	工行徐州市淮海支行
出票金额		人民币（大写）伍拾肆万元整		亿 千 百 十 万 千 百 十 元 角 分	¥ 5 4 0 0 0 0 0 0
汇票到期日（大写）		贰零贰贰年零肆月贰拾陆日	付款人开户行	行号	03826425860321
交易合同号码		11110237		地址	工行石家庄市西3环附8号
备注：					

此联由出票人存查

图 1－19　纸质商业承兑汇票（存根）

电子商业承兑汇票格式如图 1－20 所示。

采用纸质商业承兑汇票方式的，收款单位应将要到期的商业承兑汇票连同填制的邮划或电划委托收款凭证（格式如图 1－21 所示），一并送交银行办理转账，款项收妥后再根据银行的收账通知编制收款凭证；付款单位在收到银行的付款通知后，应据以编制付款凭证。采用银行承兑汇票结算的，收款单位把要到期的银行承兑汇票连同填制的邮划或电划委托收款凭证，一并送交银行办理转账，根据银行的收账通知，据以编制收款凭证；付款单位在收到银行的付款通知后，据以编制付款凭证。收款单位将未到期的商业汇票向银行申请贴现时，应按照规定填制贴现凭证，连同汇票一并送交银行，根据银行的收账通知，据以编制收款凭证。

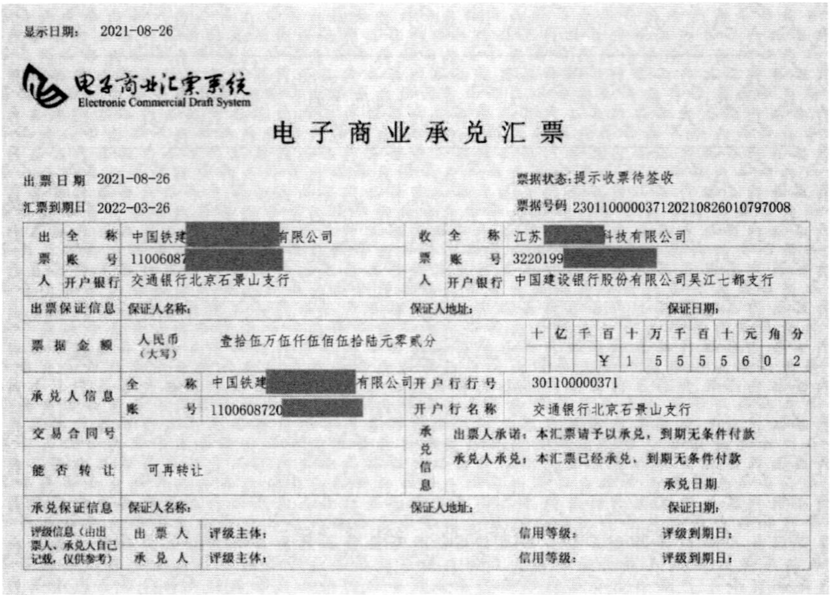

显示日期：2021-08-26

电子商业汇票系统 Electronic Commercial Draft System

电子商业承兑汇票

出票日期 2021-08-26　　票据状态：提示收票待签收

汇票到期日 2022-03-26　　票据号码 230110000037120210826010797008

出票人	全称	中国铁建[redacted]有限公司	收票人	全称	江苏[redacted]科技有限公司
	账号	11006087[redacted]		账号	3220199[redacted]
	开户银行	交通银行北京石景山支行		开户银行	中国建设银行股份有限公司吴江七都支行
出票保证信息	保证人名称：	保证人地址：	保证日期：		
票据金额	人民币（大写）	壹拾伍万伍仟伍佰伍拾陆元零贰分	¥155560.2（十亿千百十万千百十元角分：¥ 1 5 5 5 6 0 2）		
承兑人信息	全称	中国铁建[redacted]有限公司	开户行行号	301100000371	
	账号	1100608720[redacted]	开户行名称	交通银行北京石景山支行	
交易合同号			承兑信息	出票人承诺：本汇票请予以承兑，到期无条件付款	
能否转让	可再转让			承兑人承兑：本汇票已经承兑，到期无条件付款　承兑日期	
承兑保证信息	保证人名称：	保证人地址：	保证日期：		
评级信息（由出票人、承兑人自己记载，仅供参考）	出票人	评级主体：	信用等级：	评级到期日：	
	承兑人	评级主体：	信用等级：	评级到期日：	

图 1－20　电子商业承兑汇票

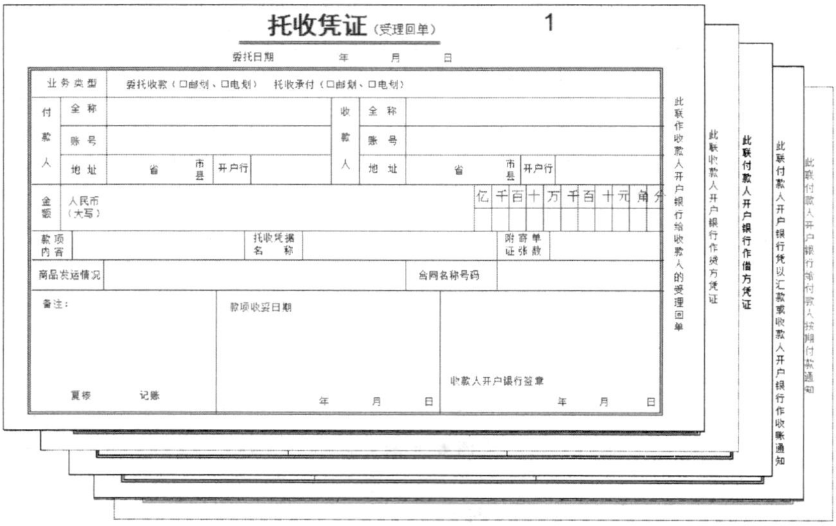

图 1－21　托收凭证

纸质商业承兑汇票办理程序如图 1－22 所示。

电子商业承兑汇票结算一般应由财务部门通过网上银行直接办理。

商业承兑汇票使用注意事项：

①付款人或收款人都可签发纸质汇票，但必须经付款人“承兑”；

②收款人或被背书人对到期汇票，同城承兑的，应于到期日提交开户银行办理收款；异地承兑的，应于到期日前 5 日内提交开户银行办理收款；逾期汇票，应于汇票到期的次日起 10 日内提交开户银行办理收款，超过期限银行不予受理；

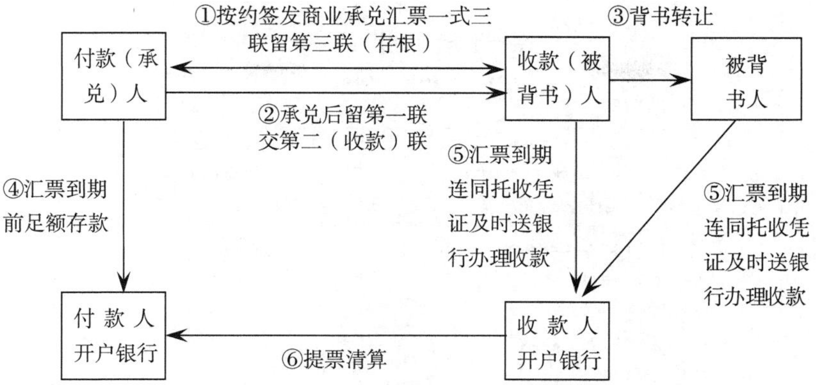

图 1－22 纸质商业承兑汇票办理程序

③付款人应于汇票到期前将款足额交付银行，到期存款不足支付时，银行将按面额一定比例予以罚款，同时将汇票退还收款人或被背书人，双方另行结算；

④汇票到期前，持票人如需用资金，可持票到开户行申请贴现。

4. 银行承兑汇票

银行承兑汇票是由承兑申请人签发、申请，经其开户银行审查后承兑的商业汇票。

银行承兑汇票具有极强的融资功能，建筑企业作为承兑申请人可以在资金不足的情况下，通过申请银行承兑，以承兑银行的信誉作为付款保证，获得所需的物资、设备等；持票人急需资金时，既可以向开户银行申请贴现，也可以向其他供货单位背书转让票据；票据到期，承兑申请人不能足额交存票款时，承兑银行将按约兑付票款，并将不足部分转入其逾期贷款户。

银行承兑汇票也分为纸质汇票和电子汇票两种。

纸质银行承兑汇票一式三联，其一般格式如图 1－23、图 1－24、图 1－25 所示；第二联背面格式与商业承兑汇票相同（见图 1－18）。电子银行承兑汇票的一般格式如图 1－26 所示。

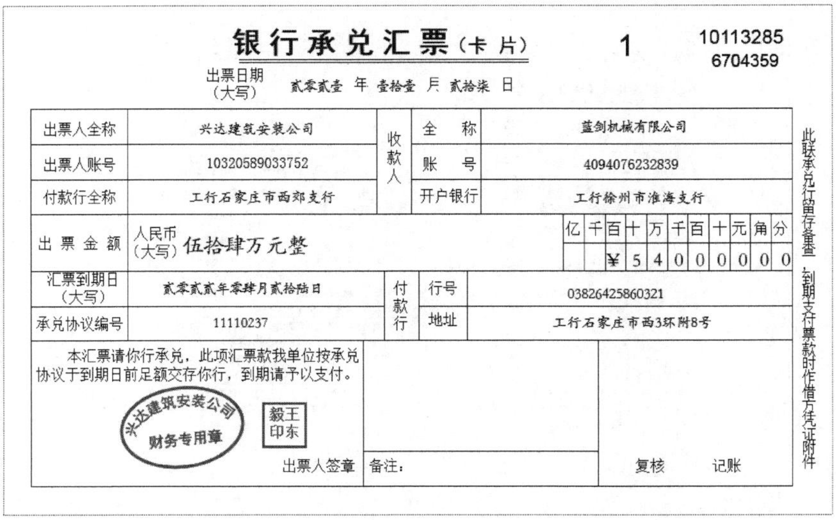
银行承兑汇票（卡片） 1 10113285 6704359

出票日期（大写） 贰零贰壹 年 壹拾壹 月 贰拾柒 日

出票人全称	兴达建筑安装公司	收款人	全 称	蓝剑机械有限公司
出票人账号	10320589033752		账 号	4094076232839
付款行全称	工行石家庄市西郊支行		开户银行	工行徐州市淮海支行
出票金额	人民币（大写）伍拾肆万元整		亿千百十万千百十元角分	¥54000000
汇票到期日（大写）	贰零贰贰年零肆月贰拾陆日	付款行	行号	03826425860321
承兑协议编号	11110237		地址	工行石家庄市西3环附8号

本汇票请你行承兑，此项汇票款我单位按承兑协议于到期日前足额交存你行，到期请予以支付。

兴达建筑安装公司 财务专用章 毅王印东

出票人签章 备注： 复核 记账

此联承兑行留存备查，到期支付票款时作借方凭证附件

图 1－23 银行承兑汇票（卡片）

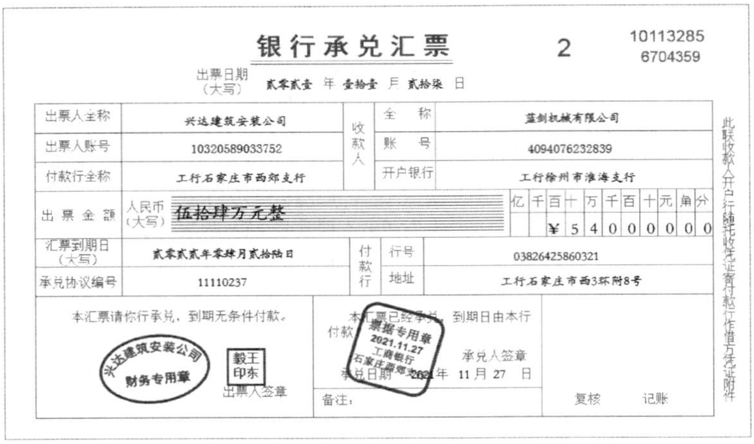

银行承兑汇票　2　10113285 6704359

出票日期（大写）贰零贰壹 年 壹拾壹 月 贰拾柒 日

出票人全称	兴达建筑安装公司	收款人	全　称	蓝剑机械有限公司
出票人账号	10320589033752		账　号	4094076232839
付款行全称	工行石家庄市西郊支行		开户银行	工行徐州市淮海支行
出票金额	人民币（大写）伍拾肆万元整		亿千百十万千百十元角分	¥540000000
汇票到期日（大写）	贰零贰贰年零肆月贰拾陆日	付款行	行号	03826425860321
承兑协议编号	11110237		地址	工行石家庄市西3环附8号

本汇票请你行承兑，到期无条件付款。（兴达建筑安装公司 财务专用章）（王毅印）出票人签章

本汇票已经承兑，到期日由本行付款。（票据专用章 2021.11.27 工商银行石家庄西郊支行）承兑行签章 承兑日期 2021 年 11 月 27 日

备注：　复核　记账

此联收款人开户行随托收凭证寄付款行作借方凭证附件

图 1－24　银行承兑汇票

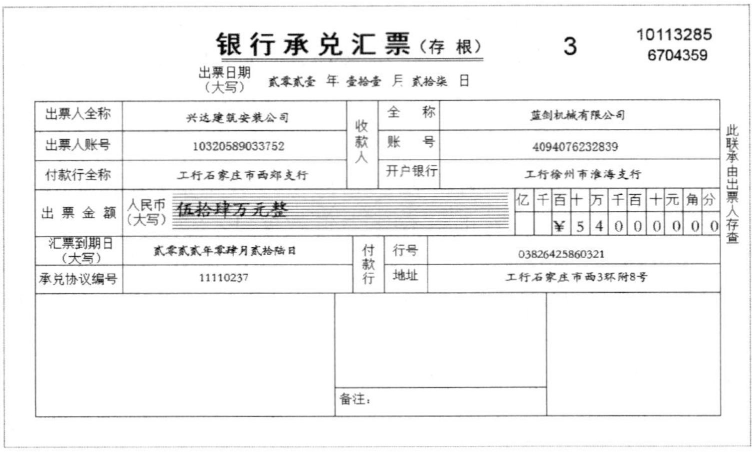

银行承兑汇票（存根）　3　10113285 6704359

出票日期（大写）贰零贰壹 年 壹拾壹 月 贰拾柒 日

出票人全称	兴达建筑安装公司	收款人	全　称	蓝剑机械有限公司
出票人账号	10320589033752		账　号	4094076232839
付款行全称	工行石家庄市西郊支行		开户银行	工行徐州市淮海支行
出票金额	人民币（大写）伍拾肆万元整		亿千百十万千百十元角分	¥540000000
汇票到期日（大写）	贰零贰贰年零肆月贰拾陆日	付款行	行号	03826425860321
承兑协议编号	11110237		地址	工行石家庄市西3环附8号

备注：

此联承由出票人存查

图 1－25　银行承兑汇票（存根）

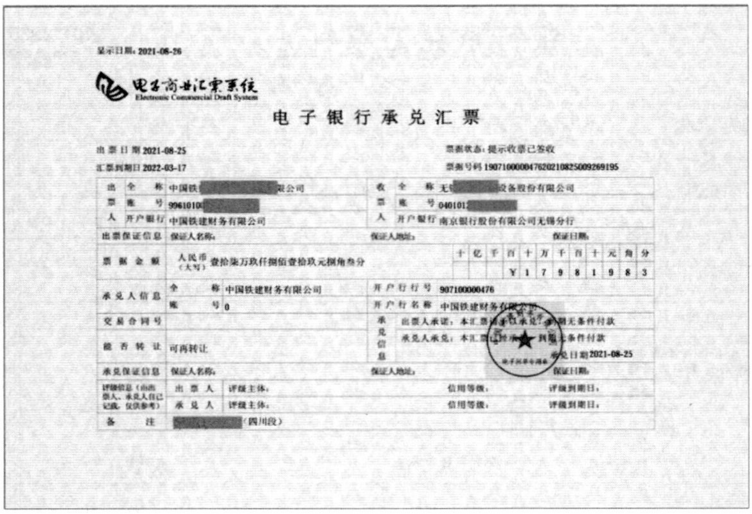

显示日期：2021-08-26

电子商业汇票系统 Electronic Commercial Draft System

电子银行承兑汇票

出票日期 2021-08-25　票据状态：提示收票已签收

汇票到期日 2022-03-17　票据号码 190710000047620210825009269195

出票人	全　称	中国铁[redacted]限公司	收票人	全　称	无[redacted]设备股份有限公司
	账　号	99610100[redacted]		账　号	0401012[redacted]
	开户银行	中国铁建财务有限公司		开户银行	南京银行股份有限公司无锡分行
出票保证信息	保证人名称：		保证人地址：		保证日期：
票据金额	人民币（大写）壹拾柒万玖仟捌佰壹拾玖元捌角叁分		十亿千百十万千百十元角分		¥17981983
承兑人信息	全　称	中国铁建财务有限公司	开户行行号	907100000476	
	账　号	0	开户行名称	中国铁建财务有限公司	
交易合同号			承兑信息	出票人承诺：本汇票请予以承兑，到期无条件付款	
能否转让	可再转让			承兑人承兑：本汇票已经承兑，到期无条件付款	承兑日期 2021-08-25
承兑保证信息	保证人名称：		保证人地址：		保证日期：
评级信息（由出票人、承兑人自己记载，仅供参考）	出票人	评级主体：	信用等级：		评级到期日：
	承兑人	评级主体：	信用等级：		评级到期日：
备　注	[redacted]（四川段）				

图 1－26　电子银行承兑汇票

银行承兑汇票结算办理程序如图 1－27 所示。

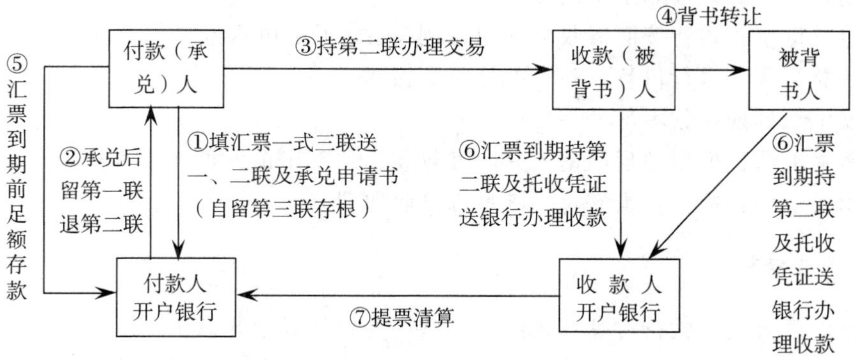

图 1－27　银行承兑汇票结算办理程序

银行承兑汇票使用注意事项：

①申请人为在承兑银行开立存款户的法人以及其他组织，并且资信状况良好，具有支付汇票金额的可靠资金来源；

②申请承兑时须按面额的规定比例交纳手续费；

③汇票到期前，持票人需用资金可背书转让或向开户银行申请贴现；

④收款人或被背书人对到期汇票，应及时送交开户银行办理收款，逾期汇票应于汇票到期的次日起 10 日内送交开户银行办理收款，超过期限银行不予受理；

⑤承兑申请人到期存款不足支付时，由承兑银行无条件支付，并对承兑申请人执行扣款，同时对未扣回承兑金额按面额的规定比例计收罚息。

5. 商业汇票贴现

贴现是指票据持有人将未到期票据交付银行，银行按其面值扣除贴现日至到期前一日利息后，将其余款以货币资金交付票据持有人的票据转让行为。按现行规定：

①收款人需要资金时，可持未到期汇票到其开户银行申请贴现；

②贴现银行需要资金时，可持未到期汇票到其他商业银行转贴现，或向中国人民银行再贴现；

③贴现期限一律从贴现日起至汇票到期日止；

④实付贴现金额按面额扣除贴现日至到期前一日止的利息计算，贴现利率按中国人民银行的规定执行；

⑤贴现到期，付款单位存款不足支付时，采用商业承兑汇票的，其开户银行除收取罚款外，将汇票退还贴现银行，由贴现银行从贴现申请人账户内收回贴现款项；采用银行承兑汇票的，由承兑银行无条件支付；

⑥商业承兑汇票到期，贴现申请企业无力支付贴现款项时，贴现银行将视作贷款，按每日向其收取罚息，并将汇票退还收款人或被背书人，由其自行处理。

6. 商业承兑汇票与银行承兑汇票的主要区别

①开出、承兑手续不同：

商业承兑汇票：约定签发，付款人承兑，不付银行手续费。

银行承兑汇票：付款人签发，银行承兑，支付银行手续费。

②到期存款不足处理方法不同：

商业承兑汇票：银行按面额收取一定比例罚款，退票由双方自行处理。

银行承兑汇票：银行付款，不足部分收取罚息。

③贴现汇票到期存款不足处理方法不同：

商业承兑汇票：退回贴现申请人并向其收款，贴现申请人负连带责任。

银行承兑汇票：银行负责支付，不足部分收取罚息。

（五）汇兑结算

汇兑是汇款人委托银行将其存入的一定款项支付给异地收款人的结算方式。汇兑适用于单位或个人异地之间各种款项的结算。汇兑分为信汇和电汇两种，由汇款人根据需要选择使用。

电汇是汇出银行受汇款人委托，通过电报、电传等方式通知付款银行将汇出款项支付给收款人的结算方式。电汇通常 24 小时甚至数小时内即可到账。因其操作灵活、快捷高效，被广泛使用。与信汇结算比较而言，电汇结算的银行手续费较高。

信汇是汇出银行受汇款人委托，通过专门的邮寄方式将汇款通知寄送付款银行，委托其将汇出款项支付给收款人的结算方式。信汇结算可随汇兑凭证附带寄送少量与汇款有关的单证，如发票、购物清单等，这是电汇没有的优势。

采用汇兑方式结算，汇款单位应先填制银行印制的汇款委托书，信汇一式四联，电汇一式三联。其格式如图 1－28、图 1－29 所示。

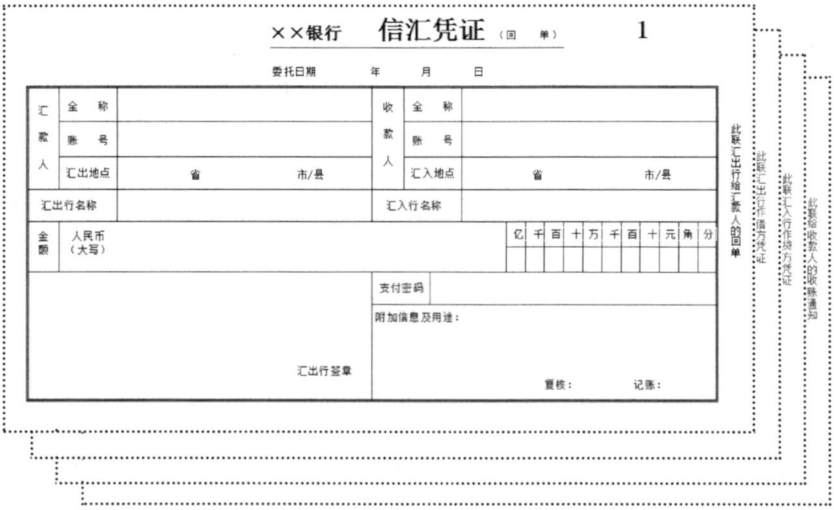
××银行 信汇凭证（回 单） 1

委托日期 年 月 日

汇款人	全称		收款人	全称	
	账号			账号	
	汇出地点	省 市/县		汇入地点	省 市/县
汇出行名称			汇入行名称		
金额	人民币（大写）		亿 千 百 十 万 千 百 十 元 角 分		
汇出行签章			支付密码		
			附加信息及用途： 复核： 记账：		

此联汇出行给汇款人的回单

此联汇出行作借方凭证

此联汇入行作贷方凭证

此联给收款人的收账通知

图 1－28 银行信汇凭证

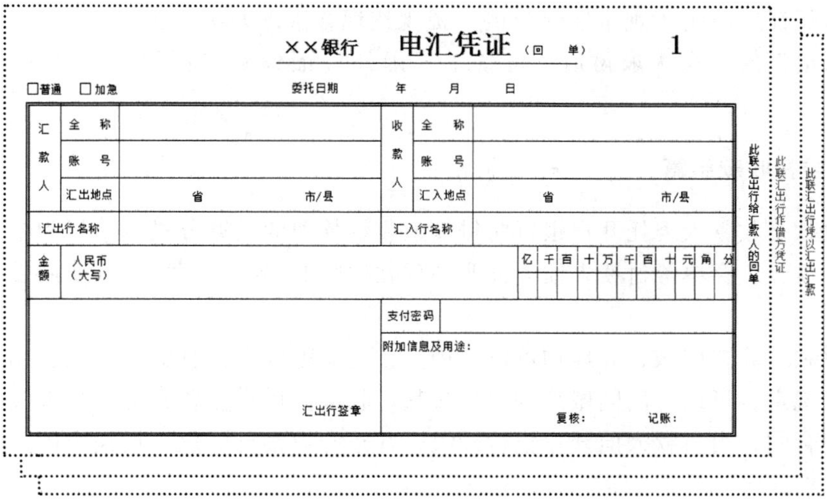
××银行　电汇凭证（回　单）　1
□普通　□加急　委托日期　年　月　日
汇款人　全　称
账　号
汇出地点　省　市/县
收款人　全　称
账　号
汇入地点　省　市/县
汇出行名称　汇入行名称
金额　人民币（大写）　亿 千 百 十 万 千 百 十 元 角 分
支付密码
附加信息及用途：
汇出行签章　复核：　记账：
此联汇出行给汇款人的回单
此联汇出行作借方凭证
此联汇出行凭以汇出汇款

图 1－29　银行电汇凭证

企业填制汇兑结算凭证时，汇款人应填明收款单位名称或个人姓名、汇款金额及用途等项目，并在汇款凭证第二联加盖预留银行印鉴。汇款单位开户银行受理后将第一联（回单联）盖章后退回汇款单位。采用信汇结算的，汇出银行将信汇凭证第三、四联寄送汇入银行，汇入银行收到后将第四联（收账通知）交付收款人，作为收款依据。采用电汇结算的，汇出银行将依据第三联拍发电报或电传等通知汇入银行，汇入银行收到后补填“电划代收补充报单”并转交收款人作为收款手续。

汇兑结算办理程序如图 1－30 所示。

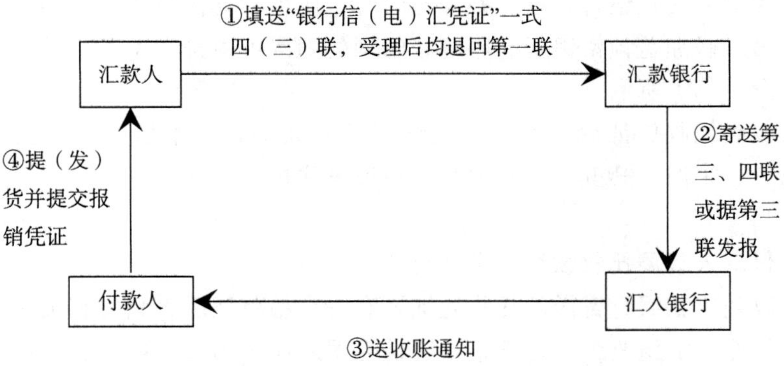

图 1－30　银行汇兑结算办理程序

汇兑结算注意事项：

①必须填明收款人（单位为其开户全称，个人为与其身份证一致的姓名），汇款人派人领取的应注明“留行待取”字样，以防未及时支取而被银行退回；

②确定不转汇的，应在“备注”栏注明；

③支款时，需转汇的应重办汇兑手续，收款人和用途必须是原收款人和用途；

④分次支取的，应开立临时存款户，只付不收，不计利息；

⑤汇款凭证未注明“现金”字样的，提现按现金管理办法掌握；

⑥要求退汇的，确认未付后，可备正式函件（证件）连同原汇款凭证到汇出银行办理。

（六）委托收款结算

委托收款是收款人委托开户银行向付款人收取款项的结算方式。单位和个人凭已承兑商业汇票、债券、存单等付款人债务证明办理款项收取的结算，均可以使用委托收款结算方式。

委托收款结算在同城、异地均可以使用。在同城范围内，收款人收取公用事业费或根据国务院的规定，可以使用同城特约委托收款。收取公用事业费，必须具有收付双方事先签订的经济合同，由付款人向开户银行授权，并经开户银行同意，报经中国人民银行当地分支行批准。

委托收款结算款项的划回方式，分邮寄（邮划）和电报（电划）两种，由收款人自行选择使用。

委托收款的结算特点：

①委托收款结算无金额起点和上限要求，无论金额大小均可办理；

②使用对象、使用地域无严格要求，凡在银行或其他金融机构开立账户的单位和个人均可使用；

③付款银行不负责对双方结算内容的审查，无强制结算关系。

委托收款结算的办理，主要包括托收、承付、拒付三个环节。

1. 托收

托收，即收款人委托银行收款。办理托收时，应由收款人填制银行印制的托收凭证一式五联，并在第二联加盖预留银行的印鉴，邮划的随票可附寄发票等收款依据。托收结算凭证的样式如图 1－21 所示。

收款银行收到托收凭证后，经审查无误将第一联加盖印章后退回收款人作为受理依据，同时将第三、第四、第五联及有关交易单证发往付款人开户银行。

2. 承付

承付，即付款人就委托收款结算承认付款。

付款银行收到收款银行寄送的托收凭证及有关交易单证后，只对相关资料进行技术性审查，不对交易业务实施监督。付款银行确认无误后应于当天将托收凭证第五联及随附交易单证交付付款单位。

付款人收到结算凭证及随附单证后，应及时、严格对其进行审核。审核内容包括：

①结算内容是否真实、准确；

②所附单证是否齐全；

③结算金额是否正确；

④承付是否到期。

委托收款结算承付期为 3 天，自银行发出付款通知次日起计算，遇节假日顺延。付款人对上述内容审核无误后可主动通知银行付款，如发现问题则应及时办理拒付手续。承付期满，付款人未办理拒付的，付款银行将视为承认付款而在到期后的次日将结算款项自动划走。

3. 拒付

拒付，即付款人对委托收款结算拒绝付款。付款人如对所收款项有异议，应在承付期内向银行提交全部或部分拒付理由书（一式四联，一般简称拒付理由书）及有关的原收款凭证。拒付理由书一般样式如图 1－31 所示。

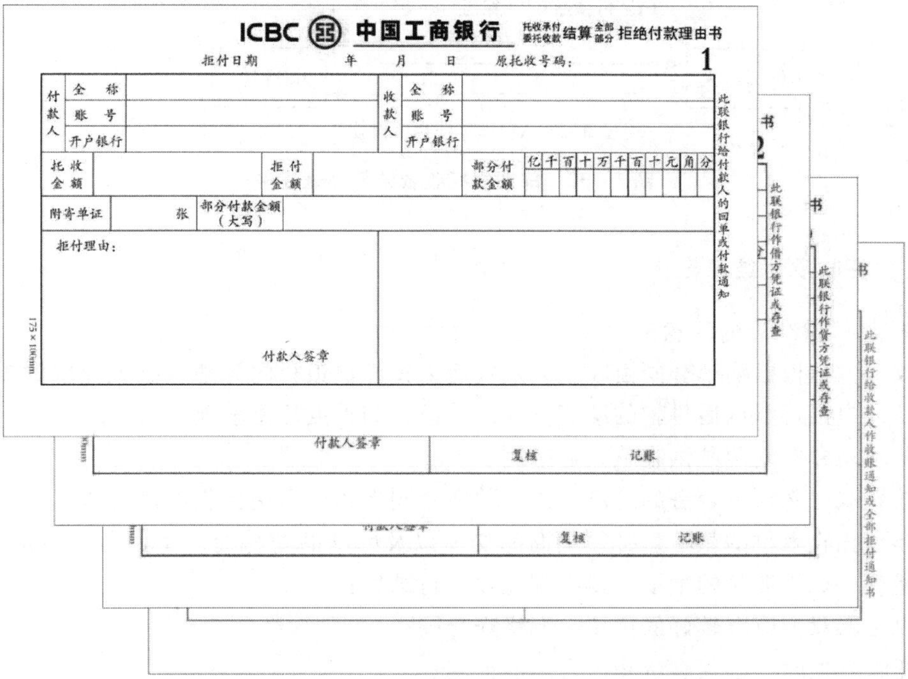

图 1－31　拒绝付款理由书

在实务处理中，办理拒付的重要问题之一就是要严格掌控 3 天的承付期，很多单位都是因在承付期内没有就付款业务的情况进行及时审查核实，或是因凭证内部传递不及时，最终延误拒付而导致款项付出。

办理拒付，应是对付款业务中异常部分拒绝付款，因此付款人首先应确认是全部拒付还是部分拒付，并在拒付理由书中注明拒付理由，连同收款人转来的拒付部分的结算单证，送交银行并由其转交收款人。采用委托收款结算，银行不审查拒付理由。

经审核，银行同意拒付的，付款银行在拒绝付款理由书第一联加盖业务章后作为回单退还付款人，第三、四联和有关的拒付证明和原委托收款凭证第四、五联及拒付单证一并寄送收款人开户行。收款银行收到拒付理由书后，将第四联和原委托收款结算凭证及单证交付收款单位。

承付到期，付款人如无足够款项支付也没有拒付的，由付款银行通知其将有关单证（或出具“应付款项证明单”）在两天内退回并转交收款人。逾期不退，付款银行自通知第三天起按收款金额处以每日 0.5‰但不低于 50 元的罚金，并在退回单证前停止付款人对外结算业务。

邮划委托收款结算办理的程序如图 1－32 所示。

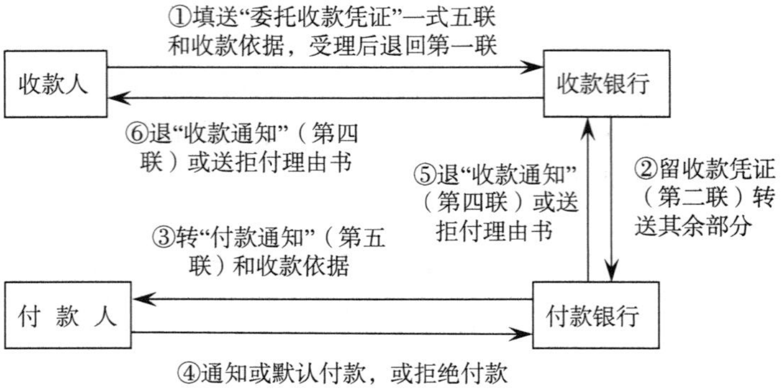

图 1－32 邮划委托收款结算办理程序

（七）托收承付结算

1. 托收承付结算的注意事项

托收承付是根据购销合同由收款人发货后委托开户银行向异地付款人收取款项，由付款人向其开户银行承认后付款的结算方式。其结算的重点注意事项包括：

①分邮划和电划两种供收款企业选用；

②结算双方必须有合法的经济合同，并在合同上约定采用托收承付结算；

③办理托收承付的款项，必须是商品交易以及因商品交易而产生的劳务供应等款项，代销、零售、赊销商品的款项不得办理托收承付结算；

④收付款双方应有较好的信用，能恪守合同；

⑤托收款项时，必须有货物已发运的证明；

⑥结算双方必须是国有企业、供销合作社以及经营管理较好并经开户银行审查同意的城乡集体所有制工业企业；

⑦集体工业企业办理托收承付结算，应有其开户行签发的“准办证”；

⑧托收承付结算的金额起点为 10000 元，新华书店系统每笔金额起点为 1000 元。

2. 托收的办理

与委托收款相似，托收承付结算包括托收、承付和拒付三个主要业务处理环节。

如前所述，收款企业在依据合同发货以后，即可以经济合同和发货单据为依据办理托收手续。

收款企业办理托收时，应填制托收凭证委托其开户银行办理托收承付手续。托收凭证是在办理委托收款和托收承付结算时都应填制的两用凭证。办理委托收款时应划线删除托收凭证上的“托收承付”字样；办理托收承付则应删除托收凭证上的“委托收款”字样。

办理托收承付结算，收款企业除向开户银行提交一式五联的托收凭证、相关交易单证外，还应提交双方签订的经济合同和货物已发运的证明，如运费单、经对方提货人签字的出库单等。手续、资料不全的，收款银行有权拒绝受理托收承付结算。

经严格审查确认无误后，收款银行将托收凭证第一联加盖业务章后退回收款人作为受理依据，同时将第三、第四、第五联及有关交易单证发送付款人开户银行。

3. 承付的办理

与委托收款不同，付款银行收到收款银行寄送的托收凭证及有关交易单证后，不只是对相关资料进行技术性审查，而且要对经济业务的内容进行严格审核。确认无误的，付款银行应于当天将托收承付结算凭证第五联及随附交易单证交付付款人。

付款人收到结算凭证及随附单证后，应及时、严格对其进行审核。审核内容包括：

①结算内容及交易方式是否真实、准确，是否与合同条款相符；

②是否有证明货物已经发出的凭证，交货地点、交货时间是否与合同要求一致；

③所附单证是否齐全；

④货物数量、规格型号等与合同是否相符；

⑤结算金额计算、填制是否正确；

⑥承付是否到期。

如审核无误，付款单位应在承付期内确认付款。办理承付，应特别关注下列事项：

①承付期：分为验单付款和验货付款两种。验单付款自付款单位开户银行发出承付通知次日起3天；验货付款自运输部门向付款单位发出提货通知起10天（采用验货付款的必须在合同中注明，合同中未注明承付方式的，银行视为验单付款；双方在合同中另有规定的，银行从其规定）；

②采用验货付款时，如第十天未到货应及时通知开户银行，第十天后收到提货通知也应及时通知银行，作为计算基期，如不通知，从银行发出承付通知第十日起计扣逾期赔偿金；

③付款单位到期不足支付的款项，作延期付款处理，银行按每日0.5‰计扣赔偿金（滞纳金）支付对方，直至付清或扣款期满；

④付款单位承付期满无款支付，银行负责扣款的期限为3个月，期满次日，银行应通知付款人在两日内将有关交易单证退回银行并转交收款人。逾期不退的，银行按未付金额处以每日0.5‰但不低于50元的罚款，并暂停其对外办理结算业务。

4. 拒付的办理

付款单位经过验单或验货，发现收款单位托收款项计算错误、结算单证不合规、结算单证填制有误，或所收货物的品种、数量、质量、规格等与合同规定不符等情况，可以在承付期内提出全部或部分拒付，并填写“拒付理由书”送交开户银行。开户银行经审核认为符合拒付条件的，即将有关单证转给收款方开户银行再通知收款单位进行处理。

付款单位发现下列情况，可申办拒付：

①商品的品种、数量、质量、规格与合同或协议不符；

②结算手续不合规、不完备或计算金额等有误；

③交货时间、地点与合同或协议不符；

④未签订注明异地托收承付结算的购销合同。

拒付时，付款单位应填制“托收承付结算全部（部分）拒绝承付理由书”一式五联，连同原托收中拒付的凭证及附件送交开户银行，经银行同意后方可拒付。如无理拒付，银行将强制扣款，累计三次提出无理拒付的，银行将暂停其向外办理托收的业务。拒付时，付款单位对已收货物应妥善保管。

确属被无理拒付的，收款单位可重办托收，连同合同、退回的原托收结算凭证及附件送交银行，经银行同意可再办托收。但对同一付款单位累计托收三次收不回货款的，银行应停止其向该付款单位办理托收。

托收承付的主要结算程序如图 1－33 所示。

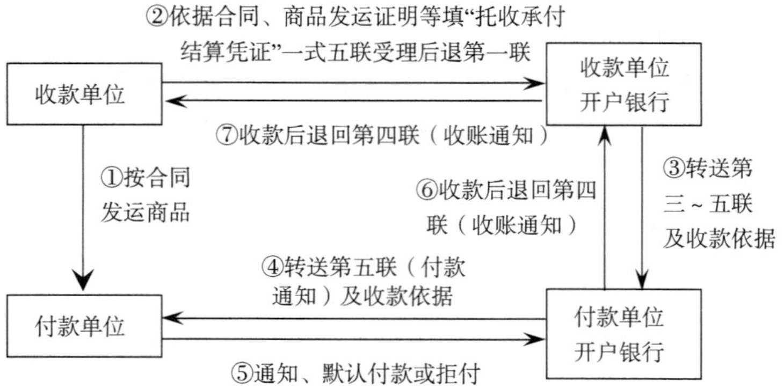

图 1－33 托收承付结算办理程序

（八）网银支付

网银支付，即网上银行支付，是通过网上银行设立的支付结算方式。该结算方式不具备主动收款功能，而只能通过付款方主动付款完成结算。

网上银行，又称网络银行、在线银行，是银行通过互联网向客户提供开户、查询、对账、行内转账、跨行转账、信贷、投资理财等传统服务项目，使客户可以不受时间、空间限制，足不出户就能够安全、便捷、自主办理银行业务的高科技金融平台。网银支付，因其结算灵活、方便、安全、快捷而被广泛利用，是目前最为成熟的网上银行业务。

按服务对象，网上银行分为企业网上银行和个人网上银行两类。网银支付也相应分为企业网银支付和个人网银支付两种。企业网银支付，要求企业必须在银行开立有相关的账户，同时为保证结算安全，基于财务内部控制的需要，要求企业通过银行提供的多个被赋予不同权限的 U－key，由多人持有并分别对网银支付中的操作、复核、审批等过程进行控制，因此网银支付的整个业务处理过程通常只能由企业专门的财务部门负责办理。

对于设备物资部门的业务来说，网银支付主要用于办理采购预付款项的支付、采购价款及相关运杂费等的支付。在网银支付结算中，出于对资金风险防控的需要，目前国有企业普遍只允许办理对公结算业务。因此，设备物资部门需要通过网银支付结算的，除办理相关业务手续外，还必须在合同中约定采用网银支付结算，明确付款的时间、金额等，并向财务部门提交收款企业的名称、账号等信息，并最终向收款企业索回发票等结算凭证送交财务部门。

除上述银行结算方式外，在现实社会经济生活中还广泛存在着非银行的第三方电子支付方式。

21 世纪以来，伴随着互联网技术的迅猛发展，我国以领先世界的速度和水平，陆续推出了以微信支付、支付宝支付等为代表的一批高科技电子支付方式，这些方式以方便、快捷、高效、经济的优势受到广大用户的欢迎并被广泛使用。随着电子技术的发展，也必将会有更先进的非银行结算方式不断出现。是否选用、如何选用适合自身情况和特定业务的非银行结算方式，则是每个企业必须认真考虑的问题。

快捷、安全、高效、经济、适用的非银行结算方式起码必须符合以下基本条件：

1. 依托于企业开立的相关银行账户并与其绑定；

2. 经过中国人民银行审核、批准；

3. 能够办理交易双方收付款或收、付款之一的结算业务；

4. 适应社会经济发展，保证交易双方和第三方结算平台能够有效管控结算过程，防范金融风险的发生；

5. 保障交易双方公平、合理、自愿选择办理结算业务的权力；

6. 收付业务办理更为方便、快捷、安全，结算成本更加低廉。

就建筑企业而言，无论是特大型、大型企业，还是中、小、微型企业，在银行结算方式以外，是否选择第三方平台、选择哪些第三方平台进行交易结算，哪些结算业务允许采用第三方平台结算，都必须从外部风险防范、内部控制需要、操作便捷可行、结算成本比较等多方面进行认真的分析论证，并最终以制度形式作出明确规定。作为特定企业的设备物资部门管理人员，则需要熟悉企业内部允许采用的各种不同银行、非银行结算方式的特点，能在相关结算业务中熟练选择，并在征得财务部门同意后与供应商等协商决定结算方式。

七、不同银行结算方式的选择

1. 从付款保证性角度选择

如果销售企业对购货单位的信用情况不掌握，对及时、足额收回销货款缺乏信心，可以选取网银支付、汇兑待货款到账后发货，以及银行本票、银行汇票、银行承兑汇票结算方式；如果对购货单位的信用情况有所了解，在以往的交易中无不良付款记录，除了选取上述结算方式外，还可以考虑采取支票结算方式。如果购货单位信用程度比较高，在选取上述结算方式的同时，还可以考虑采用商业承兑汇票、托收承付、委托收款结算方式。

2. 从付款期限选择

比较付款期限，如果希望即期收款，可以选取网银支付、支票、银行本票、银行汇票结算方式。如果打算约期收款，可以选取银行承兑汇票、商业承兑汇票结算方式。

3. 从票据可否转让选择

如果收款人欲再次背书转让票据，可以考虑选取银行汇票、银行本票、支票、商业汇票结算，否则，选取汇兑、委托收款、托收承付结算方式。

4. 从可否融通资金选择

如果持票人欲凭票从商业银行取得贷款，可以选取银行承兑汇票、商业承兑汇票结算方式，否则，选取其他结算方式。

从付款人角度看，为延缓资金的支出和占用，首选是商业承兑汇票结算，其次为银行承兑汇票，再次为托收承付结算。

各种银行转账结算方式的特点如表 1－5 所示。

表 1-5　　银行转账结算方式要点一览表

结算方式	基本概念	适用范围		付款期限	结算起点	特点
		地域	业务范围			
支票（分现金支票和转账支票）	由银行存款人签发给收款人办理结算或委托开户行将款项支付给收款人的票据	同城或异地	各种款项	10 天	无起点限制	简便、灵活，但信誉较差 可背书转让
银行本票（分定额本票和不定额本票）	申请人将款项交存银行由银行签发给申请人凭以办理转账或支取现金的票据	同城	各种款项	两个月（不分大、小月，统按次月对日算）	不定额 100 元起；定额分 1 000 元、5 000 元、10 000 元、50 000 元四种面额	确保兑付，信誉高 可背书转让
银行汇票	由银行签发给单位或个人持往异地办理转账结算或支取现金的票据	异地	各种款项	1 个月	500 元	人到款到，结算可靠，但结算手续较复杂 可背书转让
商业汇票（分纸质或电子商业承兑汇票和银行承兑汇票）	由收款人或付款人签发，由承兑人承兑，并于到期日向收款人或被背书人支付款项的票据	同城或异地	同城或异地企业单位间根据购销合同先发货后收款或双方约定延期付款的商品交易	纸质不超过 6 个月；电子不超过 1 年	不受起点限制	承兑人到期须无条件付款，银行承兑汇票信用性很强；商业承兑汇票信用性较强 可贴现、可背书转让
委托收款（分邮划和电划）	收款单位委托银行向付款单位收取款项的结算方式	同城或异地	各种款项	3 天	不受起点限制	无强制结算关系，一般适用于交易关系稳定且信用较好的单位
汇兑（分信汇和电汇）	汇款人委托银行将款项汇给外地收款人的结算方式	异地	各种款项	无限制	不受起点限制	简便、灵活，但及时性较差
托收承付（分邮划和电划）	收款单位委托银行向付款单位收款，经付款单位承认后，银行将款项划归收款单位的结算方式	异地	国有企业及经营管理较好、经银行审查同意的集体工业企业有合同的商品交易及相关劳务供应的结算	验单付款 3 天；验货付款 10 天	新华书店 1 000 元，其他 10 000 元	简便、灵活，但信誉较差
网银支付	付款人通过网上银行主动将款项汇付给收款人的结算方式	同城或异地	各种款项	无限制	无起点限制	简便、灵活、快捷

第四节　物资设备业务往来结算管理与控制

建筑企业物资设备部门涉及的业务往来结算包括内部往来和外部往来两部分。内部往来是指企业内部发生的应收应付款项业务。外部往来是指企业与其他企业之间发生的应收应付款项业务。

一、内部往来结算的管理与控制

企业内部往来结算具体包括单位内部往来结算和系统内部往来结算两类。单位内部往来结算一般是指法人单位对内部非法人单位、部门或职能人员之间因零星采购或履行其他职能而发生借款及报销业务所形成的应收应付关系。系统内部往来结算则一般指股份公司或集团公司内部各法人单位之间因经济往来而形成的应收应付关系。建筑企业设备物资部门往来业务一般只涉及单位内部往来结算。

企业对包括设备物资部门在内的内部往来结算一般采用备用金制。

所谓备用金，是指企业支付给内部各非独立核算单位（如各职能科室、工区、施工单位等）或职能人员备作零星采购、其他零星开支或差旅费等使用的款项。备用金按其管理方式的不同，可分为一次性备用金（即非定额备用金）和定额备用金两种。

一次性备用金是由备用金使用人根据实际需要一次性借支，使用完毕后及时报销的备用金管理方式。一次性备用金适合临时性需用款项的部门或个人采用。借用时，由借用部门或个人填写借款单，写明用途，经有关负责人批准、财务部门审查同意后办理借支手续。对一次性备用金，财务部门根据“按需借支、及时报销、前款不清、后款不借，一事一借、专款专用”的原则进行管理。已借备用金尚未办理报销的，原则上不得再借新的备用金；长期拖欠不报销或不按规定用途使用的，财务部门有权终止其备用金借支，直至强制扣回。

借用一次性备用金，首先应根据需要确定借款金额，再填制借款单。借款单分为基于网络财务系统的电子版和纸质版两种。电子版样式因网络财务系统不同而不同。纸质版一般分为复写式和正副联式两种。其格式如表 1－6、表 1－7 所示。

复写式借款单一般最少应设置一式两份，借款人和财务部各执一份。借款人填制完毕后，应经借款人部门负责人审核签字，而后送财务部门审核并办理借款手续。主管会计有权决定的可在审核无误后直接办理，如因金额过大等原因超过其管理权限时，应根据企业“分级分权”控制原则确定的审批权限报有关分管领导审批。上述手续办理完毕后，借款人即可持借款单及主管会计填制的财务部门付款凭证到出纳处办理借款。出纳员还应对借款单及付款凭证进行审核，确认无误签章后，将借款单第一联交付借款人，同时办理付款。

表 1－6 **借款单（复写式）**

借 款 单

2022 年 4 月 11 日

借款单位	设备物资部	借款人	李 江							
借款金额（大写）	贰仟叁佰元正		金 额							
			十	万	千	百	十	元	角	分
借款方式	现金：√ 银行：			¥	2	3	0	0	0	0
用 途	材料运杂费	计划还款（报销）时间	2022 年 4 月 20 日							
收款人	全称： 账号： 开户行：									

公司领导 主管会计 王文丽 出纳 张 波 部门领导 张华兵印 借款人 李 江

第一联 借款人收存

第二联 财务记账

表 1－7 **借款单（正副联式）**

借 款 单（正联）

2022 年 4 月 11 日

借款单位	设备物资部	借款人	李江							
借款金额（大写）	贰仟叁佰元整		金 额							
			十	万	千	百	十	元	角	分
支付方式	现金：√ 银行：			¥	2	3	0	0	0	0
用 途	材料运杂费	计划还款（报销）时间	2022 年 4 月 20 日							
收款人	全称： 账号： 开户行：									

单位领导 会计主管 王文丽 部门领导 张 波 出纳 张华兵印 借款人 李 江

财务记账 无副联债权无效

借 款 单（副联）

2022 年 4 月 11 日

借款金额	¥2300.00
借款人	
用 途	材料运杂费
支付方式	现金：√ 银行：
计划还款时间	2022年4月20日
收款人	全称： 账号： 开户行：

此联还款后退还借款人

采用复写式借款单，借款人报销或还款时，财务部门通常应根据报销或还款额开据内部收据，并将其中一联交付还款人作为已还款或报销的凭据。收据格式如表 1－8 所示。

采用正副联式借款单，借款人报销或还款时，财务部门通常只需将原借款单附联撕下交付借款人，作为已报销或还款的凭据。无附联的借款单正联不再具有债权凭证的作用。

定额备用金是对预借款项实行定额管理，借款人定期或不定期集中报销，财务部门以现金补足其定额的备用金管理方式。经常使用备用金的部门或个人采用定额备用金方式，

表 1－8　　　　收　据

收　　据

年　月　日　　　　收字第　　号

收款单位		付款单位									
科　目	摘　要	金　额									
		千	百	十	万	千	百	十	元	角	分
	合　计										
合计（大写）											

第一联　付款人收存

第二联　财务记账

财务主管　　会计　　出纳　　交款人

可大大减少日常借款和报销的次数，从而提高工作效率。借支定额备用金时，首先应由备用金使用部门或人员提出申请并填写借款单，写明用途，依次经借款人部门负责人、主管会计、财务部门负责人或单位分管领导等审核批准后，再交出纳员复核并办理借款。其办理程序和一次性备用金借支基本相同。其不同之处：一是用途栏应填“定额备用金”；二是必须经财务部门负责人乃至项目部或公司分管领导审批。定额备用金借支后，一般要求定期报销，但开支过大时可适时报销。报销时，财务部门通常以现金支付报销额，使备用金保持原核定定额。对定额备用金的使用情况，财务部门有权进行检查，长期借支不用或不按规定用途使用的，财务部门有权核减或取消其备用金定额。

二、外部往来结算的管理与控制

涉及设备物资部门的外部往来业务主要包括预付购料款的支付、应付购料款的结算、采购预付定金、包装物押金的支付与收回等业务。

（一）预付购料款

预付购料款是指企业与供应商之间按照购销合同约定，在供应商发货前向其提前支付的材料采购款项。

预付购料款的支付应由物资部门组织办理。在物资采购业务中是否应支付预付购料款，主要应根据物资的供需关系及采购额大小等因素由供需双方协商确定。对于供需市场平衡的物资采购，一般应严格控制预付购料款的支付。预付购料款的支付额度、支付时间、支付期限等条款协商确定后，应直接列入购销合同，作为支付的法定依据。

支付预付购料款时，通常应先由物资部门经办人员根据购销合同填制借款单或其他支付申请，经物资部门负责人审核签字后，提交财务部门办理付款手续。依据管理权限的不同，如果预付购料款数额较大而超过物资部门、财务部门审批权限时，付款申请还应提交企业分管领导审批后才能付款。

预付购料款支付后，通常应在收到采购材料后办理结算时予以扣除。对于未能按合同期限收到材料并办理结算的预付购料款，物资部门应配合财务部门及时查明原因，必要时收回预付购料款，杜绝因意外原因导致款项无法收回。

对于支付的预付购料款，财务部门应在“预付账款”明细账中进行详细登记，物资部门也应建立“预付购料款备查簿”详细记载预付购料款的支付情况。物资部门除加强日常管理外，应定期与财务部门进行核对，财务部门必要时将通过函证等方式与供应商进行核对。

（二）应付购料款

应付购料款是指采购材料已经收到，但尚未支付的购料款。

对于已经到达而尚未支付料款的采购材料，物资部门应依据购销合同等确认是否为本单位采购的材料。经确认后，一方面必须按正常采购将材料点收入库，同时在“到料明细账”中详细登记相关情况；待收到结算账单后，将“收料单”随同结算账单送交财务部门办理结算，并在“到料明细账”中登记结算情况。在账单未收到之前，“收料单”一般不转送财务部门。但月末如仍未收到发票等账单而未能支付材料款，则必须按同类材料价格、市场价或计划价等估算材料价格，并将“收料单”送交财务部门一份，财务部门暂作入库处理；待收到账单后，物资部门应就估算价格的材料填制红字“收料单”并报送财务部门，财务部门再冲销原估价记录，最后依据实际结算金额登记入账。对于应付购料款，物资部门一方面应根据“到料明细账”登记资料加强日常管理，防止因不能正常结算给企业带来风险，造成损失；另一方面，应定期或不定期与财务部门进行账簿核对。

已实际收到而未支付账款的材料，物资部门期末若不点收入账，必然导致账实不符，并可能为实物管理等带来风险；物资部门如点收入账，而因未实际结算不通知财务部门做相应账务处理，则会造成物资部门和财务部门账账不符。无论上述何种情况，只要出现账实不符、账账不符，都可能为税务稽查、审计等留下隐患。

（三）包装物押金

包装物押金是指供应商在销售货物时为了促使购货方及早退回可重复使用包装物而收取的抵押性款项。

包装物是供应商为储存和保管本企业产品而使用的各种物品，如桶、箱、瓶、坛、袋、电缆盘等，按其用途及购货方使用形式的不同，可分为：

1. 生产过程中用于包装产品作为产品组成部分的包装物；
2. 随同产品出售不单独计价的包装物；
3. 随同产品出售单独计价的包装物；
4. 出租或出借给购买单位使用的包装物。

上述包装物中，第3、4类供应商通常要收取包装物押金。

采购材料时，是否收取包装物押金，以及包装物是否有偿使用、有偿使用的计费标准、包装物的退还期间、逾期退还的处理等都应在购销合同中加以明确。

包装物押金通常随同购料款一起支付。对支付的包装物押金，财务部门应计入“其他应收款”并按供应商等进行分类登记，物资部门应建立“包装物押金登记簿”对其支付及回收情况进行详细记载。在日常管理中，物资部门一方面必须对包装物加强实物管理，防止包装物损坏、丢失；另一方面，必须密切注意包装物的归还日期及押金的退回情况，防止因逾期而导致押金无法收回。对于逾期或超过一年不能收回的包装物，供应商通常把押金作为销售款项处理，而购买方则只能作为采购成本处理。此外，物资部门和财务部门还应定期或不定期对包装物押金的支付及收回情况进行核对，每年年末之前至少应核对一次。

第五节　财务报销业务

一、财务报销的一般手续

1. 有审核合格的原始凭证；

2. 购置入库或可长期使用的实物必须有经保管或使用人员签章的验收单；一次性耗用的实物或费用支出应由分管领导审核签字；

3. 填制报销粘贴单等规定凭证。

二、原始凭证的审核

1. 原始凭证的概念

原始凭证，也称为单据，是在经济业务发生或完成时由经办该业务的人员取得或填制的，用来说明经济业务内容、证明经济活动真实性并明确有关各方经济责任的书面证明。原始凭证是记录经济业务，明确经济责任的直接依据，具有直接的法律效力。

在会计核算中，凡能反映经济业务发生或完成情况的各种书面凭据如发票、银行收款通知、各种费用开支和报销单据，均属原始凭证。

2. 原始凭证应具备的要素

原始凭证通常应包括以下项目：

①原始凭证的名称和编号；

②填制日期，应以实际填制的日期为准；

③填制和接受凭证的单位名称；

④经济业务的内容；

⑤经济业务的实物名称、数量、型号、单价、金额等，该部分为原始凭证的核心内容；

⑥填制单位和人员的签章。

3. 原始凭证的审核内容

财务部门办理报销业务时，必须对原始凭证进行审核，只有审核无误的原始凭证，财务部门才能受理并办理结算手续。因此，物资人员在办理经济业务、取得原始凭证时，必须对原始凭证进行认真审核，保证所取得的原始凭证完全符合要求，以避免办理报销业务时出现不必要的麻烦。

原始凭证的审核主要应关注以下几方面内容：

（1）原始凭证及其所反映的经济业务是否合理、合法。

①凭证使用是否合法。作为各单位报销依据的凭证有发票和收据两种。发票必须是由税务机关统一印制用作付款单位报销的凭据，发票适用于企业开具；收据必须是由县级及其以上财政部门统一印制用作付款单位报销的凭据，收据适用于行政事业单位开具。发票、收据开具时都必须在规定使用的有效期内；

②经济业务的发生是否合理。如是否超越企业的生产经营范围、业务发生时间是否正常、价格及运输方式是否合理等；

③经济业务是否违反政府有关法律、法规及单位的规章制度。

（2）原始凭证填制是否规范。

①是否按规定用蓝色或黑色墨水书写、打印，做到文字简洁，书写清楚，易于辨认；

②对一式几联的发票、收据等必须用双面复写纸套写，属于需要套写的凭证，必须一次套写清楚，使一式几联都清晰可辨；

③数字书写是否规范；

④合计金额前是否加注币种符号，如小写金额前加“￥”等，大写金额前加“人民币”“欧元”等字样，币种符号及各金额数字之间不得留有空隙；

⑤原始凭证是否有随意涂改、刮擦、挖补现象。

（3）原始凭证填制是否连续。根据管理需要，各种原始凭证应该连续编号的，必须连续编号，以便查考。

（4）原始凭证的取得、填制手续是否完备。

（5）红字发票使用是否合规。按规定，发生销售退回时可填制红字发票，但同时必须取得对方的收款收据或开户银行出具的付款凭证。

三、原始凭证的整理和粘贴

原始凭证的整理和粘贴通常由财务人员受理业务时办理，但为提高工作效率，物资人员通常在报销前应对原始凭证进行预先整理，能熟练掌握粘贴方法的可事先进行粘贴。

1. 原始凭证的整理

原始凭证的整理是在对其审核基础上进行的，其主要工作包括：

①剔除审核不合格的原始凭证；

②按差旅费、办公费、采购费用等费用类别对原始凭证进行基本归类；

③对原始凭证进行裁减、平整等处理。对原始凭证四边多余的部分或不整齐边角应裁

减整齐，对不平整的凭证应抚平，对破损的凭证应粘贴、修复；

④凡审核不合格及严重破损的原始凭证应予剔除。

2. 原始凭证粘贴

（1）办理报销业务时，所有原始凭证都应粘贴在企业财务部门统一印制的报销凭证粘贴单上；

（2）凭证背面有涂层的，应先刮去涂层再在凭证左边背面抹胶水贴于粘贴单上；

（3）粘贴顺序：应在粘贴单上自右到左，由下至上均匀排列，要求上、下、左、右四面对齐，不出粘贴单边线。在分层上，小页面凭证先贴，大页面凭证后贴并覆盖在小页面凭证之上；

对于比粘贴单大的超大凭证，应在左侧抹胶后最后粘贴。粘贴完毕，超出粘贴单边线部分应比照粘贴单边线大小予以折叠。超大凭证不止一张的，通常先将所有凭证右侧超出部分向左折叠，再将下边所有超出部分右下角向左上方叠一三角，三角上边沿应适当超过粘贴单下边线上侧，最后将所有凭证下边多余部分沿粘贴单下边线逐页向上折叠。

折叠完毕，所有凭证均不应超过粘贴单边线。

对需要通过网络系统扫描上传的凭证，通常应逐张平整粘贴于粘贴单上，互不重叠，同时不能超出粘贴单边线。

（4）车、船、机票等按往返时间顺序粘贴；

（5）其他凭证按凭证类别归类粘贴；

（6）粘贴原则：尽量保持粘贴后的厚薄匀称，凭证过厚时，财务部门集中装订时应在装订线部位加纸衬垫。

原始凭证的一般粘贴方法如图 1－34 所示。

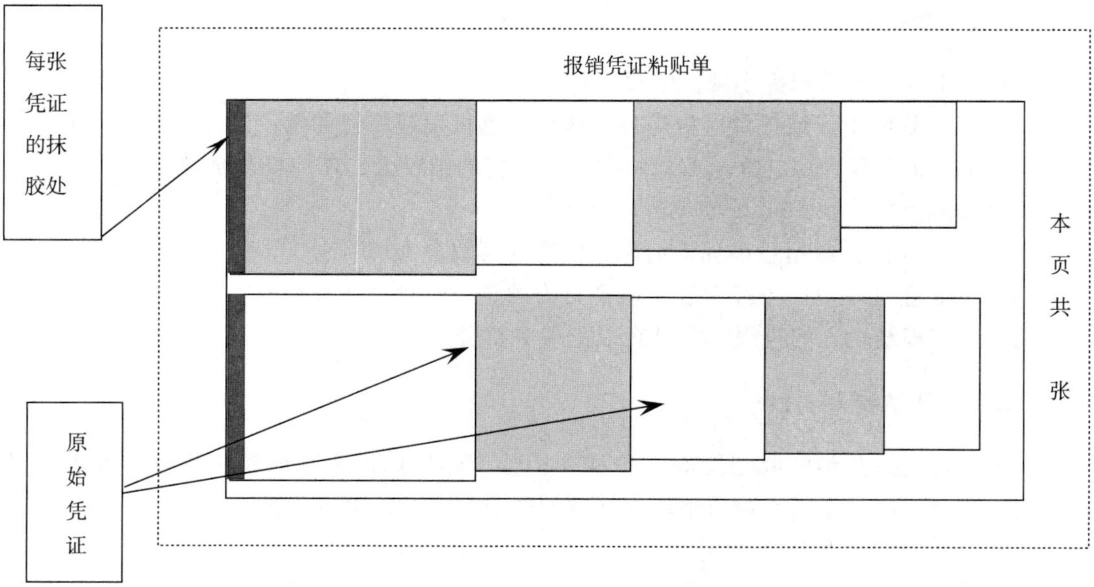

图 1－34　财务报销凭证粘贴示意图

在实务中，报销业务较多的物资人员可到财务部门详细了解凭证的粘贴方法，以提高实际报销时的业务处理效率。

第六节 增值税涉税业务

一、增值税的概念

增值税是指在我国境内以商品、应税劳务等在流转过程中产生的增值额作为计税依据而征收的一种流转税。从计税原理上说，增值税是对商品生产、流通、劳务服务中各个环节的新增价值或商品附加值征收的一种流转税。在应税商品、劳务等流转过程中，其价值发生增值就应征税，没增值就不征税。

二、增值税的纳税人

增值税的纳税人为在中华人民共和国境内销售货物或者提供加工、修理修配劳务以及进口货物的单位和个人。

增值税纳税人一般以其经营规模大小以及会计核算是否健全划分为一般纳税人和小规模纳税人。

（一）小规模纳税人

凡符合下列条件的视为小规模纳税人：

（1）从事货物生产或提供应税劳务、从事货物批发或零售的纳税人，以及以从事货物生产或提供应税劳务为主，并兼营货物批发或零售的纳税人，年应征增值税销售额（以下简称年应税销售额）在500万元（含）以下的。

（2）年应税销售额超过小规模纳税人标准的其他个人。

（3）非企业性单位、不经常发生应税行为的企业，可选择按小规模纳税人纳税。

认定小规模纳税人的权限，在县级以上税务机关。

（二）一般纳税人

一般纳税人是指年应税销售额（包括一个公历年度内的全部应税销售额）超过财政部、国家税务总局规定的小规模纳税人标准的企业和企业性单位。具体包括：

（1）从事货物生产或提供应税劳务、从事货物批发或零售的纳税人，以及以从事货物生产或提供应税劳务为主，并兼营货物批发或零售的纳税人，年应税销售额在500万元以上的。

（2）新开业的企业（非商贸企业）开业后的实际年应税销售额未超过小规模纳税人

标准的，应重新申请办理一般纳税人认定手续。

（3）年应税销售额未超过标准的商业企业以外的其他小规模企业，会计核算健全，能够按照国家统一的会计制度规定设置账簿，根据合法、有效凭证进行核算，能正确进行进项税额、销项税额、应纳税额计算的，可办理一般纳税人认定手续。

（4）从事提供应纳税服务、销售无形资产或不动产的纳税人，年应税销售额超过500万元的，应向主管税务机关办理增值税一般纳税人资格登记手续。

（5）纳税人总分支机构实行统一核算，其总机构年应税销售额超过小规模企业标准，但分支机构是商业企业以外的其他企业，年应税销售额未超过小规模企业标准的，其分支机构可申请办理一般纳税人认定手续。办理时，应提供总机构所在地主管税务机关批准其总机构为一般纳税人的证明。

三、增值税计税方法

增值税计税方法分为一般计税方法和简易计税方法两种。

（一）一般计税方法

1. 计税公式

一般计税方法适用于增值税一般纳税人。其计算公式为：

应纳税额 = 当期销项税额 - 当期进项税额

销项税额是指纳税人按照销售额（即不含增值税销售额，简称不含税销售额）和增值税税率计算并向购买方收取的增值税额。

因当期销项税额小于进项税额而不足抵扣时，其不足部分可以结转下期继续抵扣。

销项税额的计算公式为：

销项税额 = 销售额 × 增值税税率

$$销售额 = \frac{含税销售额}{1 + 税率}$$

销售额是指纳税人提供应税服务取得的全部价款和价外费用。价外费用是指价外收取的各种性质的收费，但不包括：

（1）向购买方收取的销项税额；

（2）受托加工应征消费税的消费品所代收代缴的消费税；

（3）同时符合以下条件的代垫运费：

①承运部门的运费发票开具给购货方的；

②纳税人将该项发票转交给购货方的。

（4）同时符合下列条件代为收取的政府性基金或行政事业性收费：

①由国务院或者财政部批准设立的政府性基金，由国务院或者省级人民政府及其财政、价格主管部门批准设立的行政事业性收费；

②收取时开具省级以上财政部门印制的财政票据；

③所收款项全额上缴财政。

（5）销售货物的同时代办保险等而向购买方收取的保险费，以及向购买方收取的代购买方缴纳的车辆购置税、车辆牌照费。

销售额应以人民币计算。纳税人按照人民币以外的货币结算销售额的，应当折合成人民币计算，折合率可以选择销售额发生的当天或者当月1日的人民币汇率中间价。纳税人应当在事先确定采用何种折合率，确定后12个月内不得变更。

2. 进项税额

进项税额是指纳税人购进货物或者接受应税劳务所支付或者负担的增值税额。

（1）准予抵扣的进项税额包括：

①从销售方取得的增值税专用发票上注明的增值税额；

②从海关取得的完税凭证上注明的增值税额；

③购进农产品准予抵扣的进项税额。计算公式为：

进项税额 = 买价 × 扣除率

纳税人购进农产品应根据取得的增值税专用发票或农产品收购发票、销售发票计算进项税额。用于生产或者委托加工13%税率货物的农产品，按照10%的扣除率计算进项税额；用于其他应税项目的按照9%计算抵扣进项税额。

农业产品是指种植业、养殖业、林业、牧业、水产业生产的各种植物、动物的初级产品。农业产品的征税范围包括植物类和动物类两大类。

植物类包括人工种植和天然生长的各种植物的初级产品。具体征税范围为：粮食、蔬菜、烟叶、茶叶、园艺植物、药用植物、油料植物、纤维植物、糖料植物、林业产品，以及树苗、花卉、草、种子等其他植物。

动物类包括人工养殖和天然生长的各种动物的初级产品。具体征税范围为：水产品、畜牧产品、蛋类产品、鲜奶、动物皮张、动物毛绒、其他动物组织以及昆虫类动物。

（2）不得抵扣的进项税额：

一般纳税人有下列情形之一者，应按销售额依照增值税税率计算应纳税额，不得抵扣进项税额，也不得使用专用发票：

①会计核算不健全或者不能够提供准确税务资料的；

②符合一般纳税人条件，但不申请一般纳税人认定手续的。

有下列情形的，其进项税额不得从销项税额中抵扣：

①纳税人取得的增值税扣税凭证不符合法律、行政法规或者国家税务总局有关规定的；

②用于简易计税方法计税项目的购进货物、加工修理修配劳务、服务、无形资产和不动产；

③用于免征增值税项目的购进货物、加工修理修配劳务、服务、无形资产和不动产；

④用于集体福利的购进货物、加工修理修配劳务、服务、无形资产和不动产；

⑤用于个人消费的购进货物、加工修理修配劳务、服务、无形资产和不动产；

所谓集体福利和个人消费是指企业内部设置的供职工使用的食堂、浴室、理发室、宿舍、幼儿园等福利设施及其设备、物品等或者以福利、奖励、津贴等形式发给职工个人的物品。

《财政部　国家税务总局关于租入固定资产进项税额抵扣等增值税政策的通知》（财税〔2017〕90号）规定：自2018年1月1日起，纳税人租入固定资产、不动产，既用于一般计税方法计税项目，又用于简易计税方法计税项目、免征增值税项目、集体福利或者个人消费的，其进项税额准予从销项税额中全额抵扣。

⑥非正常损失的购进货物，以及相关的加工修理修配劳务和交通运输服务；

⑦非正常损失的在产品、产成品所耗用的购进货物（不包括固定资产）、加工修理修配劳务和交通运输服务；

⑧非正常损失的不动产，以及该不动产所耗用的购进货物、设计服务和建筑服务；

⑨非正常损失的不动产在建工程所耗用的购进货物、设计服务和建筑服务；

其中，非正常损失是指因管理不善造成的货物被盗窃、丢失、霉烂变质的损失，以及因违反法律法规造成货物或不动产被依法没收、拆除、销毁的损失。

⑩不动产改变用途；

⑪购进的贷款服务；

⑫购进的餐饮服务、娱乐服务及居民日常服务。

居民日常服务是指主要为满足居民个人及其家庭日常生活需求提供的服务，包括市容市政管理、家政、婚庆、养老、殡葬、照料和护理、救助救济、美容美发、按摩、桑拿、氧吧、足疗、沐浴、洗染、摄影扩印等服务。

上述不得抵扣的进项税额，若企业在购进时已结转了增值税进项税额，一经查实，一律做进项税额转出处理。

【例1-3】 兴达建筑公司购进材料一批，增值税专用发票注明不含税价款50 000元，按13%的税率计算增值税。求该发票票面增值税税额和结算价款。

票面增值税税额 $=50\ 000\times13\%=6\ 500$（元）

结算价款 $=50\ 000+6\ 500=56\ 500$（元）

【例1-4】 冀凯五金公司销售商品一批，按双方协商价格计算，销售总价56 500元，增值税税率13%。求票面不含税销售额及销项税额。

不含税销售额 $=\dfrac{56\ 500}{1+13\%}=50\ 000$（元）

销项税额 $=50\ 000\times13\%=6\ 500$（元）

（3）进项税额抵扣期限要求：

增值税一般纳税人取得2017年1月1日及以后开具的增值税专用发票、海关进口增值税专用缴款书、机动车销售统一发票、收费公路通行费增值税电子普通发票，取消认证确认、稽核比对、申报抵扣的期限。

增值税一般纳税人取得2016年12月31日及以前开具的增值税专用发票、海关进口增值税专用缴款书、机动车销售统一发票，超过认证确认、稽核比对、申报抵扣期限，但符合规定条件的，仍可按照相关文件规定，继续抵扣进项税额。

（二）简易计税方法

简易计税是按照销售额和增值税征收率计算税额的计税方法。其计算公式如下：

$$应纳税额 = 不含税销售额 \times 征收率$$

$$不含税销售额 = \frac{含税销售额}{1 + 征收率}$$

根据增值税的相关规定，小规模纳税人发生应税行为适用简易计税方法计税。一般纳税人发生财政部和国家税务总局规定的特定应税行为，也可以选择适用简易计税方法计税，但一经选择，36 个月内不得变更。

买方购进采用简易计税方法计税并开具增值税专用发票的货物、加工修理修配劳务、服务、无形资产和不动产等，凡用于一般计税项目的，可以按增值税专用发票注明的增值税额抵扣销项税额。

一般纳税人可以选择简易计税方法的应税项目参见下文“增值税征收率”的相关内容。

四、增值税税率和征收率

（一）增值税税率

我国现行增值税税率分为 13%、9%、6% 和零税率四档。

1. 一般纳税人销售货物、进口货物以及提供应税劳务、有形动产租赁服务，除另有规定外，税率为 13%。

一般纳税人购进用于生产销售或委托加工 13% 税率货物的农产品，按照 10% 的扣除率计算进项税额。

2. 一般纳税人提供交通运输、邮政、基础电信、建筑、不动产租赁服务、销售不动产、转让土地使用权、销售或者进口下列货物，税率为 9%：

①农产品、食用植物油、食用盐、鲜奶；

②自来水、暖气、冷气、热水、煤气、石油液化气、天然气、二甲醚、沼气、居民用煤炭制品；

③图书、报纸、杂志、音像制品、电子出版物；

④饲料、化肥、农药、农机、农膜；

⑤转让土地使用权；

⑥销售不动产和不动产租赁服务。

3. 增值税一般纳税人销售或转让土地使用权之外的其他无形资产，提供增值电信服务、金融服务、生活服务以及除租赁服务之外的各项现代服务，税率为 6%。

4. 以下应税行为适用零税率：

①出口货物（国务院另有规定的除外）。

②跨境应税行为。境内单位和个人提供的国际运输服务、航天运输服务、向境外单位提供的完全在境外消费的研发服务、合同能源管理服务、设计服务、广播影视节目（作品）的制作和发行服务、软件服务、电路设计及测试服务、信息系统服务、业务流程管理服务、离岸服务外包业务、转让技术服务，境内单位和个人提供的往返香港、澳门、台湾

的交通运输服务以及在香港、澳门、台湾提供的交通运输服务；国际服务外包，实行增值税零税率或免税。境内单位和个人提供期租、程租和湿租服务，如果租赁的交通运输工具用于国际运输服务和港澳台运输服务，不适用增值税零税率，由承租方按规定申请适用零税率。

零税率不同于免税：

①适用零税率项目的进项税额允许抵扣，用于免税项目的进项税额不允许抵扣。

②零税率作为一档法定税率，只要符合规定即可选用，无须税务机关备案或审批；免税属于税收优惠，须事先报税务机关审批或备案。

③零税率视同完税，出口项目可享受相应退税优惠政策；免税由于免除了相关税款，相应的应税项目不能享受退税优惠。

（二）增值税征收率

我国现行的增值税征收率分为3%、5%两档。

1. 3%征收率主要适用项目

①小规模纳税人销售货物、提供服务、转让无形资产等。

《财政部 税务总局关于对增值税小规模纳税人免征增值税的公告》（财政部 税务总局公告2022年第15号）规定，自2022年4月1日至2022年12月31日，增值税小规模纳税人适用3%征收率的应税销售收入，免征增值税；适用3%预征率的预缴增值税项目，暂停预缴增值税。

②《国家税务总局关于小规模纳税人免征增值税征管问题的公告》（国家税务总局公告2021年第5号）小规模纳税人发生增值税应税销售行为，合计月销售额未超过15万元（以1个季度为1个纳税期的，季度销售额未超过45万元，下同）的，免征增值税。

小规模纳税人发生增值税应税销售行为，合计月销售额超过15万元，但扣除本期发生的销售不动产的销售额后未超过15万元的，其销售货物、劳务、服务、无形资产取得的销售额免征增值税。

③小规模纳税人跨县（市）提供建筑服务，应以取得的全部价款和价外费用扣除支付的分包款后的余额为销售额，按照3%的征收率计算应纳税额。纳税人应按照上述计税方法在建筑服务发生地预缴税款后，向机构所在地主管税务机关进行纳税申报。

④小规模纳税人（除其他个人外）销售自己使用过的除固定资产以外的物品。

⑤小规模纳税人（除其他个人外）销售自己使用过的固定资产（不区分购进年限）和旧货，可按3%征收率减按2%计算应缴增值税，但只能开具增值税普通发票，买方不能作为进项税额抵扣。若买方为一般纳税人需要抵扣，卖方则只能对所售固定资产放弃减税，按3%计算应缴增值税并开具增值税专用发票。

⑥一般纳税人可选择按照简易计税方法，依照3%征收率计算缴纳增值税销售自产的下列货物：县及县以下装机容量为5万千瓦以下（含5万千瓦）的小型水力发电单位生产的电力；建筑用和生产建筑材料所用的砂、土、石料；以自己采掘的砂、土、石料或其他矿物连续生产的砖、瓦、石灰（不含黏土实心砖、瓦）；自来水；商品混凝土（仅限于以水泥为原料生产的水泥混凝土）。

⑦一般纳税人提供的公共交通运输服务、动漫企业为开发动漫产品提供的相关服务及在境内转让动漫产权、电影放映服务、仓储服务、装卸搬运服务、收派服务、文化体育服务，可选择适用简易计税方法按3%征收率计算缴纳增值税。

⑧一般纳税人以纳入营改增试点之日前取得的有形动产为标的物提供的经营租赁服务。

⑨一般纳税人在纳入营改增试点之日前签订的尚未执行完毕的有形动产租赁合同。

⑩一般纳税人以清包工方式提供的建筑服务、为甲供工程以及为建筑工程老项目提供的建筑服务，可选择适用简易计税方法计税。

⑪一般纳税人跨县（市）提供建筑服务，选择适用简易计税方法计税的。

⑫一般纳税人销售自己使用过的固定资产，适用简易办法依照3%征收率减按2%征收增值税政策的，为开具增值税专用票，可以放弃减税，按简易办法依照3%征收率缴纳增值税。该固定资产包括购进或者自制固定资产时为小规模纳税人，登记为一般纳税人后销售的固定资产；一般纳税人发生按简易办法征收增值税应税行为，销售其按照规定不得抵扣且未抵扣进项税额的固定资产；一般纳税人销售2009年1月1日增值税转型改革前购进或者自制的固定资产。

⑬销售旧货，依照3%征收率减按2%征收增值税。旧货是指进入二次流通的具有部分使用价值的货物（含旧汽车、旧摩托车和旧游艇），但不包括自己使用过的物品。

⑭提供物业管理服务的纳税人，向服务接受方收取的自来水水费，以扣除其对外支付的自来水水费后的余额为销售额，按照简易计税方法依照3%的征收率计算缴纳增值税。

2. 5%征收率主要适用项目

①小规模纳税人销售其取得（不含自建）的不动产（不含个体工商户销售购买的住房和其他个人销售不动产），应以取得的全部价款和价外费用减去该项不动产购置原价或者取得不动产时的作价后的余额为销售额。

②小模纳税人销售其自建的不动产，应以取得的全部价款和价外费用为销售额。

③房地产开发企业中的小规模纳税人，销售自行开发的房地产项目。

④小规模纳税人出租其取得的不动产（不含个人出租住房）。

⑤一般纳税人销售其2016年4月30日前取得（不含自建）的不动产，以取得的全部价款和价外费用减去该项不动产购置原价或者取得不动产时的作价后的余额为销售额。

⑥一般纳税人销售其2016年4月30日前自建的不动产，可以选择适用简易计税方法，以取得的全部价款和价外费用为销售额。

⑦房地产开发企业中的一般纳税人，销售自行开发的房地产老项目，可选择适用简易计税方法。

⑧一般纳税人出租其2016年4月30日前取得的不动产，可以选择适用简易计税方法。

⑨公路经营企业中的一般纳税人收取试点前开工的高速公路的车辆通行费，可选择5%征收率减按3%的征收率计算应纳税额。试点前开工的高速公路，是指相关施工许可证明上注明的合同开工日期在2016年4月30日前的高速公路。

⑩一般纳税人2016年4月30日前签订的不动产融资租赁合同，可以2016年4月30

日前取得的不动产提供的融资租赁服务，选择适用简易计税方法。

⑪其他个人销售其取得（不含自建）的不动产（不含其购买的住房），应以取得的全部价款和价外费用减去该项不动产购置原价或者取得不动产时的作价后的余额为销售额。

⑫其他个人出租其取得的不动产（不含住房）。

⑬个人出租住房，应按照5%的征收率减按1.5%计算应纳税额。

与建筑企业相关的增值税主要涉税事项可概括如表1－9所示。

表1－9　　建筑企业增值税涉税内容概览

一般计税方法				
项目	应税范围	税率	应开发票类型	说明
销售货物或提供加工、修理修配劳务以及进口货物	提供加工、修理修配劳务和销售或进口货物	13%	增值税专用发票	含销售自己使用过的除固定资产以外的其他物品
	销售或进口下列货物：农产品（含粮食）、自来水、暖气、石油液化气、天然气、食用植物油、冷气、热水、煤气、居民用煤炭制品、食用盐、农机、饲料、农药、农膜、化肥、沼气、二甲醚、图书、报纸、杂志、音像制品、电子出版物	9%		
交通运输服务	陆路运输服务，指通过陆路（地上或者地下）运送货物或者旅客的运输业务活动、包括铁路运输服务和其他陆路运输服务			
	水路运输服务，指通过江、河、湖、川等天然、人工水道或者海洋航道运送货物或者旅客的运输业务活动			
	航空运输服务，指通过空中航线运送货物或者旅客的运输业务活动			
邮政服务	邮政普遍服务，指函件、包裹等邮件寄递，以及邮票发行、报刊发行和邮政汇兑等业务活动	9%		
	邮政特殊服务，指义务兵平常信函、机要通信、盲人读物和革命烈士遗物的寄递等业务活动			
	其他邮政服务，指邮册等邮品销售、邮政代理等业务活动			
电信服务	基础电信服务，指利用固网、移动网、卫星、互联网，提供语音通话服务的业务活动，以及出租或者出售带宽、波长等网络元素的业务活动	9%		
	增值电信服务，指利用固网、移动网、卫星、互联网、有线电视网络，提供短信和彩信服务、电子数据和信息的传输及应用服务，互联网接入服务等业务活动	6%		卫星电视信号落地转接服务，按照“增值电信服务”缴纳增值税

续表

一般计税方法				
项目	应税范围	税率	应开发票类型	说明
建筑服务	工程服务，指新建、改建各种建筑物、构筑物的工程作业，包括与建筑物相连的各种设备或者支柱、操作平台的安装或者装设工程作业，以及各种窑炉和金属结构工程作业	9%	增值税专用发票	物业服务企业为业主提供的装修服务，按照“建筑服务”缴纳增值税；纳税人将建筑施工设备出租给他人使用并配备操作人员的，按照“建筑服务”缴纳增值税
	安装服务，指生产设备、动力设备、起重设备、运输设备、传动设备、医疗实验设备以及其他各种设备、设施的装配、安置工程作业，包括与被安装设备相连的工作台、梯子、栏杆的装设工程作业，以及被安装设备的绝缘、防腐、保温、油漆等工程作业。 固定电话、有线电视、宽带、水、电、燃气、暖气等经营者向用户收取的安装费、初装费、开户费、扩容费以及类似收费，按照安装服务缴纳增值税			
	修缮服务，指对建筑物、构筑物进行修补、加固、养护、改善使之恢复原来的使用价值或者延长其使用期限的工程作业			
	装饰服务，指对建筑物、构筑物进行修饰装修，使之美观或者具有特定用途的工程作业			
	其他建筑服务，指上列工程作业之外的各种工程作业服务。如钻井（打井）、拆除建筑物或者构筑物、平整土地、园林绿化、疏浚（不包括航道疏浚）、建筑物平移、搭脚手架、爆破、矿山穿孔、表面附着物（包括岩层、土层、沙层等）剥离和清理等工程作业			
金融服务	贷款服务，指将资金贷与他人使用而取得利息收入的业务活动	6%		
	直接收费金融服务，指为货币资金融通及其他金融业务提供相关服务并且收取费用的业务活动。包括提供货币兑换、账户管理、电子银行、信用卡、信用证、财务担保、资产管理、信托管理、基金管理、金融交易场所（平台）管理、资金结算、资金清算、金融支付等服务			
	保险服务，指投保人根据合同约定，向保险人支付保险费，保险人对于合同约定的可能发生的事故因其发生所造成的财产损失承担赔偿保险金责任，或者当被保险人死亡、伤残、疾病或者达到合同约定的年龄、期限等条件时承担给付保险金责任的商业保险行为。包括人身保险服务和财产保险服务			

续表

一般计税方法				
项目	应税范围	税率	应开发票类型	说明
现代服务	研发和技术服务，包括： ①研发服务，指就新技术、新产品、新工艺或者新材料及其系统进行研究与试验开发的业务活动。 ②合同能源管理服务，指节能服务公司与用能单位以契约形式约定节能目标，节能服务公司提供必要的服务，用能单位以节能效果支付节能服务公司投入及其合理报酬的业务活动。 ③工程勘查勘探服务，指在采矿、工程施工前后，对地形、地质构造、地下资源蕴藏情况进行实地调查的业务活动。 ④专业技术服务，指气象服务、地震服务、海洋服务、测绘服务、城市规划、环境与生态监测服务等专项技术服务	6%	增值税专用发票	
	信息技术服务，指利用计算机、通信网络等技术对信息进行生产、收集、处理、加工、存储、运输、检索和利用，并提供信息服务的业务活动。包括： ①软件服务，指提供软件开发服务、软件维护服务、软件测试服务的业务活动。 ②电路设计及测试服务，指提供集成电路和电子电路产品设计、测试及相关技术支持服务的业务活动。 ③信息系统服务，指提供信息系统集成、网络管理、网站内容维护、桌面管理与维护、信息系统应用、基础信息技术管理平台整合、信息技术基础设施管理、数据中心、托管中心、信息安全服务、在线杀毒、虚拟主机等业务活动。包括网站对非自有的网络游戏提供的网络运营服务。 ④业务流程管理服务，指依托信息技术提供的人力资源管理、财务经济管理、审计管理、税务管理、物流信息管理、经营信息管理和呼叫中心等服务的活动。 ⑤信息系统增值服务，指利用信息系统资源为用户附加提供的信息技术服务，包括数据处理、分析和整合、数据库管理、数据备份、数据存储、容灾服务、电子商务平台等	6%		
	文化创意服务，包括设计服务、知识产权服务、广告服务和会议展览服务。 ①设计服务，指把计划、规划、设想通过文字、语言、图画声音、视觉等形式传递出来的业务活动。包括工业设计、内部管理设计、业务运作设计、供应链设计、造型设计、服装设计、环境设计、平面设计、包装设计、动漫设计、网游设计、展示设计、网站设计、机械设计、工程设计、广告设计、创意策划、文印晒图等。			宾馆、旅馆、旅社、度假村和其他经营性住宿场所提供会议场地及配食服务的活动，按照“会议展览服务”缴纳增值税

续表

一般计税方法				
项目	应税范围	税率	应开发票类型	说明
现代服务	②知识产权服务，指处理知识产权事务的业务活动。包括对专利、商标、著作权、软件、集成电路布图设计的登记、鉴定、评估、认证、检索服务。 ③广告服务，指利用图书、报纸、杂志、广播、电视、电影、幻灯、路牌、招贴、橱窗、霓虹灯、灯箱、互联网等各种形式为客户的商品、经营服务项目、文体节目或者通告、声明等委托事项进行宣传和提供相关服务的业务活动。包括广告代理和广告的发布播映、宣传、展示等。 ④会议展览服务，指为商品流通、促销、展示、经贸洽谈、民间交流、企业沟通、国际往来等举办或者组织安排的各类展览和会议的业务活动	6%	增值税专用发票	
	物流辅助服务，包括航空服务、港口码头服务、货运客运场站服务、打捞救助服务、装卸搬运服务、仓储服务和收派服务。 ①货运客运场站服务，指货运客运场站提供货物配载服务、运输组织服务、中转换乘服务、车辆调度服务、货物打包整理、铁路线路使用服务、加挂铁路客车服务、铁路行包专列发送服务、铁路到达和中转服务、铁路车辆编解服务、车辆挂运服务、铁路接触网服务、铁路机车牵引服务等业务活动。 ②装卸搬运服务，指使用装卸搬运工具或者人力、畜力将货物在运输工具之间、装卸现场之间或者运输工具与装卸现场之间进行装卸和搬运的业务活动。 ③仓储服务，指利用仓库、货场或者其他场所代客贮放、保管货物的业务活动	6%		
	租赁服务，包括融资租赁服务和经营租赁服务	不动产租赁服务为9%，有形动产租赁服务为13%		
	鉴证咨询服务，包括： ①认证服务，指具有专业资质的单位利用检测、检验、计量等技术，证明产品、服务、管理体系符合相关技术规范、相关技术规范的强制性要求或者标准的业务活动。 ②鉴证服务，指具有专业资质的单位受托对相关事项进行鉴证，发表具有证明力的意见的业务活动。包括会计鉴证、税务鉴证、法律鉴证、职业技能鉴证、工程造价鉴证、工程监理、资产评估、环境评估、房地产土地评估、建筑图纸审核、医疗事故鉴定等。 ③咨询服务，指提供信息、建议、策划、顾问等服务的活动。包括金融、软件、技术、财务、税收、法律、内部管理、业务运作、流程管理、健康等方面的咨询	6%		翻译服务、市场调查服务按“咨询服务”缴纳增值税

续表

一般计税方法				
项目	应税范围	税率	应开发票类型	说明
现代服务	商务辅助服务，包括： ①企业管理服务，指提供总部管理、投资与资产管理、市场管理、物业管理、日常综合管理等服务的业务活动。 ②经纪代理服务，指各类经纪、中介、代理服务。包括金融代理、知识产权代理、货物运输代理、代理报关、法律代理、房地产中介、职业中介、婚姻中介、代理记账、拍卖等。 ③人力资源服务，指提供公共就业、劳务派遣，人才委托招聘、劳动力外包等服务的业务活动。 ④安全保护服务，指提供保护人身安全和财产安全，维护社会治安等的业务活动。包括场所住宅保安、特种保安、安全系统监控以及其他安保服务	6%	增值税专用发票	
生活服务	教育医疗服务，包括： ①教育服务，指提供学历教育服务、非学历教育服务、教育辅助服务的业务活动。包括各类培训、演讲、讲座、报告会等教育辅助服务。 ②医疗服务，指提供医学检查、诊断、治疗、康复、预防、保健、接生、计划生育、防疫等方面的服务，以及与这些服务有关的提供药品、医用材料器具、救护车、病房住宿和伙食的业务			
	餐饮住宿服务			
销售无形资产	销售无形资产，指转让无形资产所有权或使用权的业务活动。 无形资产包括技术、商标、著作权、商誉、自然资源使用权等不具实物形态，但能带来经济利益的资产。 其中：技术包括专利技术和非专利技术；自然资源使用权包括土地使用权、海域使用权、探矿权、采矿权、取水权和其他自然资源使用权	转让土地使用权为9%，其他为6%		
销售不动产	销售不动产，指转让不动产所有权的业务活动。不动产指不能移动或者移动后会引起性质、形状改变的财产，包括建筑物、构筑物等。 建筑物，包括住宅、商业营业用房、办公楼等可供居住、工作或者进行其他活动的建造物。 构筑物，包括道路、桥梁、隧道、水坝等建造物	9%		

续表

<table>
<tr><th colspan="5">简易计税方法</th></tr>
<tr><th>项目</th><th>应税范围</th><th>征收率</th><th>应开发票类型</th><th>计税公式</th></tr>
<tr><td rowspan="3">小规模纳税人</td><td>销售货物、提供服务、转让无形资产等各种应税行为均采用简易计税方法。
注：自2022年4月1日至2022年12月31日，适用3%征收率的应税销售收入，免征增值税；适用3%预征率的预缴增值税项目，暂停预缴增值税。
自2021年4月1日至2022年12月31日，对月销售额15万元以下（含本数）的增值税小规模纳税人，免征增值税</td><td>3%</td><td>①可开具专用发票；
②从2022年4月1日起适用3%征收率应税销售收入免征增值税的，应开具免税普通发票；选择放弃免税的应开具征收率为3%的增值税专用发票</td><td>增值税 = 含税销售额 ÷（1 +3%）×3%</td></tr>
<tr><td>①销售其取得（不含自建）的不动产（不含个体工商户销售购买的住房和其他个人销售不动产），应以取得的全部价款和价外费用减去该项不动产购置原价或取得不动产时的作价后的余额为销售额计算应纳税额。
②销售其自建的不动产，应以取得的全部价款和价外费用为销售额计算应纳税额。
③房地产开发企业销售自行开发房地产项目。
④出租其取得的不动产（不含个人出租住房）</td><td rowspan="2">5%</td><td>可以开具增值税专用发票</td><td>增值税 = 含税销售额 ÷（1 +5%）×5%</td></tr>
<tr><td>小规模纳税人提供劳务派遣服务，可以选择差额纳税，以取得的全部价款和价外费用，扣除代用工单位支付给劳务派遣员工的工资、福利和为其办理社会保险及住房公积金后的余额为销售额，按照简易计税方法依5%的征收率计算缴纳增值税。
注：一般纳税人供劳务派遣服务，也可以选择差额纳税，其征收率及发票开具与小规模纳税人相同</td><td>选择差额纳税的纳税人，向用工单位收取用于支付给劳务派遣员工工资、福利和为其办理社会保险及住房公积金的费用，不得开具增值税专用发票，可以开具普通发票</td><td>增值税 =（收取的全部价款和价外费用 - 代用工单位支付给劳务派遣员工的工资、福利和为其办理社会保险及住房公积金的费用）÷（1 +5%）×5%</td></tr>
</table>

续表

简易计税方法				
项目	应税范围	征收率	应开发票类型	计税公式
小规模纳税人（除其他个人外）	销售自己使用过的除固定资产以外的物品	3%	可以开具增值税专用发票	增值税 = 售价 ÷（1 + 3%）×3%
	销售自己使用过的固定资产（不区分购进年限）和旧货	3%减按2%	只能开具普通发票	增值税 = 售价 ÷（1 + 3%）×2%
小规模纳税人	销售自己使用过的固定资产，放弃适用简易办法依照3%征收率减按2%征收增值税政策减税的，可按照简易办法依3%征收率缴纳增值税	3%	可开具增值税专用发票	增值税 = 含税销售额 ÷（1 + 3%）×3%
一般纳税人（财政部、国家税务总局规定可选择简易计税方法的特定应税行为，选定后36个月内不得变更）	销售自产的下列货物可选择简易计税方法： ①县及县以下装机容量为5万千瓦以下（含5万千瓦）的小型水力发电单位生产的电力。 ②建筑用和生产建筑材料所用的砂、土、石料。 ③以自己采掘的砂、土、石料或其他矿物连续生产的砖、瓦、石灰（不含黏土实心砖、瓦）。 ④自来水。 ⑤商品混凝土（仅限于以水泥为原料生产的水泥混凝土）	3%	可开具增值税专用发票	增值税 = 含税销售额 ÷（1 + 3%）×3%
	下列应税行为可以选择适用简易计税方法计税： ①公共交通运输服务。包括轮客渡、公交客运、地铁、城市轻轨、出租车、长途客运、班车。 班车，指按固定路线、固定时间运营并在固定站点停靠的运送旅客的陆路运输服务。 ②仓储服务、装卸搬运服务、收派服务。 ③以纳入营改增试点之日前取得的有形动产为标的物提供的经营租赁服务。 ④在纳入营改增试点之日前签订的尚未执行完毕的有形动产租赁合同	3%	可开具增值税专用发票	增值税 = 含税销售额 ÷（1 + 3%）×3%
	①以清包工方式提供的建筑服务，可选择简易计税方法。以清包工方式提供建筑服务是指施工方不采购建筑工程所需的材料或只采购辅助材料，并收取人工费、管理费或者其他费用的建筑服务。 ②为甲供工程提供的建筑服务，可以选择适用简易计税方法计税。甲供工程是指全部或部分设备、材料、动力由工程发包方自行采购的建筑工程。 ③跨县（市）提供建筑服务，选择简易计税方法计税的，应以取得的全部价款和价外费用扣除支付的分包款后的余额为销售额	3%	可开具增值税专用发票	增值税 = 含税销售额 ÷（1 + 3%）×3%

续表

<table>
<tr><th colspan="5">简易计税方法</th></tr>
<tr><th>项目</th><th>应税范围</th><th>征收率</th><th>应开发票类型</th><th>计税公式</th></tr>
<tr><td rowspan="8">一般纳税人（财政部、国家税务总局规定可选择简易计税方法的特定应税行为，选定后36个月内不得变更）</td><td>①销售其2016年4月30日前取得（不含自建）的不动产可选择适用简易计税方法，以取得的全部价款和价外费用减去该项不动产购置原价或者取得不动产时的作价后的余额为销售额。
②销售其2016年4月30日前自建的不动产，可选择适用简易计税方法，以取得的全部价款和价外费用为销售额</td><td rowspan="2">5%</td><td rowspan="2">可开具增值税专用发票</td><td rowspan="2">增值税 = 含税销售额 ÷（1 +5%）×5%</td></tr>
<tr><td>①房地产开发企业中的一般纳税人销售自行开发的房地产老项目，可选择适用简易计税方法计税。
②一般纳税人出租其2016年4月30日前取得的不动产，可选择适用简易计税方法</td></tr>
<tr><td>收取2016年4月30日试点前开工的高速公路的车辆通行费，可选择适用简易计税方法减按3%计算应纳税额</td><td>5%减按3%</td><td>可开具增值税专用发票</td><td>增值税 = 含税销售额 ÷（1 +5%）×3%</td></tr>
<tr><td>①纳税人购进或者自制固定资产时为小规模纳税人，登记为一般纳税人后销售该固定资产。
②发生按简易办法征收增值税应税行为，销售其按照规定不得抵扣且未抵扣进项税额的固定资产。
③销售2009年1月1日前购进或者自制的固定资产。
④销售自己使用过的营改增前取得的固定资产</td><td rowspan="2">3%减按2%</td><td rowspan="2">只能开具增值税普通发票</td><td rowspan="2">增值税 = 含税销售额 ÷（1 +3%）×2%</td></tr>
<tr><td>销售旧货（指进入二次流通的具有部分使用价值的货物，包括旧汽车、旧摩托车和旧游艇，但不包括自己使用过的物品）</td></tr>
<tr><td>纳税人销售自己使用过的固定资产，放弃3%减按2%减税政策的</td><td>3%</td><td>可开具增值税专用发票</td><td>增值税 = 含税销售额 ÷（1 +3%）×3%</td></tr>
<tr><td>提供物业管理服务的纳税人，向服务接受方收取的自来水水费，以扣除其对外支付的自来水水费后的余额为销售额</td><td>3%</td><td>可开具增值税专用发票</td><td>增值税 =（向服务接受方收取的自来水水费 − 其对外支付的自来水水费）÷（1 +3%）×3%</td></tr>
<tr><td>一般纳税人提供非学历教育服务、教育辅助服务，可以选择适用简易计税方法按照3%征收率计算应纳税额，可以开具增值税专用发票</td><td>3%</td><td>可开具增值税专用发票</td><td>增值税 = 含税销售额 ÷（1 +3%）×3%</td></tr>
<tr><td>非企业性单位中的一般纳税人</td><td>提供的研发和技术服务、信息技术服务、鉴证咨询服务，以及销售技术、著作权等无形资产，可以选择简易计税方法计算缴纳增值税。
提供《营业税改征增值税试点过渡政策的规定》（财税〔2016〕36号）第一条第（二十六）项中的“技术转让、技术开发和与之相关的技术咨询、技术服务”，可参照上述规定选择简易计税方法计算缴纳增值税</td><td>3%</td><td>可开具增值税专用发票</td><td>增值税 = 含税销售额 ÷（1 +3%）×3%</td></tr>
</table>

续表

简易计税方法				
项目	应税范围	征收率	应开发票类型	计税公式
其他个人	①销售其取得（不含自建）的不动产（不含其购买的住房），应以取得的全部价款和价外费用减去该项不动产购置原价或者取得不动产时的作价后的余额为销售额 ②出租其取得的不动产（不含住房）	5%	可开具增值税专用发票	增值税 = 含税销售额 ÷（1 + 5%）× 5%
	出租住房	5% 减按 1.5%	可开具增值税专用发票	增值税 = 含税销售额 ÷（1 + 5%）× 1.5%

五、增值税发票使用与管理

（一）增值税发票的种类

增值税发票是由国家税务总局设计、监制、印制或授权各省、直辖市、自治区监制、印制，就增值税涉税业务通过增值税发票管理系统开具，作为纳税人反映其增值税涉税业务相关经济活动情况的会计凭证。纳税人常用的增值税发票包括增值税专用发票、增值税普通发票、机动车销售统一发票、二手车销售统一发票四种。

1. 增值税专用发票

增值税专用发票是增值税纳税人因销售货物或提供应税劳务而开具，确认由购买方支付增值税额并可由购买方按照增值税有关规定据以抵扣增值税进项税额的发票。增值税专用发票兼具纳税人反映其交易活动的重要会计凭证和反映销货方纳税义务、购货方进项税额合法证明等多重作用。

按其存在物质形态不同，增值税专用发票分为增值税纸质专用发票（简称纸质专票）和增值税电子专用发票（简称电子专票）两种。

增值税纸质专票由基本联次或者基本联次附加其他联次构成，目前分为三联票和六联票两种。

三联票由记账联、抵扣联和发票联组成。其中：第一联为记账联，是销售方记账凭证；第二联为抵扣联，是购买方的扣税凭证；第三联为发票联，是购买方的记账凭证。

六联票由记账联、抵扣联和发票联三个基本联次附加其他联次构成。第一联至第三联的用途与三联票相同，第四联至第六联的用途由一般纳税人自行确定。

增值税纸质专票的样式如图 1 - 35 所示。

电子专票由各省税务局监制，采用电子签名代替发票专用章，其法律效力、基本用途、基本使用规定等与增值税纸质专票相同。

增值税电子专票的样式如图 1 - 36 所示。

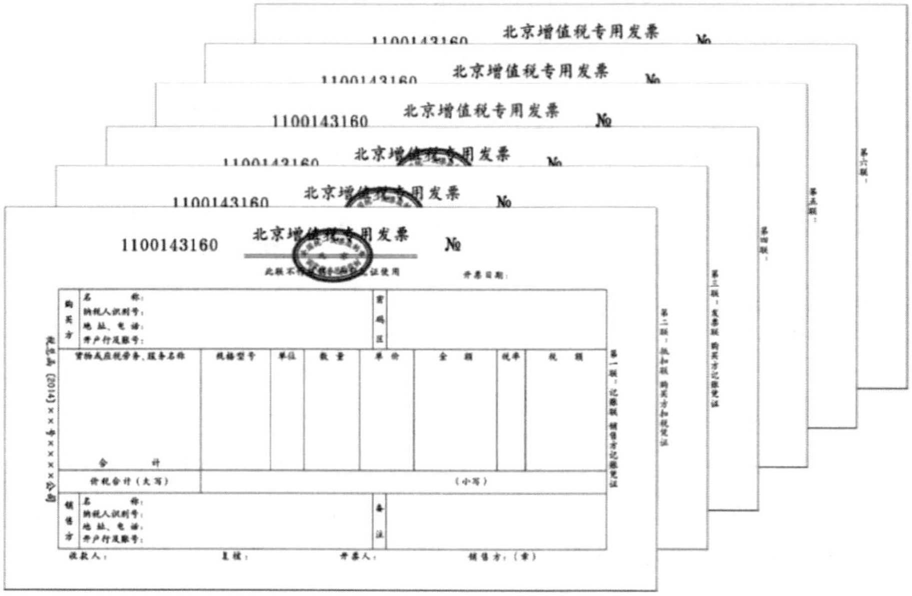
北京增值税专用发票
1100143160 №
此联不作报销、扣税凭证使用 开票日期：
购买方 名称： 纳税人识别号： 地址、电话： 开户行及账号： 密码区
货物或应税劳务、服务名称 规格型号 单位 数量 单价 金额 税率 税额
合计
价税合计（大写） （小写）
销售方 名称： 纳税人识别号： 地址、电话： 开户行及账号： 备注
收款人： 复核： 开票人： 销售方：（章）
第一联：记账联 销售方记账凭证
第二联：抵扣联 购买方扣税凭证
第三联：发票联 购买方记账凭证
第四联
第五联
第六联

图 1－35 增值税纸质专票

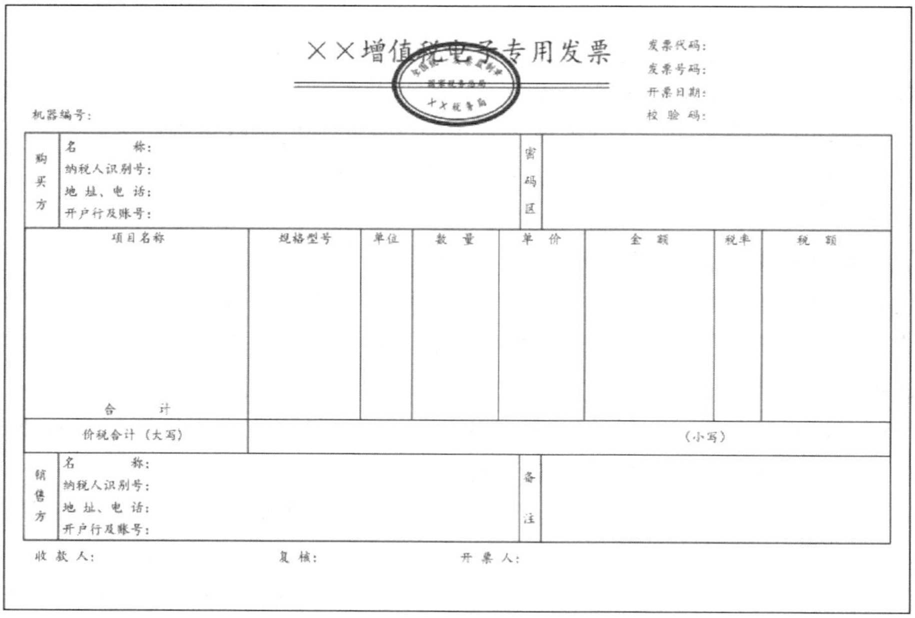
××增值税电子专用发票
发票代码：
发票号码：
开票日期：
校验码：
机器编号：
购买方 名称： 纳税人识别号： 地址、电话： 开户行及账号： 密码区
项目名称 规格型号 单位 数量 单价 金额 税率 税额
合计
价税合计（大写） （小写）
销售方 名称： 纳税人识别号： 地址、电话： 开户行及账号： 备注
收款人： 复核： 开票人：

图 1－36 增值税电子专票

2. 增值税普通发票

增值税普通发票是增值税纳税人销售货物或提供应税劳务、服务时，通过增值税税控系统向购买方开具的反映双方交易业务发生情况的发票。增值税普通发票不能作为增值税进项税额抵扣凭证使用。

增值税普通发票包括纸质普通发票、电子普通发票、卷式发票（卷票）、电子普通发票（通行费）四种。

增值税纸质普通发票分为二联票和五联票两种。二联票第一联为记账联，由销货方作为记账凭证；第二联为发票联，供购货方作记账凭证；五联票前两联与二联票相同，第三联至第五联由发票使用单位自行安排使用。

增值税纸质普通发票的样式如图 1－37 所示。

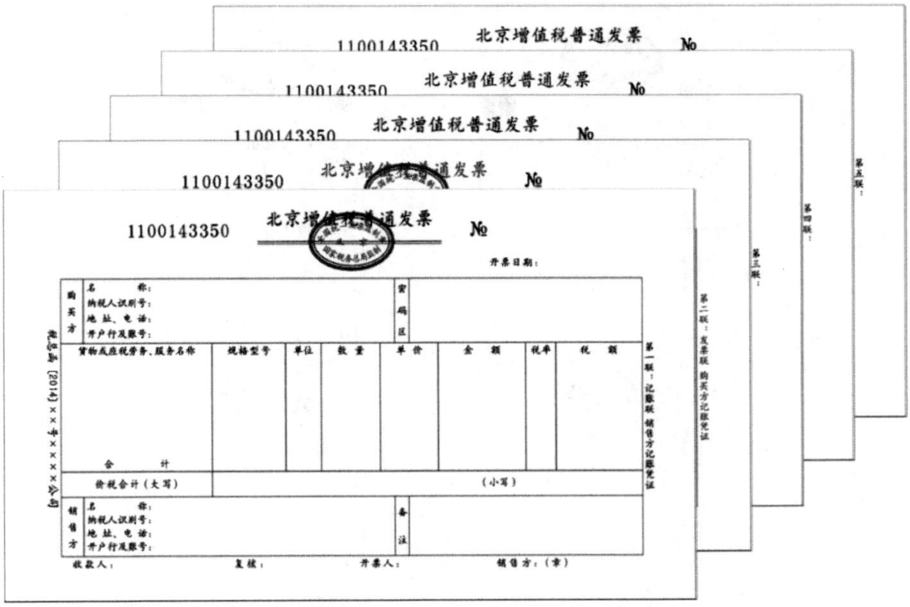

图 1－37　增值税纸质普通发票

增值税电子普通发票样式如图 1－38 所示。

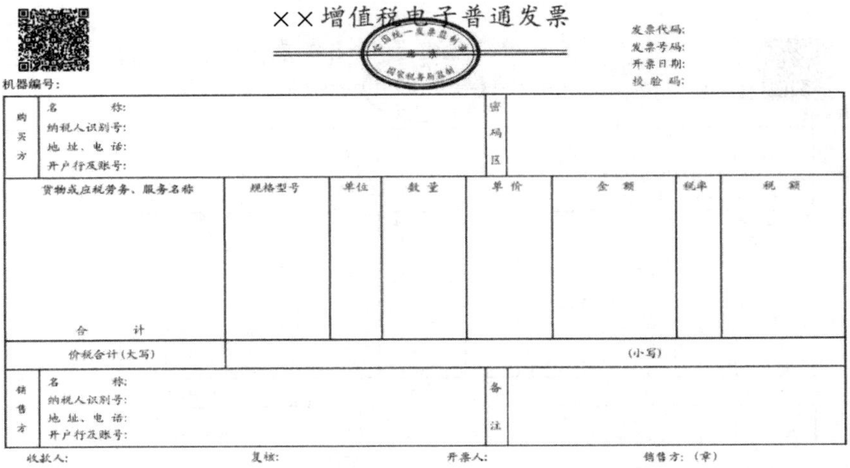

图 1－38　增值税电子普通发票

卷式发票分为定长式和不定长式两种。定长式发票的长度是事先规定的；不定长式的长度则是根据实际打印业务内容的多少而定。

目前我国增值税普通发票（卷票）为定长发票。发票宽度有 76mm、57mm 两种，长度固定为 177.8mm。其基本联次为一联，即“发票联”。发票印制的基本内容包括发票名称、发票监制章、发票联、发票代码、发票号码、黑标定位符和二维码等。

增值税普通发票（卷票）的样式如图 1-39 所示。

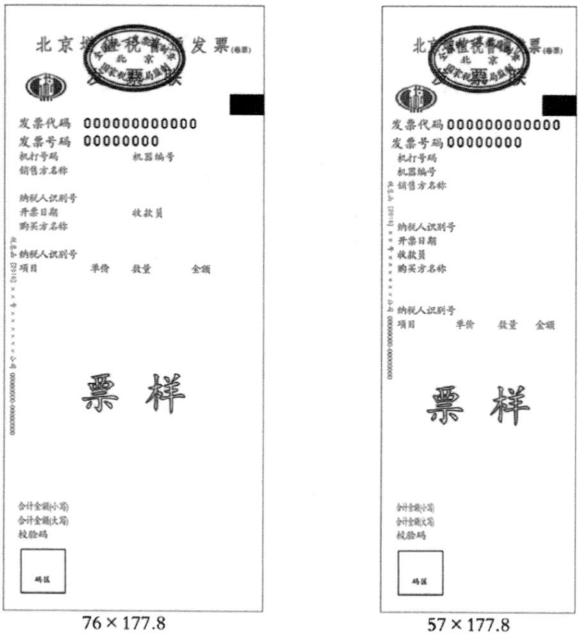

图 1-39　增值税普通发票（卷票）

增值税电子普通发票（通行费）的样式如图 1-40 所示。

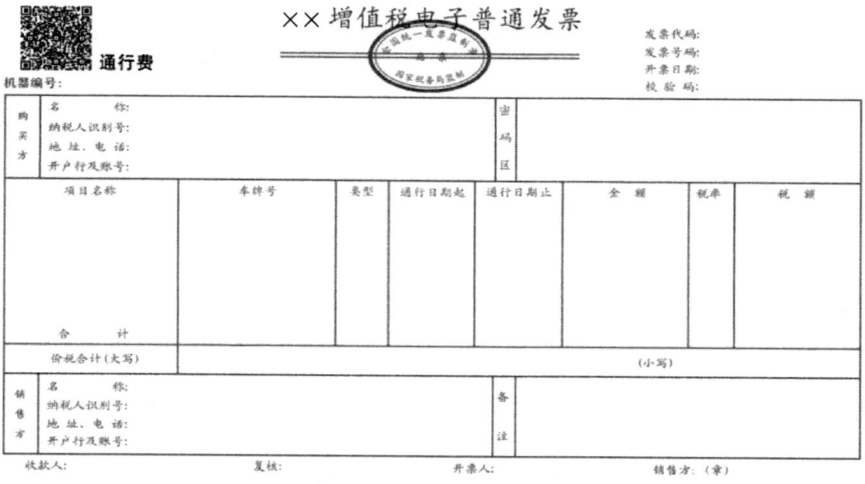

图 1-40　增值税电子普通发票（通行费）

3. 机动车销售统一发票

机动车销售统一发票是从事机动车零售业务的单位和个人，在销售机动车（不包括销售旧机动车）收取款项时开具的发票。

销售方为购买方自用的机动车应开具机动车销售统一发票；购买方购进用于销售的机动车，销售方则应为其开具增值税专用发票。

机动车销售统一发票为电脑六联式发票。第一联为棕色发票联，作购货单位的付款凭证；第二联为绿色抵扣联，作购货单位的扣税凭证；第三联为紫色报税联，供车辆购置附加税征收单位留存；第四联为蓝色注册登记联，由车辆登记单位留存；第五联为红色记账联，作销货单位记账凭证；第六联为黑色存根联，由销货单位留存。发票代码、发票号码印色为黑色。

机动车销售统一发票的样式如图 1－41 所示。

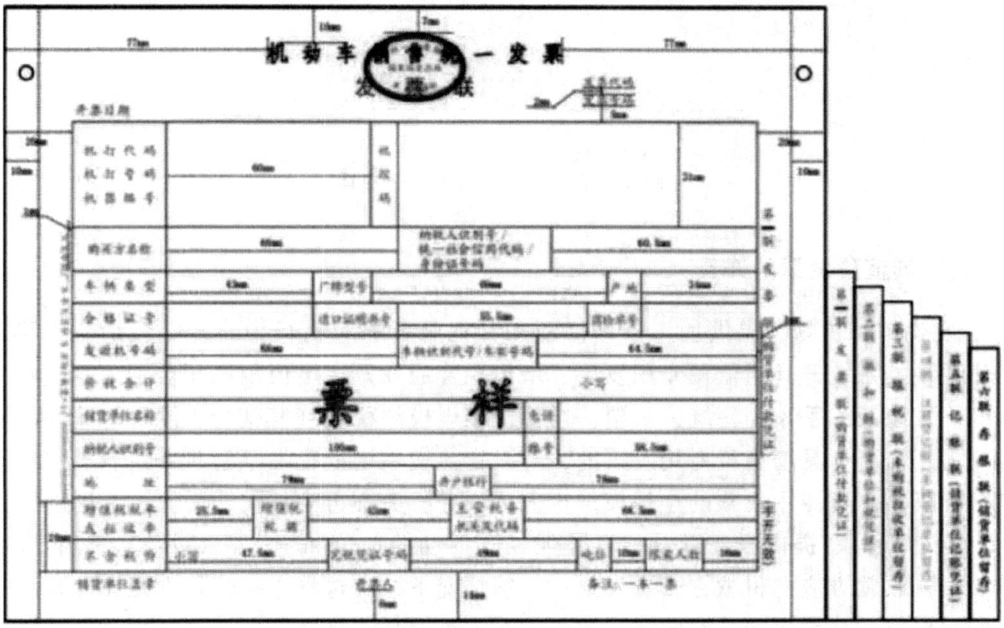

图 1－41　机动车销售统一发票

4. 二手车销售统一发票

二手车销售统一发票是二手车经销企业、经纪机构和拍卖企业，在销售、中介和拍卖二手车收取款项时，通过开票软件开具的发票。

二手车销售统一发票为一式五联计算机票。第一联为棕色发票联，作购货单位的付款凭证；第二联为蓝色转移登记联，由公安车辆管理部门留存；第三联为紫色出入库联，作销货单位出库凭证；第四联为红色记账联，作销货单位记账凭证；第五联为黑色存根联，由销货单位留存。

二手车销售统一发票的样式如图 1－42 所示。

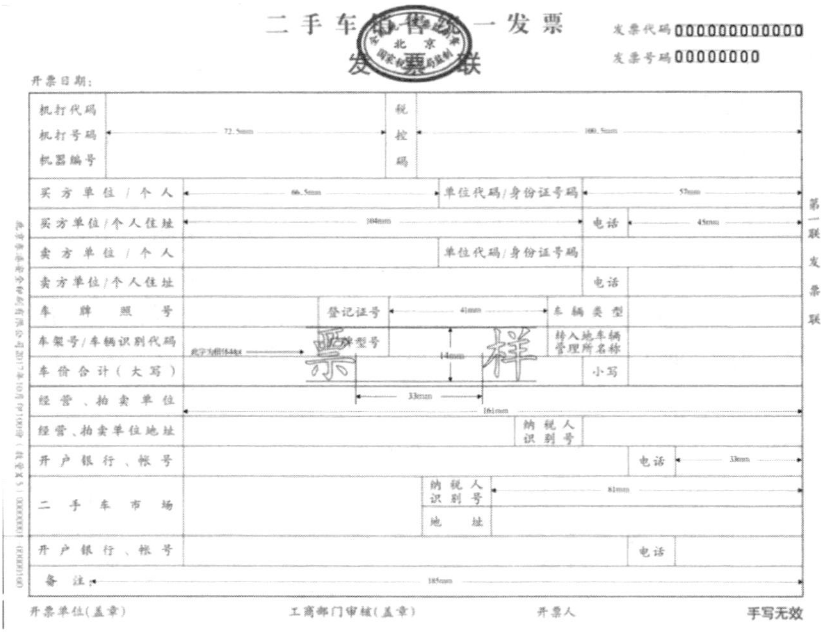
二手车销售统一发票

发票联

发票代码 000000000000

发票号码 00000000

开票日期：

机打代码 机打号码 机器编号		税控码	
买方单位/个人		单位代码/身份证号码	
买方单位/个人住址		电话	
卖方单位/个人		单位代码/身份证号码	
卖方单位/个人住址		电话	
车牌照号	登记证号	车辆类型	
车架号/车辆识别代码	厂牌型号	转入地车辆管理所名称	
车价合计（大写）		小写	
经营、拍卖单位			
经营、拍卖单位地址		纳税人识别号	
开户银行、帐号		电话	
二手车市场	纳税人识别号		
	地址		
开户银行、帐号		电话	
备注：			

开票单位（盖章） 工商部门审核（盖章） 开票人 手写无效

第一联 发票联

图 1－42 二手车销售统一发票

（二）增值税发票的开具

1. 发生销售货物、提供加工修理修配和其他服务等应税行为时，一般纳税人可以使用增值税税控系统开具增值税专用发票、增值税普通发票、增值税电子普通发票、机动车销售统一发票及二手车销售统一发票。增值税小规模纳税人（其他个人除外）发生增值税应税行为，需要开具增值税专用发票的，可以自愿使用增值税发票管理系统自行开具。选择自行开具增值税专用发票的小规模纳税人，税务机关不再为其代开增值税专用发票。

2. 销售商品、提供服务以及从事其他经营活动的单位和个人，对外发生经营业务收取款项时，收款方应向付款方开具发票；特殊情况下，由付款方向收款方开具发票。

所有单位和从事生产、经营活动的个人在购买商品、接受服务以及从事其他经营活动支付款项时，应当向收款方取得发票。取得发票时，不得要求变更品名和金额。

3. 增值税纳税人购买货物、劳务、服务、无形资产或不动产索取增值税专用发票时，须向销售方提供购买方名称（不得为自然人）、纳税人识别号或统一社会信用代码、地址、电话、开户行及账号信息，不需要提供营业执照、税务登记证、组织机构代码证、开户许可证、增值税一般纳税人资格登记表等相关证件或其他证明材料。

个人消费者购买货物、劳务、服务、无形资产或不动产，索取增值税普通发票时，不需要向销售方提供纳税人识别号、地址电话、开户行及账号信息，也不需要提供相关证件或其他证明材料。

4. 纳税人应在发生增值税纳税义务时开具发票，不得故意提前或者延迟。销售货物或者提供应税劳务，开具发票为收讫销售款项或取得索取销售款项凭据的当天；先开具发票的，为开具发票的当天；进口货物，为报关进口的当天。

5. 单位和个人在开具发票时，必须按照发票号码顺序填开，要求填写项目齐全、内容真实、字迹清楚、全部联次一次打印、内容完全一致，并在发票联和抵扣联加盖发票专用章。开具发票应当使用中文，民族自治地方可以同时使用当地通用的一种民族文字。

6. 税务总局在增值税税控系统中增加了商品和服务税收分类与编码相关功能，使用新系统的增值税纳税人，应使用新系统选择相应的商品和服务税收分类与编码开具增值税发票。

7. 纳税人应在互联网连接状态下在线使用新系统开具增值税发票，新系统可自动上传已开具的发票明细数据。

纳税人因网络故障等原因无法在线开具增值税发票的，在税务机关设定的离线开票时限和离线开具发票总金额范围内仍可开票，超限将无法开具发票。纳税人离线开票时限和离线开票总金额的设定标准及方法由各省、自治区、直辖市和计划单列市国家税务局确定。

按照有关规定不使用网络办税或不具备网络条件的特定纳税人，以离线方式开具发票不受离线开票时限和离线开具发票总金额限制。

8. 任何单位和个人不得有下列虚开发票行为：

（1）为他人和为自己开具与实际经营业务情况不符的发票；

（2）让他人为自己开具与实际经营业务情况不符的发票；

（3）介绍他人开具与实际经营业务情况不符的发票。

9. 一般纳税人有下列情形之一的，不得使用增值税专用发票：

（1）会计核算不健全，不能向税务机关准确提供增值税销项税额、进项税额、应纳税额数据及其他有关增值税税务资料的；

（2）应当办理一般纳税人资格登记而未办理的；

（3）有《中华人民共和国税收征收管理法》规定的税收违法行为，拒不接受税务机关处理的；

（4）有下列行为之一，经税务机关责令限期改正而仍未改正的：

①虚开增值税专用发票；

②私自印制增值税专用发票；

③向税务机关以外的单位和个人买取增值税专用发票；

④借用他人增值税专用发票；

⑤未按《增值税专用发票使用规定》第十一条要求开具增值税专用发票，即未遵守项目齐全、与实际交易相符、字迹清楚、不得压线和错格、发票联和抵扣联加盖财务专用章或者发票专用章、按照增值税纳税义务的发生时间开具的要求；

⑥未按规定保管增值税专用发票和专用设备；

⑦未按规定申请办理防伪税控系统变更发行；

⑧未按规定接受税务机关检查。

有上列情形的，如已领取增值税专用发票，主管税务机关应暂扣其结存的增值税专用发票和税控专用设备。

10. 属于下列情形之一的，不得开具增值税专用发票：

（1）向消费者个人销售货物、提供应税劳务或者发生应税行为的；

（2）销售货物、提供应税劳务或者发生应税行为适用增值税免税规定的，法律、法规及国家税务总局另有规定的除外；

（3）部分业务适用增值税简易征收政策规定的；

（4）商业企业一般纳税人零售的烟、酒、食品、服装、鞋帽（不包括劳保专用部分）、化妆品等消费品；

（5）法律、法规及国家税务总局规定的其他情形。

11. 纳税人兼营不同税率的项目，应当分别核算不同税率项目的销售额；未分别核算销售额的，从高适用税率。

不符合上列要求的增值税专用发票，购买方有权拒收。

12. 一般纳税人销售货物、提供加工修理修配劳务和发生应税行为可汇总开具增值税专用发票。汇总开具增值税专用发票的，同时使用新系统开具《销售货物或者提供应税劳务清单》，并加盖发票专用章。

13. 纳税人在开具增值税专用发票当月，发生销货退回、开票有误等情形，收到退回的发票联、抵扣联符合作废条件的，按作废处理；开具时发现有误的，可即时作废。

14. 纳税人开具增值税专用发票后，发生销货退回、开票有误、应税服务中止等情形但不符合发票作废条件，或者因销货部分退回及发生销售折让，需开具红字增值税专用发票。

15. 纳税人开具增值税普通发票后，如发生销货退回、开票有误、应税服务中止等情形但不符合发票作废条件，或者因销货部分退回及发生销售折让，需要开具红字发票的，应收回原发票并注明“作废”字样或取得对方有效证明。

（三）增值税专用发票丢失的处理

增值税专用发票丢失，应根据不同情况处理：

1. 同时丢失已开具增值税专用发票或机动车销售统一发票发票联和抵扣联。可凭加盖销售方发票专用章的相应发票记账联复印件，作为增值税进项税额的抵扣凭证、退税凭证或记账凭证；

2. 丢失已开具增值税专用发票或机动车销售统一发票的抵扣联。可凭相应发票的发票联复印件，作为增值税进项税额的抵扣凭证或退税凭证；

3. 纳税人丢失已开具增值税专用发票或机动车销售统一发票的发票联，可凭相应发票的抵扣联复印件，作为记账凭证。

4. 若空白发票丢失，应于丢失当日书面报告主管税务机关，并登报声明作废。

5. 丢失发票的，相关复印件资料入账应由项目部业务部门负责人、项目主管、总部税务负责人批准后，作为原始凭证；公司总部由业务部门负责人、税务负责人批准后，作为原始凭证。

（四）增值税发票防伪识别

1. 线上识别

登录国家税务总局全国增值税发票查验平台识别，网址 https：//inv - veri. chinatax.

gov. cn。

其界面如图 1 - 43 所示。

图 1 - 43 国家税务总局全国增值税发票查验平台界面图

登录后按提示项目扫描或输入相关信息，平台即可显示识别结果。

2. 线下识别

增值税专用发票线下主要可通过以下方法进行防伪识别。

(1) 光角变色圆环纤维识别。

①防伪效果。防伪纤维的物理形态呈圆环状随机分布在发票的发票联、抵扣联和记账联专用纸张中，在自然光下观察与普通纸张基本相同，在 365nm 紫外光照射下，圆环靠近光源的半圆环为红色，远离光源的半圆环为黄绿色。其效果如图 1 - 44 所示。

紫外光下观察

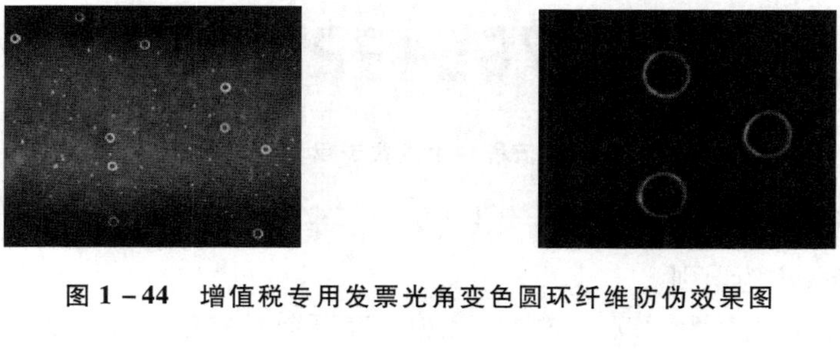

图 1 - 44 增值税专用发票光角变色圆环纤维防伪效果图

②鉴别方法。使用标准365nm紫外光源以小于45°的角度照射环形纤维，靠近光源的半圆环为红色，远离光源的半圆环为黄绿色。

（2）造纸防伪线识别。

①防伪效果。在发票的发票联、抵扣联和记账联专用纸张中含有造纸防伪线，防伪线在自然光下有黑水印的特点，在365nm紫外光照射下，为红蓝荧光点形成的条状荧光带，其效果如图1-45所示。防伪线据票面右边缘20~80mm。

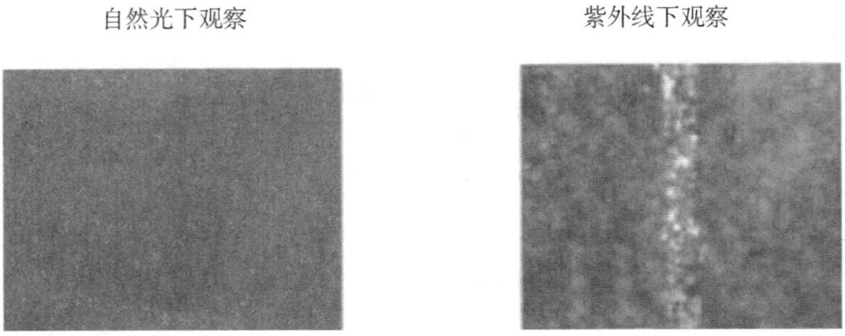

图1-45 增值税专用发票造纸防伪线防伪效果图

②鉴别方法。在日光下对光观察防伪线呈现黑色线状水印，使用标准365nm紫外光源垂直照射防伪线呈现红蓝荧光点形成的条状荧光带。

（3）防伪油墨颜色摩擦可变识别。

①防伪效果。发票各联次左上方的发票代码使用防伪油墨印制，油墨印记在外力摩擦作用下可以发生颜色变化，产生红色擦痕，其效果如图1-46所示。

图1-46 增值税专用发票防伪油墨颜色摩擦可变防伪效果图

②鉴别方法。使用白纸摩擦票面的发票代码区域，在白纸表面以及地区代码的摩擦区域均会产生红色擦痕。

（4）专用异型号码识别。

①防伪效果。发票各联次右上方的发票号码为专用异型号码，字体为专用异型变化字体，其形状如图1-47所示。

图1-47 增值税专用发票专用异型号码形状

②鉴别方法。直观目视识别。

（5）复合信息防伪识别。

①防伪效果。发票的发票联、抵扣联和记账联票面具有复合信息防伪特征。

②鉴别方法。使用复合防伪特征检验仪检测，对通过检测的发票，检验仪会自动发出复合信息防伪特征验证通过的语音提示，其检测方法如图 1－48 所示。

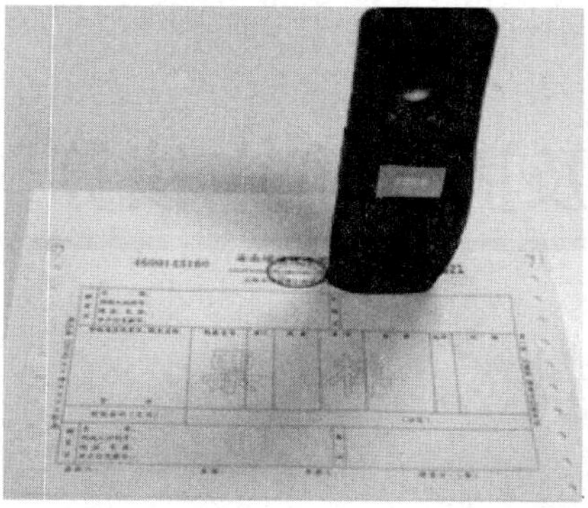

图 1－48　增值税专用发票复合防伪特征检验仪检测示意图

第二章 建筑企业材料及固定资产核算与管理

第一节 材料核算概述

一、材料核算的意义

马克思曾经指出："劳动过程的简单要素是：有目的的活动或劳动本身，劳动对象和劳动资料"。在施工生产过程中，作为劳动对象来使用的各种物质资料，如木材、水泥、油料、钢材、爆炸品、机械配件、汽车配件等统称为材料。作为劳动对象的材料与作为劳动手段的机械设备等固定资产不同，它通常只能在施工生产中一次性使用。投入施工过程后，各种材料大多将改变或失去原有的物质形态，其价值也大多随着物质形态的变更一次性转入工程或产品成本。而固定资产则是为生产商品、提供劳务、出租或经营管理而持有的能独立发挥作用的，其使用年限超过一年的房屋、建筑物、机器、机械、运输工具以及其他与生产、经营有关的设备、器具、工具等，以及不属于生产、经营主要设备的物品，但单位价值一般在 5 000 元以上的有形资产。固定资产价值随资产的磨损而逐步转入产品或工程成本。

为了保证施工生产的正常进行，企业必须做好材料物资的采购供应工作，及时补充施工生产中消耗的材料。为了保证施工生产不间断地进行，企业可根据需要建立一定的材料储备。储备资金占用状况如何，对企业流动资金的周转有一定的影响。因此，企业必须注意节约使用储备资金，提高储备资金的利用效果。一方面，要科学地测定各种材料的最佳储备量，少购多进，使其既能满足施工生产的需要，又能最大限度地减少资金占用量；另一方面，材料供应应就近取材，就近采购，并合理组织运输，尽量减少采购费用的支出，降低材料采购成本。材料费用是建筑安装工程成本的主要构成部分，加强材料采购、储备的管理，降低材料采购成本，减少材料耗废，对于降低建筑安装工程成本具有十分重要的意义。作为材料供应及其资金管理的重要环节，材料核算可以综合地反映材料采购、储备和耗用情况。因此，做好材料核算工作，无论对于考核材料采购计划、材料储备定额的执行情况，节约使用储备资金，还是对于减少材料消耗，降低工程成本，都是十分重要的。

二、材料核算的任务

材料核算的主要任务是：

1. 正确及时地反映材料采购计划的执行情况，正确计算采购成本，及时核算和反映采购业务成果，促使企业不断改进采购工作，努力降低采购成本。

2. 正确及时地反映材料储备定额的执行情况，防止材料超储积压和储备不足，促使企业不断加速储备资金周转，以较少的储备资金占用完成较多的施工生产任务。

3. 建立和健全材料收入、发出、结存、保管制度，如实反映材料的收发、领退和结存情况，保证账、料相符。

4. 正确反映和考核材料消耗定额的执行情况，如实计算和反映耗用材料的实际成本，促进有关方面精打细算，合理节约使用材料，不断降低工程成本。

5. 反映和监督物资管理制度的执行情况，防范物资管理错弊的发生，保证企业物资的安全与完整。

三、材料分类

建筑企业的材料通常可按以下几种方法分类：

（一）按材料来源分

材料按来源可以分为外购材料、自制材料和委托加工材料。

外购材料是指企业为了生产经营需要向其他企业或个人购置的材料。外购材料按供应单位不同，又可分为自购材料、集采（上级单位集中采购）材料和甲供（由业主或发包单供应的）材料。

自制材料是指企业从外部购入的材料，在品种或规格上不完全符合生产经营的需要时，自行对原有材料进行进一步加工改制而得到的材料。

委托加工材料是指企业为改变原有材料的性能或用途，委托外单位加工而发出的材料。

（二）按材料在施工生产中的作用分

按照在施工中的作用，材料可以分为主要材料、辅助材料、原料、燃料和工具等。

1. 主要材料。指在施工生产过程中起主要作用的材料，既包括构成工程实体的材料，如钢材、木材、水泥、砂石料等，也包括虽不构成工程实体，但在施工生产中起重要作用的材料，如在土石方工程施工中使用的爆破材料等。

2. 辅助材料。指在施工生产过程中不构成工程实体或者不起主要作用，只是辅助施工生产的材料，如脚手架、跳板、油漆、涂料等。

3. 原料。指取得后尚需加工才能使用的材料。如为自制、委托加工材料而发出的材料。

4. 燃料。指通过燃烧可以产生热能或动力的材料，如汽油、柴油等。

5. 工具。指在施工生产中使用的器具，如钳工工具、研磨工具、金属切割工具等。工具本属于劳动手段，但因其价值较低或使用寿命较短，为减少管理和核算成本，列入材料核算管理。

（三）按管理控制程度分类

为有效控制材料资金占用，降低材料成本，企业可按照重点管理的原则，把工程项目施工中耗用的全部材料分为若干类别分别采用不同方法控制。按管理控制程度的不同，通常可把材料分为 A、B、C 三大类，也叫作 ABC 分类法。分类时，一般以每种材料的消耗（库存）总量乘以单价，求出每种消耗（库存）材料的总价值，再按价值大小顺序排序并计算出每种材料占全部材料总价值的百分比，最后根据各种材料所占百分比划分类别。其中：价值高、品种少的材料列为 A 类，进行重点管理控制；价值较高、品种较少的材料列为 B 类，作为次重点管理控制；价值低、品种多的材料作为 C 类，按常规方法管理控制。通常，在全部材料中数量占比 20% 以下而价值占比 70% 以上的一般应作为 A 类管理；数量占比在 20% ~40% 之间而价值占比在 10% ~30% 之间的作为 B 类管理；其余材料作为 C 类管理。

需要注意的是，进行 A、B、C 三种分类只是一种习惯分类方法，在具体运用中到底是分三类、两类、四类或更多类别，可以根据企业的管理情况酌情调整。各分类方法中各种材料的数量占比、价值占比如何划分也可根据不同企业、不同时期的实际情况来确定。企业有足够能力进行管控的，A、B 类材料数量可适度增加，反之，则应适度减少。

（四）按会计核算需要分

按照会计核算的需要，材料可以分为原材料、周转材料、低值易耗品、委托加工材料和在途材料。

1. 原材料，指在生产过程中经加工改变其形态或性质并构成产品主要实体的各种原料及主要材料、辅助材料、外购半成品（外购件）、修理用备件（备品备件）、包装材料、燃料等。

2. 周转材料，指企业能够多次使用但不符合固定资产确认条件的材料，如钢模板、木模板、脚手架及为了包装本企业产品而储备的各种包装物等。

3. 低值易耗品，指单项价值达不到固定资产标准或使用期限不满一年，能多次使用而基本保持其实物形态的劳动资料，主要包括各种工具、器具、管理用具、劳动保护用品、仪器、仪表等。

4. 委托加工材料，指企业委托外单位加工，使其成为具有另一种性能和用途而发出的各种材料、商品等物资。

5. 在途材料，指材料价款已经支付或承付，供应商已经发货，企业已经取得其控制权但尚未收到的材料物资。

四、材料计价

建筑企业的材料计价方法一般有按实际成本计价和按计划成本计价两种。

（一）按实际成本计价

按实际成本计价是指对材料的收入、发出、结存都按其在供应过程中所发生的实际成本计价。材料的实际成本是指企业为取得材料而发生的各种支出。根据材料来源的不同，建筑企业材料的实际成本及其构成分别为：

1. 外购材料

其成本包括：

①买价。即供货商开具发票的价格；

②相关税费。主要是进口材料关税及非一般纳税人支付的不能抵扣的增值税；

③运杂费。包括材料自来源地到达企业供料仓库或指定堆料地点以前所发生的包装（不包括包装物押金）、运输、装卸以及合理的途中损耗等各种费用；

④采购保管费。指建筑企业材料供应部门和仓库在组织材料采购、供应和保管过程中所发生的各种费用，如办公费、差旅费、员工薪酬、劳动保护费以及合理的保管损耗等。

采购保管费支出额较大的企业，为加强管理、控制，企业应单独对其组织核算。采购保管费支出额较小的企业及项目部等单位，采购保管费支出通常不单独组织核算，而是随其他相关支出直接计入间接费用等进行核算。

2. 自制材料

其成本包括自制过程中发生的直接材料、直接人工和制造费用等各项实际支出的费用。

3. 委托加工材料

其成本包括：①送外加工原料的实际成本；②加工费；③相关税费；④加工材料的往返运杂费等。

4. 盘盈材料

以同类或类似材料的市场价格作为实际成本。

按实际成本计价适用于规模比较小，收发业务不多，材料品种比较单一的企业。随着企业信息化技术应用水平的逐步提高，材料按实际成本核算的范围正逐步扩大。

（二）按计划成本计价

按实际成本对材料计价，虽然能够准确核算不同种类、不同批次材料的成本，但因材料供应地点和采购时间的不同，同一种材料必然会出现不同的实际成本，特别是运杂费、采购保管费摊入每一种材料的实际成本往往很麻烦，导致核算工作量大，并且很不方便。尤其在材料领用时，同一批出库材料可能涉及多个采购批次，计价工作就变得非常复杂。为了简化核算工作，企业可对材料按计划成本计价。

所谓按计划成本计价，就是指在材料收入、发出、结存等日常核算中均按事先确定的计划单价对材料进行计价。计划成本与实际成本之间的差异，由财务部门另行组织核算，会计核算期末，财务部门再按材料耗用和库存比例进行分摊，将已耗用材料的计划成本还原为实际成本。

采用计划成本计价，既可以简化日常核算工作，又可以通过材料实际成本和计划成本的对比，分析材料采购或生产成本的节超情况，考核有关部门的工作业绩。采用计划成本计价还便于和工程或产品生产计划成本进行比较，直接通过分析材料用量的差异，考核施工生产过程中材料耗用的节约或超支情况。与工程计划（预算）成本比较，材料消耗数量的差异通常反映施工单位材料费用的节超；在材料消耗数量不变的情况下，工程材料费用的节超则反映物资供应部门材料供应成本的节超。

由于建筑企业作业地点通常交通不便，运输条件恶劣，有些材料的运输等成本甚至远远超过材料采购价格。为了单独反映、考核材料的运杂费支出情况，企业财务部门可对材料运杂费单独组织核算。

材料计价方法的运用不是单一的，在实际工作中，企业可按有关规定并根据实际需要，对不同材料采用相对稳定的不同方法计价。如对收支不频繁、料源相对稳定的材料可采用实际成本计价，其余的则可采用计划成本计价。

确定材料的计划单价，即材料的计划价格，是材料按计划成本核算的前提。材料的计划单价原则上应以实际成本为基础为来确定，但在实际应用中，通常有两种不同方式：

1. 以材料目录价作计划单价

所谓目录价，是指由企业上级主管部门以材料实际成本为基础确定并以“材料目录”形式颁布，要求所属单位执行的材料计划单价。集团性建筑企业通常更适合采用目录价进行核算。目录价不仅可作为会计核算中材料计价的依据，也可作为企业内部材料供应和日常管理以及编制预算和办理内部结算的依据。

由于建筑企业施工地点分散，流动性大，材料供应点不稳定，运输条件各不相同，企业一般应以材料采购成本中相对稳定的部分（采购价及构成材料成本的税金）作为材料的目录价。材料采购成本中不稳定的部分，如运输费、装卸费、途中保险费、途中合理损耗、入库前的加工整理费，以及企业材料供应部门为采购、保管材料而发生的各种支出，则应视工程材料供应的具体情况，由企业事先确定材料成本差异计划比率作为考核和控制的标准。会计核算期末财务部门分配的材料成本差异率高于计划差异率的，视为材料成本差异超支；反之则视为材料成本差异节约。同一工程的不同项目标段，因其材料供应条件不同，计划材料成本差异率可以分别确定。

如由上级单位集中采购并具体组织供应的材料，上述不稳定支出则应作为材料供应的业务费处理。企业内部材料供应部门向所属单位供应材料时，除按目录价结算外，还应加收一定比例的业务费提成。建筑企业材料目录价及结算价的关系一般为：

目录价 = 材料计划购入单价

内部供应材料结算价 = 目录价 × （1 + 业务费提成率）

建筑企业的业务费提成率应根据工程所在地材料供应条件的不同，由企业主管部门会同相关部门测算确定，并颁布所属各单位统一执行。一般来说，提货运距长、运价高的材料物资，运杂费等支出多，允许加收的业务费提成率就较高；反之，运距短、运价低的材料，其运杂费等支出较少，业务费提成率就较低。其计算公式为：

$$\text{材料业务费提成率}=\frac{\text{单位材料运杂费计划支出额}+\text{单位材料采购保管费计划支出额}+\text{内部供应单位应得计划利润}}{\text{该类材料计划购入单价}}$$

材料目录价确定之后，应保持相对稳定，除遇较大范围和较大幅度的实际价格变动外，一般不作调整。但材料业务费提成率可随材料供应点或运输条件等的变化而进行修订。“材料目录”中没有规定单价的材料，企业可比照目录中近似材质、规格的材料确定其计划单价，或按当年第一次购料的实际价格作为目录价。

2. 以工程概（预）算价作计划单价

工程概算价是在工程初步设计阶段，根据设计意图，通过编制工程概算文件预先测算和确定的材料价格。工程预算价是指在施工图设计阶段，根据施工图纸，通过编制预算文件预先测算和确定的材料价格。工程概（预）算价都是按照现行的政策法规，结合施工地区具体情况编制的，企业在核算材料成本时，一般可以直接以工程概（预）算中材料费用编列价格作为材料计划单价。

材料计划成本一经确定，在一个会计年度内原则上不得变动。

如前所述，材料耗费是工程成本的重要组成部分，而工程成本的节超又与企业的盈亏直接相关，进而影响到企业的纳税数额。因此，国家对企业耗用材料实际成本的构成内容有着严格的规定，物资部门在组织日常材料核算尤其是向财务部门提交相关资料时，必须严格遵守相关规定。此外，材料的计价方法也会对企业税收产生直接影响，因此企业哪些材料采用实际成本计价，哪些材料采用计划成本计价，一旦确定一般不能随意变动。如确需变动的，财务部门在对外提交的财务报告中必须说明变动的原因、变动影响的范围和影响的程度。

第二节　材料收入核算与管理

一、材料收入的一般业务处理

（一）采购材料

采购材料是企业向供应商直接购进的材料。采购材料是建筑企业材料的主要来源之一，加强采购材料的核算与管理，是做好材料供应工作的重要内容。

材料采购的一般工作内容主要包括：

（1）确定采购量。确定材料采购量，是材料核算的重要环节，也是搞好供需材料平衡、解决供求矛盾关系的关键。材料采购要以需定购，按计划采购，因此确定材料采购量，首先要计算材料的需用量。在具体操作上，一般由企业或项目部工程部门根据施工图纸及工程量清单等资料，结合施工生产任务编制材料需用量计划，并报物资部门。物资部门根据材料实际库存量，综合储备计划及采购资金等因素确定材料采购量、编制材料采购计划，并按规定程序报批。

（2）签订采购合同。材料采购主要由物资部门负责。在采购过程中，要坚持质量第一的原则，不仅要比质量，还要比价格、比运距，择优选择供应商，并与之签订采购合同。采购合同一般应包括材料名称、品种、规格、型号、质量标准及技术标准、交货方式、运输方式、到货地点、验收地点、单价、采购数量、总价、结算方式及其他事项等内容。

（3）办理采购材料交接。采购材料交接一般有供应商直接或委托第三方送货、企业自行提货两种方式。

由供应商送货或通过外部运输单位运送的，企业应及时做好材料的验收工作。整车发运的，到货后应首先检查铅封是否完好，再清点材料数量、检查材料质量等；零担发运的，应根据运输凭证和装运清单，核对品名，按重量和件数逐一点收，并检查包装是否完好。发现材料品名不符、件数短少、质量不良、重量不足等情况，应立即要求运送单位共同查点，编制验收记录或出具证明，据以向责任单位办理索赔手续。

对于到货地点或运输方式与合同不符的，企业应拒绝验收并通知供应商，由双方协商解决。

企业自行提货的，由企业物资部门运务人员负责办理。提运人员应认真检查供应商交付的材料与所购的品种、规格、质量、数量等是否相符，并做好材料发运工作。提货过程中发生的运输费、装卸费、保险费以及运输途中的合理损耗都需要计入材料采购成本。

（4）材料点收。材料到达指定地点后，无论是实际入库还是直接交付工地使用均应作入库处理。材料的点收，主要检验材料的品种、规格、数量和质量。仓库保管人员或工地材料管理人员在进行材料现场验收时，首先要查看送料单等验收凭证是否与订货合同、采购单一致；其次要核对材料的品种、规格、数量和质量，是否和相关凭证一致，必要时应进行技术检验、化验；最后应检查原始凭证是否齐全并详细填写“收料单”。“收料单”至少一式四联，一联交财务部门办理采购结算和账簿登记，一联交供货商或送货人，一联交物资业务记账，一联留存仓库登记材料明细账、卡。“收料单”一般格式如表 2－1所示。

表 2－1 **收料单**

年 月 日

送料单位： 收料单位： 单号：

材料名称	材料编号	材料类别	材料规格	计量单位	入库数量		单价	金额	备注
					进货数	核收数			
合计									

业务主管： 记账： 收料： 制单：

材料验收后直接交付工地使用的，应在收料后再由物资部门签发“领（发）料单”（一般格式如表 2 - 3 所示），作为领料或发料处理。

材料早于账单到达的，物资部门应以采购合同作为依据先行验收，并单独存放保管，但“收料单”应等账单到达后或期末再送交财务部门；如期末账单仍未到达的，财务部门应据“收料单”按暂估价入账，收到账单后再冲销估价，并按实际价入账。

材料到达指定地点，如果发现品种、规格、数量不符或质量不符时，应由物资主管人员、保管人员、交料人员等组成验收小组共同验收，对验收情况应编制验收记录，并由物资部门对有关情况进行调查，必要时应通知供料单位共同处理。查明原因后，应区别不同情况进行处理。属于供应商或外部运输单位责任的，应向对方提出索赔要求或其他解决办法。对发出的索赔资料，应经财务部门会签。验收不符的材料，应作为代保管材料单独登记，妥善保管。如验收小组确定留用时，应在“收料单”上注明验收记录号码，以便查询。

（5）办理采购结算。采购结算业务通常由物资部门具体负责采购的经办人员协助财务部门办理。一般由采购人员根据采购计划和具体采购情况，或预先支付货款，收到材料后再到财务部门办理报销手续；或收到材料后到财务部门直接办理采购结算支付。无论预付货款或直接办理采购结算支付，物资部门办理结算的相关凭证均应按企业内部相关规定经有关领导签字审批，并建立必要的账、卡和核算制度，做好采购凭证的审核、传递和购入材料的提运、验收等工作。

（二）自制材料

自制材料是指建筑企业需要但又无法买到或出于经济利益考虑而自行组织加工、生产的材料。

为降低材料成本，建筑企业的地材供应、周转材料加工应尽可能组织自行生产，但自制材料生产必须经严格论证，并报工程技术部门及其他相关业务主管部门和有关领导审批，在能够确保材料质量和能获得预期经济效益的前提下方可投产。

自制材料的成本构成包括领用已入库原料的成本、直接人工费和制造费用。自制材料所需的原材料应比照正常耗用材料发放。直接人工费是企业在材料生产过程中直接支付给生产工人的工资等薪酬。制造费用是指企业为自制材料而发生的各项间接费用，包括生产部门管理人员的工资、办公费、水电费、机器设备的折旧费等。

在加工过程中发生的直接人工费和制造费用，如果能够明确划分受益对象的，由财务部门直接计入加工材料成本；不能明确确定受益对象的，由财务部门按照合理的分配方法计入加工材料成本。分配方法一经确定，不得随意变更。

自制加工完成的材料、加工退回的剩余材料、回收的废旧材料等在办理入库时同样需要填制“收料单”，作为材料入库处理。

（三）委托加工材料

委托加工材料是指企业为改变原有材料的性能或用途，委托外单位利用已有材料加工生产的材料，如原木加工为方木、板材，圆钢加工为螺栓等。

委托加工材料的生产，也必须经过严格论证和审批，一是要确认加工的必要性和可行性，二是要防止因发生非正常协作关系而给企业造成损失。委托加工材料通常应由物资部门与受托加工单位签订加工合同或协议，加工合同的签订应与财务部门会商并报送财务部门。对发出委托加工的材料，物资部门应办理出库手续、登记入账并加强管理，防止加工单位以超规格、超数量领用材料或以劣质材料顶替合格材料等手段谋取不正当利益。材料加工完成后，企业应及时组织验收，办理入库手续和加工结算。对剩余材料的处理方式，一般应在加工合同中作出规定并认真按规定执行。

委托加工发出材料、成品加工完成验收入库、剩余材料退库填制的“领（发）料单”“收料单”均须报送财务部门一联。

（四）租入材料

租入材料是指企业从外部租入的可重复使用的材料，通常为周转材料。

周转材料的获取，可以直接购入或通过自制加工获得，也可以从外部租入。

一般来说，对于周转材料使用期较短的工程项目，除非预计材料有大幅度的涨价趋势，使用结束后可通过处置收回采购成本或获取收益，否则选择采购或自制（以下合称采购）获取在经济上是不划算的，通常都会直接选择租赁方式。而使用期较长的项目，到底应通过何种方式取得周转材料，则应通过可行性经济分析确定。

周转材料的购、租决策，一般通过现金流出量净现值的对比来进行，现金流出量净现值小的为优选方案。

现金流出量净现值的计算公式为：

现金流出量净现值 = 初始现金流出量 + 营业现金流出量净现值 + 终结现金流出量净现值

其中，初始现金流出量是指开始对周转材料投资时，需要投入的资金成本，这里主要指购置周转材料投入的资金。

营业现金流出量是指周转材料在使用过程中发生的各种现金支出。在日常核算中，购置的周转材料需要按一定方式进行摊销，虽然摊销额不需要用现金支付，但是在纳税额计算中，它可以计入工程成本而减少企业所得税的缴纳。因此，在计算购置周转材料的营业现金流量时，需要考虑摊销额抵税的影响；租赁的周转材料主要考虑需要付出的租金成本。

营业现金流出量净现值是周转材料使用期内所发生的营业现金流出量按照一定折现率计算出的现在价值。

终结现金流出量指工程结束后，周转材料的残值变现收入，这里主要指购置的周转材料的残值收入。租赁的周转材料在租赁期结束后，直接退还给出租方，一般不涉及残值计算。

终结现金流出量净现值是周转材料使用结束后，终结现金流出量按照一定折现率计算出的现在价值。①

---

① 现金流量及资金时间价值的具体内容参见本章第八节第二项“6. 现金流量”、第三项“资金时间价值”。

【例 2 -1】兴达建筑公司承担望海大厦建设施工，需使用周转材料一批，其中钢管 10 000米，扣件 5 000 套，铁跳板 1 000 块。钢管租赁价格 0. 02 元/米 · 天，购置价格 20 元/米；扣件租赁价格 0. 02 元/套 · 天，购置价格 10 元/套；铁跳板租赁价格 0. 3 元/天 · 块，购置价格 150 元/块。该批周转材料使用寿命为 10 年，预计残值率为 10% 。大厦建设工期 3 年，每年施工天数按照 270 天计算，年末支付租金。工期结束后，预计钢管、扣件、铁跳板的净残值分别为 140 000 元、35 000 元、100 000 元，上述价格均不含增值税，假定折现率为 10% ，采用分期摊销法摊销。试分析该批周转材料购置和租赁哪个对公司更有利？

据题中资料，应编制“购置周转材料现金流量分析表”如表 2 -2 所示，对购入周转材料现金流量进行分析。

表 2 -2 **购置周转材料现金流量分析表** 单位：元

项目	当前	第 1 年	第 2 年	第 3 年	
（1）初始现金流出量：	400 000				
其中：购置投资额	400 000				
（2）营业现金流出量：		-9 000	-9 000	-9 000	
其中：年摊销额抵税		-9 000	-9 000	-9 000	
（3）终结现金流出量					-279 250
其中：残值变现收入					-275 000
残值变现损失抵税					-4 250

据表 2 -2 资料，可计算购置周转材料现金流量如下：

钢管购置成本 = 20 × 10 000 = 200 000（元）

扣件购置成本 = 10 × 5 000 = 50 000（元）

铁跳板购置成本 = 150 × 1 000 = 150 000（元）

初始现金流出量 = 200 000 + 50 000 + 150 000 = 400 000（元）

年摊销额 = (200 000 + 50 000 + 150 000) × (1 - 10%)/10 = 36 000（元）

摊销额抵税 = 36 000 × 25% = 9 000（元）

营业现金流出量净现值 = -9 000 × (P/A, 10%, 3)

= -9 000 × 2. 4869 = -22 382. 10（元）

工程完工，周转材料的账面价值 = 400 000 - 36 000 × 3 = 292 000（元）

残值变现收入 = 140 000 + 35 000 + 100 000 = 275 000（元）

残值变现损失抵税 = (292 000 - 275 000) × 25% = 4 250（元）

终结现金流出量净现值 = (-275 000 - 4 250) × (P/F, 10%, 3)

= -279 250 × 0. 7513 = -209 800. 53（元）

现金流出量净现值 = 初始现金流出量 + 营业现金流出量净现值 + 终结现金流出量净现值

= 400 000 - 22 382. 10 - 209 800. 53 = 167 817. 37（元）

根据题中资料，可计算租入周转材料现金流量如下：

周转材料年租赁成本 $=(0.02\times 10\ 000+0.02\times 5\ 000+0.3\times 1\ 000)\times 270$
$=162\ 000$（元）

租赁周转材料现金流出量净现值 $=162\ 000\times(P/A,\ 10\%,\ 3)$
$=162\ 000\times 2.4869=402\ 877.80$（元）

根据上述计算分析可以看出，购置周转材料现金流出量的净现值167 817.37元小于租赁周转材料现金流出量的净现值402 877.80元，购置周转材料对公司更为有利。

材料租赁业务主要由物资部门具体办理。物资部门首先应按规定程序选定供应商，并与其签订租赁合同；材料送达工地后，物资部门应组织使用单位等重点对材料数量、成色等共同进行验收，办理交接手续；使用单位接收材料后，应尽量提高材料使用率，以降低材料使用成本，同时要加强材料的实物管理，避免材料退场时引发经济纠纷；最后，物资部门应会同材料使用单位定期向财务部门提交材料使用及租金结算单，由财务部门办理租金结算。

工程完工，使用单位应及时会同物资部门办理退租手续，减少租金支出。

二、材料收入的核算

（一）财务部门的核算

1. 采购材料的核算

（1）账户[①]设置。

对于采购材料，财务部门通常设置以下账户进行核算：

①材料采购。“材料采购”是材料按计划成本核算时设置的账户，用以反映和考核材料采购资金的支出情况，计算采购材料的实际成本，考核材料采购业务成果。其借（左）方登记购入材料的实际成本，包括支付的材料买价、运杂费、途中保险费等；支付的按税法规定不能抵扣的增值税；期末分配转入的采购保管费。“材料采购”账户借方累计发生额即采购资金的累计支出额。贷（右）方登记验收入库材料的计划成本；期末结转的材料成本差异（计划成本大于实际成本用红字结转）。其余额在借（左）方，反映已付款但尚未收到的在途材料实际成本。[②]

为表述方便，除特殊说明外，下文对账户格式以“T”形账户表示。其一般格式如图2-1所示。

“材料采购”账户之下通常应设置“主要材料采购”“结构件采购”“机械配件采购”

---

① 在实际工作中或在广义上，会计账户也可叫作会计科目。但在狭义上二者是不同的：会计科目是按经济管理的要求，对会计核算的经济业务内容所作的具体分类。会计账户则是根据会计科目在会计账簿中开设的，具有一定格式的，用于按一定类别系统、连续记录经济业务的载体。二者既有区别又有联系。其区别主要在于二者的作用和表现形式不同。会计科目仅仅是对会计对象具体内容进行的分类，或视为分类内容的名称；而会计账户则是具有一定结构，借以连续、系统记录经济业务的载体；会计科目通常是以会计制度形式颁布或确定的，而会计账户则是以账页的形式由企业自行选定的。其联系主要在于会计账户是根据会计科目开设的，二者所包含的经济内容相同。正因为二者经济内容的一致，在实际工作中，二者常作同义词使用。

② 所有会计账户的借方均在账户的左方，贷方均在账户的右方，后文不再单独注明。

“燃料采购”“其他材料采购”等二级账户，并按材料类别设置多栏式明细分类账进行核算。

②材料成本差异。“材料成本差异”是企业采用计划成本计价时用以核算全部材料实际成本与计划成本价格差异的账户。其借方登记本期实际发生的材料成本差异（节约用红字登记），贷方登记期末分配由各用料对象负担的材料成本差异（节约用红字登记）。其余额在借方，反映应由库存材料负担的材料成本差异。

③采购保管费。“采购保管费”账户用于核算企业物资供应部门及仓库因材料采购、验收、保管、发放而发生的各种费用。其借方登记实际发生的各项采购保管费，贷方登记期末全部分配计入本期购入材料成本的采购保管费。该账户期末一般没有余额。为了反映和考核采购保管费的实际支出情况，“采购保管费”账户应根据企业经营管理的需要，按费用项目如职工薪酬、办公费、差旅费等设置明细分类账户进行核算。

对于采购保管费支出不多的单位，可不设本账户进行单独核算，其费用由财务部门计入其他相关账户。

④在途物资。“在途物资”是材料按实际本核算时，用以反映和考核材料采购资金支出情况，计算采购材料实际成本，并反映采购资金支付和材料到达情况的账户。其借方登记已支付采购材料的实际成本，借方累计发生额即采购资金的累计支出额；贷方登记已验收入库材料的实际成本；期末余额在借方，反映已付款但尚未收到的在途材料的实际成本。

与“材料采购”账户相似，“在途物资”账户下通常也应设置“主要材料”“结构件”“机械配件”“燃料”“其他材料”等二级账户，并按材料具体类别设置多栏式明细分类账进行核算。

⑤原材料。“原材料”账户是用以核算除周转材料、低值易耗品之外各种库存材料成本的账户。其借方登记入库相关材料的计划或实际成本；贷方登记因施工领用、出售等原因出库或减少材料的计划或实际成本；其余额在借方，反映实际库存材料的计划或实际成本。

“原材料”账户通常应在其下设置“主要材料”“结构件”“机械配件”“燃料”“其他材料”等二级账户进行核算。

⑥周转材料。与“原材料”账户相似，“周转材料”是用以核算企业实际拥有周转材料成本的账户。其借方登记入库周转材料的计划或实际成本；贷方登记因施工领用、出售或报废等减少的周转材料的计划或实际成本；其余额在借方，反映实际拥有周转材料的计划或实际成本。

与“原材料”账户不同，为了反映企业周转材料的存在状况，“周转材料”账户下应设置“在库周转材料”“在用周转材料”和“周转材料摊销”二级账户进行明细核算。

此外，“周转材料”各二级账户下可再分为以下几个类别进行核算：

模板：包括浇灌混凝土用的木模、组合钢模及配合模板使用的支撑材料、滑模材料和扣件等，但不包括按固定资产管理的固定钢模和现场使用的大型钢模板；

挡板：指土方工程用的挡土板及随挡板使用的支撑材料等；

架料：指搭脚手架用的木杆、竹杆、钢管（含扣件）、竹木跳板等；

其他：指不属于以上各类的周转材料，如塔吊使用的轻轨、枕木等（不包括附属于塔吊的钢轨）。

⑦低值易耗品。“低值易耗品”是用以核算企业实际拥有低值易耗品成本的账户。其借方登记入库低值易耗品的计划或实际成本；贷方登记因施工领用、出售或报废等减少的低值易耗品的计划或实际成本；其余额在借方，反映实际拥有低值易耗品的计划或实际成本。

“低值易耗品”账户下应设置“在库低值易耗品”“在用低值易耗品”和“低值易耗品摊销”二级账户进行明细核算。

“低值易耗品”各二级账户下可再分为以下四类进行核算：

生产用具，指施工生产过程中所使用的各种工具和器具，如铁锹、手推车、钳子、扳手等；

管理用具，指企业管理、服务部门使用的各种办公用具、家具用品、消防器具等，如办公桌椅、油印机、打字机等；

劳保用品，指在施工生产过程中用于职工劳动保护的各种用品，如工作服、工作帽、手套、安全带等；

其他用具，指不属于以上各类的各种器具、用具，如炊事用具、试验用各种器皿等。

除上述账户外，如有业主（发包单位）委托采购或保管的构成完工交付使用资产价值的设备，企业不应作为固定资产，而应视同为材料，增设“库存设备”账户或在“原材料”账户下设置“设备”明细分类账户进行核算。

在实务处理中，物资部门的业务处理口径必须注意与财务部门协调一致，尤其是物资部门填制的“收料单”“领（发）料单”等核算资料中的材料分类口径等，必须与财务部门的明细核算保持一致，否则极易造成双方之间核算账账不符。

以上各账户的核算内容可用“T”形账户概括如图 2－1 所示。

（2）账务处理：

①归集材料采购费用。企业发生材料采购费用支出时，按计划成本核算的应借记“材料采购——主要材料采购等”账户，贷记“银行存款”等账户；按实际成本核算的借记“在途物资”账户，贷记“银行存款”等账户。

②归集采购保管费。材料按计划成本核算的建筑企业，单独归集核算采购保管费的，发生采购保管费支出时，应借记“采购保管费”账户，贷记“银行存款”等账户。

③分配采购保管费。采购保管费是建筑企业材料供应部门和仓库为组织材料采购、保管和供应工作所发生的费用，因此，从理论上讲，采购保管费应在本期收入的所有有关材料之间进行分配。但对于一般建筑企业而言，材料的主要来源是采购，为了简化核算手续，采购保管费通常只在各类采购材料之间进行分配。采购材料品种单一的，可直接将采购保管费转入材料采购成本；涉及多种材料的，则需要按一定方法在购入材料之间进行分配。

采购保管费通常可按购入材料的买价和运杂费总额，也可按购入材料的重量、体积等分配。选择原则一是尽可能选择与采购保管费主体开支内容有密切关联的指标，二是要考虑分配指标获取的操作简便性。

材料采购

①买价； ②不能抵扣的增值税等相关税费； ③运杂费； ④采购保管费	①验收入库材料的计划成本； ②期末转出的材料成本差异（节余用红字）
余额：已结算但尚未到达材料的采购成本	

材料成本差异

转入的材料成本差异（节余用红字）	期末分配由领用材料负担的材料成本差异（节余用红字）
余额：期末由库存材料负担的材料成本差异(节余为红字)	

采购保管费

本期实际发生的采购保管费	期末全部分配计入采购成本的采购保管费
余额：无	

原材料

本期验收入库材料的计划（实际）成本	本期出库材料的计划（实际）成本
余额：期末库存材料的计划（实际）成本	

周转材料

本期入库周转材料的计划（实际）成本	本期出库周转材料的计划（实际）成本
余额：期末库存周转材料的计划（实际）成本	

低值易耗品

本期入库低值易耗品的计划（实际）成本	本期出库低值易耗品的计划（实际）成本
余额：期末库存低值易耗品的计划（实际）成本	

在途物资

已支付采购材料的实际成本	已验收入库材料的实际成本
余额：已付款但尚未到达的采购材料实际成本	

图 2－1　材料采购核算账户核算内容概略图

按买价和运杂费总额分配采购保管费，其公式如下：

$$\text{某类材料应分配的采购保管费}=\text{该类入库购料买价和运杂费总额}\times\text{采购保管费分配率}$$

$$\text{采购保管费分配率}=\frac{\text{采购保管费发生额}}{\text{入库采购材料买价、运杂费总额}}\times 100\%$$

【例 2－2】 兴达建筑公司本月共支付材料采购价款 2 000 000 元，其中已入库 PO42.5 水泥 1 300 000 元，已入库 HRB335ϕ28 螺纹钢 700 000 元，共支付运杂费 60 000 元，其中：PO42.5 水泥应负担 40 000 元，HRB335ϕ28 螺纹钢应负担 20 000 元。本月共发生采购保管费 144 200 元。请分配本月采购保管费。

$$\text{采购保管费分配率}=\frac{144\ 200}{1\ 300\ 000+40\ 000+700\ 000+20\ 000}\times 100\%=7\%$$

PO42.5 水泥应分配额 $=(1\ 300\ 000+40\ 000)\times 7\%=93\ 800$（元）

HRB335ϕ28 螺纹钢应分配额 $=(700\ 000+20\ 000)\times 7\%=50\ 400$（元）

应作会计分录①：

借：材料采购 144 200

——主要材料采购——PO42.5 水泥 93 800

——主要材料采购——HRB335ф28 螺纹钢 50 400

贷：采购保管费 144 200

④采购材料验收入库。采购材料验收入库时，应借记“原材料——主要材料等”“周转材料——在库周转材料”“低值易耗品——在库低值易耗品”账户，按计划成本核算的贷记“材料采购——主要材料采购等”账户，按实际成本核算的贷记“在途物资——主要材料采购等”账户。

⑤结转材料成本差异。按计划成本进行材料核算的，期末应根据“材料采购明细分类账”确认已验收入库材料实际成本与计划成本的差异并转入“材料成本差异”账户。实际成本大于计划成本的，借记“材料成本差异”账户，贷记“材料采购——主要材料采购等”账户；计划成本大于实际成本时，按相同方向用红字记账。

上述账务处理可用“T”形账户概括如图 2－2 所示。

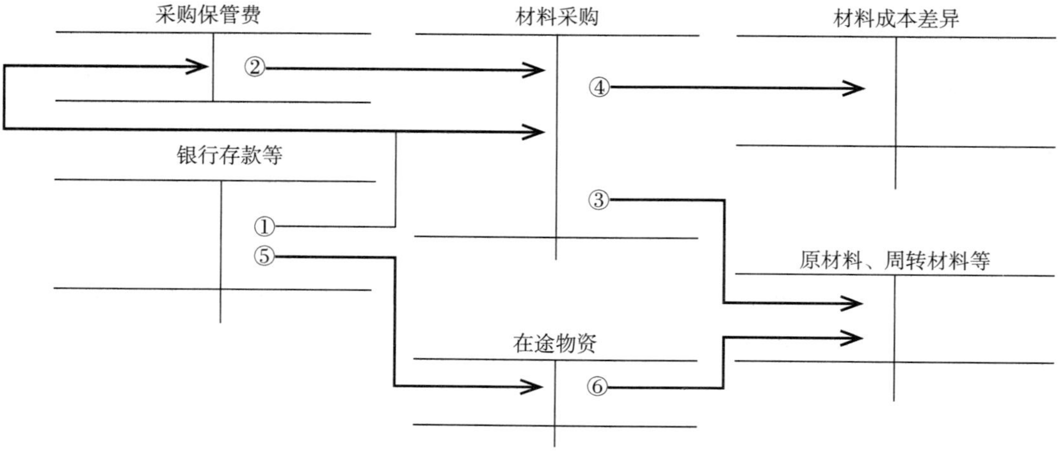

图中流程含义：

①按计划成本核算支付购料款及相关税费、运杂费等；

②期末分配采购保管费；

③结转验收入库材料计划成本；

④期末结转已入库材料的材料成本差异；

⑤按实际成本核算支付购料款及相关税费、运杂费等；

⑥按实际成本核算结转入库材料成本。

图 2－2 材料采购账务处理流程图

2. 自制材料的核算

为核算自制材料的成本，企业财务部门应设置“辅助生产——自制××材料”账户。

① 在会计专业中，指明每项经济业务应登记账户名称、记账方向和金额并作为记账依据的书面记录，叫作会计分录。

该账户借方登记自制材料加工中发生的构成其实际成本的各项费用；贷方登记加工完成验收入库自制材料的实际成本；期末如有余额在借方，反映尚在加工中的材料的实际成本。自制材料批量大、成本费用高的，财务部门通常应按自制材料批量或种类作为成本核算对象进行明细核算。批量小、成本费用低的各不同批量或种类的自制材料可合并为一个成本对象进行核算。各核算对象还应按直接材料、直接人工和制造费用等主要费用种类作为成本项目进行核算。

自制材料领用各种原料及分配材料成本差异时，应借记“辅助生产——自制××材料”账户，贷记“原材料”“材料成本差异”等账户；支付加工人员工资时借记“辅助生产——自制××材料”账户，贷记“应付职工薪酬”等账户；发生其他支出借记“辅助生产——自制××材料”账户，贷记“银行存款”等账户。材料加工完成，验收入库时应借记“原材料”等账户，贷记“辅助生产——自制××材料”账户。

3. 委托加工材料的核算

为核算委托加工材料的实际成本，财务部门应当设置“委托加工物资”账户，其借方登记发出原料的实际成本、支付的加工费和往返的运杂费等；贷方登记加工完成验收入库材料和退回加工剩余材料或边角料的实际成本；期末如有余额在借方，表示尚在加工中的材料的实际成本。

委托加工材料通常应按加工材料的种类或受托加工单位作为成本对象进行明细核算。

发出委托加工所用原料及分配材料成本差异时，应借记“委托加工物资——××材料加工”账户，贷记“原材料”“材料成本差异”等账户；按合同支付加工费用及其他支出时借记“委托加工物资——××材料加工”账户，贷记“银行存款”等账户。材料加工完成入库，应借记“原材料”等账户，贷记“委托加工物资——××材料加工”账户；如有加工剩余原料或边角料退回，应借记“原材料”等账户，贷记“委托加工物资——××材料加工”账户。

4. 租入周转材料的核算

租入周转材料财务部门不需要作入库处理，通常只按租赁商、租入材料种类、材料使用工程等设立“租入周转材料备查簿”详细记载租赁的相关情况。按合同支付租金时，财务部门应根据物资部门提交的周转材料使用情况及应付租金数额等资料办理支付结算。同时借记“合同履约成本”等账户，贷记“银行存款”等账户。

（二）物资部门的核算

对于材料收入的核算，除部分业务的明细分类核算应根据企业的具体情况实施外，其他业务的核算政府有关部门或上级部门都有明确要求，因此物资部门的核算，除满足本部门业务核算的要求外，还必须注意与财务部门统一核算方法和口径，强化彼此之间的衔接。

首先，为及时、准确反映材料的收发、库存数量及金额，物资部门一般应设置到料明细账、库存材料明细账和仓库台账（材料卡片）。到料明细账、库存材料明细账由物资部门业务人员保管、登记，仓库台账（材料卡片）由仓库保管人员保管、登记。原则上，仓库台账（材料卡片）只进行实物数量核算，物资部门的到料明细账、库存材料明细账均应同时进行数量和价值核算。在实务中是否都进行价值核算、哪些账簿进行价值核算，由于不同企业的经济核算体系构成不同、材料核算计价方式不同、计算机信息化程度不同等，不能一概而论，应由财务部门、物资部门协调决定，原则是既要满足经营管理的需要，又要尽可能减少核算的业务工作量。三类账、卡中，期末到料明细账的未到（在途）材料应与财务部门“材料采购”或“在途物资”账户余额核对一致；库存材料明细账的余额应与财务部门“原材料”“周转材料”“低值易耗品”等账户余额核对一致；仓库台账（材料卡片）的余额应与物资部门业务人员登记的库存材料明细账核对一致。

物资部门对租入的周转材料，应按租赁商、租入材料种类及规格、租入数量、租赁单价、租赁起始日期、材料使用工程等设立“租入周转材料台账”，详细记载租赁的相关情况。

其次，为保证财务部门和物资部门业务核算一致，物资部门收到材料填制“收料单”时，必须按照财务部门的明细分类核算要求注明不同材料的类别，并在填制后及时送交财务部门一联作为记账的依据。

此外，为正确、及时反映物资部门在采购等结算中与财务部门之间的借款、报销、还款等业务情况，除财务部门进行核算外，物资部门还应根据结算情况设置与财务部门之间的应收应付款项明细账，并定期与财务部门核对一致。对采购保管费支出额较大而对其单独核算的单位，为了反映采购保管费的支出情况，物资部门也可另行单独设置采购保管费支出明细账，以便按计划控制开支，并注意定期与财务部门核对一致。

第三节　材料支出核算与管理

一、材料支出凭证及手续

建筑企业材料的领发，次数比较频繁，涉及的人多面广，为了明确经济责任，便于发出材料的管理，需要严格材料领发手续和制度。

建筑企业材料的领发有领料制和发料制两种不同形式。

领料制是由用料单位填写领料单，经物资部门审核同意后到材料库领取材料的供料形式。领料制主要适合于用料单位与料库距离较近的日常材料的供应。

发料制是由物资部门根据用料单位报送并经审核批准的材料申请计划填写发料单，交材料保管员配料后主动向用料单位发送材料的供料形式。发料制主要适合于大宗材料或用料单位与料库距离相对较远的零星材料的发放。

无论采用何种供料形式，材料使用均应由用料单位根据施工生产需要编制材料需求计划（即用料计划），经物资部门综合平衡、有关领导审查批准后作为领发料的依据。领发材料时，应在需求计划范围内办理材料领发业务，领发料单必须根据材料用途或企业统一确定的成本对象填写。

（一）一次性投放或少批次投放材料的领发

一次性领发或少批次领发的材料，采取发料制形式的，应由材料供应部门根据用料计划填制发料单，交材料保管员配料后向用料单位发送；采用领料制的，应由用料单位在用料计划内填制领料单，经单位负责人签章后送交物资部门分管人员审核签章后再到仓库办理领料手续。材料领发手续一般可合并采用“领（发）料单”办理。“领（发）料单”的填写联数可根据需要设置，一般为一式五联，物资业务部门、料库、财务部门、用料单位各执一联，一联留填制单位作存根。规模较小的工程项目部也可采用一式三联的格式，一联交财务部门用作发出材料的核算，一联交用料部门核算或备查，一联留存仓库，据以登记材料明细账。“领（发）料单”是一次性领用材料的原始凭证，可以采用一料一单的形式，也可以采用一单多料的形式。

“领（发）料单”的一般格式如表 2－3 所示。

表 2－3　　领（发）料单

年　月　日

用料单位：　　工程项目：　　领（发）料单号：

用途							
材料类别	材料编号	材料名称	材料规格	计量单位	实发数量	单价	金额

主管：　　发料人：　　收料人：

（二）多批次投放并限额使用材料的领发

对多批次投放并限额使用的材料，为简化领发手续，一般可采用“限额领料单”供料。“限额领料单”是在领料限额和规定期限内重复使用的领料凭证。“限额领料单”的领料限额是企业物资部门和工程、计划部门根据施工计划和材料消耗定额等有关资料核定的相关材料的计划用量。“限额领料单”的填制应根据企业核算和管理的需要设置联次，通常用料单位和仓库应各执一联，应提交物资、财务部门的联次日常可由库管员保管，填制完成后期末统一转送物资、财务部门作为业务处理的依据。每次领料时，用料单位直接持单到仓库，经领料人和仓库保管员签章后即可发放材料。领料超过限额的，必须办理限额追加手续后方可继续领料。月末或工程完工之后，应根据“限额领料单”计算累计领料数量和金额，并以“限额领料单”作为实际领料列销的原始凭证。

“限额领料单”的格式如表 2－4 所示。

表 2－4　　限额领料单

年　月　日

领料单位：　　工程项目：　　料单编号：

材料类别	材料编号	材料名称	材料规格	计量单位	领用限额	调整后限额	实际领用		
							数量	单价	金额

续表

领料日期	请领数量	实发			退料			限额结余	备注
		数量	发料人	领料人	数量	领料人	退料人		
合计									

计划部门主管：　　　　　　　　供应部门主管：　　　　　　　　仓库主管：

（三）大堆材料的领发

大堆材料是指施工生产中耗用的体积大、重量大、用量大，但价值低廉，领用次数频繁，领用时不易计量的材料，如砂、石、砖、瓦等。为简化日常管理和核算手续，大堆材料一般按下列方式核算：

1. 单一核算对象用大堆材料

工期短或用量较小的，一般在材料运达工地后直接作出库耗用处理，月终剩余材料作退料入账；工期长或用量较大的，可在材料运到工地后，登记入账，平时使用不必办理出库手续，按需取用，月终通过实地盘点确定实际结存数，再倒推出耗用量，并据以填制“领（发）料单”或“大堆材料耗用计算单”，补办领（发）料手续。

“大堆材料耗用计算单”一般格式如表2－5所示。

表2－5　　大堆材料耗用计算单

年　月　日

领料单位：　　　　　　　　工程项目：　　　　　　　　领（发）料单号：

材料名称	材料规格	计量单位	期初结存	本期购入	期末结存	本月耗用	计划（实际）成本		备注：
							单位成本	金额	

受益对象＼耗用材料							
	定额用量	实际用量	计划（实际）成本	定额用量	实际用量	计划（实际）成本	实际耗用金额合计
合计							

记账：　　　　　　　　材料员：　　　　　　　　制单：

单一核算对象耗用的大堆材料，运达工地后实质上已不再进行账务监管。因此，项目部必须注意完善相关制度，并确保执行到位，通过设置专人进行实物管理或兼管，防止材料被盗用或因其他原因造成损失。

2. 多个核算对象合用大堆材料

一般有两种处理方法：

(1) 按各核算对象实际耗用数列销。要求在现场设置专人做好日常发放记录，月末补办发料手续；

(2) 按各核算对象定额耗用量逐月计入成本，工程完工或该批材料使用完毕后，再按各受益对象的定额耗用比例进行调整。调整公式如下：

$$差异分配率 = \frac{各核算对象实际耗用材料总量}{各核算对象定额耗用材料总量} \times 100\%$$

各核算对象材料分配额 = 该核算对象定额用量 × 差异分配率

为了正确核算工程成本，对于在施工过程中已领但尚未使用的材料，领料部门应在月末办理退料手续，填制退料单或用红字填写领（发）料单。对于下月需要继续使用的材料，在填制退料凭证时，同时填制下月领料单，办理“假退料”手续。退料单格式如表 2－6 所示。

表 2－6　　**退 料 单**

年　月　日

退料单位：　　工程项目：　　退料单号：

退料原因							
材料类别	材料编号	材料名称	材料规格	计量单位	实收数量	单价	金额

记账：　　交料：　　收料：

二、耗用材料列销

(一) 一般材料的列销

1. 列销依据及程序

从理论上讲，材料领用后财务部门就应直接根据“领（发）料单”等顺序登记有关账簿，以列销材料、计算工程成本。但在手工记账或财务、物资部门电算化信息系统未互联的情况下，逐笔记账的工作量显然太大。并且工程成本通常按月或季度核算，财务部门也就没有必要通过逐笔记账来反映材料的领用情况和工程成本的发生情况。因此，除经营规模小、材料领用业务不多的小微型企业外，一般不采取根据“领（发）料单”等逐笔记账的核算方式，而是按月或成本核算期定期汇总“领（发）料单”等领（发）料凭证，编制“材料消耗汇总表”并将其作为已耗用材料列销的直接依据，而“领（发）料单”等领（发）料凭证则作为“材料消耗汇总表”的附件保管。在实际工作中，为了完整反映材料的动态情况，也可以材料消耗为基础，直接编制“材料消耗月报表”，其一般格式如表 2－7 所示。

表 2－7 **材料消耗月报表**

编制单位： 年 月

材料编号	材料名称	规格	计量单位	计划成本	上月结存	本月收入	耗用对象								月末结存	
							数量	金额	数量	金额	数量	金额	数量	金额	数量	金额
						……										

物资部门负责人： 材料主管： 材料保管员：

从原理上讲，耗用材料列销的基本程序一般有两种。

一种是在材料发出后，由材料保管员同时收存材料库留存和应转交财务部门的领（发）料凭证，并根据材料库留存联逐笔登记材料卡片或材料明细账。应转交财务部门的领（发）料凭证可集中定期或不定期转交。月末，由库管员编制所辖库区的“材料消耗月报表”并报送财务部门。财务部门对“材料消耗月报表”等审核无误后，连同领（发）料凭证据以进行材料列销的账务处理。采用此种程序，财务部门工作量较小，但对于内部控制制度不完善的单位来说，容易造成账实不符，或出现其他一些错弊。

另一种程序则是由库管员收存应由仓库和财务部门留存的领（发）料凭证，并根据材料库留存联逐笔登记材料卡片或材料明细账。月末，财务人员到材料库对领（发）料凭证、材料卡片或明细账进行审核，审核无误后，据以编制“材料消耗月报表”，在审核无误的材料卡片或材料明细账本月最后一行注明“审核”字样并由审核人签章，最后由财务部门根据“材料消耗月报表”及所附领（发）料凭证进行材料列销的账务处理。采用此种程序，财务部门的核算工作量较大，但能更好地保证核算资料的准确性，保证账实相符。

财务、物资部门通过电算化信息系统进行一体化核算的单位，“材料消耗月报表”是自动生成的，因此不存在部门间相互核对一致的问题。

2. 按计划成本核算材料的列销

按计划成本核算时，在“材料消耗月报表”中对同一种材料只需要将领（发）料凭证中的数量进行直接汇总，再乘以计划单价即求得该种材料消耗的计划总成本；将各种材料消耗的计划总成本相加即求得本期材料领用的计划总成本。财务部门应根据“材料消耗月报表”中材料的用途，借记有关成本费用账户，根据材料的领发种类，贷记“原材料”账户，以列销材料的计划成本。列销时，应做如下会计分录：

借：合同履约成本

　　辅助生产

　　机械作业

生产成本

间接费用等

贷：原材料等

同时，应按材料使用方向摊销其应负担的材料成本差异，借记“合同履约成本”等账户，贷记“材料成本差异”账户，将列销材料的计划成本还原为实际成本。

材料成本差异的摊销应通过材料成本差异率计算并通过“材料成本差异分配表”列表进行。

材料成本差异分配公式如下：

$$\text{材料成本差异率}=\frac{\text{期初结存材料的成本差异}+\text{本期收入材料的成本差异}}{\text{期初结存材料的计划成本}+\text{本期收入材料的计划成本}}\times 100\%$$

$$\begin{matrix}\text{各成本费用对象应}\\ \text{分配的材料成本差异}\end{matrix}=\begin{matrix}\text{已列入该对象的}\\ \text{材料计划成本}\end{matrix}\times\begin{matrix}\text{材料成本}\\ \text{差异分配率}\end{matrix}$$

【**例 2－3**】兴达建筑公司崇文项目部 6 月初结存钢材 100 吨，计划成本 500 000 元，材料成本差异为 1 000 元，本月购入钢材 20 吨，实际单价 4 500 元/吨，计划单价 5 000 元/吨，本月共领用钢材 60 吨，计算发出材料的实际成本。

购进材料成本差异＝（4 500－5 000）×20＝－10 000（元）

$$\text{材料成本差异率}=\frac{1\ 000-10\ 000}{500\ 000+100\ 000}=-1.5\%$$

发出钢材的计划成本＝60×5 000＝300 000（元）

发出钢材应负担的成本差异＝300 000×（－1.5%）＝－4 500（元）

发出材料的实际成本＝300 000－4 500＝295 500（元）

材料成本差异率可按全部材料合并计算，但不同材料之间的成本差异率悬殊过大时，为保证成本费用核算的合理性，也可将差异相近的材料合并，分别计算其差异率，再根据不同差异率分配不同材料的成本差异。

如前所述，如果建筑企业作业地交通不便，运输条件恶劣，材料运输等成本开支过大，财务部门对材料运杂费单独核算的，分配材料成本差异时应同时分配材料运杂费。材料运杂费分配率的计算与材料成本差异率相同，但仅部分材料运杂费开支过大的，材料运杂费的分配应只在相关材料之间进行。

“材料成本差异分配表”的一般格式如表 2－8 所示。

表 2－8　　　　**材料成本差异分配表**

编制单位：　　　　年　月

核算对象	发出材料计划成本	材料成本差异		材料运杂费		合　计
		分配率	应分配金额	分配率	应分配金额	

续表

核算对象	发出材料计划成本	材料成本差异		材料运杂费		合　计
		分配率	应分配金额	分配率	应分配金额	
合　　计						

会计主管：　　　　　　　　　复核：　　　　　　　　制表：

表 2－8 中的材料成本差异，超支差异用正数表示，节约差异用负数表示。

3. 按实际成本核算材料的列销

材料按实际成本核算时，由于购入材料批次不同，同一种材料的实际成本也可能不同。因此，材料领发时就必然涉及按什么价格计算领用成本的问题。

按会计核算的要求，耗用材料按实际成本核算的方法有先进先出法、加权平均法、移动加权平均法、后进先出法、个别计价法等几种。

（1）先进先出法。先进先出法是以先取得的材料先领用为原则来确定每批材料领用成本的方法。领发材料时，应先按第一批入库材料的单价计价，第一批发完后，不足部分再顺序按第二批、第三批等入库材料的单价计价。

【例 2－4】 兴达建筑公司 2022 年 3 月初结存 A 材料 100 吨，单价 10 元/吨；3 日，购进 100 吨，单价 15 元/吨；6 日，现场领用 120 吨；16 日，购进 50 吨，单价 12 元/吨；20 日，现场领用 90 吨；23 日，购进 100 吨，单价 13 元/吨；26 日，现场领用 60 吨。采用先进先出法进行核算，其具体计价情况如表 2－9 所示。

表 2－9　　　　　　　　**材料明细分类账**　　　　　　　　单位：元

一级科目：原材料　　　　　　　　　　　　　　　　最高储备量：200

材料明细科目：主要材料　　　　　　　　　　　　　最低储备量：40

名称及规格：A　　　　　　　　　　　　　　　　　计量单位：吨

日期		摘要	收入			发出			结存		
月	日		数量	单价	金额	数量	单价	金额	数量	单价	金额
3	1	期初余额							100	10.00	1 000.00
	3	购入	100	15.00	1 500.00				100 100	10.00 15.00	1 000.00 1 500.00
	6	发出				100 20	10.00 15.00	1 000.00 300.00	80	15.00	1 200.00
	16	购入	50	12.00	600.00				80 50	15.00 12.00	1 200.00 600.00
	20	发出				80 10	15.00 12.00	1 200.00 120.00	40	12.00	480.00

续表

日期		摘要	收入			发出			结存		
月	日		数量	单价	金额	数量	单价	金额	数量	单价	金额
	23	购入	100	13.00	1 300.00				40 100	12.00 13.00	480.00 1 300.00
	26	发出				40 20	12.00 13.00	480.00 260.00	80	13.00	1 040.00
	31	本期合计	250	—	3 400.00	270	—	3 360.00	80	13.00	1 040.00

说明：① 6 日发出成本：100×10+20×15=1 300（元）；

② 20 日发出成本：80×15+10×12=1 320（元）；

③ 26 日发出成本：40×12+20×13=740（元）；

④ 4 月份领用时，应参照 3 月份账簿记录资料计价。

采用先进先出法，可以及时确定领用材料的实际成本，并使计价工作分散在平时进行，有利于合理组织日常核算工作。尤其在材料价格出现较大幅度持续下跌的情况下，采用先进先出法计价，高价购入的材料先列销，企业可以先期冲减利润，减少企业所得税缴纳，有利于企业避免损失。但采用此法，每次发出材料都要辨别材料的批次，工作烦琐。材料种类繁多、收发频繁的单位，不宜采用此法。

（2）加权平均法。加权平均法是以期初结存材料实际成本和本期入库全部材料实际成本相加，以其平均价格作为本期发出材料单价的方法。计算公式如下：

$$加权平均单价=\frac{期初结存材料实际成本+本期入库材料实际成本}{期初结存材料数量+本期入库材料数量}$$

发出材料实际成本=加权平均单价×发出材料数量

月末结存材料实际成本=期初结存材料实际成本+本月入库材料实际成本-本月发出材料实际成本

仍以【例 2-4】内容为例，采用加权平均法核算，材料计价如表 2-10 所示。

表 2-10　**材料明细分类账**　单位：元

一级科目：原材料　最高储备量：200

材料明细科目：主要材料　最低储备量：40

名称及规格：A　计量单位：吨

日期		摘要	收入			发出			结存		
月	日		数量	单价	金额	数量	单价	金额	数量	单价	金额
3	1	期初余额							100	10.00	1 000.00
	3	购入	100	15.00	1 500.00				200	—	—
	6	发出				120	—		80	—	—
	16	购入	50	12.00	600.00				130	—	—
	20	发出				90	—		40	—	—

续表

日期		摘要	收入			发出			结存		
月	日		数量	单价	金额	数量	单价	金额	数量	单价	金额
	23	购入	100	13.00	1 300.00				140	—	—
	26	发出				60	—		80	—	—
	31	本期合计	250	—	3 400.00	270	12.57*	3 393.90	80	12.58*	1 006.10

说明：①加权平均单价 $=\frac{1\ 000+3\ 400}{100+250}\approx 12.57$（元）；

②*发出、结存单价应该一致，出现差异系计算过程中四舍五入所致。

采用加权平均法，发出材料的计价在期末一次进行，可以大大简化材料计价工作，并使材料价格趋于均衡。但因平时账簿记录不反映材料发出和结存的价值，不便于材料的日常管理和控制。

（3）移动平均法。移动平均法亦称移动加权平均法，是以每次发料前累计材料成本除以累计库存材料数量，以其平均单价作为每次发出材料单价的方法。计算公式如下：

$$移动加权平均单价=\frac{发料前累计库存材料成本}{发料前累计库存材料数量}$$

发出材料成本 = 移动加权平均单价 × 发出材料数量

月末结存材料成本 = 期初结存材料成本 + 本月入库材料实际成本 − 本月发出材料成本

仍以【例 2－4】内容为例，采用移动平均法核算，具体计价如表 2－11 所示。

表 2－11　　材料明细分类账

一级科目：原材料　　单位：元

材料明细科目：主要材料　　最高储备量：200

名称及规格：A　　最低储备量：40

计量单位：吨

日期		摘要	收入			发出			结存		
月	日		数量	单价	金额	数量	单价	金额	数量	单价	金额
3	1	期初余额							100	10.00	1 000.00
	3	购入	100	15.00	1 500.00				200	12.50	2 500.00
	6	发出				120	12.50	1 500.00	80	12.50	1 000.00
	16	购入	50	12.00	600.00				130	12.31*	1 600.00
	20	发出				90	12.31	1 107.90	40	12.30*	492.10
	23	购入	100	13.00	1 300.00				140	12.80	1 792.10
	26	发出				60	12.80	768.00	80	12.80	1 024.10
	31	本期合计	250	—	3 400.00	270	—	3 375.90	80	12.80	1 024.10

注：① 16 日购入与 20 日发出单价应该一致，二者出现差异系四舍五入所致；

② 6 日发出成本：$\frac{1\ 000+1\ 500}{100+100}\times 120=1\ 500$（元）；

③ 20 日发出成本：$\frac{1\ 000+600}{80+50}\times 90\approx 1\ 107.90$（元）；

④ 26 日发出成本：$\frac{492.10+1\ 300}{40+100}\times 60\approx 768$（元）。

采用移动平均法，可以及时通过账面了解材料数量，但每领用一批材料，都要计算一次平均单价，计价工作量很繁重，同样不适合材料种类多、收发频繁的企业采用。

（4）后进先出法。后进先出法是以后取得的材料先领用为原则来确定每批材料领用成本的方法。领用材料时，应先按最后一批入库材料的单价计价，最后一批发完后，不足部分再按次后一批、再次后一批等入库的材料单价计价。

仍以【例 2－4】内容为例，采用后进先出法核算，具体计价如表 2－12 所示。

表 2－12　　**材料明细分类账**　　单位：元

一级科目：原材料　　最高储备量：200

材料明细科目：主要材料　　最低储备量：40

名称及规格：A　　计量单位：吨

日期		摘要	收入			发出			结存		
月	日		数量	单价	金额	数量	单价	金额	数量	单价	金额
3	1	期初余额							100	10.00	1 000.00
	3	购入	100	15.00	1 500.00				100 100	10.00 15.00	1 000.00 1 500.00
	6	发出				100 20	15.00 10.00	1 500.00 200.00	80	10.00	800.00
	16	购入	50	12.00	600.00				80 50	10.00 12.00	800.00 600.00
	20	发出				50 40	12.00 10.00	600.00 400.00	40	10.00	400.00
	23	购入	100	13.00	1 300.00				40 100	10.00 13.00	400.00 1 300.00
	26	发出				60	13.00	780.00	40 40	10.00 13.00	400.00 520.00
	31	本期合计	250	—	3 400.00	270	—	3 480.00	40 40	10.00 13.00	400.00 520.00

说明：① 6 日发出成本：100 × 15 + 20 × 10 = 1 700（元）；

② 20 日发出成本：50 × 12 + 40 × 10 = 1 000（元）；

③ 26 日发出成本：60 × 13 = 780（元）；

④ 4 月份领用时，应参照 3 月份账簿记录资料计价。

从理论上讲，在材料入库成本呈持续上涨趋势的情况下，采用后进先出法有利于企业及时消化涨价因素的影响，其余优缺点与先进先出法相同。但从表 2－12 中不难看出，后进先出法可以将企业早期形成的较低成本体现在材料的账面价值中，而将近期形成的较高成本分配到工程项目成本，若在通货膨胀的情况下长期累积，会低估库存材料价值，降低企业当期利润，进而减少企业所得税的缴纳，因此，目前我国不允许采用该方法对材料成本进行核算。

（5）个别计价法。个别计价法是按收入材料特定批次分别确定其实际成本，领发某批次材料即按其实际成本予以转销的计价方法。

采用个别计价法，能够准确核算材料的实际成本，但对于材料购入和领用批次及种类较多的企业，可能形成一个批次一个单价，大大增加核算工作量；同时，为便于各批次材料的辨别，材料实物管理的工作量也十分繁重。因此，个别计价法一般只适合于材料收发次数、材料种类较少的企业采用。

与按计划成本核算相同，材料按实际成本核算时，除经营规模小、材料领用业务不多的小微型企业可采取根据“领（发）料单”等逐笔记账的核算方式外，一般都按月或成本核算期定期汇总“领（发）料单”等领（发）料凭证，编制“材料消耗汇总表”或“材料消耗月报表”，并将其作为已耗用材料列销的直接依据。按其实际成本列销领用材料时，应进行如下账务处理：

借：合同履约成本

　　辅助生产

　　机械作业

　　生产成本

　　间接费用等

　　贷：原材料等

材料按实际成本核算采用何种方式计价，一旦选定后便不能随意变更，如若变更必须在财务报告中说明变更的理由及其影响的范围和影响的程度。

（二）低值易耗品的列销

1. 低值易耗品的核算方法

与一般材料相比，低值易耗品具有使用期较长、部分物品价值较高的特点。因而，低值易耗品领用后，其价值可以根据不同情况采用不同的方法列销。价值低于一定限额的低值易耗品，可在领用时一次计入有关成本费用；高于规定限额的低值易耗品，则应分次、分期摊入有关成本费用。限额的高低，可由企业视具体情况作出规定。但玻璃器皿等易碎物品不论其价值大小，均可在领用时一次列销。

企业财务部门对低值易耗品通过“低值易耗品”账户核算，并在其下设置“低值易耗品——在库低值易耗品”“低值易耗品——在用低值易耗品”“低值易耗品——低值易耗品摊销”三个二级账户，分别核算在库、在用低值易耗品价值和实际摊销的低值易耗品价值。

①验收购入低值易耗品时：

借：低值易耗品——在库低值易耗品

　　贷：材料采购、银行存款等

②领发低值易耗品时：

借：低值易耗品——在用低值易耗品

　　贷：低值易耗品——在库低值易耗品

③因使用而摊销低值易耗品价值时：

借：合同履约成本

辅助生产
机械作业
生产成本
间接费用等
贷：低值易耗品——低值易耗品摊销

④低值易耗品报废时，应转销其在用价值和已摊销价值，其残料如有利用价值的还应作价点收入库或出售：

借：合同履约成本等（扣除残料价值后的未摊价值）
低值易耗品——低值易耗品摊销（已摊销价值）
原材料等（作价入库或出售残料价值）
贷：低值易耗品——在用低值易耗品

⑤按计划成本核算的，转销报废低值易耗品应分摊的材料成本差异：

借：合同履约成本等
贷：材料成本差异

无论采用何种方式列销，由于其使用期较长，低值易耗品领用后，其实物都不宜直接转销。一方面，物资部门应建立实物领用登记卡或分类保管领用凭证，实行以旧（废）换新等制度，加强实物管理；另一方面，财务部门还应按领用单位或个人设置“在用低值易耗品备查簿”，对各部门、班组、个人领用的低值易耗品进行明细核算和管理。物资部门保管的领用凭证或设置的领用卡片所反映的低值易耗品数量，应与实物核对相符，其成本合计数则应与财务部门的“在用低值易耗品备查簿”中各使用部门低值易耗品的余额核对相符。低值易耗品报废时，使用部门应及时填制报废单，按规定程序审核确认后，由财务部门检查核对并进行相应的账务处理，同时由物资部门列销其实物。此外，对分次摊销的低值易耗品，财务部门还应按低值易耗品种类、领用批次及摊销方法等，设置“低值易耗品摊销明细账”进行核算。

2. 低值易耗品摊销的主要方法

低值易耗品摊销的主要方法有一次摊销法、分期摊销法和五五摊销法。

（1）一次摊销法。指在领用低值易耗品时，将其价值全部一次性转入有关成本费用的方法。该方法主要适用于价值低、使用期限短，一次性领用不多或容易破损的物品等。

（2）分期摊销法。指在领用低值易耗品时，按照预计的使用期限，分期将其价值摊销转入有关成本费用的方法。

按分期摊销价值计算基础的不同，分期摊销法分为净值摊销法和比例摊销法两种。

①净值摊销法。是在每个成本计算期末，按结存在用低值易耗品的净值（在用低值易耗品计划或实际成本减去“低值易耗品摊销”明细账户余额后的金额）和预先核定的摊销率（月摊销率一般为10%），计算并摊销应由本期成本费用负担的低值易耗品价值的方法。净值摊销法一般适用于价值较高，其使用性能随使用期延长而逐步降低的低值易耗品的摊销。

②比例摊销法。是在每个成本计算期末，按在用低值易耗品计划或实际成本及预先核定的摊销率，计算并分配应由本期成本费用负担的低值易耗品价值的方法。比例摊销法较

净值摊销法在摊销额计算上更为简便，它适用于价值较高，其使用性能不明显随使用期延长而逐步降低的低值易耗品的摊销。

总体看，分期摊销法主要适用于单位价值较高，使用期限相对较长的物品。

（3）五五摊销法。五五摊销法亦称五成摊销法，是由领用月和报废月各负担其价值50%的低值易耗品摊销方法。该方法主要适用于价值较高，不宜一次列入成本费用的低值易耗品的摊销。该方法计算简单，但摊销价值均衡性较差。

在实际工作中，企业可根据实际情况确定低值易耗品的摊销方法，但一经确定，则不能随意改变。确需改变摊销方法的，应在当期财务报告中对变动的原因及其影响范围、程度等有关情况进行说明。

（三）周转材料的列销

1. 周转材料的核算方法

由于周转材料具有在施工生产中多次使用而其实物形态和使用价值基本不变的特点，按照会计核算的配比原则，收益与相关费用必须同期确认，凡本期已实现的收入就应负担其相应的费用，凡本期确认的费用就应以取得相应的收益为标准，周转材料的领用均采用分次、分期摊销的方法进行核算。

周转材料与低值易耗品都有可长期使用并且费用应由使用期中多个成本核算期负担的特点，但二者也不尽相同。低值易耗品投入使用后，一般不存在回收入库的问题，而周转材料却会随着特定施工过程的终结而退库待用，因此其已摊销价值就自然包括在库周转材料摊销额和在用周转材料摊销额两部分。为准确反映周转材料的真实价值，在企业会计核算中必须对二者进行区分。

财务部门对周转材料核算通过“周转材料”账户进行。为反映在库、在用周转材料的成本及其价值摊销情况，“周转材料”应设置下列明细账户进行核算：

①“在库周转材料”，用于核算在库周转材料的计划或实际原始成本；

②“在用周转材料”，用于核算在用周转材料的计划或实际原始成本；

③“周转材料摊销”，用于核算在库和在用周转材料的已摊销价值。其贷方登记周转材料在使用中已摊销的价值；借方登记因报废或其他原因而减少的周转材料应转销的已摊销价值；其余额在贷方，反映企业实有（包括在库和在用）周转材料已累计摊销的价值。

为了具体反映在库周转材料和在用周转材料价值的摊销情况，“周转材料摊销”二级账户下应再设置“在库周转材料摊销”和“在用周转材料摊销”两个三级账户进行明细核算。此外，财务部门对在用周转材料还应按材料类别、使用部门或工程项目、摊销方法等设置明细账进行核算。对周转材料的摊销情况应设置备查簿进行登记。

物资部门应按在用周转材料、在库周转材料及周转材料具体种类等设置备查簿，并注明每种周转材料的摊销方法。物资部门周转材料核算的种类、使用状况、摊销方法等应注意和财务部门的核算保持统一口径，并注意保证核算数据的一致性。对周转材料的增加、在用和在库周转材料之间的转换、周转材料的报废等，物资部门应及时向财务部门提交相应核算凭证。在每个成本核算期末，物资部门应由施工部门配合，定期、及时向财务部门提交周转材料摊销的原始数据。

财务部门周转材料核算的账务处理如下：

①验收购入周转材料：

借：周转材料——在库周转材料

　　贷：材料采购、银行存款等

②领（发）周转材料：

借：周转材料——在用周转材料

　　贷：周转材料——在库周转材料

③摊销周转材料使用损耗价值：

借：合同履约成本

　　辅助生产

　　机械作业

　　生产成本

　　间接费用等

　　贷：周转材料——周转材料摊销——在用周转材料摊销

④工程完工，尚可再使用的周转材料退库：

结转退库周转材料计划（实际）成本：

借：周转材料——在库周转材料

　　贷：周转材料——在用周转材料

结转退库周转材料已摊销价值：

借：周转材料——周转材料摊销——在用周转材料摊销

　　贷：周转材料——周转材料摊销——在库周转材料摊销

⑤周转材料报废时，转销其在用价值和已摊销价值，其残料如有利用价值的还应作价点收入库：

借：合同履约成本等（扣除残料价值后的未摊销周转材料价值）

　　周转材料——周转材料摊销——在用周转材料摊销（报废周转材料已摊销价值）

　　原材料（作价入库残料价值）

　　贷：周转材料——在用周转材料（退库周转材料计划或实际成本）

⑥出售废旧周转材料：

取得结算收入时：

借：银行存款等

　　贷：其他业务收入

结转销售成本时：

借：其他业务成本

　　周转材料——周转材料摊销（出售在用或在库周转材料已摊销价值）

　　贷：周转材料——在用（在库）周转材料（在用或在库周转材料计划或实际成本）

⑦按计划成本核算的，转销报废、出售周转材料应分摊的材料成本差异：

借：合同履约成本、其他业务成本等

　　贷：材料成本差异

2. 周转材料的摊销方法

周转材料的摊销方法一般有一次摊销法、分期摊销法、分次摊销法和定额摊销法四种。

（1）一次摊销法。是一次性将领用周转材料成本计入工程成本的方法。一次摊销法通常只适合于价值低且使用期限短或易损、易腐、易糟、损耗大的周转材料，如安全网等。

（2）分期摊销法。是根据各种周转材料的预计使用期限确定每期应摊销周转材料费用的方法。计算公式如下：

$$\text{每期应摊销周转材料费用}=\frac{\text{周转材料实际或计划成本}\times(1-\text{残值率})}{\text{预计使用期限}}$$

【例 2-5】兴达建筑公司崇文项目部某房建工程领用木质跳板 50 块，单价 200 元，总计 10 000 元，预计使用期限 2 年，预计残值率 10%；同时领用钢制脚手架一批，计 20 000 元，预计使用期限 4 年，预计残值率 15%。求每月应摊销周转材料费用。

$$\text{每期应摊销周转材料费用}=\frac{10\,000\times(1-10\%)}{24}+\frac{20\,000\times(1-15\%)}{48}\approx 729.17\text{（元）}$$

分期摊销法主要适用于脚手架、跳板等不易确定使用次数的周转材料的摊销。

（3）分次摊销法。是根据各种周转材料预计使用次数确定每期应摊销周转材料费用的方法。计算公式如下：

$$\text{每次使用应摊销价值}=\frac{\text{周转材料实际或计划成本}\times(1-\text{残值率})}{\text{预计使用次数}}$$

每期应摊销周转材料费用 = 每次使用应摊销价值 × 每期使用次数

【例 2-6】兴达建筑公司燕河桥梁施工领用木模板 60 块，单价 250 元，总计 15 000 元，预计残值率 10%，预计可使用次数为 5 次，本月实际使用 2 次。求本月应摊销周转材料费用。

$$\text{本月应摊销周转材料费用}=\frac{15\,000\times(1-10\%)}{5}\times 2=5\,400\text{（元）}$$

分次摊销法主要适用于各种模板、挡板等易于确定使用次数的周转材料的摊销。

（4）定额摊销法。是根据各期实际完成的实物工程量和预算规定的材料消耗定额，计算确定每期应摊销周转材料费用的方法。计算公式如下：

$$\text{每期应摊销周转材料费用}=\text{每期实际完成实物工程量}\times\text{单位工程量周转材料消耗定额}$$

【例 2-7】兴达建筑公司云山隧道项目施工，领用支撑木一批。预算定额规定每延长米支撑木消耗指标为 0.2m^3，支撑木计划成本 3 500 元/m^3，本月实际完工进度为 40 延长米。求本月应摊销周转材料费用。

本月应摊销周转材料费用 = 3 500 × 40 × 0.2 = 28 000（元）

定额摊销法适用于定额基础工作比较完善的企业中各种周转材料的摊销。

周转材料的摊销额应通过填制“周转材料摊销表”计算确定，其一般格式如表 2-13 所示。

周转材料摊销方法确定以后，应保持相对稳定，不可随意变动。如确需变动，应在当期会计报表中就变动原因及对成本费用的影响予以说明。

表 2－13 **周转材料摊销表**

使用项目： 年 月 日 编号：

材料编号	材料名称	规格型号	单位	单价	数量	原值（元）	成色（%）	期初净值（元）	摊销比例（%）	摊销额（元）	期末净值（元）
合计											

项目经理： 财务： 物资主管： 制单：

3. 周转材料补提摊销

由于建筑安装施工生产的自然条件一般都较为恶劣，周转材料在施工生产中损耗较大，损耗程度也不稳定，所以，账面已提的摊销额和周转材料的实际损耗程度经过一定时期后往往会出现较大的差异。因此，企业除按一定方法在各成本计算期结束时摊销各期应负担数额外，还应定期通过盘点清理进行补提摊销，即根据周转材料的实际损耗情况调整其已摊销价值，以保证周转材料账面已摊销额与其实际损耗程度保持一致。周转材料的补提摊销通常在年终或工程完工退库，周转材料报废、短缺或发生其他损失时进行。

周转材料补提摊销的计算公式如下：

$$\text{报废、短缺周转材料应补提摊销额}=\left(\text{报废、短缺周转材料计划或实际成本}-\text{残料价值}\right)-\text{报废、短缺周转材料计划或实际成本}\times\frac{\text{该类在用周转材料账面已提摊销额}}{\text{该类在用周转材料账面计划或实际成本}}$$

$$\text{退库周转材料应补提摊销额}=\text{退库周转材料计划或实际成本}\times\left(1-\text{退库时确定的成色}\right)-\text{退库周转材料计划或实际成本}\times\frac{\text{该类在用周转材料账面已提摊销额}}{\text{该类在用周转材料账面计划或实际成本}}$$

$$\text{周转材料应补提摊销总额}=\text{报废、短缺周转材料应补提摊销额}+\text{退库周转材料应补提摊销额}$$

计算结果如为正数，表明周转材料的实际损耗大于已提摊销额，应将差额计入有关成本费用；计算结果如为负数，则表明周转材料已提摊销额大于实际损耗程度，应将其差额以红字冲减有关成本费用。补提摊销应作如下会计分录：

借：合同履约成本等

　　贷：周转材料——周转材料摊销（在用周转材料摊销）

第四节 固定资产核算概述

一、固定资产的概念

固定资产是企业为了生产商品、提供劳务、出租或者经营管理而持有，并且使用寿命超过一个会计年度的有形资产。不难看出，企业持有固定资产的目的与材料等存货[①]不同，存货是为了直接或加工后对外出售，而固定资产是为了生产商品、提供劳务、出租或者经营管理的需要，这是固定资产区别于流动资产的重要标志。固定资产使用期限较长，能在一年以上的时间里给企业创造经济利益，属于非流动资产。建筑企业的固定资产包括房屋、建筑物、机械、机器、运输工具及其他与生产经营活动有关的设备、器械和工具等。

二、固定资产的分类

在实际工作中，为适应会计核算和经营管理的需要，建筑企业通常将固定资产按下列方法分类：

（一）按会计核算需要分

按会计核算需要，建筑企业固定资产可分为以下类别：

1. 房屋及构筑物

房屋及构筑物包括：

（1）房屋。指企业所属施工单位、辅助生产单位、附属工业企业、行政管理部门等使用的各种房屋，包括与房屋不可分割的水、暖、电、通风、卫生、电梯等各种附属设备。

（2）建筑物。指企业所属施工单位、辅助生产单位、附属工业企业、行政管理部门等使用的除房屋以外的其他建筑物，如水塔、储油罐、储水池、围墙、道路、停车场等。

2. 施工机械

指建筑企业为进行建筑安装工程施工所用的各种机械，如起重机械、挖掘机械、凿岩机械、架梁机械、钢筋混凝土机械、盾构机等各种用于施工的机械。施工机械包括随机的附属设备及装置在机械上的发动机、联动机等。

3. 运输设备

指建筑企业用以运载货物的各种运输工具，包括铁路运输用的机车、棚车，公路运输用载重汽车、自卸汽车、散装水泥车、架线车、油槽车、平板拖车组、兽力车、水上运输

---

① 存货为财会专业用语，指企业在日常活动中持有以备出售的各种物资。建筑企业的存货构成包括各种材料、在建工程、在产品、产成品及商品等。

用船舶、客车、轿车、越野车、拖车、牵引汽车等各种用于运输的设备及工具。

4. 生产设备

指加工、维修用的各种机械，包括机器机座以及与机器连成一体而不具有独立作用的附属设备等，如金属切割设备、锻压设备、焊接设备、木工加工设备、动力设备、传导设备等用于加工维修的各种生产设备。

5. 测量及试验设备

包括测量仪器、测绘仪器、试验机、计量仪等用于测量及试验的设备。

6. 融资租入固定资产

企业固定资产租赁可分为融资租赁和经营租赁。

融资租赁，是指实质上向承租方转移了与租赁资产所有权有关的几乎全部风险和报酬的租赁。其所有权最终可能转移，也可能不转移。

企业财务部门对融资租入的固定资产，在租赁期间一般通过“使用权资产——融资租入固定资产”账户核算并比照自有固定资产管理，租赁期满，企业行使购买权时再转为自有固定资产核算和管理。

经营租赁，是指除融资租赁以外的其他租赁。

企业以经营租赁方式租入的固定资产，在租赁期间，除租赁期不超过 12 个月的短期租赁和低价值固定资产租赁外，财务部门的账务处理与融资租入固定资产基本一致，也通过“使用权资产”账户核算。但物资部门的管理却与融资租赁不同。因企业只对其拥有使用权而不拥有所有权，所以通常不按照自有固定资产来管理，一般只设置“租入固定资产登记簿”进行记录，以反映固定资产的租入、使用和归还情况。其登记内容一般包括租入固定资产的名称、数量、附属设备、出租单位、安装费用、租入时资产状况、租赁合同编号、租赁期限、租赁日期、租金及其支付方式等。

7. 其他固定资产

包括各类计算机、复印机、打印机、办公家具、消防用具、炊事用具、医疗器械、电子设备等。

（二）按使用情况分

按照固定资产的使用情况，建筑企业的固定资产可分生产经营用固定资产、非生产经营用固定资产、租出固定资产、不需用固定资产、未使用固定资产和土地。

1. 生产经营用固定资产，指参与企业生产过程或者直接服务于生产过程的固定资产。

2. 非生产经营用固定资产，指不直接参与企业生产过程的固定资产，如职工宿舍、招待所、食堂等单位使用的固定资产。

3. 租出固定资产，指在经营租赁方式下出租给外单位使用的固定资产。

4. 不需用固定资产，指企业生产经营中不适用或者多余，需要调配处理的固定资产。

5. 未使用固定资产，指尚未使用的新增固定资产，新调入尚未安装的固定资产，正在进行改扩建的固定资产以及经批准停止使用的固定资产。

6. 土地，指已经估价单独入账的土地（不包括作为无形资产的土地使用权）。

需要注意的是，如有业主或发包单位委托采购或保管的构成完工交付使用资产价值的设备，因其不作为劳动手段并且也不以任何形式供企业使用，因此企业不应作为固定资产，而应暂时视同为库存材料进行核算。

三、固定资产计价

企业对固定资产一般应按原始价值、折余价值和重置完全价值三种不同方式计价，以满足经营管理的不同需要。

（一）原始价值

原始价值也称历史成本，简称原值。指在取得固定资产时，企业所发生的全部实际支出，包括购买价款、运输费、装卸费、相关税费以及为使固定资产达到预定可使用状态前所必要的其他支出。企业采用原始价值计价，能够直接反映出对固定资产的原始投资额，是企业计提固定资产折旧的依据。

固定资产的来源不同，其原始价值确定方法也不相同，企业应根据固定资产的不同来源确定其原始价值。

1. 外购固定资产

外购固定资产原始价值一般为买价与购置时支付的运输费、装卸费、包装费、途中保险费、不能抵扣的增值税、关税等各种税款及安装成本等支出之和。

以一笔款项购入多项没有单独标价的固定资产，应按照各项固定资产的公允价值比例对实际支付价款进行分配，分别确定各项固定资产的原始价值。

公允价值是指在公平交易中，熟悉情况的交易双方自愿进行资产交换或者债务清偿的金额。

2. 自行建造固定资产

自行建造的固定资产，应根据建造该项固定资产达到预定可使用状态前发生的必要支出作为原始价值。已经使用但尚未办理竣工决算手续的固定资产，可按估计价值入账，待确定实际价值后再进行调整。

3. 投资者投入的固定资产

企业接受投资者投入的固定资产，应按合同或者协议约定的价值作为原始价值。

4. 融资租入固定资产

融资租入固定资产的原始价值应按成本进行初始计量。其成本包括租赁负债的初始计量金额（扣除已享受的租赁激励相关金额）、承租人发生的初始直接费用和承租人为拆卸及移除租赁资产、复原租赁资产所在场地或将租赁资产恢复至租赁条款约定状态预计将发生的成本。

5. 受赠固定资产

接受捐赠的固定资产，若捐赠方可以提供发票等有关凭据，以凭据上标明的金额及支付的相关税费作为原始价值；若捐赠方不能提供发票等有关凭据，按照市场上同类或者类似固定资产的市场价值及相关税费作为原始价值；没有同类或者类似固定资产的，按照预计未来现金流量现值①确定原始价值。

6. 存在弃置费用的固定资产

所谓弃置费用，是指固定资产使用期满弃置时，根据国家法律和行政法规、国际公约等规定，应由企业承担的恢复环境保护、生态恢复等义务所确定的支出。

存在弃置费用的固定资产，除了将常规支付的价款计入原始价值外，还需要将弃置费用按现值计入原始价值，并在后续计量中，按照摊余成本和实际利率计算利息费用。

7. 盘盈固定资产

盘盈的固定资产，按同类固定资产的重置完全价值入账。

（二）重置完全价值

固定资产重置完全价值，简称重置价值，是指企业就目前的生产条件，重新购建和安装该项固定资产所需要的全部支出。重置完全价值可以真实地反映固定资产的现时价值，但实际操作较为复杂，一般只有在无法确定固定资产原始价值的时候才会被采用，如盘盈固定资产价值的确定。

（三）折余价值

固定资产折余价值，亦称净值。指固定资产原始价值或重置完全价值减去累计已提折旧后的余额。折余价值主要用于反映固定资产实际占用企业资金的数额和固定资产的新旧程度。固定资产净值通常只在会计报表编制、经济活动分析等方面运用，在会计账簿中不直接反映。

第五节 固定资产增加的核算与管理

一、固定资产增加的原始凭证

1. 外购的固定资产，在运抵企业时一般由设备物资部门进行验收，验收合格后由收、送双方共同填制、签署“固定资产验收交接记录”，最后由设备物资部门连同资产购置计划、决策批复文件、发票以及相关合同协议等交送财务部门入账。

“固定资产验收交接记录”一般一式三份，一份交供应商，一份设备物资部门留存，一份交财务部门入账。其一般格式如表 2 - 14 所示。

2. 自建固定资产，在完工验收合格后，由经办部门填制“固定资产验收交接记录”，办理交接验收手续，并作为财务部门入账依据。

3. 系统内其他单位调入的固定资产，应由调出单位填制“固定资产调拨单”，由交接

① 现金流量现值的含义等内容参见本章第八节三、“资金时间价值”相关内容。

双方设备物资部门人员办理交接验收手续，经双方签认后，财务部门登记入账。

表 2－14　　新建（购置）固定资产验收交接记录

移交单位（管理部门）			接收单位（使用部门）		
固定资产名称				固定资产编号	
规格型号		计量单位		数　量	
技术特征		建造单位		建造年月	
入账价值			其中：安装费		
其中：附件	名　称	规　格	型　号	数　量	价　值
预计使用年限			残值率		
技术证书号			随附文件号码		
使用部门			使用保管人		
验收意见	采购部门	使用部门	管理部门	财务部门	主管领导
验收人签章及日期					

移交单位：（公章）　　　　　　　　　　接收单位：（公章）
主　　管：（签章）　　　　　　　　　　主　　管：（签章）
经 办 人：（签章）　　　　　　　　　　经 办 人：（签章）

"固定资产调拨单"的一般格式如表 2－15 所示。

表 2－15　　固定资产调拨单

调出单位：　　　　　　　　　　调入单位：

序号	固定资产编号	产权单位	名称	规格型号	计量单位	数量	购入时间	原值	累计折旧	累计减值准备	净值
调出单位签章						调入单位签章					

4. 融资租入的固定资产，应在安装调试完毕后，以双方签字确认的交接记录作为使用权资产——融资租入固定资产增加的原始凭证。

5. 接受捐赠的固定资产，应以捐赠双方签认的捐赠协议等作为固定资产增加的原始凭证。

6. 企业盘盈的固定资产，应以固定资产的盘点记录等作为固定资产增加的原始凭证。有关盘点记录格式如表 2－16、表 2－17、表 2－18 所示。

7. 企业所有者投资转入的固定资产，应以企业开具的出资证明书作为固定资产增加的原始凭证。

表 2－16　　　　**固定资产清查盘点明细表**

单位名称：　　　　监盘人：　　　基准日期：　年　月　日　　　　盘点日期：　年　月　日

序号	卡片编号	资产编号	资产名称	规格型号	启用日期	原值	净值	清查结果（正常在用、毁损待报废、盘亏、盘盈等）	是否减值	保管（使用）人	使用单位
合　计											

表 2－17　　　　**固定资产盘盈（亏）报告表**

单位名称：　　　　基准日期：　年　月　日　　　　盘点日期：年　月　日

序号	卡片编号	资产编号	资产名称	规格型号	启用日期	计量单位	盘盈					盘亏				备注
							数量	市场价		成色	入账价值	数量	账面价		净值	
								单价	总价				单价	总价		
合计																

单位领导：　　　　　　　　制表：

表 2－18　　　　**固定资产盘盈呈批表**

单位名称：　　　　基准日期：　年　月　日　　　　盘点日期：年　月　日

<table>
<tr><td rowspan="4">资产基本情况</td><td>固定资产名称</td><td colspan="6"></td></tr>
<tr><td>购建日期</td><td colspan="2"></td><td colspan="2">发生日期</td><td colspan="2"></td></tr>
<tr><td>数量</td><td></td><td>市场价值</td><td></td><td>成色</td><td></td><td>入账价值</td></tr>
<tr><td>使用部门</td><td></td><td>保管（使用）人</td><td></td><td>经办人</td><td colspan="2"></td></tr>
<tr><td colspan="8">盘盈说明：
使用部门负责人（签章）
年　月　日</td></tr>
<tr><td colspan="8">处理意见：
管理部门负责人（签章）
年　月　日</td></tr>
</table>

二、固定资产的核算

（一）固定资产的总分类核算

固定资产总分类核算是指对固定资产价值进行总括反映的核算。固定资产总分类核算由财务部门进行。由于固定资产在使用过程中始终保持原有的物质形态基本不变，其价值是逐渐转入成本和费用中的，结合该特点，财务部门应设置“固定资产”“使用权资产”和“累计折旧”“使用权资产累计折旧”四个账户进行核算，一方面反映其原始价值，另一方面反映其损耗价值。

“固定资产”账户用于核算企业自有固定资产的原值，通过自有固定资产原值可以概括反映企业的生产能力。该账户借方登记企业增加自有固定资产的原值；贷方登记减少自有固定资产的原值；其余额为企业期末实际自有固定资产的原值。

“累计折旧”账户用于核算企业自有固定资产的累计折旧额。其贷方登记企业各期实际计提的自有固定资产折旧额及自有固定资产增加时转入的已提折旧额；借方登记企业自有固定资产减少时随之转销的已提折旧额；余额为企业期末自有固定资产已累计计提的折旧额，反映企业自有固定资产已实际磨损的价值。

“累计折旧”为“固定资产”账户的抵减账户。“固定资产”账户余额（在借方）减去“累计折旧”账户余额（在贷方）的差额即为企业自有固定资产账面净值。

“使用权资产”账户核算承租人持有的包括融资租赁固定资产在内的使用权资产的原价。其借方登记企业增加使用权资产的原值；贷方登记减少使用权资产的原值；其余额为企业期末实际拥有使用权资产的原值。

“使用权资产累计折旧”账户用于核算包括企业融资租入固定资产在内的使用权资产的累计折旧额。其贷方登记企业各期实际计提的使用权资产的折旧额；借方登记企业使用权资产减少时随之转出的已提折旧额；余额在贷方，为企业期末使用权资产已累计计提的折旧额。

“使用权资产累计折旧——融资租入固定资产折旧”为企业“使用权资产——融资租入固定资产”的抵减账户。“使用权资产——融资租入固定资产”账户余额减去“使用权资产累计折旧——融资租入固定资产折旧”账户余额的差额即为企业融资租入固定资产的账面净值。

（二）固定资产的明细核算

固定资产明细核算是对固定资产价值及存在状况进行具体反映的核算。明细核算是总分类核算内容的具体化，对总分类核算起着辅助说明作用。为了加强固定资产管理，具体反映和监督固定资产的增减变化及结存情况，除了进行固定资产总分类核算外，企业还必须进行固定资产的明细核算。建筑企业固定资产的明细核算通常通过“固定资产卡片”“固定资产登记簿”和“固定资产明细分类账”等进行。

1. 固定资产卡片

“固定资产卡片”一般是按单个固定资产设置，用以具体反映各固定资产名称、规格、技术特征、建造单位、使用单位、始用日期、原价、预计使用年限、折旧率、停用和大修理情况等主要技术经济指标及管理编号的卡片式核算资料。企业对于新增的固定资产，均应在其实物上标明不易坏损的固定管理编号，再以管理编号为基础填制“固定资产卡片”。“固定资产卡片”通常设置一式三份，固定资产使用单位、设备物资部门、财务部门各保存一份。“固定资产卡片”应先按房屋、建筑物、施工机械、运输设备、生产设备、仪器及试验设备、其他固定资产等分类排列保管；在每一大类下，再按使用单位分组排列。

对于减少的固定资产，应根据报废清理凭证、调拨单等，在原卡片内登记，并抽出注销，另行归档，保存备查。

“固定资产卡片”的分类合计金额，必须同相应的固定资产明细分类账户，并与“固定资产登记簿”中该类固定资产的余额核对相符；每张“固定资产卡片”必须同每一固定资产实物核对相符；设备物资部门的“固定资产卡片”应定期与财务部门及使用单位的“固定资产卡片”核对相符。

固定资产卡片参考格式如表2－19、表2－20所示。

表2－19　　　固定资产卡片（正面）

编制单位：　　　　　　　　　　　　　　　　　　　　卡片号：

管理号码		资产号码		资产来源	
设备名称		型　号		规　格	
牌照号码		权属单位		完好状态	
安装地点		功用分类		主要用途	
资产类别		特种设备属性			
建卡日期		启用日期		管理状态	
单　价		安装费		原　值	
使用年限		净残值比例		年折旧率	
财务类别		初始截止折旧日期		累计截止折旧日期	
折旧日期		累计折旧		净　值	

表2－20　　　固定资产卡片（背面）

制造国别		制造厂商		出厂日期	
供货商		出厂编号		图　号	
技术水平		装机容量	台	千瓦	
重　量		外型尺寸			
设备系统		主机编号		生产能力	
备　注					
主机部分		附属部件			
生产厂商		项　目	部件1	部件2	部件3
型　号		生产厂商			
出厂日期		型　号			
出厂编号		出厂日期			
功　率		出厂编号			

2. 固定资产登记簿

"固定资产登记簿"通常是由设备物资部门按固定资产类别设置、以价值形式综合反映各类固定资产使用及结存情况的备查账簿。"固定资产登记簿"应按保管、使用单位设置专栏，并根据"固定资产卡片"及有关原始凭证按其增减日期序时登记。

除定期或不定期与实物或"固定资产卡片"进行核对、保证账实相符外，"固定资产登记簿"还应定期或不定期与财务部门"固定资产明细分类账"核对相符。

"固定资产登记簿"的一般格式如表 2－21 所示。

表 2－21　　固定资产登记簿

序号	编号	名称	型号	供应（建造）厂商	单价	数量	总价	启用日期	使用部门	使用年限	保管人	备注

3. 固定资产明细分类核算

固定资产明细分类核算通过对"固定资产""使用权资产"设置明细分类账户进行，以分类核算固定资产的增减变化及结存情况。固定资产明细分类核算通常在"固定资产"账户下分设生产用固定资产、非生产用固定资产、未使用固定资产、不需用固定资产、土地等二级账户；对于生产用固定资产，再分设房屋、建筑物、施工机械、运输设备、生产设备、仪器及试验设备、其他生产用固定资产等明细分类账户。在"使用权资产"下设置"融资租赁固定资产"明细账户。固定资产明细分类账通常采用三栏式账页，根据固定资产增减的原始凭证逐笔登记。固定资产明细分类账的合计金额应逐月与"固定资产""使用权资产"总分类账户核对相符，并定期或不定期与"固定资产登记簿"核对相符。

4. 固定资产目录

为了明确固定资产核算和管理范围，企业应结合自身固定资产的实际管理情况，按照一定方法把固定资产目录编制成册，并报有关部门备案。建筑企业固定资产目录一般由设备物资部门编制，具体格式如表 2－22 所示。

表 2－22　　固定资产目录

序号	固定资产编号	固定资产类别	固定资产名称	规格型号	折旧年限	预计净残值率	管理部门	备注

固定资产目录应与“固定资产登记簿”或“固定资产卡片”核对相符。

（三）固定资产核算的账务处理

1. 外购固定资产

（1）购入不需要安装的固定资产，财务部门应对设备物资部门提交的相关凭证进行审核，审核无误后根据实际支付价款、包装费、运杂费、保险费及相关税费等进行账务处理：

借：固定资产——生产用固定资产等（实际支付的构成固定资产原值的价款、包装费、运杂费、保险费及相关税费）

　　应交税费——应交增值税——进项税额等（可抵扣的增值税进项税额）

　　贷：银行存款、应付账款等（应支付的固定资产购置款项）

（2）购入需要安装的固定资产：

①购入固定资产并交付安装，按照审核无误的实际支付的价款、包装费、运杂费、保险费、相关税费及安装调试费等进行账务处理：

借：在建工程——××固定资产安装（实际支付的构成固定资产原值的价款、包装费、运杂费、保险费及相关税费）

　　应交税费——应交增值税——进项税额等（可抵扣的增值税进项税额）

　　贷：银行存款、应付账款等（应支付的固定资产购置款项）

②发生安装费支出，根据相关部门提交并审核无误的原始凭证进行账务处理：

借：在建工程——××固定资产安装（实际支付的构成固定资产原值的各项安装费用）

　　贷：应付职工薪酬、银行存款等（实际发生的构成固定资产原值的安装费用）

③安装完成达到预定可使用状态时，根据设备物资部门、安装单位提交的相关核算凭证转为可使用固定资产，并进行账务处理：

借：固定资产——生产用固定资产等（实际发生的构成固定资产原值的相关采购费用及安装费用）

　　贷：在建工程——××固定资产安装（实际发生的构成固定资产原值的相关采购费用及安装费用）

2. 自行建造固定资产

①对建造该固定资产达到预定可使用状态前所发生的各种必要支出，财务部门根据相关部门提交的原始凭证进行账务处理：

借：在建工程——××固定资产建造（完工交付前发生的各种构成其原值的支出）

　　应交税费——应交增值税——进项税额（可抵扣的增值税进项税额）

　　贷：银行存款、原材料、工程物资、应付职工薪酬等（发生的各种支出）

②建造完成达到预定可使用状态时，财务部门根据设备物资部门、建造单位、固定资产使用单位等的移交记录及相关核算凭证，将其转为在用固定资产并进行账务处理：

借：固定资产——生产用固定资产等（完工交付前发生的构成其原值的总支出）

　　贷：在建工程——××固定资产建造（完工交付前发生的构成其原值的总支出）

需要注意的是，根据税法规定，已提足折旧的固定资产不再计提折旧，对其改建发生的支出应作为待摊费用计入有关生产经营成本或费用。

3. 投资者投入固定资产

财务部门根据设备物资部门提交的交接记录、投资协议、相关批文等，按投资合同或者协议约定的价值及相关税费进行账务处理：

借：固定资产——生产用固定资产等

　　应交税费——应交增值税——进项税额（可抵扣的增值税进项税额）

　　贷：实收资本等

4. 融资租入固定资产

（1）租入不需要安装的融资租入固定资产，财务部门根据双方签订的融资租赁合同、设备物资部门提交的交接记录等，按固定资产租赁负债的初始计量金额扣除已享受的租赁激励相关金额后进行账务处理：

借：使用权资产——××融资租入固定资产

　　贷：租赁负债（尚未支付的应付租赁款现值）

　　　　银行存款（支付初始直接费用）

　　　　预计负债（预计租赁期满应付拆除费用）

（2）租入需要安装的融资租入固定资产：

①根据双方签订的融资租赁合同、设备物资部门提交的交接记录等，财务部门按固定资产租赁负债的初始计量金额扣除已享受的租赁激励相关金额后进行账务处理：

借：在建工程——××融资租入固定资产安装

　　贷：租赁负债（尚未支付的应付租赁款现值）

　　　　银行存款（支付初始直接费用）

　　　　预计负债（预计租赁期满应付拆除费用）

②发生安装调试费支出，财务部门根据有关部门提交的核算资料进行账务处理：

借：在建工程——××融资租入固定资产安装

　　贷：应付职工薪酬、银行存款等

③安装调试完毕交付使用，财务部门根据设备物资部门、安装单位、固定资产使用单位等的移交记录及相关核算凭证，按“在建工程——××融资租入固定资产安装”账户归集的全部费用进行账务处理：

借：使用权资产——××融资租入固定资产

　　贷：在建工程——××融资租入固定资产安装

（3）租赁期满，对决定留购的租赁资产，财务部门根据租赁合同等结转产权并进行账务处理：

借：固定资产——生产用固定资产等

　　贷：使用权资产——××融资租入固定资产（融资租入固定资产原值）

借：使用权资产累计折旧——融资租入固定资产折旧

　　贷：累计折旧——固定资产折旧（××融资租入固定资产已提折旧）

借：租赁负债——租赁付款额

　　贷：银行存款（优惠购买金额）

第六节　固定资产折旧的核算与管理

折旧是指固定资产因磨损而发生的价值转移，随固定资产磨损而转移的价值叫折旧费。固定资产磨损可分为有形磨损和无形磨损。有形磨损是指固定资产在使用过程中由于使用和自然力影响等而引起的价值损耗；无形磨损则是指固定资产由于技术进步而引起的贬值等价值损耗。

一、折旧的计提方法

折旧的计提方法实质就是将固定资产因磨损而发生的转移价值合理计入相关成本费用的方法。固定资产投入使用后，企业应当根据与固定资产有关的经济利益的预期实现方式，正确确定折旧计提方法。折旧计提方法主要有使用年限平均法、工作量法、年数总和法、双倍余额递减法等。这些折旧方法可以分为两类，使用年限平均法、工作量法属于直线折旧法，年数总和法、双倍余额递减法属于加速折旧法。

（一）使用年限平均法

使用年限平均法又称直线法，是按固定资产使用年限平均计算折旧的方法。采用此方法，一定时期内应计提折旧额的大小主要取决于固定资产的原值和预计使用年限两个基本因素。此外，固定资产报废清理时的残值收入和支付的清理费用对固定资产应提折旧额也有一定影响，计算折旧额时也应予以考虑。

按使用年限平均法计算折旧额的公式如下：

$$年折旧率=\frac{年折旧额}{固定资产原值}\times100\%$$

$$=\frac{固定资产原值-预计残值+预计清理费用}{预计使用年限}\times100\%$$

$$=\frac{1-预计净残值率}{预计使用年限}\times100\%$$

月折旧率 = 年折旧率 ÷ 12

月折旧额 = 固定资产原价 × 月折旧率

【例 2 - 8】 兴达建筑公司购置一幢办公楼，购置价款为 600 000 元，预计可使用 20 年，预计净残值（即预计残值减去预计清理费用的差额）率为 10%，采用使用年限平均法计提折旧。该办公楼的折旧率和折旧额计算如下：

年折旧率 = （1 - 10%） ÷ 20 × 100% = 4.5%

月折旧率 = 4.5% ÷ 12 = 0.375%

月折旧额 = 600 000 × 0.375% = 2 250（元）

采用使用年限平均法计算折旧，简便、易于理解，适用于各会计期间磨损程度基本相同的固定资产。因为按照固定资产的使用时间计提折旧，使用年限平均法能较好地反映无形损耗对固定资产的影响，但是会忽略某些固定资产在不同期间使用强度的不均衡所导致的不同期间固定资产有形损耗程度的差异，所以，固定资产可按计算折旧范围的不同，分别采用个别折旧率或分类折旧率计提折旧。

个别折旧率是指按单个固定资产计算确定的折旧率。其使用缺点是折旧计算工作量大，优点是折旧计算准确。适合于固定资产数量、种类较少的企业采用。

分类折旧率是按照实际损耗程度相近的固定资产分类并分别计算的折旧率。分类折旧率能比较准确地反映不同类别固定资产的实际损耗情况，在计算上也较为简便，多为一般大、中型企业采用。

根据国家现行规定，固定资产计算折旧的最低年限为：

1. 房屋、建筑物为 20 年；
2. 飞机、火车、轮船、机器、机械和其他生产设备为 10 年；
3. 与生产经营活动有关的器具、工具、家具等为 5 年；
4. 飞机、火车、轮船以外的运输工具为 4 年；
5. 电子设备为 3 年。

（二）工作量法

工作量法亦称产量法，是按固定资产预计工作总量确定其平均折旧额，再按各期实际工作量计算应提折旧的方法。计算公式如下：

各固定资产当期应提折旧额 = 各固定资产当期实际工作量 × 单位工作量应提折旧额

$$单位工作量应提折旧额 = \frac{固定资产原值 - 预计净残值}{规定或经济工作总量}$$

公式中的“工作量”，可以是小时数、产量数、行驶里程数或工作台班数等。

工作量法的优点是能使折旧额与受益程度成正比，较使用年限平均法合理。但缺点是计算上不如使用年限平均法简便，且不便反映无形磨损的影响。

【例 2-9】 兴达建筑公司购置一辆载货汽车，原价为 300 000 元，预计总行驶里程数为 500 000 千米，预计报废时净残值率为 5%，本月行驶 5 000 千米，该货车本月应提折旧额为：

每千米折旧额 = 300 000 ×（1 - 5%）÷ 500 000 = 0.57（元）

本月应提折旧额 = 5 000 × 0.57 = 2 850（元）

若各期固定资产工作量相同，则各期固定资产折旧额相等，因此，工作量法从实质上属于直线法。工作量法一般适用于各期使用程度不均衡的大型机械和设备，可以弥补使用年限平均法只注重使用时间而不考虑使用强度的缺点。

（三）年数总和法

年数总和法亦称合计年限法、折旧年限积数法或级数递减法，是以固定资产原值减去净残值后的净额乘以逐年递减的折旧率，以计算确定各年固定资产折旧额的方法。年数总和法是加速折旧的方法之一。年数总和法折旧率的分子为各年固定资产尚可使用的年数，分母为可使用年数的总和，分母代表固定资产预计使用寿命逐年数字总和，即 1 +2 + … + N = N（N +1）÷2。其计算公式如下：

各年折旧额 =（固定资产原值 - 预计净残值）× 各年折旧率

$$各年折旧率 = \frac{折旧年限 - 已使用年限}{折旧年限 \times（折旧年限 + 1）\div 2} \times 100\%$$

也可表示为：

年折旧率 = 尚可使用年限 ÷ 预计使用寿命的年数总和 × 100%

月折旧率 = 年折旧率 ÷ 12

月折旧额 =（固定资产原价 - 预计净残值）× 月折旧率

【例 2 - 10】 兴达建筑公司购置一套试验设备，原价为 400 000 元，预计使用年限为 5 年，预计净残值率为 10%，采用年数总和法计提折旧。

该生产设备各年的折旧额如表 2 - 23 所示。

表 2 - 23　　**固定资产折旧计算表**

（年数总和法）

年份	尚可使用年限	原价 - 预计净残值	年折旧率	年折旧额（元）	累计折旧（元）
1	5	360 000.00	5/15	120 000.00	120 000.00
2	4	360 000.00	4/15	96 000.00	216 000.00
3	3	360 000.00	3/15	72 000.00	288 000.00
4	2	360 000.00	2/15	48 000.00	336 000.00
5	1	360 000.00	1/15	24 000.00	360 000.00

（四）双倍余额递减法

双倍余额递减法也是加速折旧的方法之一，又称快速折旧法或递减折旧法。双倍余额递减法是在不考虑固定资产预计净残值的情况下，以每期期初固定资产折余价值为基数，即固定资产原价减去累计折旧后的金额，按直线法双倍比率计提折旧的方法。其计算公式如下：

月折旧额 = 月初固定资产账面折余价值 × 双倍直线年折旧率 ÷ 12

$$双倍直线年折旧率 = \frac{2}{预计使用年限} \times 100\%$$

由于双倍余额递减法不考虑固定资产的残值收入，因此，应用此方法时必须注意不能使固定资产账面折余价值降到其预计净残值以下。实行双倍余额递减法的固定资产，应在其折旧年限到期前两年内，将其折余价值扣除净残值后平均摊销。

仍以【例 2 - 10】为例，如果采用双倍余额递减法计提折旧，该试验设备各年的折旧额如表 2 - 24 所示。

表 2－24 固定资产折旧计算表

（双倍余额递减法）

年数	账面净值＝原价－上期期末累计折旧额	账面净值－预计净残值	年折旧率	年折旧额（元）	累计折旧（元）
1	400 000.00	_	40%	160 000.00	160 000.00
2	240 000.00	_	40%	96 000.00	256 000.00
3	144 000.00	_	40%	57 600.00	313 600.00
4	86 400.00	86 400－40 000＝46 400.00		23 200.00	336 800.00
5	63 200.00	63 200－40 000＝23 200.00		23 200.00	360 000.00

说明：年折旧率＝2÷5×100%＝40%；

第 1 年计提折旧额＝400 000×40%＝160 000（元）；

第 2 年计提折旧额＝（400 000－160 000）×40%＝96 000（元）；

第 3 年计提折旧额＝（400 000－160 000－96 000）×40%＝57 600（元）；

第 4 年开始采用年限平均法计提折旧；

第 4、5 年计提折旧额＝（400 000－160 000－96 000－57 600－400 000×10%）÷2＝23 200（元）。

采用加速折旧法，可在固定资产使用的前期多提折旧，后期少提折旧，加快了折旧速度，使固定资产成本在其预计有效使用寿命内加快得到补偿。采用加速折旧法有两方面的意义，一是有助于加快固定资产价值损耗的补偿，避免科学技术进步、劳动生产率提高导致的固定资产价值相对贬值；二是前期多提折旧，后期少提折旧，可以使企业前期利润偏低、后期利润偏高，前期少交企业所得税，后期多交企业所得税，从而影响企业的财务状况。

在实务中，企业可根据固定资产的构成、使用情况及管理的需要，在国家政策允许的范围内，从上述折旧方法中选择一种或同时选择多种方法计提折旧。但固定资产折旧计提方法一经确定，除与固定资产有关的经济利益预期实现方式发生重大改变外，不得随意变更。

二、折旧的计提范围

按照我国企业会计准则规定，企业固定资产折旧的计提范围为除已提足折旧仍继续使用的固定资产和单独计价入账的土地外的所有固定资产。

具体确定计提折旧的范围时，必须注意以下几点：

1. 固定资产应按月计提折旧，折旧基础为应提折旧的固定资产月初原值，即当月投入使用的固定资产，当月不计提折旧，从下月起开始计提；当月停止使用的，当月仍提折旧，从下月起不再计提。

2. 下列固定资产不得计提折旧：

①房屋、建筑物以外未投入使用的固定资产；

②租赁期不超过 12 个月的短期租入固定资产和租入的低价值固定资产；

③以融资租赁方式租出的固定资产；

④已足额提取折旧但仍继续使用的固定资产；

⑤提前报废的固定资产；

⑥单独估价作为固定资产入账的土地。

3. 已经达到预定可使用状态但尚未办理竣工决算的固定资产，应按照估计价值确定其原始价值，并计提折旧；待竣工决算办理完毕后，按实际成本调整原来的估计价值，但无需调整已经计提的折旧额。

4. 承租人能够合理确定租赁期届满时取得租赁资产所有权的，应当在租赁资产剩余使用寿命内计提折旧。无法合理确定租赁期届满时能够取得租赁资产所有权的，应当在租赁期与租赁资产剩余使用寿命两者孰短的期间内计提折旧。

5. 对外投资以及与经营活动无关的固定资产不得从生产经营成本费用中列支折旧费用。

三、折旧的核算方法

1. 固定资产折旧额的计算

在实际工作中，固定资产折旧的计算通常由财务部门通过编制“固定资产折旧计算表”来进行。

对于固定资产增减及使用对象变化不大的单位，折旧计算表通常根据上期折旧计算表中各使用对象固定资产原值加减本期变动原值，再乘以规定折旧率计算；对固定资产增减及使用对象变化大的单位，则首先应按折旧应计入的成本费用对象对固定资产进行分类，在各类中再按相同折旧率归类，然后根据不同折旧率计算应提折旧额。

折旧计提的总体原则是，能明确划分使用对象的，其折旧费直接计入各对象的成本费用；因使用对象不确定而不能直接计入使用对象成本费用的，应按其使用管理单位归集，期末再按一定比例分配计入有关成本费用对象。直接投入施工生产使用而不便划分成本费用对象的施工机械等固定资产，其费用通过“机械作业”账户的“机械作业”或“汽车运输”明细账户归集；修理加工设备等，一般在“辅助生产”账户下分设“修制工作”等明细账户归集其费用。

综上所述，无论采用什么方法、如何计算固定资产折旧，折旧计提都涉及应提折旧固定资产原值总额的变化和固定资产使用单位实用固定资产原值额的变化。因此，设备物资部门必须真实、准确掌握固定资产的变动情况，并在折旧计提前及时报送财务部门以作为折旧计提的依据。按工作量法计提折旧的企业，则应由设备物资部门及时向财务部门报送相关固定资产本期完成的工作量。工作量完成情况数据报送前，通常应与固定资产使用单位核对，或由固定资产使用单位提交设备物资部门，审核无误后再报送财务部门。

折旧的计提对企业利润及纳税有直接影响，是税务机关和国家审计机关重点关注的内容之一。设备物资部门及使用单位等必须注意保证提交的折旧计算资料的准确性，防止出现违法风险。

在实际工作中，“固定资产折旧计算表”通常由财务部门编制，其一般格式如表 2－25 所示。

2. 折旧的账务处理

为反映和监督固定资产折旧额的变动及累计已提折旧额，财务部门应设置“累计折旧”账户进行核算。该账户贷方登记各期提取的折旧额和增加固定资产转入的已提折旧额，借方登记因固定资产减少而转出的已提折旧额。余额在贷方，反映期末实有固定资产的累计折旧额。

按月计提固定资产折旧时，财务部门应根据“固定资产折旧计算表”编制会计分录，将折旧费计入受益对象，账务处理如下：

借：合同履约成本

　　生产成本

　　管理费用等

　　贷：累计折旧

同时，设备物资部门应在“固定资产卡片”或“固定资产登记簿”登记各项固定资产本期计提的折旧额，以连续反映该固定资产的折旧计提情况，并作为固定资产发生增减变动时随转资料的填制依据。

【例 2－11】兴达建筑公司 309 标段项目 2022 年 3 月初固定资产账面原值为：

生产用固定资产	16 700 000.00
其中：	
（1）材料库用房屋	600 000.00
（2）机械站用房屋	1 100 000.00
（3）修理站用房屋	1 300 000.00
（4）东山隧道施工用固定资产：	3 500 000.00
①电动空压机	1 400 000.00
②混凝土搅拌机	600 000.00
③土方铲运机	1 500 000.00
（5）其他施工生产用固定资产：	10 200 000.00
①汽车起重机	1 000 000.00
②推土机	1 500 000.00
③铲运机	1 600 000.00
④装载机	900 000.00
⑤机动翻斗车	1 000 000.00
⑥自卸汽车	1 200 000.00
⑦混凝土搅拌机	300 000.00
⑧其他加工及维修设备	2 000 000.00
⑨仪器及试验设备	700 000.00
非生产用固定资产	1 600 000.00
其中：	
（1）房屋	1 100 000.00
（2）其他管理用固定资产	500 000.00

总　　计　　　　　　　　　　　　　　　　　　　　18 300 000.00

据上述资料和现行固定资产使用年限规定，按平均年限法编制“固定资产折旧计算表”，如表 2－25 所示。

表 2－25　　　　　　　　　　固定资产折旧计算表

编制单位：兴达建筑公司 309 标段　　　　2022 年 3 月 31 日　　　　　　　　　　单位：元

列账科目	应提折旧固定资产		年折旧率	本月应提
	类　别	原　值	（%）	折　旧
合同履约成本——东山隧道	电动空压机	1 400 000.00	10	11 666.67
	混凝土搅拌机	600 000.00	10	5 000.00
	土方铲运机	1 500 000.00	10	12 500.00
	合　计	3 500 000.00		29 166.67
机械作业——承包工程（汽车运输）	机动翻斗车	1 000 000.00	25	20 833.33
	自卸汽车	1 200 000.00	25	25 000.00
	小　计	2 200 000.00		45 833.33
机械作业——承包工程（机械作业）	汽车起重机	1 000 000.00	10	8 333.33
	推土机	1 500 000.00	10	12 500.00
	铲运机	1 600 000.00	10	13 333.33
	装载机	900 000.00	10	7 500.00
	混凝土搅拌机	300 000.00	10	2 500.00
	房屋	1 100 000.00	5	4 583.33
	小　计	6 400 000.00		48 749.99
机械作业	合　计	8 600 000.00		94 583.32
辅助生产——修制工作	其他加工及维修设备	2 000 000.00	10	16 666.67
	房屋	1 300 000.00	5	5 416.67
	合　计	3 300 000.00		22 083.34
间接费用——折旧费	房屋	1 100 000.00	5	4 583.33
	其他管理用固定资产	500 000.00	20	8 333.33
	仪器及试验设备	700 000.00	20	11 666.67
	合　计	2 300 000.00		24 583.33
采购保管费——折旧费	房屋	600 000.00	5	2 500.00
总　计		18 300 000.00		172 916.66

根据表 2－25，财务部门应编制会计分录如下：

借：合同履约成本——东山隧道工程　　　　　　　　29 166.67
　　机械作业　　　　　　　　　　　　　　　　　　94 583.32
　　——承包工程（机械作业）　　　　　　　　　　48 749.99
　　——承包工程（汽车运输）　　　　　　　　　　45 833.33
　　辅助生产——修制工作　　　　　　　　　　　　22 083.34

间接费用——折旧费　　24 583.33
采购保管费——折旧费　　2 500.00
贷：累计折旧　　172 916.66

第七节　机械设备修理的核算与管理

固定资产修理，按其修理范围大小、间隔时间长短以及费用支出多少的不同，可以分为经常性修理和大修理两种。

一、经常性修理

（一）经常性修理的特点

固定资产经常性修理是指固定资产的局部性修理，也叫中小修理。固定资产经常性修理的主要目的是维持固定资产的正常工作状态。其特点是修理工作量小，费用支出少，修理间隔周期短。如机器设备的局部检修、定期保养、更换非主要零配件等都属于经常性修理。

（二）经常性修理的核算方法

固定资产的经常性修理，一般由使用单位自行办理，或者委托企业所属内部非独立核算的机修厂（站）进行，若不能自行处理的，也可委托外部企业进行。

企业或项目部对固定资产的经常性修理支出，可以通过费用计划进行控制，对高于一定限额的支出，也可以同时通过逐级审批的方式进行控制，防止出现非正常的修理费支出。

经常性修理费用数额小，并且经常发生，可在费用发生时一次性计入当期损益，财务部门根据资产使用情况和受益对象，将其计入“合同履约成本”“生产成本”“管理费用”“间接费用”等账户。

由企业所属内部非独立核算的机修厂等修理的，发生的修理费用财务部门通过“辅助生产”账户归集，期末按委托修理单位或部门，分配计入“合同履约成本”“生产成本”“管理费用”“间接费用”“在建工程”等账户。

固定资产使用单位委托外部单位修理的，应根据对方提供的修理费账单，直接将费用计入“合同履约成本”“生产成本”“管理费用”“间接费用”等账户。

经常性修理费用发生不均衡且支出额较大的，也可采用待摊方法分期计入有关成本费用。

二、大修理

（一）大修理的特点

固定资产大修理是指对固定资产进行的全面性修理，如对设备进行全部拆卸或部分更换、修复磨损的主要部件配件，对房屋建筑物主要结构进行修理等。固定资产大修理的主要目的是恢复固定资产的生产能力，具有局部更新的性质。其特点是修理工作量大、费用支出多、修理间隔期长。

（二）大修理的核算方法

对固定资产大修理支出的核算原则为：符合固定资产确认条件的，计入固定资产成本，同时将被替换部分的账面价值扣除；不符合固定资产确认条件的，计入当期损益。

1. 资本化支出

按国家有关规定，企业发生的固定资产大修理支出属于可资本化支出核算的，应满足两个条件：

①修理费支出达到取得固定资产时其原值（计税基础）的50%以上；

②修理后固定资产的使用年限延长两年以上。

资本化支出的大修理核算，财务部门通过“在建工程”账户核算。固定资产进行大修理核算时，财务部门首先应根据设备物资部门提交的进行固定资产大修理审批的相关资料，停止计提折旧，转销该固定资产的原值、已计提的累计折旧等，将其账面价值转入“在建工程”账户。固定资产修理完毕达到预定可使用状态时，财务部门再根据设备物资部门提交的由相关部门验收、交付该固定资产的相关资料，将“在建工程”账户归集的固定资产原账面价值、大修理费用等转入“固定资产”账户，并重新确定大修后固定资产的使用寿命、预计净残值，按照新确定的价值和使用期限计提折旧。

固定资产资本化大修理的账务处理如下：

①结转大修理固定资产账面价值：

借：在建工程（该固定资产账面净值）

　　累计折旧（该固定资产账面累计折旧额）

　　固定资产减值准备（该固定资产已提减值准备）

　　贷：固定资产——生产用固定资产等（该固定资产账面原值）

②发生大修理相关支出：

借：在建工程（应计入固定资产大修后价值的费用）

　　应交税费——应交增值税——进项税额（可抵扣的购料等增值税）

　　贷：银行存款、原材料等

③对于固定资产大修理过程中，涉及替换原固定资产某组成部件、构件的，在将新购置的部件、构件等计入固定资产成本时，应将被替换部分的账面价值扣除，避免固定资产成本重复计算：

借：原材料等（被替换部分折价入库的价值）

贷：在建工程（被替换部分变价收入）

④固定资产达到预定可使用状态时验收交接后转为在用固定资产等：

借：固定资产——生产用固定资产等（大修后重新确定的原值）

贷：在建工程等（归集的大修理成本费用总额）

2. 费用化支出

企业发生的固定资产大修理不能作为资本化支出核算的，以及已提足折旧固定资产的改建支出、经营租入固定资产的改建支出，应作为待摊费用计入有关生产经营成本或费用，一般应通过“长期待摊费用”账户核算，然后在固定资产大修理间隔期或使用期内平均摊销，按固定资产使用情况计入有关成本费用。各期费用摊销时，设备物资部门应准确、及时提交作为摊销依据的固定资产使用状况、完成工作量等相关资料。

第八节　机械设备大修及引入的决策分析

由工程施工特点所决定，建筑企业除正常机械设备更新外，通常还需要随建筑安装工程项目变动而重新配置相应的施工机械设备；对于已长期使用而面临大额修理费用支出的机械设备，也需要在大修还是新引入机械设备以替换其使用功能之间进行选择。因此，较其他企业而言，建筑企业更频繁地面临机械设备的引入配置和大修的决策问题。

一、机械设备的引入途径

建筑企业的机械设备作为固定资产的重要组成部分，其引入来源与其他固定资产相同，主要有自行购置、自行建造、系统内其他单位调入、租入、接受捐赠、盘盈、投资者投入等渠道。但能够作为满足企业生产经营正常需要的机械设备稳定供应渠道却只有自行购置、自行建造、租入三种。

1. 自行购置。即企业自行出资或贷款购置机械设备。自行购置机械设备，通常除系统内部对购置权限、审批手续可能有要求外，是否购置均可由企业自行决定，因此可作为企业机械设备引入的主要渠道之一。

2. 自行建造。从狭义上讲，机械设备自行建造又可分为自行生产建造和委托外单位专门生产建造两种。外部建造与从外部购置基本相同，在决策分析中可视同外部购入考虑。而自行生产建造，建筑企业作为流动性生产单位，除为满足特殊作业需要，可自行加工生产小型特殊设备外，通常并不具备生产大型或具备高精尖技术含量机械设备的能力。因此，进行机械设备引入渠道决策分析时，亦可不作为分析对象。

3. 租入。即从外部租赁机械设备。根据租赁性质不同，机械设备租赁可分为经营租赁和融资租赁两种。

（1）经营租赁，又称临时租赁。是承租人按约支付租赁费并获得机械设备使用权，机械设备的所有权并不发生转移，租赁期满后，承租人只能退租或续租的租赁。

（2）融资租赁。指实质上转移与机械设备所有权有关的全部风险和报酬的租赁，即出租人按约将机械设备出租给承租人，承租人分期支付租金，租赁期满后，根据双方协议，承租方或将机械设备归还出租方，或续租，或由承租方按协议支付一定款项并获得机械设备所有权的租赁。

上述与机械设备所有权有关的风险，是指由于经营情况变化造成相关收益的变动，以及由于机械设备闲置、技术陈旧等造成的损失等；与机械设备所有权有关的报酬，是指在机械设备可使用年限内直接使用设备而获得的经济利益、资产增值，以及处置机械设备所实现的收益等。

根据国家有关规定，机械设备租赁凡符合下列一项标准即应认定为融资租赁：

①在租赁期届满时，租赁机械设备的所有权转移给承租人。

②承租人有购买租赁机械设备的选择权，所订立的购买价款预计将远低于行使选择权时租赁机械设备的公允价值，因而在租赁开始日就可以合理确定承租人将会行使这种选择权。

③即使机械设备所有权不转移，但租赁期占租赁机械设备使用寿命的大部分（通常应≥75%）。

④承租人在租赁开始日的最低租赁付款额现值，几乎相当于租赁开始日租赁资产公允价值；出租人在租赁开始日的最低租赁收款额现值，几乎相当于租赁开始日租赁资产公允价值（通常应≥90%）。

⑤租赁机械设备性质特殊，如不作较大改造，只有承租人才能使用。

机械设备租赁中如果存在下列一项或多项迹象的，也可能分类为融资租赁：

①若承租人撤销租赁，撤销租赁对出租人造成的损失由承租人承担。

②资产余值的公允价值波动所产生的利得或损失归属于承租人。

③承租人有能力以远低于市场水平的租金继续租赁至下一期间。

融资租赁一般可分为直租和售后回租两种。

直租是由出租人与承租人签订融资租赁合同，直接将自有机械设备出租给承租人的租赁方式。

售后回租是由承租人将自有机械设备出售给出租人，同时与出租人签订融资租赁合同，再将该机械设备从出租人处租回的融资租赁形式。售后回租可以使承租人迅速回收购买机械设备的资金，加速资金周转。

经营租赁与融资租赁虽然都是租赁，但二者有着根本性区别：

首先，就其本质而言，经营租赁是以承租人租赁使用机械设备的时间计算租金，而融资租赁则以承租人占用融资成本的时间计算租金，融资租赁在本质上是金融交易；

其次，在经营租赁中，出租人不仅要向承租人提供机械设备使用权，而且还要向承租人提供机械设备的保养、保险、维修和其他相关技术服务，而融资租赁的出租人不需要提供这些服务，没有相关的支出；

最后，按照国家的有关规定，建筑企业支付的经营租赁费用应直接计入工程成本等相关成本费用，并从企业所得税前扣除，而融资租赁的机械设备租赁费则不能计入成本费用并抵减企业所得税，只能视同为自有机械设备提取折旧。

无论是经营租赁还是融资租赁，均具备机械设备稳定供应的市场，因此机械设备租入是其引入途径分析的另一主要方向。但因二者在租赁性质、期间等多方面存在根本区别，所以分析时应分别考虑。

二、影响机械设备大修、引入决策的主要因素

1. 机械设备使用周期

机械设备的使用周期主要由项目工期决定。建筑企业如果只需在单一工程项目中使用的机械设备，项目工期通常都短于机械设备经济寿命，因此选取机械设备时应优先考虑选用经营租赁方式，机械设备使用完毕可直接归还出租人，避免因项目完工搬迁、机械设备陈旧等带来的支出和风险。

如果考虑在多个工程项目中使用的机械设备，则既可考虑购置或融资租赁，也可考虑经营租赁。但在进行决策分析时，必须考虑机械设备在工程项目间转移时将要发生的拆迁、安装及转移等费用，以及转移中的风险。

2. 机械设备的经济寿命

机械设备的经济寿命是指机械设备自使用开始，至其年平均使用成本最低的使用期限。

机械设备的经济寿命受以下因素影响：

①物质寿命：由有形磨损决定，受使用、维护保养情况影响，一般长于经济寿命；

②技术寿命：由无形磨损决定，即由于技术进步造成的设备的价值损失（市场上的新设备与原设备相比价格下降或性能提高），通过改造升级可以延长技术寿命，但可能短于物质寿命；

③折旧寿命：即规定折旧年限或工作量，由国家政策决定。

机械设备的经济寿命主要由上述因素共同决定，同时还与原始投资、工程地质及水文状况、使用环境、外部经济环境等直接联系。

机械设备的使用成本通常由两部分组成。一是设备的更新支出，一般为设备的原始购置成本，设备后期支付的大修理费和改装等后续费用也属于更新支出。二是设备的日常使用和维修费用，即运行费用。设备的使用年限越长，更新支出的年均费用就越低。但机械设备的运行费用是随机械设备的技术状况逐年增加的，机械设备的使用年限过长，其运行费用将会很高。因此，机械设备的使用存在一个合理使用年限即经济寿命的问题。

假如机械设备运行带来的收益不变，则设备的经济寿命就是由机械设备开始使用到其年均使用费用（更新支出年均费用与运行支出年均费用的总和）最低年份的延续时间。若设备运行带来的收益是变化的，则机械设备的经济寿命就是由机械设备开始使用到其年均净现金流量值最低年份的延续时间。一般均按收益不变计算。

3. 支出的支付方式

购置机械设备需要支付购置费用，租赁机械设备需要支付租金，购置费用或租金是一次支付还是分期支付、何时支付、支付的间隔时间、支付款项的时间价值等都需要具体分

析。决策时，一是应就购置和租赁分别考虑其不同支付方式的不同方案，并找出最低费用的方案；二是要将购置和租赁二者的最低费用方案进行对比，并作出选择。

4. 筹资方式

如果以自有资金支付，必须考虑以等额资金用于其他投资可能带来的收益，视为资金使用的成本。如是从外部筹集资金，则应考虑是向金融机构借款，还是融资租赁取得设备。不同的筹资方式，一是要考虑其经济性，原则上应选择最低筹资成本方案；二是必须考虑筹资的便捷性，即尽快取得机械设备，尽早投产获取经济效益。

5. 所得税和折旧

无论固定资产是在使用过程中还是报废变现时，都会涉及企业所得税。因此在进行机械设备大修与引入决策时，需要考虑企业所得税的影响。考虑所得税影响，就必须考虑折旧问题。当期折旧金额大，利润减少，所得税减少；当期折旧金额小，利润增加，所得税增加。由此可以看出折旧能起到减税的作用，也就是俗称的折旧抵税。

6. 现金流量

现金流量，是指同某一投资方案相联系的，在未来一定时期发生的现金流出与现金流入的数量。要注意的是，现金是广义的现金，不仅包括各种货币资金，还包括投资方案中需要投入的非货币资源的变现价值。现金流出量，是指实施该方案所需投入的资金，包括机械设备购置的资金和为机械设备正常运转投入的资金等。现金流入量，是指实施该方案过程中增加的资金，包括机械设备报废时的残值或变价收入和使用机械设备所带来的的运营收入等。净现金流量，是指一定期间内现金流入量与现金流出量之间的差额。

初始现金流量是指开始对机械设备进行投资时，发生的现金流入量和流出量。一般包括机械设备投资成本和为正常开展经营活动所必须垫支的流动资金，有时也可能涉及原有机械设备的变价收入等机会成本。

营业现金流量是指在机械设备整个寿命周期内正常生产经营活动所带来的现金流入与现金流出的数量。现金流入一般指营业现金收入。现金流出一般指在经营期内为满足正常生产经营而发生的各种现金支出，也就是付现成本。在日常成本核算中，不需要用现金支付的非付现成本主要是折旧费用，因此，在实际工作中可以用成本减去折旧来估计付现成本。

营业现金流量的计算有 3 种方法：

①根据现金流量定义计算：

营业现金流量 = 营业收入 − 付现成本 − 所得税

②根据年末经营成果计算：

营业现金流量 = 净利润 + 折旧

该公式由①直接推导得出。即：

营业现金流量 = 营业收入 − 付现成本 − 所得税

= 营业收入 − （营业成本 − 折旧） − 所得税

= 税前利润 + 折旧 − 所得税

= 净利润 + 折旧

③根据所得税对收入和折旧的影响计算：

营业现金流量 = 净利润 + 折旧

= 税前利润 ×（1 − 所得税税率）+ 折旧

=（营业收入 − 营业成本）×（1 − 所得税税率）+ 折旧

=（营业收入 − 付现成本 − 折旧）×（1 − 所得税税率）+ 折旧

= 营业收入 ×（1 − 所得税税率）− 付现成本 ×（1 − 所得税税率）− 折旧 ×（1 − 所得税税率）+ 折旧

= 营业收入 ×（1 − 所得税税率）− 付现成本 ×（1 − 所得税税率）+ 折旧 × 所得税税率

终结现金流量是指机械设备使用终结时所发生的现金流量。一般是现金流入量，包括机械设备出售或报废时的残值收入和收回投资初始垫支的流动资金。

三、资金时间价值

（一）资金时间价值的意义

资金时间价值，也称货币的时间价值，是指资金在周转使用过程中随着时间的推移而产生的价值增值，它表现为同一数量的资金在不同的时点上具有不同的价值。资金的时间价值实质是资金所有者出让资金使用权而参与社会物质财富分配的一种形式。资金时间价值是商品经济高度发展和借贷关系普遍存在的产物，是资本在生产过程中产生的一部分增值额的转化形式。通常，资金时间价值相当于在没有风险和没有通货膨胀条件下的社会平均资金利润率。

资金的时间价值是在资金运用尤其是资金支付中必须考虑的问题。

在社会经济生活中，如果我们把 100 元钱存入银行，利率为 3%，1 年后我们的存款则变成了 103 元。增加的 3 元就是 100 元存款的增值，即 100 元存款的资金时间价值。

（二）资金时间价值的计算方法

1. 单利的终值和现值

单利是指按本金计算利息的方法。按单利计算，每期的利息即使不取用也不计入本金计算利息，每期的利息计算基础不变。

（1）单利终值。单利终值是指一定量资金在若干计息期后按单利计算利息的本利和。按惯例，计息期通常按年计算。

设本金为 P，利率为 i，n 为计息期数，F 为终值。单利终值的计算公式为：

$$F = P \times (1 + i \times n) = P + P \times i \times n$$

即：每期利息为 $P \times i$，n 期后的利息总额为 $P \times i \times n$，n 期后的本利和为 $P + P \times i \times n$。

【例 2－12】 兴达建筑公司向银行存入 10 000 元，利率 3%，3 年后的单利终值为：

$$F = 10\ 000 \times (1 + 3\% \times 3) = 10\ 900 \text{（元）}$$

（2）单利现值。单利现值是指根据若干个计息期以后将获得或付出的一定量资金，按单利倒求其现在的价值。按终值倒求现值的过程叫折现，折现的利率叫折现率或贴现率。

单利现值计算公式为：

$P = F[1/(1+i\times n)] = F/(1+i\times n)$

【例2-13】兴达建筑公司期望3年后取得本利和10 000元，银行利率3%，现在应向银行存入本金为：

$P = 10\ 000/(1+3\%\times 3) \approx 9\ 174.31$（元）

2. 复利的终值和现值

复利是将各期利息连同本金一起计算利息的方法，即通常所说的“利滚利”。在复利计息的情况下，由于各期已结利息均视同本金计算利息，因而各期的利息计算基础是不断变化的。

资金时间价值一般都按复利计算。计息期一般按年计算，也可以按季、月、日计算。

（1）复利终值。复利终值是按复利计息，经过若干计息期后包括本金和利息在内的未来价值，是一定量资金在若干计息期后按复利计算的本利和。以 FV 代表复利终值，其计算公式为：

第一年　$FV_1 = P + P\times i = P(1+i)$

第二年　$FV_2 = P(1+i) + P(1+i)\times i = P(1+i)^2$

……

第 n 年　$FV_n = P(1+i)^n$

式中的 $(1+i)^n$ 称为复利终值系数或1元的复利终值，也可用表达式 $(F/P, i, n)$ 表示。如 $(F/P, 10\%, 10)$ 表示利率为10%、10年期的复利终值系数。为减少计算工作，复利终值系数 $(F/P, i, n)$ 可以直接通过查阅“复利终值系数表”（见附表一）获得。

【例2-14】兴达建筑公司将10万元资金存入银行，按复利计息，年利率为10%。5年后该公司可得多少资金？

$FV = P\times(F/P, i, n)$

$= 10\times(F/P, 10\%, 5)$

$= 10\times 1.6105 = 16.105$（万元）

（2）复利现值。复利现值是指在未来若干计息期后将获得或付出的一定资金按复利（折现率）计算的现在价值（本金）。

复利现值是复利终值的逆运算，以 PV 代表复利现值，其计算公式为：

$PV = FV_n/(1+i)^n$

即：$PV\times(1+i)^n = FV_n$

$PV = FV_n/(1+i)^n$

式中 $FV_n/(1+i)^n$ 一般以1元为单位计算其固定现值系数，称为复利现值系数或1元的复利现值，用符号 $(P/F, i, n)$ 表示。如 $(P/F, 10\%, 10)$ 表示利率为10%、10年期的复利现值系数。复利现值系数可以通过查阅“复利现值系数表”（见附表二）直接获得。

【例2-15】兴达建筑公司拟在5年后获得210万元资金购买设备，假设年利率为5%，按复利计算。该公司现在应存入银行资金为：

$$
\begin{aligned}
PV &= 210 \times (P/F, i, n) \\
&= 210 \times (P/F, 5\%, 5) \\
&= 210 \times 0.7835 \\
&= 164.535\ (\text{万元})
\end{aligned}
$$

（3）普通年金终值计算。年金是指一定时期内等额、定期的系列收付款项，如租金、折旧费、保险金、利息、分期付款赊购、分期偿还贷款等。年金是系列收付款项的特殊形式。

作为年金必须同时满足两个条件：一是系列性，即决策期间内每期都必须发生，中间缺任何一期就不能称之为年金；二是等额性，即决策期间内每期金额必须相等，否则也不能视为年金。

年金按发生的时点不同，可分为普通年金、预付年金、递延年金和永续年金。普通年金是应用最为广泛的一种。

普通年金又称后付年金，是指各期期末收付的年金。普通年金终值是指最后一次收付时的本利和，它是每次收付的复利终值之和。

【例 2-16】 为改建办公楼，兴达建筑公司计划 5 年内每年年末向银行存入 100 万元，年利率 8%。到第 5 年末，该公司拥有的该项存款额如表 2-26 所示。

表 2-26　　普通年金终值计算表

n 年末	①存入款项（元）	②复利年限	③终值系数	④存款终值（元）
1	1 000 000	4	1.360 5	1 360 500
2	1 000 000	3	1.259 7	1 259 700
3	1 000 000	2	1.166 4	1 166 400
4	1 000 000	1	1.080 0	1 080 000
5	1 000 000	0	1.000 0	1 000 000
累计			5.866 6	5 866 600

表 2-26 普通年金终值计算如图 2-3 所示。

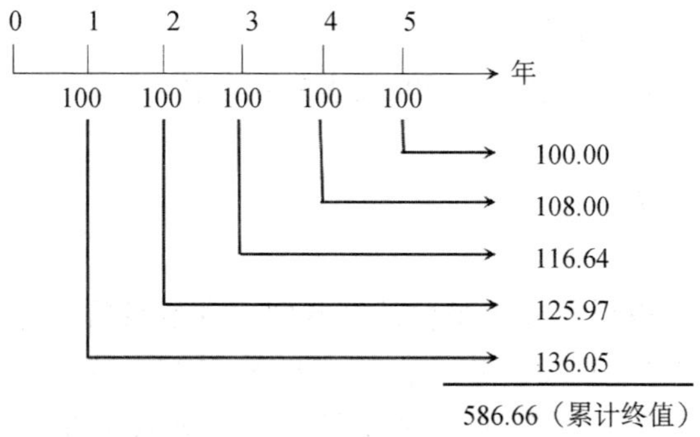

图 2-3　普通年金时间轴终值计算示意图

设每期等额收付款额为 A，年金期数为 n，利率为 i，年金终值为 F。则普通年金终值计算过程如图 2－4 所示。

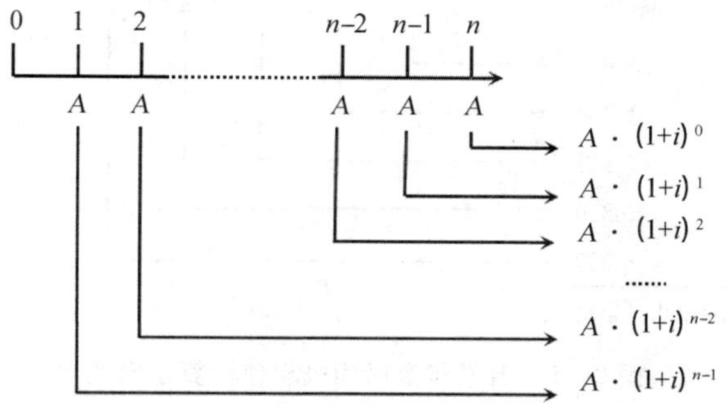

图 2－4　普通年金终值计算示意图

综上所述，普通年金终值计算可归纳为如下公式：

$$F = A(1+i)^{n-1} + A(1+i)^{n-2} + \cdots\cdots + A(1+i)^1 + A(1+i)^0$$

$$= A[(1+i)^{n-1} + (1+i)^{n-2} + \cdots\cdots + (1+i)^1 + (1+i)^0]$$

$$= A \cdot \frac{(1+i)^n - 1}{i}$$

公式中 $\frac{(1+i)^n - 1}{i}$ 称为年金终值系数，用（F/A，i，n）表示。

普通年金终值的计算公式又可写成：

$F = A$（F/A，i，n）

普通年金终值系数可通过普通年金（等额分付）终值系数表（见附表三）直接查找。

【例 2－16】可以根据公式计算得出，该公司拥有的存款为：

$F = 100$（F/A，8%，5）$= 100 \times 5.8666 = 586.66$（万元）

（4）普通年金现值计算。普通年金现值是一定时期内每期期末等额收付款项的复利现值之和。

【例 2－17】兴达建筑公司因施工需要租赁办公楼一幢，预计租期 5 年，每年年末支付租金 10 万元，假定当前银行年利率 10%。该公司所支付租金的现值如表 2－27 所示。

表 2－27　　普通年金现值计算表

n 年末	①支付租金（元）	②贴现年限	③现值系数	④租金现值（元）
1	100 000	1	0. 909 1	90 910
2	100 000	2	0. 826 4	82 640
3	100 000	3	0. 751 3	75 130
4	100 000	4	0. 683 0	68 300
5	100 000	5	0. 620 9	62 090
累计			3. 790 8	379 080

表 2－27 普通年金现值计算如图 2－5 所示。

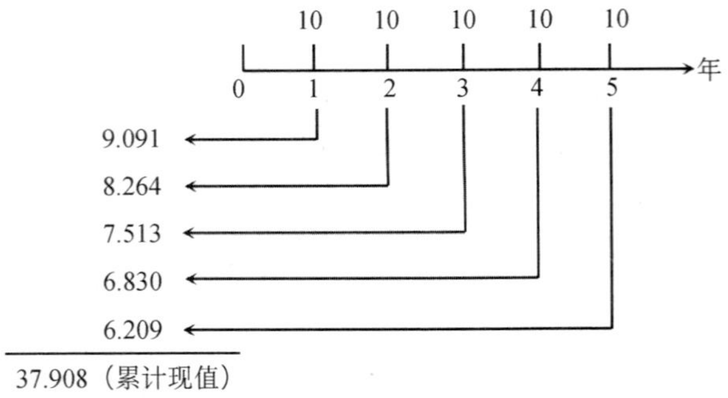

图 2－5　普通年金时间轴现值计算示意图

设每期等额收付款额为 A，年金期数为 n，利率为 i，年金现值为 P。则普通年金现值计算过程如图 2－6 所示。

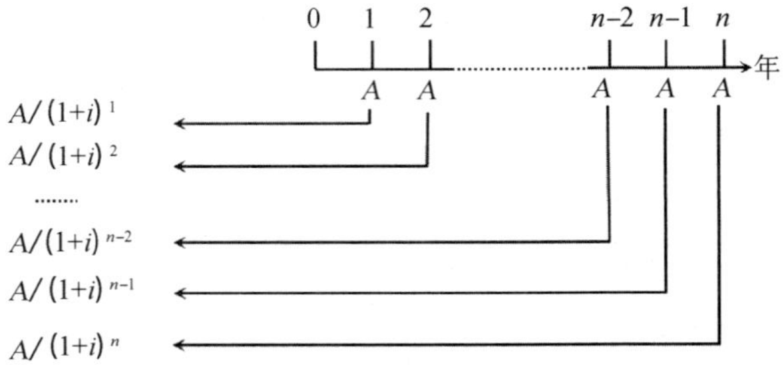

图 2－6　普通年金现值计算示意图

综上所述，普通年金现值计算可归纳为如下公式：

$$P = A \times 1/(1+i)^1 + A \times 1/(1+i)^2 + \cdots\cdots + A \times 1/(1+i)^n$$

$$= A \times [1-(1+i)^{-n}]/i$$

$$= A \times \frac{1-(1+i)^{-n}}{i}$$

公式中 $\frac{1-(1+i)^{-n}}{i}$ 称为年金现值系数，用（P/A，i，n）表示。

普通年金现值的计算公式又可写成：

$P = A$（P/A，i，n）

普通年金现值系数可通过普通年金（等额分付）现值系数表（见附表四）直接查找。根据【例 2－17】，该工程公司所支付租金的现值为：

P = 100 000（P/A，10%，5）

= 100 000 × 3.790 8

= 37.908（万元）

（5）即付年金终值计算。即付年金终值即一定时期内每期期初等额收付款项的复利终值之和。

即付年金与普通年金的区别仅在于收付款的时点不同，因此其终值、现值计算都是按普通年金终值系数表、现值系数表为基础进行调整计算的。

【例 2－18】 为改建办公楼，兴达建筑公司计划 5 年内每年年初向银行存入 100 万元，年利率 8%。到第 5 年末，该公司拥有的存款额如表 2－28 所示。

表 2－28　　即付年金终值计算表

n 年末	①存入款项（元）	②复利年限	③终值系数	④存款终值（元）
1	1 000 000	5	1.469 3	1 469 300
2	1 000 000	4	1.360 5	1 360 500
3	1 000 000	3	1.259 7	1 259 700
4	1 000 000	2	1.166 4	1 166 400
5	1 000 000	1	1.080 0	1 080 000
累计			6.335 9	6 335 900

表 2－28 即付年金终值计算如图 2－7 所示。

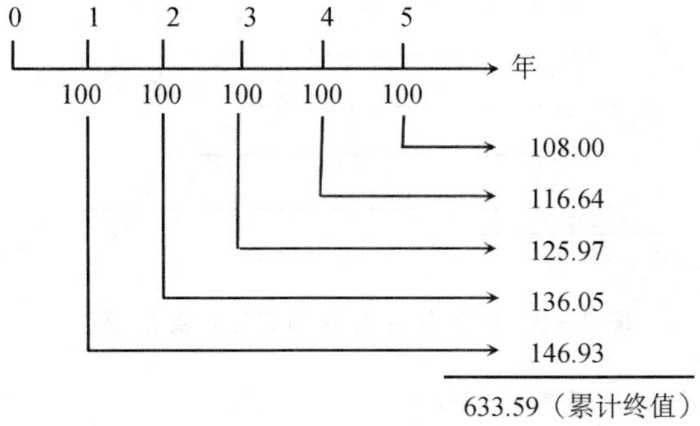

图 2－7　即付年金时间轴终值计算示意图

即付年金终值计算公式：$F=A\ (F/A,\ i,\ n)\ (1+i)$

普通年金终值计算公式：$F=A\ (F/A,\ i,\ n)$

即付年金终值与普通年金终值的异同如图 2－8 所示。

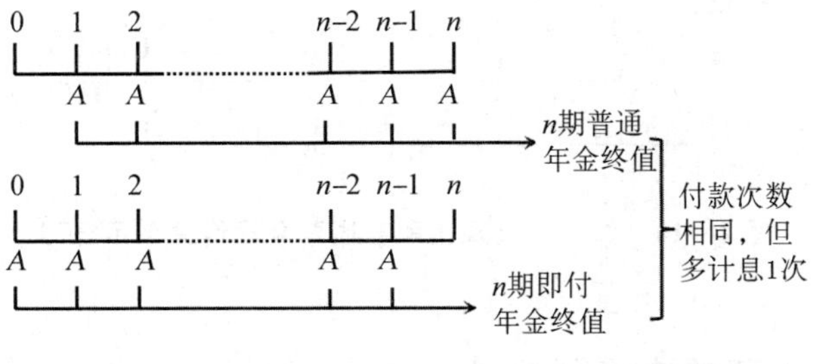

图 2－8　即付年金终值和普通年金终值关系示意图

（6）即付年金现值计算。即付年金现值是一定时期内每期期初等额收付款项的复利现值之和。

【例 2－19】 兴达建筑公司因施工需要，租入楼房一栋，按合同租期 5 年，每年年初支付租金 10 万元。假定银行利率为 8%，该公司所支付租金的现值如表 2－29 所示。

表 2－29 即付年金现计算表

n 年末	①支付租金（元）	②贴现年限	③复利现值系数	④租金现值（元）
1	100 000	0	1.000	100 000
2	100 000	1	0.925 9	92 590
3	100 000	2	0.857 3	85 730
4	100 000	3	0.793 8	79 380
5	100 000	4	0.735 0	73 500
累计			4.312 0	431 200

表 2－29 即付年金现值计算如图 2－9 所示。

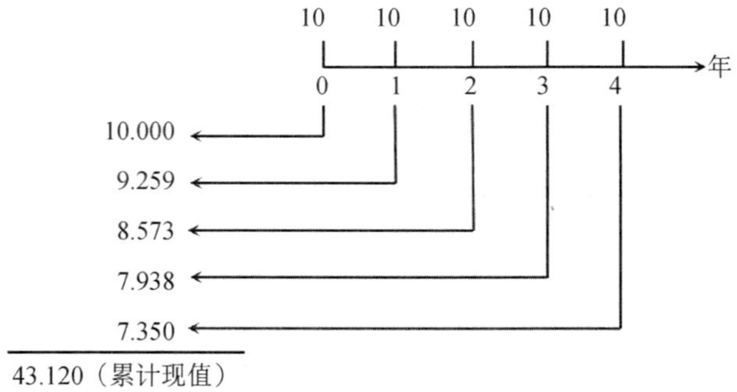

图 2－9 即付年金时间轴现值计算示意图

即付年金现值计算公式：$P=A\ (P/A,\ i,\ n)\ (1+i)$

普通年金现值计算公式：$P=A\ (P/A,\ i,\ n)$

即付年金现值和普通年金现值的关系如图 2－10 所示。

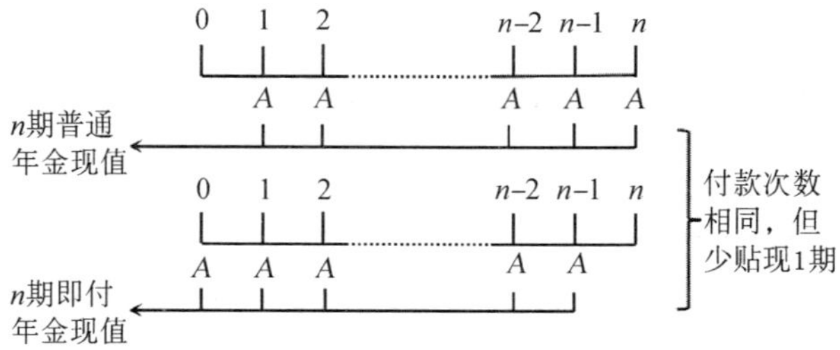

图 2－10 即付年金现值和普通年金现值关系示意图

四、机械设备更新的决策分析

机械设备更新是指对技术上或经济上不宜继续使用的旧资产以新资产进行替换，其决策主要解决的是企业是否需要用结构更先进、技术更完善、效率更高、性能更好的新设备去替换技术上比较陈旧、经济上不宜继续使用的旧设备。

建筑企业机械设备更新，不但要考虑技术上的先进性，而且要考虑经济上的合理性，即通过新机械设备替换旧机械设备能给企业带来预期的经济效益。在机械设备生产效率基本相同的情况下，是否对其进行更新，主要取决于机械设备年成本的高低。但因新旧设备使用寿命不同，所采用的分析方法也不同。

1. 使用寿命相同的决策

在新旧设备使用寿命相同的情况下，可以采用差量分析法来进行决策。差量分析法就是在新旧设备的差量现金净流量的基础上计算差额净现值，以判断是继续使用旧设备还是购置新设备的一种方法。一般是用新设备的现金流量减去旧设备的现金流量，当净现值大于 0 时，选择购置新设备；反之，选择继续使用旧设备。

【例 2 -20】 兴达建筑公司拟购置一台新设备来代替旧设备，新设备的价值为 480 000 元，预计使用 8 年，净残值为 0，每年付现成本为 40 000 元；旧设备原值为 400 000 元，预计使用年限为 10 年，已使用 2 年，净残值为 0，每年付现成本为 80 000 元，目前变现价值为 320 000 元。假定更换新设备后不增加企业的现金流入，企业对固定资产均采用年限平均法计提折旧，所得税税率为 25%，资金成本率为 10%，不考虑其他因素的影响，企业是否应该更换设备？

新旧设备现金流量差额如表 2 -30 所示。

表 2 -30　　新旧设备现金流量差额表　　单位：元

项目	旧设备	新设备	差额
(1) 初始现金流量：	-320 000	-480 000	-160 000
其中：初始投资额		-480 000	
旧设备变价收入	-320 000		
(2) 营业现金流量：①×(1-25%)+②×(1-25%)+③	-50 000	-15 000	35 000
其中：年营业收入①	—	—	
年付现成本②	-80 000	-40 000	
年折旧额抵税③	10 000	15 000	
(3) 终结现金流量	—	—	—

其中：

旧设备年折旧额 =400 000 ÷10 =40 000（元）

年折旧额抵税 =40 000 ×25% =10 000（元）

新设备年折旧额 =480 000 ÷8 =60 000（元）

年折旧额抵税 =60 000 ×25% =15 000（元）

差额初始现金流量 = -480 000 - (-320 000) = -160 000（元）

年差额营业现金流量 = -15 000 - (-50 000) =35 000（元）

终结现金流量 =0

差额现金流量净现值 =35 000 × (*P/A*, 10%, 8) -160 000

=35 000 ×5.3349 -160 000

=26 721.50（元）

因为差额现金流量净现值大于0，所以应选择购置新设备。

2. 使用寿命不同的决策

在大多数情况下，新旧设备的预计使用寿命是不同的，新设备的使用寿命往往要比旧设备长，此时就不能采用差额现金流量法进行分析，而应采用年均现金流量法。采用年均现金流量法需要分别计算新旧设备在使用期间的现金流入量和流出量，比较两者年均净现金流量的大小，选取年均净现金流量大的为最终方案。

（1）年均净现金流量法。年均净现金流量是指全部现金净流量的总现值或总终值折算为等额年金的平均现金净流量。其公式如下：

$$年均净现金流量=\frac{未来年限内现金流量现值}{年金现值系数}$$

【例2－21】兴达建筑公司考虑用一台生产效率更高的新设备代替旧设备，新设备的价值为530 000元，预计使用4年，净残值为30 000元，采用年数总和法计提折旧。使用新设备后，企业每年可获得收入350 000元，每年付现成本为100 000元。旧设备原值为300 000元，预计使用年限为5年，已使用2年，净残值为0，采用年限平均法计提折旧。使用旧设备，企业每年可获得收入200 000元，每年付现成本为100 000元，目前旧设备变现价值为100 000元。假定企业所得税税率为25%，资金成本率为10%，税法上允许采用加速折旧法计提折旧，不考虑其他因素的影响，企业是否应该更换设备？

首先，编制新、旧设备现金流量分析表，如表2－31、表2－32所示。

表2－31　　旧设备现金流量分析表　　单位：元

项目	当前	第1年	第2年	第3年	
（1）初始现金流量：	－120 000				
其中：旧设备变价收入	－100 000				
变现损失抵税	－20 000				
（2）营业现金流量： ①×（1－25%）+②×（1－25%）+③		90 000	90 000	90 000	
其中：营业收入①		200 000	200 000	200 000	
付现成本②		－100 000	－100 000	－100 000	
折旧额抵税③		15 000	15 000	15 000	
（3）终结现金流量					0

其中：

继续使用旧设备初始现金流量＝丧失变现的净现金流量

＝变现价值＋变现损失抵税

＝变现价值－变现收入纳税

旧设备年折旧额＝300 000÷5＝60 000（元）

旧设备年折旧额抵税＝60 000×25%＝15 000（元）

旧设备的账面价值＝300 000－2×60 000＝180 000（元）

变现损失抵税＝（180 000－100 000）×25%＝20 000（元）

初始现金流量 = -100 000 - 20 000 = -120 000（元）

净现金流量的现值 = 初始现金流量 + 营业现金流量 + 终结现金流量

= -120 000 + 90 000（P/A，10%，3）+ 0

= -120 000 + 90 000 × 2.4869

= 103 821（元）

年均净现金流量 = 103 821 ÷（P/A，10%，3）

= 103 821 ÷ 2.4869 ≈ 41 747.16（元）

表 2-32　　新设备现金流量分析表　　单位：元

项目	当前	第 1 年	第 2 年	第 3 年	第 4 年	
（1）初始现金流量：	-530 000					
其中：初始投资额	-530 000					
（2）营业现金流量： ①×（1-25%）+②×（1-25%）+③		237 500	225 000	212 500	200 000	
其中：营业收入①		350 000	350 000	350 000	350 000	
付现成本②		-100 000	-100 000	-100 000	-100 000	
折旧额抵税③		50 000	37 500	25 000	12 500	
（3）终结现金流量						30 000

其中：

新设备第 1 年折旧额 =（530 000 - 30 000）× 4 ÷ 10 = 200 000（元）

折旧额抵税 = 200 000 × 25% = 50 000（元）

新设备第 2 年折旧额 =（530 000 - 30 000）× 3 ÷ 10 = 150 000（元）

折旧额抵税 = 150 000 × 25% = 37 500（元）

新设备第 3 年折旧额 =（530 000 - 30 000）× 2 ÷ 10 = 100 000（元）

折旧额抵税 = 100 000 × 25% = 25 000（元）

新设备第 4 年折旧额 =（530 000 - 30 000）× 1 ÷ 10 = 50 000（元）

折旧额抵税 = 50 000 × 25% = 12 500（元）

净现金流量的现值 = 初始现金流量 + 营业现金流量 + 终结现金流量

$= -530\ 000 + 237\ 500 \times (1+10\%)^{-1} + 225\ 000 \times (1+10\%)^{-2} + 212\ 500 \times (1+10\%)^{-3} + 200\ 000 \times (1+10\%)^{-4} + 30\ 000 \times (1+10\%)^{-4}$

= 188 606.99（元）

年均净现金流量 = 188 606.99 ÷（P/A，10%，4）

= 188 606.99 ÷ 3.1699 ≈ 59 499.35（元）

根据上述计算分析可以看出，继续使用旧设备的年均净现金流量为 41 747.16 元，小于购置新设备的年均净现金流量 59 499.35 元，企业应选择购置新设备。

（2）年均成本法。在新旧设备使用寿命的基础上，如果更换的新设备不能增加企业生产力，不会影响企业原有的现金流入量，那么我们在比较新旧设备方案的现金流量时，也可以只考虑现金流出部分，选择现金流出量即年均成本最小的方案进行分析决策。

$$年均成本=\frac{未来年限内现金流出量现值}{年金现值系数}$$

【例 2－22】 兴达建筑公司考虑用一台生产效率更高的新设备来代替旧设备，新设备的价值为 440 000 元，预计使用 4 年，净残值为 40 000 元，预计使用期满残值变现收入为 50 000 元，每年付现成本为 60 000 元。旧设备原值为 330 000 元，预计使用年限为 5 年，已使用 2 年，净残值为 30000 元，预计使用期满残值变现收入为 34 000 元，每年付现成本为 100 000 元，目前旧设备变现价值为 130 000 元。假定更换新设备不增加企业的现金流入，企业所得税税率为 25%，资金成本率为 10%，采用年限平均法计提折旧，不考虑其他因素的影响，企业是否应该更换设备？

根据题中资料可编制新旧设备现金流量分析表如表 2－33 所示。

表 2－33 **新旧设备现金流量分析表** 单位：元

项目	旧设备	新设备
（1）初始现金流出量：	150 000	440 000
其中：旧设备变价收入	130 000	
变现损失抵税	20 000	
购置新设备投资额		440 000
（2）营业现金流出量： ①×（1－25%）+②	60 000	20 000
其中：年付现成本①	100 000	60 000
年折旧额抵税②	－15 000	－25 000
（3）终结现金流出量	－33 000	－47 500
残值变现收入	－34 000	－50 000
残值变现利得纳税	（34 000－30 000）×25%＝1 000	（50 000－40 000）×25%＝2 500

其中：

旧设备年折旧额＝（330 000－30 000）÷5＝60 000（元）

旧设备年折旧额抵税＝60 000×25%＝15 000（元）

旧设备的账面价值＝330 000－2×60 000＝210 000（元）

变现损失抵税＝（210 000－130 000）×25%＝20 000（元）

继续使用旧设备初始现金流出量＝130 000＋20 000＝150 000（元）

旧设备残值变现利得纳税＝（残值变现收入－残值账面价值）×所得税税率

＝（34 000－30 000）×25%＝1 000（元）

新设备年折旧额＝（440 000－40 000）÷4＝100 000（元）

新设备年折旧额抵税＝100 000×25%＝25 000（元）

新设备残值变现利得纳税＝（50 000－4 000）×25%＝2 500（元）

旧设备总成本净现值＝150 000＋60 000（P/A，10%，3）－33 000（P/F，10%，3）

＝150 000＋60 000×2.4869－33 000×0.7513

=274 421.10（元）

旧设备年均成本 =274 421.10 ÷（P/A，10%，3）

=274 421.10 ÷2.4869≈110 346.66（元）

新设备总成本净现值 =440 000 +20 000（P/A，10%，4）-47 500（P/F，10%，4）

=440 000 +20 000 ×3.1699 -47 500 ×0.6830

=470 955.50（元）

新设备年均成本 =470 955.50 ÷（P/A，10%，4）

=470 955.50 ÷3.1699

≈148 571.09（元）

根据上述计算分析可以看出，继续使用旧设备的年均成本 110 346.66 元小于购置新设备的年均成本 148 571.09 元，企业应选择继续使用旧设备。

五、机械设备购置与经营租赁的决策分析

对于同一种设备而言，投入施工生产后其带来的经济收益一般是相同的，因此，设备租赁或购置经济分析主要就是购置成本、租赁成本及其相应的使用成本的计算和分析。

【例 2-23】 兴达建筑公司承担峰岭隧道施工，工期 5 年，拟引进履带式挖掘机一台。如直接购置，该挖掘机价格为 15 万元，使用寿命 10 年，预计报废净残值 0 元；第一年预计支出维修费用 500 元，以后每年增加维修费 500 元；工程完工时预计设备净值 60 000 元。如通过经营租赁获得，每年末应支付租金 17 000 元，操作人员薪酬及设备维修费均由出租方负担。假定折现率为 10%，采用年限平均法计提折旧，租赁按照短期租赁核算，试分析购置和租赁哪种方式对公司更有利？

根据题中资料，可编制购置设备现金流量分析表，如表 2-34 所示。

表 2-34 购置设备现金流量分析表 单位：元

项目	当前	第 1 年	第 2 年	第 3 年	第 4 年	第 5 年	
（1）初始现金流出量：	150 000						
其中：购置新设备投资额	150 000						
（2）营业现金流出量： ①×（1-25%）+②		-3 375	-3 000	-2 625	-2 250	-1 875	
其中：年付现成本①		500	1 000	1 500	2 000	2 500	
年折旧额抵税②		-3 750	-3 750	-3 750	-3 750	-3 750	
（3）终结现金流出量							-63 750
残值变现收入							-60 000
残值变现损失抵税							-3 750

其中：

购置设备年折旧额 =150 000 ÷10 =15 000（元）

年折旧额抵税 =15 000 ×25% =3 750（元）

营业现金流出量净现值 = -3 375（P/F，10%，1）-3 000（P/F，10%，2）
-2 625（P/F，10%，3）-2 250（P/F，10%，4）
-1 875（P/F，10%，5）
= -3 375×0.9091 -3 000×0.8264 -2 625×0.7513 -2 250×0.6830 -1 875×0.6209
= -10 220.51（元）

工程完工，设备账面价值 = 150 000 - 15 000×5 = 75 000（元）

残值变现损失抵税 =（75 000 - 60 000）×25% = 3 750（元）

终结现金流出量净现值 = -63 750（P/F，10%，5）= -63 750×0.6209
= -39 582.38（元）

现金流出量净现值 = 初始现金流出量 + 营业现金流出量净现值 + 终结现金流出量净现值
= 150 000 - 10 220.51 - 39 582.38
= 100 197.11（元）

租赁设备现金流出量净现值 = 17 000（P/A，10%，5）= 17 000×3.7908
= 64 443.6（元）

根据上述计算分析可以看出，购置设备现金流出量净现值100 197.11元大于租赁新设备现金流出量净现值64 443.6元，租赁设备对公司更为有利。

六、机械设备大修与重置的决策分析

在企业生产运营过程中，机械设备会不断磨损和消耗，为保证再生产的顺利进行，企业可以选择对陈旧的机械设备进行大修，也可以选择重置。

机械设备大修与重置决策解决的是企业是否需要用结构、技术相同的完好机械设备去替换磨损严重需要进行大修理的机械设备。

如果在现有技术水平下，市场上可供选择的机械设备并没有转型升级，企业对机械设备大修或者重置，都不会显著改变企业的生产能力，即使有少量的残值变价收入，也不会增加企业实质性的营业收入，因此在进行决策分析时，只需要比较方案中两者的现金流出量，选择现金流出量最少的方案即可。

一般来说，在机械设备大修与重置决策方案中，新购置设备的使用寿命往往要高于旧设备的使用寿命，由此同样可以采用年均成本法来进行分析决策。

$$年均成本 = \frac{未来年限内现金流出量现值}{年金现值系数}$$

【例2-24】兴达建筑公司4年前购进一台挖掘机，因使用频繁，目前需要进行一次大修理才能继续使用。公司考虑购置一台新的挖掘机进行替换，旧设备原价63 000元，残值3 000元，使用年限6年，预计大修理花费35 000元，修理后预计使用年限5年，每年付现成本5 000元，目前变现价值10 000元，预计使用期满残值变现收入3 200元；新设备价值为70 000元，残值4 000元，使用年限6年，每年付现成本4 000元，预计使用期满残值变现收入 4 400 元。假定更换新设备后不增加企业的现金流入，企业对固定资产均采用年限平均法计提折旧，所得税税率为 25%，资金成本率为 10%，不考虑其他因素的影响，企业是否应该更换设备？

如前所述，固定资产的大修理支出，对同时符合下列条件的支出，可以按照固定资产尚可使用年限分期摊销：

①修理支出达到取得固定资产时的计税基础 50% 以上；

②修理后固定资产的使用年限延长 2 年以上。

若满足上述条件，应当作为长期待摊费用支出，自支出发生月份的次月起，分期摊销，摊销年限不得低于 3 年。

根据以上条件，可编制现金流量分析表，如表 2－35 所示。

表 2－35　　新旧设备现金流量分析表　　单位：元

项目	旧设备	新设备
（1）初始现金流出量：	48 250	70 000
其中：旧设备变价收入	10 000	
变现损失抵税	3 250	
大修理支出	35 000	
购置新设备投资额		70 000
（2）营业现金流出量： ①×（1－25%）＋②	1 000	250
其中：年付现成本①	5 000	4 000
年折旧额抵税②	－2 750	－2 750
（3）终结现金流出量	－3 150	－4 300
其中：残值变现收入	－3 200	－4 400
残值变现利得纳税	（3 200－3 000）×25%＝50	（4 400－4 000）×25%＝100

其中：

旧设备的账面价值＝63 000－4×10 000＝23 000（元）

旧设备的大修理支出同时满足税法规定的两个条件，可以计入固定资产成本进行摊销。

旧设备年折旧额＝（折余价值－预计残值＋大修理费用）÷大修后可使用年限

＝（23 000－3 000＋35 000）÷5＝11 000（元）

旧设备年折旧额抵税＝11 000×25%＝2 750（元）

变现损失抵税＝（23 000－10 000）×25%＝3 250（元）

继续使用旧设备初始现金流出量＝10 000＋3 250＋35 000＝48 250（元）

旧设备残值变现利得纳税＝（残值变现收入－残值账面价值）×所得税税率

＝（3 200－3 000）×25%＝50（元）

新设备年折旧额＝（70 000－4 000）÷6＝11 000（元）

新设备年折旧额抵税＝11 000×25%＝2 750（元）

新设备残值变现利得纳税 =（4 400 − 4 000）×25% = 100（元）

旧设备总成本净现值 = 48 250 + 1 000 ×（P/A，10%，5）− 3 150 ×（P/F，10%，5）

= 48 250 + 1 000 × 3.7908 − 3 150 × 0.6209

= 50 084.97（元）

旧设备年均成本 = 50 084.97 ÷（P/A，10%，5）

= 50 084.97 ÷ 3.7908

≈ 13 212.24（元）

新设备总成本净现值 = 70 000 + 250 ×（P/A，10%，6）− 4 300 ×（P/F，10%，6）

= 70 000 + 250 × 4.3553 − 4 300 × 0.5645

= 68 661.48（元）

新设备年均成本 = 68 661.48 ÷（P/A，10%，6）

= 68 661.48 ÷ 4.3553

≈ 15 765.04（元）

根据上述计算分析可以看出，对旧设备进行大修理后继续使用的年均成本 13 212.24 元小于购置新设备的年均成本 15 765.04 元，企业应选择对旧设备进行大修。

第九节　固定资产减少的核算与管理

一、固定资产减少的凭证和办理程序

固定资产的减少主要是指由于报废、毁损、出售、对外投资、非货币性资产交换、债务重组等导致固定资产退出企业。

1. 固定资产报废

固定资产报废分为正常报废和非正常报废。正常报废包括使用磨损报废和因技术进步而导致的提前报废；非正常报废主要指因自然灾害和责任事故等导致的报废。

固定资产的报废一般由固定资产使用部门向设备物资等分管部门提出报废申请，填制“固定资产报废技术鉴定表”（参考格式见表 2 − 36），详细填写报废固定资产的名称、规格型号、数量、原始价值、已提折旧以及报废原因等。设备物资等部门接到申请后，应由固定资产业务主管、专业人员等组成鉴定小组进行技术鉴定，确需报废的，按审批权限逐级上报审批。经有权机构批准报废后，设备物资等部门或固定资产使用部门对报废固定资产进行清理。清理结束后，财务部门根据经批准的“固定资产报废清单”、残值变价收入处置协议及相关核算凭证进行会计核算。

2. 固定资产毁损

固定资产毁损是指因自然灾害等不可抗力原因或者责任事故等，导致企业固定资产毁灭或损坏而丧失生产能力。固定资产毁损必须查明原因，通常由固定资产使用部门向设备

表 2－36　　　　**固定资产报废技术鉴定表**

单位名称：　　　　　　　　　　年　月　日

<table>
<tr><td colspan="2">固定资产名称</td><td colspan="3"></td><td>型号规格</td><td></td></tr>
<tr><td colspan="2">固定资产编号</td><td></td><td>卡片号</td><td></td><td>交付使用日期</td><td></td></tr>
<tr><td colspan="2">计量单位</td><td></td><td>数量</td><td></td><td>清理收入</td><td></td></tr>
<tr><td colspan="2">原价</td><td></td><td>累计折旧</td><td></td><td>净值</td><td></td></tr>
<tr><td colspan="2">预计使用年限</td><td></td><td>实际使用年限</td><td></td><td>清理时所在地点</td><td></td></tr>
<tr><td colspan="2" rowspan="4">附属设备
及附件</td><td colspan="2">名称</td><td>规格</td><td>数量</td><td>备注</td></tr>
<tr><td colspan="2"></td><td></td><td></td><td></td></tr>
<tr><td colspan="2"></td><td></td><td></td><td></td></tr>
<tr><td colspan="2"></td><td></td><td></td><td></td></tr>
<tr><td colspan="2">申请报废单位</td><td colspan="4">技术状态及拆除、报废理由：</td><td>申请（保管使用）人：</td></tr>
<tr><td rowspan="6">评估鉴定小组</td><td>部门</td><td colspan="4">鉴定意见</td><td>鉴定人</td></tr>
<tr><td>工程部门</td><td colspan="4"></td><td></td></tr>
<tr><td>物资设备部门</td><td colspan="4"></td><td></td></tr>
<tr><td>财务部门</td><td colspan="4"></td><td></td></tr>
<tr><td></td><td colspan="4"></td><td></td></tr>
<tr><td></td><td colspan="4"></td><td></td></tr>
<tr><td colspan="2" rowspan="2">意见汇总</td><td>是否同意报废</td><td></td><td>是否属于
管理责任</td><td></td><td>是否追责</td><td></td></tr>
<tr><td colspan="6">其他需要说明情况：</td></tr>
</table>

单位主管：　　　　　　　　　　填表：

物资部门提出毁损报告，填制“固定资产报废技术鉴定表”，详细填写固定资产的名称、规格型号、数量、原始价值、已提折旧以及毁损原因等。设备物资部门收到“固定资产报废技术鉴定表”后，应对有关情况进行核实，提出处理意见，再按规定权限报请有关领导审批。经有关领导批准处理后，设备物资部门对毁损固定资产进行清理，涉及保险赔偿的，应向保险单位索取保险赔偿款。清理结束后，财务部门应根据经批准的“固定资产报废技术鉴定表”、残值变价收入和保险赔偿相关协议、保险单及相关发票等进行会计核算。

3. 固定资产出售及调动

当企业因技术进步或者经营战略调整、施工生产任务变化等原因，不再需要某些固定资产时，可以将这些固定资产进行出售或申请在系统内进行调拨。出售或调出固定资产，一般由设备物资部门填制“固定资产出售（调拨）单”，详细填写固定资产的名称、规格型号、数量、原始价值、已提折旧及出售（调拨）原因等，报主管领导批准后办理出售（调拨）手续。财务部门根据经批准的“固定资产出售（调拨）单”、固定资产出售合同或固定资产调拨单、发票等有关凭证进行会计核算。

4. 固定资产的盘亏

企业在财产清查盘点中发现固定资产盘亏时，由设备物资部门组织相关部门、人员查明盘亏原因，明确有关部门及人员的责任，同时填制“固定资产盘盈（亏）报告表”（参考格式见表2－37）、“固定资产盘亏说明书”（参考格式见表2－38），详细填写固定资产的名称、规格型号、数量、原始价值、已提折旧、对责任部门及人员的处理意见等，报有关领导审批。经有关领导批准后，财务部门根据审核批准的“固定资产盘盈（亏）审批表”及其他相关资料进行会计核算。

表2－37　　固定资产盘盈（亏）报告表

单位名称：　　　　基准日期：　年　月　日

<table>
<tr><td rowspan="3">序号</td><td rowspan="3">卡片编号</td><td rowspan="3">资产编号</td><td rowspan="3">资产名称</td><td rowspan="3">规格型号</td><td rowspan="3">启用日期</td><td rowspan="3">计量单位</td><td colspan="5">盘盈</td><td colspan="4">盘亏</td></tr>
<tr><td rowspan="2">数量</td><td colspan="2">市场价</td><td rowspan="2">成色</td><td rowspan="2">入账价值</td><td rowspan="2">数量</td><td colspan="2">账面价</td><td rowspan="2">净值</td></tr>
<tr><td>单价</td><td>总价</td><td>单价</td><td>总价</td></tr>
<tr><td></td><td></td><td></td><td></td><td></td><td></td><td></td><td></td><td></td><td></td><td></td><td></td><td></td><td></td><td></td><td></td></tr>
<tr><td></td><td></td><td></td><td></td><td></td><td></td><td></td><td></td><td></td><td></td><td></td><td></td><td></td><td></td><td></td><td></td></tr>
<tr><td></td><td></td><td></td><td></td><td></td><td></td><td></td><td></td><td></td><td></td><td></td><td></td><td></td><td></td><td></td><td></td></tr>
<tr><td></td><td></td><td></td><td></td><td></td><td></td><td></td><td></td><td></td><td></td><td></td><td></td><td></td><td></td><td></td><td></td></tr>
<tr><td></td><td></td><td></td><td></td><td></td><td></td><td></td><td></td><td></td><td></td><td></td><td></td><td></td><td></td><td></td><td></td></tr>
<tr><td></td><td></td><td></td><td></td><td></td><td></td><td></td><td></td><td></td><td></td><td></td><td></td><td></td><td></td><td></td><td></td></tr>
<tr><td colspan="2">合计</td><td></td><td></td><td></td><td></td><td></td><td></td><td></td><td></td><td></td><td></td><td></td><td></td><td></td><td></td></tr>
</table>

单位领导：　　　　填表：

表2－38　　固定资产盘亏说明书

单位名称：　　　　基准日期：　年　月　日

<table>
<tr><td rowspan="4">资产基本情况</td><td>固定资产名称</td><td colspan="7"></td></tr>
<tr><td>购建日期</td><td colspan="3"></td><td colspan="2">发生日期</td><td colspan="2"></td></tr>
<tr><td>数量</td><td></td><td>单价</td><td></td><td>购建日期</td><td></td><td>入账价值</td><td></td></tr>
<tr><td>使用部门</td><td></td><td>保管（使用）人</td><td></td><td>经办人</td><td colspan="3"></td></tr>
<tr><td colspan="9">盘亏说明：
使用部门负责人（签章）
年　月　日</td></tr>
<tr><td colspan="9">处理意见：
管理部门负责人（签章）
年　月　日</td></tr>
</table>

无论何种原因引起的固定资产减少，有关业务部门均应及时在涉及的固定资产卡片上注明固定资产报废清理日期、报废单号、变价收入、清理费用和注销日期，将卡片注销，并与减少的相关资料一并归档保存。同时应及时在“固定资产登记簿”和其他有关账簿中登记反映。

二、固定资产减少的会计核算

固定资产的减少一般通过“固定资产清理”账户进行核算，主要涉及以下几个处理步骤：

1. 将固定资产转入固定资产清理：

借：固定资产清理（固定资产净值）
　　累计折旧（累计已提折旧）
　　固定资产减值准备（已提减值准备）
　　贷：固定资产（固定资产账面价值）

2. 发生清理费用：

借：固定资产清理（清理应负担的费用）
　　应交税费——应交增值税——进项税额（可抵扣增值税进项税额）
　　贷：银行存款等（实际支付清理费用）

3. 取得残料出售价款、残料折价入库等变价收入：

借：银行存款、原材料等（实际取得的变价收入）
　　贷：固定资产清理（应冲减清理费用的变价收入）
　　　　应交税费——应交增值税——销项税额（变价收入应交增值税）

4. 确认保险赔偿损失及过失人赔款：

借：其他应收款、银行存款等（保险公司及过失人赔款）
　　贷：固定资产清理（应冲减清理费用的保险公司及过失人赔款）

5. 清理结束，结转清理净损益。固定资产清理结束后产生的净损益，应根据固定资产的处置方式的不同，分别进行处理。

（1）对于已经丧失使用功能或因自然灾害发生毁损等原因而报废清理产生的利得或者损失，计入营业外支出。

①属于企业生产经营期间正常处理产生的净损失：

借：营业外支出——处置非流动资产损失
　　贷：固定资产清理

②属于生产经营期间由于自然灾害等非正常原因造成的净损失：

借：营业外支出——非常损失
　　贷：固定资产清理

③若为清理净收益：

借：固定资产清理
　　贷：营业外收入

（2）对于因出售转让等原因产生的固定资产处置利得或损失，计入资产处置损益。

①结转固定资产处置产生的净损失：

借：资产处置损益
　　贷：固定资产清理

②固定资产处置若为净收益，作相反会计分录：

借：固定资产清理

贷：资产处置损益

第十节　物资设备清查盘点

一、物资设备清查盘点的意义

物资设备清查盘点是企业财产清查的最主要组成部分。财产清查是指通过对财产的实地盘点，以查明各项财产的实存数，并核实实存数与账存数是否相符的专项工作。企业经济核算的要求之一就是要保证核算资料的真实性、正确性和账实的一致性。从理论上讲，企业各业务核算部门的账（卡）所记录的各种财产的结存数额应该同实际拥有数额相等，但在实际工作中往往并非如此，账面结存数和实际拥有数之间会由于各种原因而发生差异。这就要求企业必须定期或不定期地对其财产进行清查，以确保其账实相符，为编制会计报表和其他业务报表提供真实可靠的资料。

在企业生产经营中，造成物资设备账实不符的原因主要有以下几种：

1. 物资设备实物收发上的原因。即在物资收发过程中，因计量误差或业务人员的疏忽而造成的种类或数量上的差错。

2. 物资设备保管上的原因。即在物资设备的保管过程中，由于自然条件或其他因素的影响而发生的数量上和质量上的差异。

3. 业务处理上的原因。即在物资设备增减变动过程中，由于填制收发凭证和登记有关物资设备账簿时发生的计算和记录上的错误。

4. 管理制度上的原因。即由于管理制度不健全、不完善，或者管理人员不负责任而使物资设备发生损耗、变质或短少等。

5. 违纪违法造成的损失。在市场经济条件下，由于受到物质利益的诱惑，加之有的单位规章制度不健全，致使一些不法分子趁机营私舞弊、贪污盗窃而给企业造成物资设备损失。

从上述原因可以看出，造成物资设备账实不符的原因少数是由于自然因素造成的，大多数则是由于人为因素造成的。自然因素造成的差异是难以避免的，而人为因素造成的差异则完全是可以减少甚至避免的。

物资设备清查盘点的意义主要体现在以下几方面：

1. 通过物资设备清查盘点，可以保证会计及其他业务核算资料真实可靠。通过物资设备清查，可以及早发现账存数与实存数之间的差异，及时调整账面记录，做到账实相符。

2. 通过物资设备清查盘点，可以查明企业物资设备短缺、损失的情况，便于查清原因，明确责任并及时处理，从而保护企业物资设备的安全与完整。

3. 通过物资设备清查盘点，可以不断挖掘企业物资设备的潜力。企业在物资设备清查过程中，可以查明各种物资设备的利用和储备情况，可以发现有无储备不足和超储积压的物资设备，以及各种不配套和闲置不用的机械设备，以便于采取措施及时处理，充分挖掘物资设备的潜力，做到物尽其用。

4. 通过物资设备清查盘点，可以促使企业建立、健全规章制度，改善经营管理。在物资设备清查过程中，企业可以查明有关单位、人员对财经法规的遵守情况，同时可以查明有关物资设备收发、保管制度的贯彻执行情况，发现存在的问题和薄弱环节，从而促使企业采取措施，建立健全规章制度，提高经营管理水平。

建筑企业物资清查盘点可分为材料清查盘点和施工机具清查盘点两大部分。

二、企业物资的清查盘存制度

根据清查盘点目的的不同，企业物资清查盘点可分为“实地盘存制”和“永续盘存制”两类。采用不同的盘存制度，各项物资在账簿中的记录方法和清查盘点的目的都是不同的。

所谓“实地盘存制”，是指平时只根据物资的收入凭证在账簿中登记其增加数，而不登记减少数，到月末，通过实地盘点确定其实存数，再以月初结存数与增加数之和减去实存数，以其差额作为物资发出数并在账簿中进行登记的物资盘存制度。采用实地盘存制，物资清查的目的只是计算本期账簿中应登记的减少数额，为记账提供依据。采用“实地盘存制”，物资收发手续简便，日常核算工作量较小，但物资收发缺乏比较严密的控制手续，平时账面记录也不能反映物资的减少数额和结存情况，不利于加强物资管理。因此，除大堆材料外，其他物资的核算管理一般不宜采用“实地盘存制”。

“永续盘存制”又称“账面盘存制”，是平时对物资的增加和减少都根据有关凭证连续、及时记入有关账簿，并随时结出账面结存数，最终再通过对物资的实物清查盘点来确认账实是否相符，发现差异据实调整账面记录并进一步查明账实不符原因的物资盘存制度。采用“永续盘存制”，能够通过账面记录随时反映库存物资或其他物资的收发结存情况，核算管理手续较为严密，因而为大多数企业所采用。但因各种原因，企业物资不可避免地会发生自然减量或变质损耗，甚至可能发生贪污、偷盗或其他舞弊行为，从而造成物资的短缺、毁损。因此，采用“永续盘存制”时，会计账面核算资料或其他业务核算资料都不可能完全准确地反映企业物资的实际拥有数量，更不可能反映出物资积压等情况及诱发损失的潜在因素。为了加强物资管理，保证物资账实相符，企业必须对物资的数量、规格、质量等情况，进行定期或不定期的清查盘点。

综上所述，企业在物资核算管理中，无论采用实地盘存制还是采用永续盘存制，都需要进行物资的清查盘点。但二者的目的是不同的。在实地盘存制下，清查盘点的主要目的是为了求得物资的账面结存数；在永续盘存制下，清查盘点的主要目的则是查明物资的账实是否相符。

三、物资设备清查盘点的种类

1. 按清查范围分

按清查范围，物资设备清查盘点可分为全面清查和局部清查。

全面清查，是指对全部物资设备进行的清查；局部清查则是对特定部分物资设备进行的清查。

进行全面清查，通常应成立专门机构，有计划、有组织地实施；局部清查既可有计划、有组织地实施，也可由物资设备保管人员或有关部门自行实施。

2. 按清查时间分

按清查时间，物资设备清查盘点可分为定期清查和不定期清查。

定期清查是指在固定时间进行的周期性清查。企业必须于每年编制年度财务报告前对全部物资设备进行定期清查；对大堆材料每月应定期清点一次；对其他物资设备可视情况采取不同周期的定期清查。

不定期清查是指企业根据实际需要临时确定进行的物资设备清查。企业发生意外灾害造成较大损失、企业经营合伙人变更、工程完工转移等，通常都应进行不同范围的材料和其他财产的清查。

3. 按清查目的分

按清查目的，物资设备清查盘点可分为监督性清查和复核性清查。

监督性清查是根据企业内部管理制度，为核查物资设备实物管理人员、相关业务账簿登记人员的业务处理是否合法、合规、及时，账实是否相符而有组织进行的清查。监督性清查通常由实物保管人员和实物账簿登记人员以外的相关部门、机构或上级领导组织实施。

复核性清查是物资设备实物管理人员为核实自身业务处理是否正确、实物与账（卡）数量是否相符而进行的清查。复核性清查通常由物资设备实物管理人员自行进行，但如何清查、何时清查及清查程序和方法，在企业管理制度上应作出明确要求。复核性清查一般通过循环盘点分段实施，即由物资设备实物管理人员定期对所管理的既定部分材料或施工机具分期、分批逐步实施清查，在一个周期（材料通常为一个月、施工机具通常为一年）内完成全部物资设备的清查。

在实际工作中，企业应根据实际需要，建立全面清查与局部清查、定期清查与不定期清查、有组织清查与自查相结合的、切实可行的物资设备清查盘点制度。

四、材料的监督性清查盘点

（一）材料监督性清查盘点的实施方法

1. 做好清查盘点前的准备工作

在进行材料清查盘点前，仓库管理人员应做好以下工作：

（1）把各种材料明细账、卡登记齐全，正确计算出账面结存数量、金额，并与物资部门、财务部门相关账簿核对相符；

（2）将材料进行分类整理，码放整齐，便于清点；

（3）编制“材料盘点表”，在盘点表内列明需要清点的材料的编号、名称、规格、数量和存放地点等。

2. 成立清查盘点小组

为做好材料清查盘点工作，企业或项目部需要成立专门的清查盘点小组，小组成员不仅应包括仓库管理员，还要有业务部门及财务部门等人员参加，必要时，可以聘请社会专业人员参与。

3. 组织清查盘点

（1）在仓库管理员在场的情况下，应采用过磅、点数、丈量等方式点验材料实际数量，填制“材料盘点表”并将其与仓库明细账（卡）进行核对，同时需要检查材料有无毁损变质等情况。若材料实际数量与材料明细账（卡）不符，必须进行复查，确保清查结果准确无误。对确认的差异，应尽可能查明原因并在“材料盘点表”中注明。在全面清查下，盘点的材料不仅应包括自身仓库库存材料，还必须包括寄存在外单位或者外部仓库的材料。

在实物点验前，清查小组应校验清点用的度量衡具，保证其合理的精度。

清查盘点发现的盘盈、盘亏或者毁损变质等情况，要做好记录，以便最终查明原因、追究责任并作出相应处理。

（2）对材料仓库、物资部门、财务部门账（卡）进行核对，如发现差异应查明原因，并最终调整账面记录。

（3）整理清查结果，确认清查中发现的问题和原因，提出处理意见，撰写并提交清查报告。

（二）材料清查盘点结果的处理

1. 材料盘盈盘亏的处理程序

材料清查盘点结束后，要根据盘点记录填制“材料盘点盈亏报告单”（其一般格式如表 2－39 所示）。对于因数量登记错误、金额计算错误或者材料规格登记错误等技术性问题导致的材料盘盈盘亏，可由仓库管理人员列明清单，注明原因，经财务部门复核后，按规定的方法进行更正；对于非技术性差错造成的材料盘盈盘亏，应以实际数量为准，调整账面数，做到账实相符，待查明原因，根据管理权限报经批准后，再进行处理。盘盈材料属于原因不明或自然升溢的，应计入当期损益；属于多收少发的，按照规定分别办理退还或补发手续。材料盘亏及毁损属于合理或定额内损耗的，报经批准后计入当期损益；属于材料保管人员等过失造成的，应按企业制度规定向过失人员进行罚款或赔偿处理，并冲减盘亏损失；属于不可抗力的自然灾害等原因造成的，应向保险公司追偿，不能追偿部分，扣除残料价值后计入当期损益。

对于企业盘亏造成的损失，扣除责任人及保险公司赔款后，其余损失认定应依据以下证据确认：

表 2－39 **材料盘点盈亏报告单**

单位名称： 年 月 日

材料类别	材料编号	材料名称	材料规格	计量单位	计划单价	账面结存		实际结存		盘盈		盘亏		原因
						数量	金额	数量	金额	数量	金额	数量	金额	
合计														

计划部门： 保管部门： 财务部门： 审查部门：

（1）材料计税成本确定依据；

（2）企业内部有关责任认定、责任人赔偿说明和内部核批文件；

（3）材料盘点盈亏报告单；

（4）材料保管人对于盘亏的情况说明；

（5）企业内部关于材料报废、毁损、变质、残值情况说明及核销资料；

（6）该项损失数额较大的（指占企业该类资产计税成本 10% 以上，或减少当年应纳税所得额、增加亏损 10% 以上），应有专业技术鉴定意见或法定资质中介机构出具的专项报告等；

（7）材料被盗向公安机关的报案记录；

（8）涉及责任人和保险公司赔偿的，应当有赔偿情况说明。

2. 材料盘盈的核算

为反映和监督企业清查过程已查明的各种材料的盘盈、盘亏和毁损情况，企业财务部门应当设置“待处理财产损溢”账户进行核算，其借方登记材料的盘亏、毁损金额及盘盈的转销金额，贷方登记材料的盘盈金额及盘亏的转销金额，清查结果处理完毕后，该账户应无余额。

企业发生材料盘盈时，对于盘盈材料物资部门应作为材料增加，填制“收料单”并登记相关材料明细账（卡）。财务部门借记“原材料”等账户，贷记“待处理财产损溢”账户；清查报告报经批准后，借记“待处理财产损溢”账户，同时用红字借记“管理费用”账户，冲销当期管理费用。

3. 材料盘亏及毁损的核算

企业发生材料盘亏及毁损时，对于短缺、毁损的材料，物资部门应作为材料减少处理，根据“材料盘点盈亏报告单”登记相关材料明细账（卡），减少相关材料库存数量。财务部门根据“材料盘点盈亏报告单”等借记“待处理财产损溢”账户，贷记“原材料”等账户。清查报告报经批准后，对于应由保险公司或过失人员承担的赔款，借记“其他应收款”账户；对于入库的残料价值，借记“原材料”等账户；扣除应由保险公司和过失人员赔款及残料价值后，属于一般经营损失的，借记“管理费用”账户，属于非常损失的，借记“营业外支出”账户。对最终的清点损失，贷记“待处理财产损溢”账户。

五、机械设备的清查盘点

（一）机械设备清查盘点的实施方法

机械设备是企业固定资产的重要组成部分，属于物资设备部门管理的固定资产主要是机械设备。建筑企业项目施工大多具有点多、线长、施工内容复杂等特点，其机械设备不仅数量庞大，而且种类繁多、作业地点不固定、使用周期极不规律。因此，定期或不定期对其机械设备进行清查盘点具有十分重要的意义。

机械设备清查盘点的实施主要包括以下工作内容：

1. 确定清查盘点的期间和清查范围。机械设备的清查盘点应定期或不定期进行。定期清查盘点一般可分为日常清查和年度清查两种；按照清查范围可分为全面清查和局部清查。在实际业务处理时，一般会将四种清查结合起来使用。日常清查通常进行的是局部清查，年度清查则一般进行全面清查。定期清查一般每年末必须进行，不定期清查通常根据经营管理实际需要进行，其清查范围亦根据经营管理需要确定。

2. 成立专门的清查工作小组。清查小组应在公司或项目部有关负责人的领导下，由机械设备使用单位、设备物资部门和财务部门等有关人员共同组成，具体负责清查盘点工作。

3. 相关账卡核对相符。在清查盘点开始前，设备物资部门、财务部门及使用单位应做好盘点的准备工作，将固定资产总账和相关明细账核对相符，即将财务部门总分类核算中“固定资产”“使用权资产”账户相关余额与明细账中各类机械设备的余额之和核对相符；同时将固定资产明细账与相关固定资产卡片余额核对相符，做到账账相符、账卡相符。

4. 清查盘点机械设备实物。清查时，除盘点实物数量外，还应检查机械设备的使用情况和维修保养情况。

5. 及时填制清查盘点表格、撰写相关说明。清查过程中，应及时填制“固定资产清查盘点明细表”（参见表2－16），如实填写盘点结果。若发现盘盈、盘亏的机械设备，应填制“固定资产盘盈（亏）报告表”（参见表2－17），查明原因并在“固定资产盘盈（亏）报告表”备注栏中进行说明。对盘盈的机械设备还应填制“固定资产盘盈呈批表”（参见表2－18）。对盘盈盘亏的机械设备，应按规定权限报经批准后按批复意见处理，并在期末结账前处理完毕。

6. 确认机械设备盘亏、丢失、毁损损失。机械设备盘亏、丢失、毁损损失，为其账面净值扣除责任人赔偿后的余额，其确认应依据以下证据材料：

（1）企业内部有关责任认定和核销资料；

（2）机械设备盘点表；

（3）机械设备的计税基础相关资料；

（4）机械设备盘亏、丢失、毁损情况说明；

（5）企业内部有关部门出具的鉴定材料；

（6）涉及责任赔偿的，应当有赔偿情况的说明；

（7）被盗机械设备向公安机关的报案记录，公安机关立案、破案和结案的证明材料；

（8）损失金额较大的或自然灾害等不可抗力原因造成固定资产毁损、报废的，应有专业技术鉴定报告或法定资质中介机构出具的专项报告等。

7. 进行清查盘点的账务处理。

（二）机械设备清查盘点的核算

1. 机械设备盘盈的核算

设备物资部门发现盘盈的机械设备后应作为固定资产增加处理，应以机械设备盘点记录等作为其增加的原始凭证，比照正常固定资产增加建立固定资产卡片及相关账表。

企业财务部门对清查盘点中盘盈的机械设备，应作为重要的前期差错进行会计处理，在报批处理前，通过“以前年度损益调整”账户核算。

①对盘盈的机械设备按照重置成本入账：

借：固定资产（重置价值）

　　贷：累计折旧（根据损耗程度确认的已损耗价值）

　　　　以前年度损益调整（固定资产净值）

②同时确认因以前年度损益调整而增加的所得税费用：

借：以前年度损益调整（按损益额及所得税税率计算的应缴所得税费用）

　　贷：应交税费——应交所得税（按损益额及所得税税率计算的应缴所得税）

③经报批准处理时，再将以前年度损益调整账户余额转入留存收益：

借：以前年度损益调整（该账户调整后余额）

　　贷：利润分配——未分配利润（以前年度损益调整账户调整后余额）

【例2-25】兴达建筑公司2021年12月盘盈挖掘机一台，按同类设备确认，其原值为220 000元，估计磨损20 000元，该公司适用企业所得税税率为25%。应作如下账务处理：

①调增固定资产：

借：固定资产——生产用固定资产（施工机械）	220 000	
贷：累计折旧		20 000
以前年度损益调整		200 000

②计算应交所得税：

借：以前年度损益调整	50 000	
贷：应交税费——应交所得税		50 000

③调整利润分配：

借：以前年度损益调整	150 000	
贷：利润分配——未分配利润		150 000

2. 机械设备盘亏的核算

发生固定资产盘亏时，设备物资部门应作为固定资产减少处理，以机械设备盘点记录等作为其减少的原始凭证，注销盘亏机械设备的卡片及相关账表记录。

为反映和监督企业清查过程查明的各类机械设备的盘亏情况，企业财务部门应当设置“待处理财产损溢”账户进行核算。该账户借方登记机械设备的盘亏金额，贷方登记机械设备盘亏的转销金额，盘亏业务处理完毕后，该账户无余额。

①发生机械设备盘亏时，首先应根据盘点记录注销固定资产，并将其净值转入待处理财产损溢：

借：待处理财产损溢——待处理固定资产损溢（扣除已提折旧和减值准备后的账面价值）

　　累计折旧（已计提累计折旧）

　　固定资产减值准备（已计提减值准备）

　　贷：固定资产（固定资产原价）

②按规定程序经审核批准后，按照可收回的过失人或者保险公司赔款：

借：银行存款、其他应收款等

　　贷：待处理财产损溢——待处理固定资产损溢

③按盘亏净损失：

借：营业外支出——盘亏损失

　　贷：待处理财产损溢——待处理固定资产损溢

【例 2-26】 兴达建筑公司 2021 年 12 月盘亏履带推土机一台，其账面原值为 150 000 元，已提折旧 100 000 元，已提固定资产减值准备 10 000 元，应由责任人赔款 5 000 元。应作如下账务处理：

①发现盘亏，注销固定资产，并将其净值转入待处理财产损溢：

借：待处理财产损溢——待处理固定资产损溢	40 000	
累计折旧	100 000	
固定资产减值准备	10 000	
贷：固定资产		150 000

②按规定程序经审核批准后，结转应由责任人赔偿的待扣款项：

借：其他应收款——应收××责任赔款	5 000	
贷：待处理财产损溢——待处理固定资产损溢		5 000

③经审核批准后结转盘亏净损失：

借：营业外支出——盘亏损失	35 000	
贷：待处理财产损溢——待处理固定资产损溢		35 000

第三章 建筑企业材料及机械设备管理的内部控制

第一节 企业内部控制概述

一、企业内部控制的含义

所谓企业内部控制，财政部、证监会、审计署、银监会、保监会2008年联合发布的《企业内部控制基本规范》将其表述为：企业董事会、监事会、经理层和全体员工实施的、旨在实现控制目标的过程。

企业内部控制是以内部控制制度为基础来实施的。内部控制制度通常是指各企事业单位为了保护其财产的安全、确保各种反映经济活动情况数据的正确可靠，保证有关方针、政策、制度的执行和管理目标的实现，对内部分工形成的部门之间、人员之间相互制约、相互联系的关系加以规范化、系统化的各种措施和办法的总称。

任何单位的内部控制制度都不是一种单一的制度，只要是利用因业务分工而产生的相互制约、相互联系的关系，以达到某种控制目的而必须遵守的程序、方法及措施，均属内部控制制度的构成内容。

内部控制制度是在“内部牵制制度”的基础上发展起来的，是随资本主义经济发展而产生并随其发展而发展的。第二次世界大战结束后，资本主义经济得到迅速发展，激烈的市场竞争迫使企业必须进一步强化内部管理，由此促使企业内部控制从对单项经济活动的独立控制为主向以对全部经济活动进行系统控制为主演变，并从西方发达国家开始逐步形成了较为完整的内部控制制度体系。

所谓内部牵制制度，就是对涉及财物和货币资金收付、结算及其复核业务，规定由两人或两人以上分工掌管，以起到相互制约作用的一种工作制度。其主要作用在于通过加强经办人员之间的相互核对、相互牵制关系，防止业务因单独办理而导致舞弊行为的发生。

为适应社会主义市场经济的发展，加强企业内部控制，我国财政部、证监会、审计署、银监会、保监会2008年联合发布了《企业内部控制基本规范》，于2009年7月1日起在上市公司施行，并鼓励非上市大中型企业执行；2010年4月15日又联合制定了《企业内部控制应用指引第1号——组织架构》等18项应用指引、《企业内部控制评价指引》和《企业内部控制审计指引》，自2011年1月1日起在境内外同时上市的公司施行，自2012年1月1日起在上海证券交易所、深圳证券交易所主板上市公司施行；在此基础上，要求择机在中小板和创业板上市公司施行，并鼓励非上市大中型企业提前执行。2017年6月29日财政部又印发了《小企业内部控制规范（试行）》。由此形成了较为完整的国家层面的企业内部控制制度体系。

二、企业内部控制的作用

随着近几十年我国市场经济的迅猛发展，我国的经济发展水平已经进入世界前列，尤其以建筑企业为重要组成部分的基本建设大军，更是在全球获得了“基建狂魔”的美称！随着国内外基本建设规模的不断扩大、市场环境的日趋复杂，企业为提高自身的管理水平，提高市场竞争力，如何完善内部控制制度、强化企业内部控制、夯实管理基础，在企业经营管理中就具有更加重要的意义。

企业内部控制的作用主要表现在：

1. 防止财产物资的浪费、非法侵占、无效使用或其他损失。

2. 保证各种经济活动记录的及时、准确、可靠，为企业生产经营决策提供依据。

3. 合理保证企业经营管理合法合规，保证党和国家以及企业有关方针、政策、制度的执行和经营目标的实现。

4. 规范、优化生产经营管理流程，提高生产经营工作效率。

5. 促进企业实现发展战略。

6. 提供外部审计所依赖的基础。通过对内部控制制度的评价，审计人员可借以判断企业内部控制情况，发现经营管理中的薄弱环节和问题，从而确定审计的范围、重点、程序和方法，以提高审计质量和效率。

三、企业内部控制的分类

1. 按控制目的分

①合法性控制。即通过内部控制制度的建立和实施，保证企业的各项生产经营活动符合党和国家、上级及企业自身的政策、法律、法规和规章制度的要求。

②目标性控制。即通过内部控制制度的建立和实施，为企业生产经营目标的实现提供保障。

③可靠性控制。即通过内部控制制度的建立和实施，保证反映企业各项生产经营活动的记录准确、及时、可靠。

④财产安全性控制。即通过内部控制制度的建立和实施，保证企业各项财产物资的安全，防止非法占用和意外损失的发生。

2. 按基本控制方式（控制要素）分

在社会经济活动中，每个企事业单位的经济活动规模、业务性质不同，其内部控制的具体方法和措施也各不相同，但都是根据内部控制要素来设计制定的。企业内部控制要素主要包括：

①职务分离控制。即通过内部控制制度的制定和实施，对不相容的职务进行分离。

②授权批准控制。即要求各级经济业务人员必须获得授权和批准，才能办理或执行有关的经济业务。

③文件记录控制。即要有充分的会计记录和其他业务记录并保证其全面、及时、真实和公允地反映经济活动。

④内部审核控制。即对重要经济业务的办理必须建立审核和复核制度。

3. 按控制内容分

①内部会计控制。可进一步分为财务控制和会计核算控制两部分内容。

②内部管理控制。是为实现有关业务管理目标而进行的控制。就企业而言，其内容通常包括生产控制、质量控制、技术控制、财产控制、劳动控制、人事控制和营销控制等。

四、内部控制的基本方式

1. 不相容职务分离控制

不相容职务是指两种及其以上由一个部门或人员承担即可能出现重大错弊的职务，如材料采购和入库验收、材料保管和材料实物账簿登记等。在企业经营管理中，不相容职务必须进行分离，以形成相互制衡的机制，否则极易发生重大错弊。

不相容分离的职务，通常包括业务的批准与执行、业务的执行与记录、会计内部相关职务、资产保管与记录、资产保管与核实、电子数据处理部门内部相关职务等。

2. 授权审批控制

即要求各级、各类经济业务人员必须获得授权和批准，才能办理或执行有关经济业务。常规业务的授权一般通过岗位责任制度来实施；特殊业务，如特别重大的业务、超出岗位责任制度规定内容的业务等，则通过单独授权即特别授权来实施。授权审批控制要求所有授权都必须明确办理业务和事项的权限范围、办理程序、审批程序和相应责任等。对特别授权企业应严格限制，通过制度对特别授权的适用范围作出具体规定，对特别重大、重要事项的特别授权应实行会审、联签制度。

3. 会计系统控制

指企业为确保会计信息真实、准确、完整而通过会计核算和监督系统所进行的控制。其内容包括各经营环节会计凭证的设置与填制，各业务核算账簿的设置、登记及与会计账簿的核对，财务报告的编制、处理程序和方法，会计制度的建立和完善等。

4. 财产保护控制

指企业通过建立财产日常管理制度和定期清查制度，采取财产记录、实物保管、定期盘点、账实核对、财产监管等措施，严格限制未经授权的人员接触和处置财产，以确保财产安全的控制。

5. 预算控制

指企业通过实施全面预算管理制度，明确各责任单位在预算管理中的职责和权限，规范预算编制、审定、下达和执行程序，以约束企业经济活动，保证经营目标实现的管理控制。

6. 运营分析控制

指企业对生产、购销、投资、筹资、财务等方面的信息，通过因素分析、对比分析、趋势分析等方法，定期开展运营情况分析，以发现存在的问题，及时查明问题产生的原因并加以改进的控制。

7. 绩效考评控制

指企业通过设置考核指标体系，对企业内部各责任单位和全体员工的工作业绩进行定期考核、客观评价，并将考评结果作为确定员工薪酬、职务晋升、评优、降级、调岗、辞退等的依据，以提高企业经营管理效率的控制。

五、企业内部控制系统建立与实施的原则

国家颁布的企业内部控制有关法规，是企业进行内部控制的基础，但为了有效进行内部控制，企业还必须根据自身的实际情况有针对性地制定具体制度。企业内部控制系统的建立与实施应遵循以下原则：

1. 全面性原则

即内部控制应当贯穿企业各种经济活动决策、执行和监督的全过程，覆盖企业及其所属单位的各种业务和事项。

2. 重要性原则

即要求内部控制要突出重点，确保对重要业务事项和高风险领域进行有效控制。

3. 制衡性原则

即要求在机构设置及权责分配、业务流程等方面形成相互制约、相互监督的机制，同时必须兼顾运营效率。从横向来看，完成某个环节的工作需由来自彼此独立的两个及其以上部门或人员协调运作，以相互监督、相互制约、相互证明；从纵向看，完成某个工作需经过互不隶属的两个或两个以上的岗位和环节，以使下级受上级监督，上级受下级牵制，各有顾忌，不能随意妄为。需要特别注意的是，企业经营管理中的制约、监督，一方面必须满足管理的控制要求，严防重大错弊发生；另一方面必须注重效率，过多制约、监督必然导致工作效率降低，甚至造成严重后果。

4. 适应性原则

企业内部控制应当与企业经营规模、业务范围、市场状况和风险水平等相适应，并随着情况的变化及时加以调整，既不能抱着现有的制度以不变应万变，更不能生搬硬套照搬其他单位的制度。

5. 成本效益原则

内部控制应当权衡实施成本与预期效益，以适当的成本实现有效控制，要求企业应力争以最小的控制成本取得最大的控制效果。实施内部控制花费的成本和由此产生的效益之

间要保持最基本的比例。因实施内部控制所花费的代价通常不能超过由此获得的效益，否则就应舍弃该控制措施。实施内部控制所获得的效益主要是指经济效益，但同时必须兼顾社会效益。特殊情况下也可能以社会效益为主，而不计经济代价。

内部控制制度效力的强弱，受成本效益因素制约。要设置一套完美无缺的内部控制制度，其执行代价可能要超过所得到的效益。因此，在实务中对一些无关紧要的经济活动应允许存在较弱的内部控制。

六、内部控制建立与实施的基本步骤

内部控制建立与实施的基本流程如图 3－1 所示。

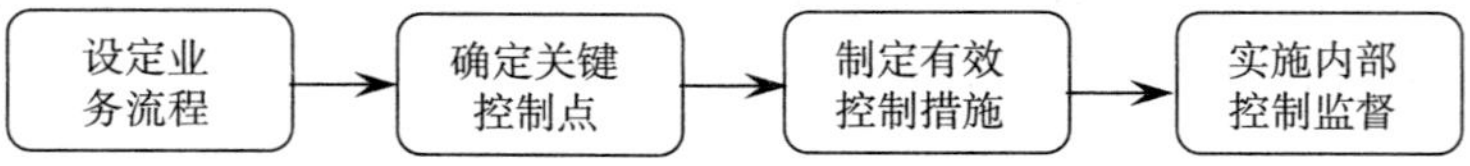

图 3－1　内部控制建立与实施的基本流程

业务流程的设定必须根据不同的具体业务分别考虑。首先必须基于业务自身办理的客观要求，同时要考虑国家有关法律、法规和监管制度以及上级机构的管理要求，再结合企业生产经营的实际情况，设计科学合理、重点突出、便于操作的业务流程。如材料采购业务的流程设计，其业务处理的基本环节就包括采购量确定、材料购入和料款支付三个基本环节。对于所有企业来说，材料采购量都必须实行计划管理；按照《企业内部控制应用指引第 7 号——采购业务》的要求，“企业应当建立采购申请制度，依据购买物资或接受劳务的类型，确定归口管理部门，授予相应的请购权，明确相关部门或人员的职责权限及相应的请购和审批程序”“企业应当建立科学的供应商评估和准入制度……，根据评价结果对供应商进行合理选择和调整”；大中型企业一般都要求对高于一定限额的材料采购必须通过招标集中采购。于是，材料采购流程就延伸为编制材料需求计划、编制材料采购计划、选择材料供应商、招标采购、签订采购合同、请购、验收、会计审核、采购结算等若干环节。

关键控制点的确定，应针对流程中每一环节、步骤，认真、细致分析。根据不确定性的大小、危害性的严重程度等，明确关键业务、关键程序、关键人员和岗位等，确定关键的风险控制点。如采购供应商的选定，在现实经济生活中就存在巨大的利益风险，因此企业自身或上级主管部门通常都要求通过调查、评估等措施建立合格供应商目录，并对高于一定限额的采购业务在目录中的供应商内实行招标采购等制度，以防止相关人员通过采购业务谋取私利等。

在制定控制措施环节，应针对关键风险控制点制定有效控制措施，将风险控制在可承受的范围之内。

在实施内部控制监督环节，则应对企业内部控制的建立与实施情况进行监督检查，评价内部控制的有效性，发现内部控制缺陷，并及时加以改进。

七、有效内部控制制度评判的基本标准

有效的企业内部控制制度必须满足以下基本要求：

1. 保证财产安全及资源的有效利用，防止财产物资的浪费、非法侵占、无效使用或其他损失。

2. 保证经营管理信息的可靠性、可信性，为正确决策提供依据。

3. 保证有关方针、政策、制度的执行和经营目标的实现。

4. 能有效提高工作效率。

5. 对重大风险能有效补救。

第二节　物资设备采购管理与控制

一、物资设备管理机构及岗位的设置

建筑企业物资设备管理机构及岗位的设置必须符合内部控制的基本要求。首先必须严格实行不相容职务的分离，保证对其相关业务实施有效管控。其次，必须在保证管控效果的基础上力求精简监控环节和程序，以提高经济业务的办理效率。

一般而言，在机构设置方面，集团性公司及所属工程公司、项目部通常都应分别设置设备物资部，各自的工作内容及控制权限可做如下划分：

1. 集团公司设备物资部

①制定并组织实施集团公司物资设备管理制度。

②对集团公司承建的重点工程项目所需物资设备提出供应方案，组织物资设备市场调查。

③建立并维护集团公司供应商管理平台。

④划分物资设备采购权限，明确各级的采购范围。凡机械设备和构成工程主体结构、大型临时设施的主要材料、大型周转材料、高于一定数量或价值的小型机具一般都应纳入集团公司采购范围。

⑤组建集中采购平台，整合所属单位所需采购的物资设备，组织物资设备集中采购。

⑥制定、发布集团公司主要物资的采购、租赁指导价、限定价，监督、指导所属单位的采购价格管理工作。

⑦建立机械设备、周转材料管理平台，对所有机械设备、主要周转材料实行集中管理、统一调配。

⑧掌握行业规范、标准，组织编制材料物资、机械设备消耗定额。

⑨组织集团公司物资设备成本管控工作，监督、指导所属各单位建立、完善并有效实施物资设备成本管理制度。

⑩检查、指导、考核所属各单位的物资设备管理工作，规范物资设备管理活动，防范物资设备管理中质量、合同、审计、税务、廉政建设等各种风险的发生。

2. 工程公司设备物资部

①贯彻执行集团公司物资设备管理制度，制定、完善本公司物资设备管理细则、实施办法。

②监督、指导、考核所属单位的物资设备管理工作。

③根据集团公司授权，组织本级物资集中采购。

④编制、上报本公司物资设备需求计划和采购计划。

⑤制定公司物资采购、租赁指导价、限定价并监督实施。

⑥负责有业务往来的供应商管理的评审及日常管理工作。

⑦组织对所属项目部的物资设备成本核算、分析及管控工作。

⑧负责组织公司内部物资设备的调剂及废旧物资的处理工作。

⑨参与甲方组织的甲控物资设备招标，努力降低招标物资设备价格。

⑩做好所属各单位的物资设备管理风险防范工作。

3. 工程项目（指挥）部设备物资部或设备物资人员

①贯彻执行上级制定的物资设备管理制度，并根据项目（指挥）部的具体情况制定具体实施细则。

②编制并上报物资设备需求计划和采购计划。

③组织物资、设备市场调查，在上级授权范围内组织物资采购和机械设备租赁。

④组织对相关供应商的考察、评价和合格供应商的日常管理工作。

⑤做好物资设备的供应、验收、存放、领发、使用及日常管理等工作。

⑥组织物资设备供应成本、使用成本的管控、分析工作。

⑦做好物资设备供应中的风险防范工作。

集团公司、子（分）公司的设备物资部是公司的常设机构，其岗位、人员配置比较稳定。而项目部设备物资部门及其岗位、人员的设置，则因每个单位、每个工程项目的规模、管理模式等不同而不尽相同。集团公司、子（分）公司应根据不同类型的工程项目以及项目规模、项目所在区域等的不同，制订包括设备物资部门在内的项目部机构设置、人员配置的若干基本框架。在工程项目实际中标后，公司可根据工程规模、机械设备和物资供应量及其他业务工作量的具体情况，选择以相近情况的框架为基础，对各部门岗位设置、人员配备进行适当调整，最终形成项目部岗位、人员配置的执行方案。规模较大的项目部，可一岗多人；而规模较小的项目部则可对岗位进行适当合并，或不设部门，只设专职或兼职业务人员，实行一人多岗。但对不相容职务不得合并。

工程项目部物资设备管理的一般组织架构如图 3－2 所示。

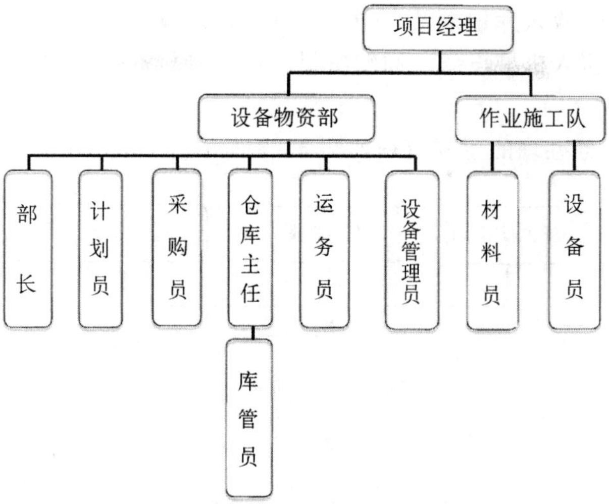

图 3－2　项目部物资设备管理组织架构图

二、物资设备采购（租赁）业务的主要管理内容及控制措施

（一）物资设备采购（租赁）业务的主要流程

建筑企业机械设备、物资采购（租赁）业务流程通常包括以下主要环节：

①项目部工程技术部门根据施工预算、施工方案、施工进度等，编制并向设备物资部提交分工号的主要物资、设备设计数量明细资料。

②项目部设备物资部门根据工程技术部门提交的分工号主要物资、设备设计数量明细资料、公司主要物资损耗系数等，计算编制《分工号主要物资（设备）需用限额数量明细表》，再汇总编制项目部《物资（设备）需求总量计划》，并上报公司设备物资部门，作为上级组织供应和监控项目采购供应数量的依据。

③公司设备物资部门根据管理权限，综合平衡材料物资、机械设备供应渠道，属于集中采购范围的应向集团公司报送物资设备需求计划；属于自购部分的，应另行编制材料物资、机械设备采购、租赁计划，作为物资设备采购、租赁的依据。

④各级设备物资部门对采购、租赁计划组织市场调查，评价、确定合格供应（经租）商，制定采购（租赁）指导价、限定价。

⑤各级采购单位、人员办理采购、租赁业务时，应根据计划提交采购或租赁申请，经批准后组织采购或租赁。

⑥购销、租赁双方办理购、租材料物资、机械设备验收交接。

⑦购入后需检测的材料物资、机械设备按合同约定交付检测试验。

⑧检测、试验合格的物资办理入库手续，机械设备办理交付使用手续。

⑨对检测不合格的材料物资、机械设备填制不合格记录，并根据购销合同降级使用或办理退货、索赔。

⑩财务部门根据验收入库记录及合同等办理采购结算。

⑪财务部门根据租入机械设备、周转材料和小型器材的使用情况，按约定日期、方式办理租赁结算。

采购（租赁）业务办理的主要流程如图 3－3 所示。

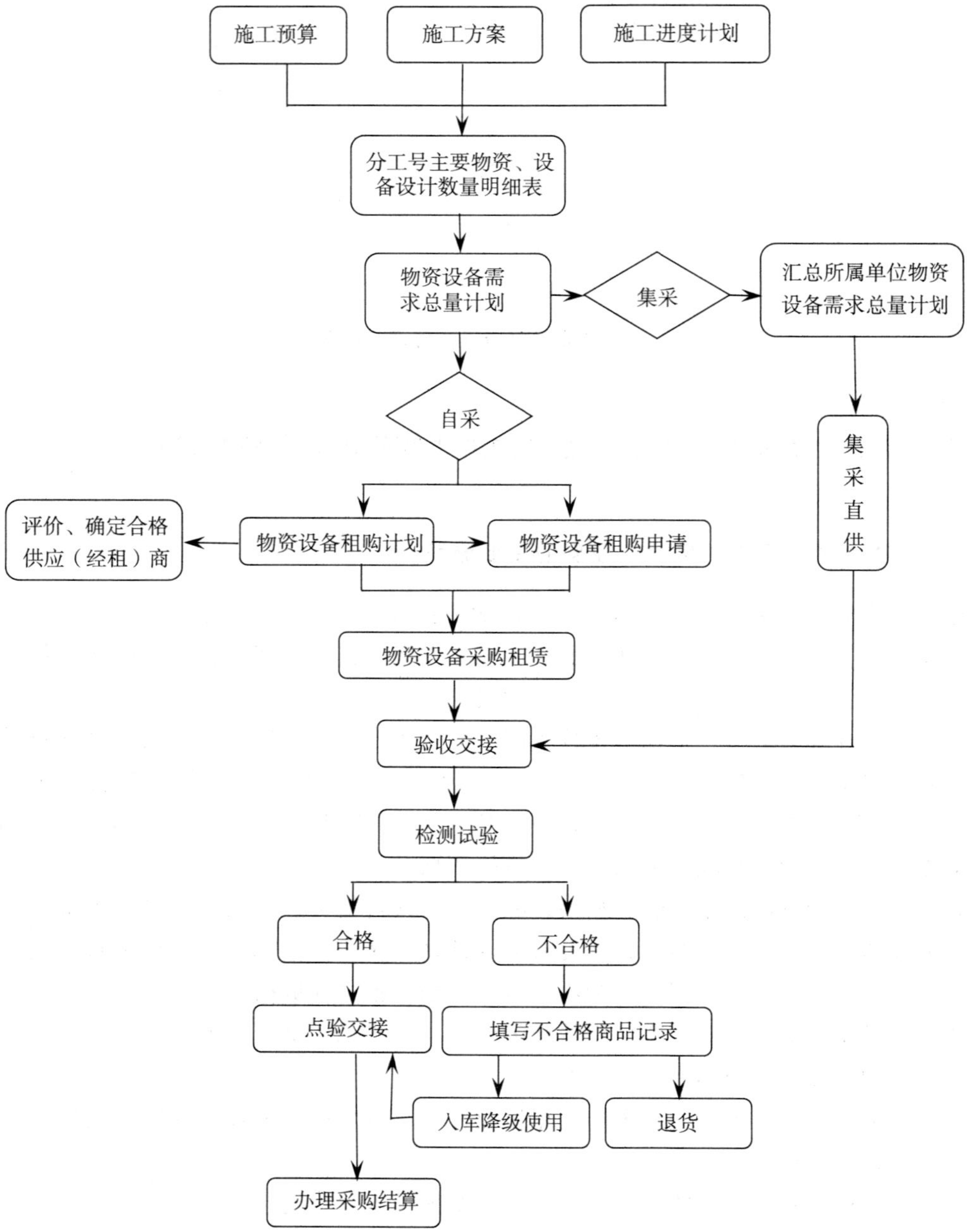

图 3－3 物资设备采购（租赁）流程

采购（租赁）业务中的不相容职务主要包括需求计划编制与审核、申购（租）与审批、询价与供应（经租）商确定、采购（租赁）合同订立与审核、采购（租赁）与验收及账簿记录、采购（租赁）款项支付与审批等方面。

在工程项目部设备物资部门，设备物资部长可兼任仓库主任；设备物资部长或仓库主任可兼任计划员；采购员可兼任运务员。除零星采购业务外，其他采购应由计划员或设备物资部领导审批后方可办理。设备物资部负责人与采购员、采购员与计划员、库管员与验收员等岗位为不相容职务，不可相互兼任。

采购业务中的不相容职务如图 3－4 所示。

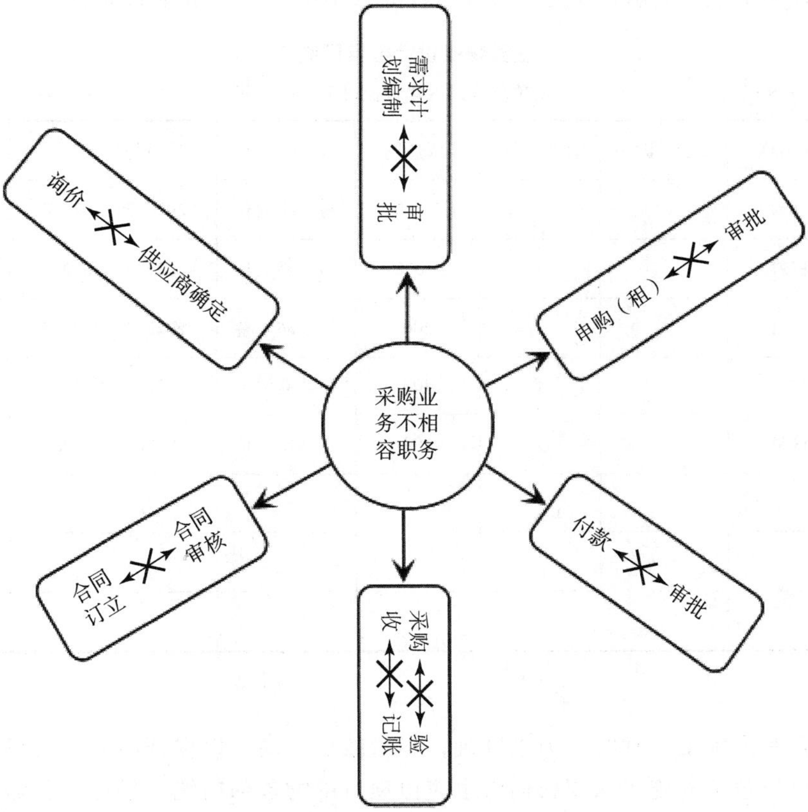

图 3－4 采购（租赁）业务不相容职务示意图

（二）采购（租赁）计划制定

1. 主要风险

①需求或采购（租赁）计划不合理，与企业施工生产计划不协调，造成供给不足而停工或资金占用过量。

②不按实际需求安排采购（租赁）或随意超计划采购（租赁），不仅造成供给不足或资金占用过量，并且可能滋生腐败行为。

2. 主要业务内容及控制

在采购（租赁）业务管控中，其业务及控制内容主要包括：

①在物资设备计划阶段，对于项目部施工生产需用材料物资、机械设备，应由工程技

术部门依据施工预算、施工方案和施工进度等向设备物资部门提交《分工号主要物资设计数量明细表》《分工号主要设备设计数量明细表》（无专门说明，在后文中合称《分工号主要物资设计数量明细表》），其内容包括物资、设备的名称、数量、规格、型号、技术标准、质量标准、分工号工程用量、使用时间等，必要时需注明生产厂家和特殊性能要求，对重要或特殊产品还应明确交货依据、验收条件等有关要求。《分工号主要物资设计数量明细表》等资料须经项目部总工程师签字后送交设备物资部门。

以工程用料为例，《分工号主要物资设计数量明细表》一般格式如表 3－1 所示。

表 3－1　　主要物资设计数量明细表

工程名称：××国道×标段　　编制单位：兴达建筑公司第三项目部　　编制时间：2022 年 1 月

序号	材料名称	规格型号	计量单位	计划用量	使用部位	计划使用期间	审核意见
1	A 材料		t	1 700	马家峪大桥	2022. 3～2022. 8	与设计相符
2	B 材料		t	5 000	马家峪大桥	2022. 3～2022. 8	图纸无报价
3	C 材料		t	200	马家峪大桥	2022. 3～2022. 7	与设计相符
4	D 材料		t	400	马家峪大桥	2022. 6～2022. 9	与设计相符
5	E 材料		m^3	100	马家峪大桥	2022. 3～2022. 7	与设计相符
	……						

制表：　　复核：　　审批：

项目部在制定施工计划时要力求准确，尽量减少变动，以保证材料、设备供应计划的稳定性。项目外包劳务施工队用料通常也应由项目部物资部门统一供应，其需求总量应由项目部根据分包的工程量核定，实行总量包干，节奖超罚。

非生产用料应由各单位、部门根据实际情况编制《非工程用料需求计划》，提出具体需要的材料品种、规格、型号、数量等指标及材料用途，经本单位、部门负责人审核签字后报设备物资部门。

提交工程用物资设备需求计划资料时，各单位不得指定或变相指定供应商；对独家代理、专有、专利等特殊产品，应提供相应资料，经相关技术部门研究后，报分管机构或领导审批。

②设备物资计划人员应以《分工号主要物资设计数量明细表》等资料为依据，经审核、归类、汇总，平衡现有库存材料物资、机械设备后编制《材料需求总量计划》《设备需求总量计划》（无专门说明，后文合称《物资需求总量计划》），其内容应包括所需物资、设备的具体规格、型号、需求总量、供应渠道及数量、资金需求量等。《物资需求总量计划》的一般格式如表 3－2 所示。

表 3-2　　××年（或季度、月）物资需求总量计划

编制单位：

序号	物资名称	规格型号	计量单位	需求总量	现有库存	集中采购			自行采购			甲供	委托加工	……	总计	
						数量	单价	合计	数量	单价	合计				数量	金额
												（略）	（略）	……		

物资主管：　　　　制表：　　　　编制时间：

《物资需求总量计划》编制后，设备物资部门再据以确定需要采购以及租赁的物资、设备数量，编制《物资采购计划》（一般格式如表 3-3 所示）、《物资租赁计划》《机械设备采购（租赁）计划》。物资采购数量应根据企业物资采购权限分为集中采购和自行采购两个部分，公司收到各项目部上报的《物资采购计划》后，应另行汇总编制本级的《物资采购计划》，在本级集中采购权限范围内的可自行组织采购，对超出本级采购权限的应提交上级机构集中采购。

表 3-3　　物资采购计划

编制单位：　　　　年　月　日

序号	物资名称	规格型号	计量单位	数量		自采计划单价	自采总价	拟定供应商	供货日期	交货地点	收货人	编制依据	备注
				集采	自采								

物资主管：　　　　审核：　　　　制表：

建筑企业的机械设备通常由集团公司集中管理、调配、购置，机械设备需求数量应由工程公司汇总后上报集团公司，由集团公司统一调配、购置。自有周转材料、小型机具可由工程公司集中管理、调配，确需租赁的一般由项目部自行办理，但应报公司设备物资部门备案。

《物资需求总量计划》编制前，各级计划编制单位均应组织相关部门对拟选材料物资、机械设备采购地的采购价格、租赁价格进行广泛的市场调查，编制《物资价格调查表》（基本格式如表 3-4 所示），初步拟定采购、租赁价格并报送上级设备物资部门。

表 3-4　　物资价格调查表

编制单位：　　　　　　年　月

序号	工程项目	所在地	钢材（元/t）			水泥（元/t）		粉煤灰（元/t）		……
			HPB235 φ10 盘条	HRB335 φ28 螺纹钢	……	P042.5 散装	P052.5 散装	一级	二级	

制表：　　　　复核：　　　　编制日期：

各级《物资需求总量计划》编制后都应由设备物资部门负责人审核签章后报股东大会或主管领导审批。批准后的《物资需求总量计划》《物资采购计划》《物资租赁计划》《机械设备采购（租赁）计划》等应报送财务部门一份，并向各申报单位批复其提交并经核准的各项计划。

③各级设备物资部门收到所属单位报送的《物资价格调查表》后，应按规定组织同级相关部门共同对设备、物资市场价格进行复查、审核，并制定物资、设备采购、租赁的指导价、限定价。所属各单位办理采购、租赁业务时，一般不得超过指导价、限定价。

④设备物资部门是企业材料物资、机械设备的采购、供应、管理、发放等业务的主管部门，但对于采购量较大的材料物资及机械设备集中采购业务，各级公司可另行成立物资公司专职办理。

⑤审批后的材料需求计划、采购（租赁）计划应刚性执行，如需变动应按原审批程序或经授权的人员审批后方可变更。

⑥设备物资部门应建立物资设备采购供应台账，及时记录物资设备采购计划的执行及完成情况，对物资设备采购供应进行动态管理。

（三）采购（租赁）申请

1. 主要风险

①无采购（租赁）（无特殊说明以下合称“采购”）申请制度；

②采购申请未经适当审批或越权审批。

无论何种风险，最终都可能导致物资、设备采购过量或发生短缺，造成资金过量占用或影响正常施工生产使用，甚至出现谋私舞弊现象。

2. 主要管理内容及措施

①建立采购申请制度，依据采购类型确定归口管理部门并授予请购权，明确相关部门或人员的职责、权限及相应的请购程序。除项目部个别材料的零星采购外，其他采购业务均须办理采购申请，经批准后方可组织采购。

除遵守本公司的相关规定外，项目部还应按业主提出的要求组织采购，比如对甲控物资的采购计划需报业主审批等。当业主要求参与某些物资的采购时，应邀请业主一同参与采购活动，必要时也可邀请设计单位参加。

②申购单位、人员应严格按照计划进度办理采购申请手续，但外部情况发生重大变化时，如工期变化、预计采购价格将发生重大变化或供应渠道因特殊原因将严重受阻等，申购人可酌情提出适应环境变化的合理采购建议或申请，审批部门或人员应及时分析论证、审查批复。既要防止盲目批复，也要防止教条执行计划，最终给企业造成损失。对超计划和计划外采购项目，应先履行计划调整程序，由具备相应审批权限的部门或人员审批后，再行办理申购手续。

各级请购单位、人员申请采购时，一般应填制《采购审批表》，经批准后方可进行采购。为简化手续，项目部个别零星用料可由采购人员在授权范围内自行采购而无须另行申请。

③审批部门或人员审批采购申请时，应重点关注采购内容是否准确、完整，是否符合生产经营需要，是否在采购计划范围内，采购实施方式、程序是否合规，采购价格是否与合同相符并符合企业的定价标准等。对不符合规定的采购申请，应要求申购部门予以纠正或拒绝批准。

《采购审批表》的一般格式如表 3－5 所示。

表 3－5　　××公司采购审批表

申购单位						
工程项目						
项目部名称						
物资名称	规格型号	单位	数量	集团指导价	公司限定价	拟定采购价

情况说明：

申购人（签章）

年　月　日

项目部设备物资部门意见：

（签章）

年　月　日

项目经理意见：

（签章）

年　月　日

公司设备物资部意见：

（签章）

年　月　日

公司主管领导意见：

（签章）

年　月　日

（四）供应商选择

1. 主要风险

供应商选择不当，导致采购材料物资、机械设备质次价高，甚至出现舞弊行为。

2. 主要管理内容及措施

①建立科学的供应商评估和准入制度。对于向企业申请加入供货服务的供应商，必须对其资质、产品质量、履约能力、信誉等情况的真实性和合法性进行审查。经企业审查合格的方可准许纳入企业合格供方目录，进入企业统一的供应商网络。

供应商的准入应通过《合格供方准入评审表》进行评审，通过评审的应纳入《合格供方名册》统一管理。《合格供方准入评审表》《合格供方名册》的基本格式如表 3－6、表 3－7 所示。

表 3－6　　××公司合格供方准入评审表

供应商名称			
公司性质		所属区域	
公司地址		联系人	
		联系方式	
注册资本		机构代码	
税务登记证号码		工商登记证号码	
公司商务类型	□制造　□代理　□经销　□服务		
公司经营范围			
拟供产品或服务			

评审内容：

1. 资质：□资质证书　□安全生产许可证　□生产许可证　□其他
2. 纳税人类型：□一般纳税人　□小规模纳税人　□其他
3. 产品及服务质量：□产品合格证　□样品检验合格　□名优产品　□其他
4. 生产或服务能力：
5. 履约能力：
6. 管理状况：
7. 信誉：□优秀　□良好　□一般　□差
8. 价格：
9. 其他：

评审结论：□通过　□不通过

评审人（签章）
年　月　日

公司审批意见：□同意　□不同意

审批人（签章）
年　月　日

表 3－7　××公司合格供方名册

年　月

编号	准入证号	企业名称	企业地址	企业性质	经营范围	所在省市（地区）	法人代表	联系人	联系电话	备注

②企业办理相关采购事项应依据“公平、公开、竞争”的原则择优确定供应商，并与其签订质量保证协议。

③建立供应商管理信息系统和对供应商的定期考核评价、淘汰制度。采购实施单位在办理相关采购业务时，应对供应商的履约情况及时作出记录，每年除定期对其商务信息的有效性进行复评外，还应填制《供方评价表》对其综合履约情况进行评价，根据其履约情况按优质供应商、合格供应商、限制交易供应商等分类管理，对评价不合格的供应商应予淘汰。《供方评价表》的基本格式如表 3－8 所示。

表 3－8　××公司供方评价表　编号：

<table>
<tr><td colspan="2">企业名称</td><td colspan="6"></td></tr>
<tr><td colspan="2">物资名称</td><td colspan="3"></td><td>规格型号</td><td colspan="2"></td></tr>
<tr><td colspan="2">评价时间</td><td></td><td>参评部门人员</td><td></td><td>评价组织人</td><td>评价记录人</td><td></td></tr>
<tr><td>序号</td><td>评价项目</td><td>评价内容</td><td>分值</td><td colspan="3">评分标准</td><td>得分</td></tr>
<tr><td rowspan="4">1</td><td rowspan="4">企业实力（×分）</td><td>供应保障能力</td><td></td><td colspan="3"></td><td></td></tr>
<tr><td>技术研发能力</td><td></td><td colspan="3"></td><td></td></tr>
<tr><td>财务状况</td><td></td><td colspan="3"></td><td></td></tr>
<tr><td>企业环境</td><td></td><td colspan="3"></td><td></td></tr>
<tr><td>2</td><td>供货业绩（×分）</td><td>交易量</td><td></td><td colspan="3"></td><td></td></tr>
<tr><td rowspan="2">3</td><td rowspan="2">价格水平（×分）</td><td>价格优势</td><td></td><td colspan="3"></td><td></td></tr>
<tr><td>抗风险能力</td><td></td><td colspan="3"></td><td></td></tr>
<tr><td>4</td><td>日常评价（×分）</td><td>平均得分</td><td></td><td colspan="3"></td><td></td></tr>
<tr><td colspan="2">评价结论</td><td colspan="6"></td></tr>
<tr><td colspan="2">处理意见</td><td colspan="6">审批人（签章）
年　月　日</td></tr>
</table>

④根据不同采购方式择优选择供应商。通常，大额采购均应采用招标方式实施；一般采购可选择询价采购或定向采购；零星采购则可采取直接询价、比价购买方式采购。进行招标采购的，其招投标必须按国家有关法规和上级相关规定进行，并与中标供应商签订采购合同。采用询价采购或定向采购，采购单位必须填制或取得询价单、供应商报价单、供应商历年销售价格表、比价汇总表等资料并妥善保管，同时应与供应商签订采购合同。对零星采购业务，一般不签订采购合同，但物资部门审批人员应熟悉当地的市场价格，严把价格关。

（五）采购实施

1. 主要风险

①采购权限划分不当；

②采购越权，不按规定权限或程序组织采购；

③采购组织不当，导致采购混乱；

④定价机制不科学，定价方式选择不当；

⑤缺乏对采购物资、服务价格的跟踪监控。

以上风险可能导致采购管理失控或出现营私舞弊现象，损害企业利益，甚至影响工程施工正常进行。

2. 采购方式选择及价格管理

企业物资采购方式可分为战略采购、框架协议采购、招标采购、动态竞价采购、竞争性谈判采购、询价采购、单一来源采购和零星比价采购等。

①战略采购。战略采购是采购方建立的以降低物资、服务总供给成本和承担最小供应链风险为目的的采购方式。战略采购不是一个孤立的单项采购过程，而是围绕其目的实施的一系列采购决策和操作的总过程。战略采购适用于对企业生产经营有重大影响的大宗、通用、重要或市场稀缺的少数产品及服务的持续采购，它通常适合于战略发展方向明确、市场发展稳定的大中型企业采用。

在战略采购中，购销双方企业可以基于战略发展目标的统一，实现利益的平衡。因此，通过实施战略采购，企业不仅可以从总体上降低采购成本，而且可以使企业以更高的效率和最小的供应链风险获得更好的采购服务。

就建筑企业而言，对于预计能够在较长时期内持续获得的同类工程施工项目，其所需的钢材、水泥等大宗建材，在平衡、对比采购价格、运输费用等综合成本的基础上，可酌情选用战略采购方式。

战略采购价格的确定，关键在于采购方要充分了解国内、国际市场的供需行情，预判未来发展趋势，并分析拟选供应商的经营发展趋势及成本状况等，组织精干的专家组进行严谨的分析、论证，以最大限度降低采购成本，获取企业更大的生产经营效益。

②框架协议采购。框架协议采购是指采购方通过特定协议规范一定时期内若干单笔同类交易的采购形式。

框架协议采购不适用于单一项目的采购，只适用于技术和服务标准明确、供求市场稳定、能形成一定采购批量的多频次、小额度货物或服务采购。凡符合后者条件的业务，采购方均可采用框架协议采购。框架协议采购应遵循“竞争择优、讲求效益”的原则，应当有明确的采购标的和定价基准。

框架协议采购分为封闭式框架协议采购和开放式框架协议采购。

封闭式框架协议采购是指通过公开竞争订立框架协议后，除经过框架协议约定的补充征集程序外，不得增加协议供应商的框架协议采购。

开放式框架协议采购是指明确采购需求和付费标准等框架协议条件后，愿意接受协议条件的供应商可以随时申请加入的框架协议采购。

建筑企业一般采用封闭式框架协议采购。

框架协议采购的实施可分为两个阶段。

第一阶段是通过发布信息公开征集供应商，通过审核、评价择优确定入围供应商，并签订框架协议。

入围供应商的确定方法有价格优先法和质量优先法两种，企业一般以价格优先法为主。但采用质量优先法时，应分析高于市场一般水平的质量所能带来的预期经济效益，并且其经济效益通常应大于或等于价格优先法所能带来的效益。

第二阶段是按协议所约定的规则，在入围供应商范围内确定成交供应商并签订采购实施合同。

成交供应商的确定有直接选定、二次竞价选定和顺序轮候三种方式。采用何种方式选定，应在公开征集的信息中发布。

③招标采购。招标采购是指由采购方作为招标方，事先提出采购条件、要求，并邀请众多企业参加投标，然后由采购方按照规定程序和标准一次性从投标企业中择优选择交易对象，并与其签订采购合同的采购方式。

招标采购按招标方式不同，可分为公开招标和邀请招标。

公开招标是通过法定媒体发布招标公告的方式，邀请潜在的非特定投标人参加投标，并按法定程序和招标文件规定的评标标准、方法确定中标人的采购方式。

邀请招标是招标人以邀请书的方式邀请特定的潜在投标人参加投标，并按法定程序和招标文件规定的评标标准、方法确定中标人的采购方式。

一个完整的招标采购过程由供应商调查和选择、招标、投标、开标、评标、决标、合同授予等多个阶段组成。整个招标过程要求坚持“公开、公正、择优”的原则，通常在同等条件下，应以最低报价确定中标人。

④动态竞价采购。动态竞价采购是指采购方在规定的采购平台上发布采购需求，并组织资格预审合格的供应商在规定时间内，通过平台多轮次报价、竞价，最终按照满足采购需求、产品质量、服务承诺等条件相等时的最低报价确定成交供应商的采购方式。

动态竞价采购通常采用匿名方式报价。

⑤竞争性谈判采购。竞争性谈判采购是指采购方向潜在供应商发出竞争性谈判文件，邀请三家以上供应商进行谈判，并由供应商在规定时间内进行最后报价，最终按谈判文件规定方法确定成交供应商的采购方式。当满足采购需求、产品质量、服务承诺等条件相等时，应以最低报价确定成交供应商。

⑥询价采购。询价采购是指采购方将需求物资或服务的名称、规格型号、质量标准、

技术要求、交货日期及地点、报价截止日期等，通过询价书向三家以上供应商询价，最终按照满足采购需求、产品质量、服务承诺条件等相等时的最低报价确定成交供应商的采购方式。

⑦单一来源采购。单一来源采购亦称直接采购，是指采购人向唯一供应商进行采购的方式。它适用于渠道唯一或属于专利、秘密咨询或因发生紧急情况等不能从其他供应商采购的情况。

在单一来源采购中，因供应商缺乏竞争，采购方明显处于不利位置。为了保证采购的顺利完成，并避免采购过程中发生索贿、受贿等问题，采购方应组织多部门相关人员组成的谈判小组进行采购谈判。采购谈判的目标是获得所购物资或服务“达标的质量、合理的价格、可靠的售后”。采购物资或服务的质量、售后服务标准等国家通常都有相关的规定，因此谈判的焦点往往是价格的确定问题。

为了取得合理的价格，采购方应充分了解所购产品的性能、服务的方式等，分析其合理的成本构成，分析基于互惠互利原则的合作能给予对方的回报等，全方位开展工作，取得供货商的理解和支持，以最大限度降低采购成本。谈判完成后，双方应签订采购合同或协议。

⑧零星比价采购。除上述采购外，工程项目部通常还会发生一些零星采购。零星采购通常由项目部物资人员通过比价方式就地或网上选择销售商进行直接采购。零星采购应有专人对其采购业务的真实性、采购价格的合理性进行审核，严把采购标的的价格关、质量关。

对于实行多层级物资管理的大中型企业，公司应建立价格信息平台，由专人定期发布相关地区的物资采购价格信息、企业内部采购指导价和限购价等。

（六）框架协议或合同管理

1. 主要风险

①未经授权对外订立采购合同；

②缺乏严格的合同订立程序或未按规定程序办理合同订立业务；

③合同对方主体资格、履约能力不达标，可能导致合同无法履约；

④合同内容存在重大疏漏或欺诈；

⑤框架协议签订不当，存在采购隐患。

以上风险均可能导致企业经济利益或社会信誉严重受损。

2. 主要管理内容及措施

①建立、健全并严格执行有关合同、协议签订的相关规章制度；

②调查、评估拟签订合同或协议的供应商的信用状况、履约能力等风险；

③根据采购的不同情况准确拟定合同条款，明确双方权利、义务和违约责任，并按照规定权限审核、签署采购合同，严格实行职务分离控制。大中型企业可通过《物资采购（租赁）合同评审会签表》（其基本格式如表 3 – 9 所示）实行合同会签制度；

④准确采用国家规定的计量标准、结算方式、结算币种等，对货币金额或其他重要数字必须采用大写数字书写；

表 3－9　　物资采购（租赁）合同评审会签表

合同名称：________

合同甲方：________

合同乙方：________

合同编号：________

合同金额（大写）：________

会签部门		会签意见	签字	日期
项目部会签	工程技术部门（总工程师）			
	计划部门（总经济师）			
	财务部门（总会计师）			
	项目经理			
公司评审	物资管理部门			
	法律顾问			
	分管领导			
	主管领导			

主办部门：　　主办负责人：　　经办人：

⑤涉及采用中外不同文字版本的合同，必须严格把控译文的准确性，保证不同版本条款的一致性；

⑥对有重大影响或涉及复杂专业技术、法律关系的合同，应组织法律、技术、财务等专业人员参与谈判，必要时应聘请外部专家参与相关工作；

⑦合同签署前应经法律顾问审核。

除上述内容外，物资采购管理还包括采购验收、采购结算等内容，但因建筑企业所采购的物资往往都是直接发往工程项目部，验收业务主要发生在项目部，而采购结算又与项目部的采购验收直接相关，因此上述内容一并纳入本章第三节“现场物资管理与控制”中予以介绍。

第三节　现场物资管理与控制

一、材料物资现场管理业务内容及流程

建筑企业现场材料物资管理业务处理流程一般包括以下内容：

①验收直购或上级集采、内部调拨周转材料等物资；

②接收租赁材料物资；

③处理验收异常的材料物资；

④办理直购材料结算或通知集采材料物资付款；

⑤支付租赁材料物资租金；
⑥材料物资发放及处置；
⑦材料物资清查盘点；
⑧配合有关部门、单位进行材料物资使用成本核算及日常核算工作；
⑨协同有关部门、单位进行材料物资使用成本控制和成本分析工作。
现场材料物资管理业务的一般流程如图 3－5 所示。

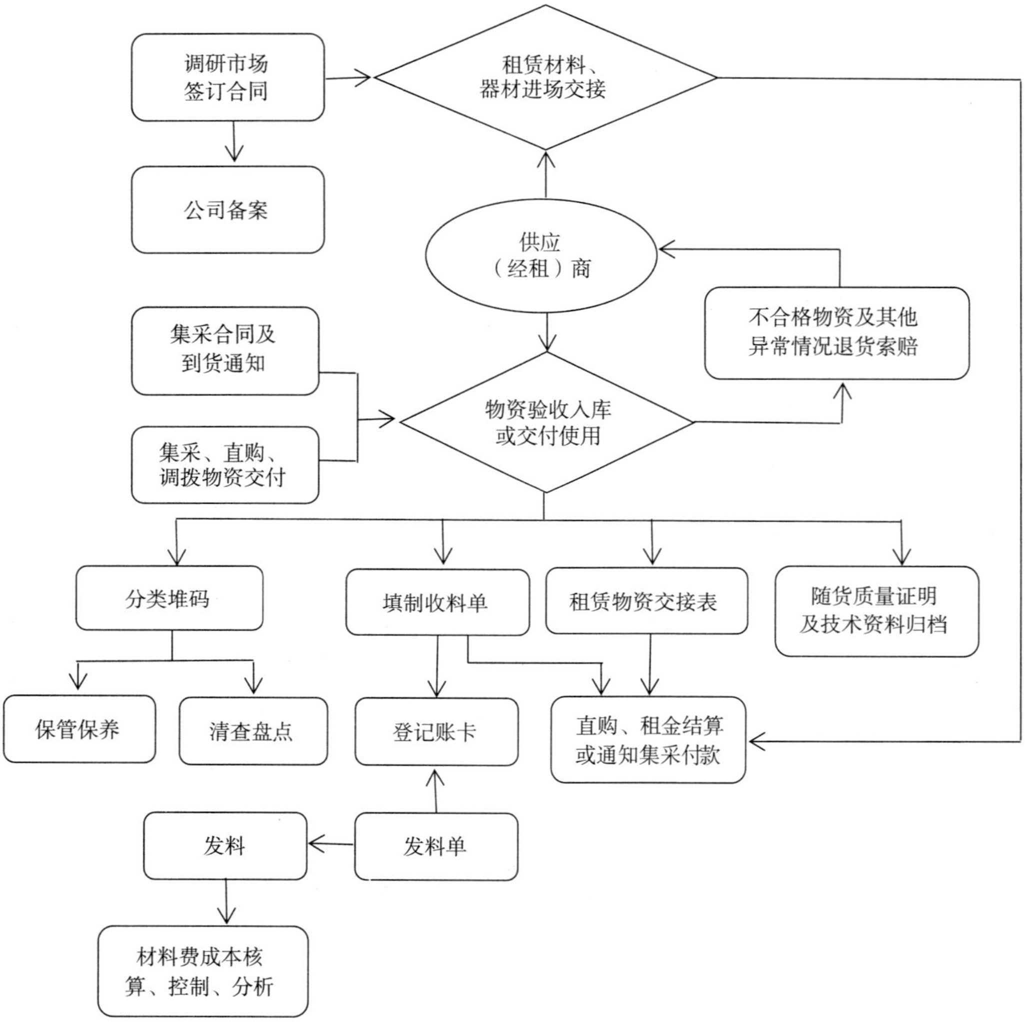

图 3－5　现场材料物资管理业务流程

二、材料物资现场管理中的不相容职务

①材料物资采购与审批；
②材料物资交货与验收；
③材料物资保管与业务记账；

④材料物资保管与收发料单签发；
⑤材料物资保管与清查盘点；
⑥材料物资清查结果认定与处理审批；
⑦周转材料及小型器材租赁市场价格调查与租赁经办；
⑧租赁业务办理与审批；
⑨材料物资业务记录与会计记录。

三、材料物资验收与退货的管理和控制

（一）主要风险

①验收标准不明确；
②验收程序不规范；
③对验收中存在的异常情况不作处理或处理不及时；
④验收异常情况处理程序不规范。
上述风险可能造成账实不符、物资损失或企业其他经济利益受损以及滋生舞弊行为。

（二）主要管理内容及措施

1. 验收组织原则

物资验收制度的制订及验收实施应遵循以下原则：

①准确性。包括计量准确和填写数据准确两方面的内容，要求必须真实、客观反映购（租）入物资的相关情况；

②及时性。要求必须在规定的时间内完成物资验收工作，并及时传递相关资料，避免延误异常情况的处理时机；

③经济性。整个验收业务办理应以满足管理需要为目的，不搞多余的层层控制，不搞兴师动众、华而不实的无效作业。验收、储存管理等业务应力求有序衔接，减少重复点数、搬运等工作，以降低业务处理成本。如物资堆码、苫垫等工作应与验收结合完成。

2. 主要验收措施

①建立完善的验收制度，验收工作力求科学、合理、规范、可行；

②设立明确的验收标准，要求指标具体并便于操作；

③严格依据采购合同、质量检验证明、发票等规定资料办理验收业务；

④验收内容必须完整、规范，通常应包括物资数量、质量、规格型号、交货时间及地点等；

⑤明确规定不同物资的验收人及验收程序。一般物资由内部指定人员或机构验收，验收人应不少于 2 人。技术、性能复杂或国家有特殊管理要求的物资应委托外部专家组织验收。委外验收的物资应列出明确、具体的品种目录范围；

⑥合理设置验收凭证及其所含项目。企业通常设置“收料单”作为验收合格材料的入库凭证。“收料单”应根据管理的实际需要设置栏目和联次，填制后应限时传递并登记入

账。租赁的材料、器材交接，通常应由出租方提供验收交接表。除对实物进行认真、仔细验收外，对交接表项目也应进行认真审核，防止漏项或出现存在歧义的项目，避免日后发生经济纠纷；

⑦对验收中发现的数量短缺、质量不合格、交货时间或交货地点不符等异常情况，应及时查明原因，超越验收人处理能力或处理权限的应及时报告并按规定权限和程序限时处理；

⑧采购、租赁合同中应明确规定不同异常情况的处理方式，需要退货或索赔的，应限时按规定方式、程序办理。

3. 验收准备

①事先将进料通知、采购合同等资料进行相互核对、验证，发现问题应及时沟通、协调；

②提前准备验收器具、搬运设备、工具、人员等；

③提前确定进货存放（使用）地点及垛型，并预备苫垫等所需物料；

④查验质量证明、装箱单、发货明细表、发票等资料；

⑤必要时，应提前预约有关部门、人员参与会检。

4. 验收顺序

（1）核对凭证。集采物资重点应核查供货单位或承运单位等提供的货物清单数量、交货时间、交货地点等凭证，核查无误后再与本单位持有的合同或到货通知核对相符；自购料应核查购货发票与物资部门签发的入库通知是否一致；租入周转材料、小型器材应核查租赁合同与出租方移交材料、器材的清单是否相符。

（2）数量检验：

①计件验收。原则上应逐一清点全部数量，但对包装一致的小件物资，若包装完整，可按企业规定的比例抽检，若有差异，则应扩大抽检比例；

②计重验收。应一律按净重计算，但带包装的计重物资，属于定量包装的可按本企业规定的比例抽检，若有差异，则应扩大抽检比例；

③按理论换算数据验收。行业规定或合同规定按理论换算计重交货的物资，应按计重验收，并应记录换算依据、实际尺寸和件数。

④用求积或其他方法验收的物资，应按国家规定并可行的方法验收，如建筑企业购入木材可采用型检法、重检法等确定木材体积，而浮检法虽然换算计量准确，但对于建筑企业而言一般很难操作，故一般不予采用。

⑤成套交货的物资，应详细查清主件、部件、零配件、配套工具和图纸等是否齐全。

（3）质量检验：

①检验物资外观的产品标牌、品名、规格、型号、材质、等级等是否符合产品标识要求；

②检验物资的外观质量状况，包括包装的完整性，物资本身是否有损伤、变形、破碎及其损坏程度；

③检验物资有无被液体（雨、油等）浇灌、污染，有无潮湿霉腐、生虫等情况；

④通知试验部门进行质量检验，并清点产品合格证和随货的质量证明材料等是否齐

全。必要时应委托外部专门机构进行检验；

⑤租入周转材料、小型器材应由使用单位确认其外观成色与租赁合同是否一致，需要启动运转使用的器材应启动后进行空运转和负荷运转检验。

（4）填制收料单及物资验收记录。一般材料物资检验应在 1～3 天内完成，批量较大或检验要求复杂的可适当延长。除企业内部要求外，材料物资检验时间及检验方法应在合同中明确约定。检验合格后应随即填制收料和物资验收记录（一般格式如表 3－10 所示）。大中型企业的收料单一般应设置一式五份，移交人、验收人、库管员（或使用单位材料员）、物资业务负责人、财务部门各执一份。对于验收中发现的问题，由验收人填制《不合格物资记录》（一般格式如表 3－11 所示）和《不合格物资处理记录》（一般格式如表 3－12 所示），并按规定程序报送有关部门和人员处理。

验收结束后，物资部门除根据“收料单”登记业务台账外，还应据以登记到料明细账，以完整反映材料到达和付款结算情况。

表 3－10　　物资验收记录

单位：　　　　年　月　日

序号	进货时间	产品名称	规格型号	单位	供货数量	实收数量	生产厂家	供货质量状况	技术证书及编号	备注

物资主管：　　　　复核：　　　　制表：

5. 发现问题的处理

①验收数量不符，在合同约定误差范围内的，应据实填制“收料单”和“物资验收记录”，误差原因在“收料单”和“物资验收记录”中分别注明，短少部分最终由财务部门计入材料采购成本；数量超出合同约定误差范围的，应据实填制“物资验收记录”，报经分管领导同意并与供应商沟通后，确定入库的再据实填制或待供应商补发货物到货后一并填制“收料单”。暂不点收的材料物资应单独存放，妥善保管，经与供应商协商后按双方商定的意见另行处理。

“物资验收记录”填制至少一式四联，库管员、供货单位、物资部门、财务部门各持一联。

②验收质量不合格的，暂不作入库处理，只填《不合格物资记录》。《不合格物资记录》的参考格式如表 3－11 所示。《不合格物资记录》至少应一式四联，库管员、供货单位、物资部门、财务部门各持一联。暂不点收的材料应单独存放并妥善保管，经与供应商协商后按双方商定的意见另行处理；

表 3－11　　不合格物资记录

单位：

年		供货单位	进货人	进货数量	不合格数	不合格品存放地点	检验日期	检验结果	记录人	处理意见	备注
月	日										

物资主管：　　　　复核：　　　　制表：

表 3－12　　不合格物资处理记录

工程名称：

物资名称						
规格型号						
数　　量						
供货单位						

不合格原因：

处理意见	项目部材料员（签章） 年　月　日
	项目部物资负责人（签章） 年　月　日
	项目部经理（签章） 年　月　日
	供货方（签章） 年　月　日

处理结果：

经办人（签章）

年　月　日

③应附资料不全和质量证明文件、技术标准等与合同不符而不能验收的物资，作为待验收物资处理，视同库存物资保管，但应单独堆放；

④验收质量不合格按处理意见需降低等级使用的，应按降低后的等级验收入库，并在“收料单”后附不合格物资处理记录做附件；需做退货处理的，指定经办人及时办理退货手续。

所有验收不符而未做入库处理、单独存放的材料，购销双方未达成一致处理意见之前，均不得动用。

四、购、租结算

（一）主要风险

结算审核及付款金额控制不严、结算方式不当，导致企业资金或信用受损。

（二）主要管理措施

①实行分级、分权控制，明确付款人、审核人的责任和权力；

②严格审查采购、租赁发票等凭证的真实性、合法性和有效性，发现异常情况应拒绝付款；

③根据国家规定、合同约定和企业实际情况，合理选择付款方式，预防结算风险，保证资金安全；

④加强预付购料款和定金、押金管理。对大额或长期预付款项应定期追踪核查，并综合分析预付款项的期限、占用款项的合理性、不可收回的风险等，发现疑点应及时采取措施，尽快收回款项；

⑤集采物资必须严格凭工程项目部反馈的收料信息办理结算；

⑥自购物资必须凭采购发票和“收料单”办理结算手续；

⑦租赁物资必须凭经物资部门审核的租赁发票、使用情况汇总表等按合同规定的付款期限、金额办理结算。负责审核的物资部门经办人必须确保掌握租赁材料的使用情况。

五、会计控制

（一）主要风险

①缺乏有效会计系统控制，不能全面、真实记录和反映物资采购、租赁各环节的资金流和实物流情况；

②会计记录与采购记录、仓储记录、租赁记录不一致，导致企业采购、实存、租赁业务不能如实反映相关情况，并导致采购、租赁物资和资金受损。

（二）主要管理内容及措施

①加强对采购、租赁、验收、付款业务的会计系统控制，详细记录供应商、经租

商的相关情况和采购申请、采购合同、采购通知、验收证明、入库凭证、退货情况、商业票据、款项支付等情况，确保会计记录与采购记录、仓储记录、使用记录核对一致。

②指定专人通过函证等方式定期与供应商、经租商核对应付账款、应付票据、预付账款等往来款项，对供应商、经租商提出的异议应及时查明原因，报分管领导批准后做出相应处理。

六、材料物资发放及处置的管理与控制

（一）主要风险

①材料物资发出手续不完备、审核不严格、计量不准确，导致材料物资流失；

②材料物资报废未按规定程序鉴定，处置责任不明确、审批不到位，导致单位利益受损；

③已领未用材料、在用周转材料、在用小型机具日常管理不到位，导致材料物资损坏、丢失。

（二）主要管理内容及措施

①明确物资领、发管理权限，大批物资、贵重商品或危险品的发放应实行特别授权。库管员应严格审核出库或发料通知单并据以发料；

②材料物资领用、租赁必须实行计划管理、限额控制；

③明确规定发料的计量方式，定期或不定期检验、调试度量衡具，保证其合理的计量精度；

④落实已领未用材料、在用周转材料、在用小型机具的管理责任制度，防止出现管理空档；

⑤加强边角余料的管理，建立相应的回收制度，严禁对边角余料私自回收和处理；

⑥对报废或因其他原因需要进行处理的物资，应由使用单位管理人员或库管人员提出处置申请，并组织相关人员进行严格论证，再按分级分权原则确定的审批权限，由物资所在单位负责人、设备物资部、项目部负责人或公司领导批准处理。

废旧物资处置应采取逆向招标或逆向竞价谈判方式作价出售，并公示处置结果，保证程序规范、结果透明。

七、材料物资清查盘点

（一）主要风险

①清查盘点制度不完善，清查不按时或不进行清查，对物资实物监管不到位，导致隐患存在，给企业带来损失；

②清查组织程序、清查内容有缺陷，导致清查结果不准确；

③清查问题处理程序不完善，权责划分不科学，导致重大错弊发生。

（二）主要管理内容及措施

①建立物资清查制度，完善清查措施。通过制度明确要求库管员、仓库主任或设备物资部定期或不定期进行清查盘点，以及时发现物资管理中的问题和漏洞。同时，要明确规定不同清查盘点的组织形式、清查程序，按照内部控制制度的要求，保证清查科学、规范进行；

②明确清查内容。通常应进行“8 查”，即从数量、质量、记录、保管方法、计量器具、保管条件、呆滞积压、储存及使用安全八个方面进行清查；

③规范清查结果的处理程序。一是对清查过程、清查结果要有完整的记录；二是对库管员、清查人、结果鉴定人、处置审批人、处置执行人等不相容职务必须分离，并且各守其责。对清查过程、清查结果应及时、认真填制规定的清查记录，发现问题必须查明原因并提出整改措施。物资清查盘点资料应完整记录清查过程、清查结果、问题的原因、提出的处理意见、整改措施、批复意见等，使之形成完整反映业务处理的资料链。

涉及盘盈、盘亏处理的业务，经审查核实并经批准处理的，其清查资料必须报送财务部门一份。

第四节　现场机械设备管理与控制

一、现场机械设备管理作业内容及流程

作为建筑企业固定资产最重要组成部分的机械设备，大型、特大型建筑企业对其一般实行集团公司、子（分）公司两级管理，或实行股份公司、集团公司、子（分）公司三级管理。中小型建筑企业则通常实行公司一级管理。对机械设备实行多级管理的大型、特大型建筑企业，应根据分级、分权控制原则，按机械设备单台价值大小和在施工生产中的重要性、单批购置同类机械设备总量、总额大小等进行分级管理。对价值低廉的机械设备，也可授权工程项目部管理。

在具体分工上，各级公司相关职能部门负责机械设备投资论证、组资、集中采购、建账、核算、处置等，履行管理职能。

工程项目（指挥）部履行使用单位职能，按规定承担机械设备使用期间的折旧、维护和调拨等相关费用。项目部机械设备管理必须责任到人，做到“谁使用、谁保管、谁维护”。工程项目（指挥）部机械设备管理具体业务主要包括：

①编制机械设备使用计划和机械设备配置网络计划；

②验收集团公司及公司购置、内部调剂交付的机械设备；

③验收公司授权购置的机械设备；

④办理机械设备租赁；

⑤组织机械设备进出场安装、调试、拆卸工作；

⑥对验收异常的机械设备办理退货、换货或返修处理；

⑦组织机械设备的日常使用、保管、养护、维修等工作；

⑧配合财务部门做好机械设备折旧、固定资产减值准备计提和机械使用费分配等工作；

⑨配合有关部门、单位做好机械设备使用成本核算、资产清查和日常核算工作；

⑩协同有关部门、单位进行机械设备使用成本控制、分析工作；

⑪定期清点本单位机械设备，使之与固定资产核算账卡核对相符；

⑫根据实际使用情况，对机械设备出售、调拨、报废等提出建议；

⑬及时做好机械设备出险通知、证据收集、现场保护等工作，配合有关部门办理保险理赔事宜。

机械设备现场管理业务的一般流程如图 3－6 所示。

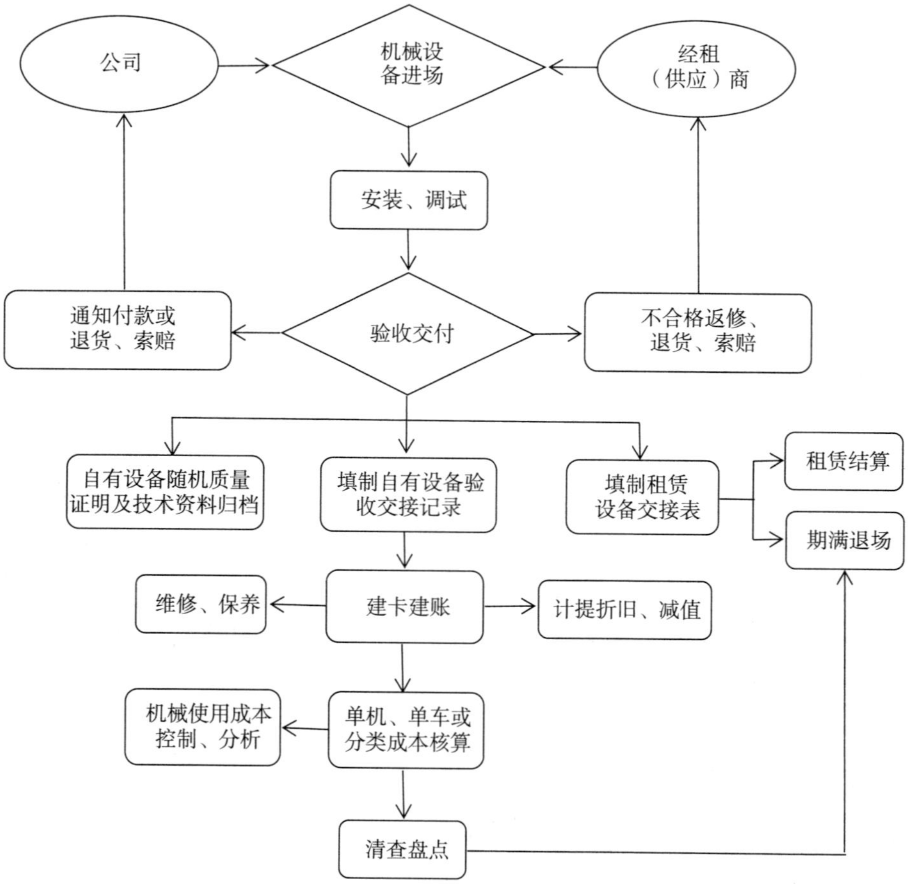

图 3－6 机械设备现场管理业务流程图

二、机械设备管理中的不相容职务

①购置计划编制与审批；
②购置计划审批与执行；
③购置、租赁、修理询价与实施；
④供应商、经租商选择与审批；
⑤购置、租赁与验收；
⑥使用、业务管理、账簿登记；
⑦投保申请与审批；
⑧投保审批与执行；
⑨业务管理、使用与清查盘点；
⑩清查结果认定与审批；
⑪清查结果审批与处置；
⑫报废确认与审批；
⑬报废审批与执行；
⑭业务记录与会计记录。

三、机械设备验收管理和控制

（一）主要风险

①验收标准不明确；
②验收程序不规范；
③对验收中存在的异常情况不作处理或处理不及时、不恰当。

上述风险可能造成机械设备不能正常运行、零部件缺失或企业其他经济利益、社会声誉受损。

（二）机械设备验收主要管理内容及措施

主要验收措施如下：

①建立完善的验收制度，力求科学、合理、可行；

②根据设备不同类型明确规定验收单位、验收人；

③严格检查机械设备数量、质量、规格型号、成色、零部件及附件、随机技术文件、交货时间及地点等与合同、发票是否一致；

④对租入、大修返还的机械设备必须确认其外观状况；

⑤严格按照合同约定或企业制度规定进行设备安装、调试；

⑥对验收中发现的质量不合格、交货时间或地点与合同不符等异常情况，应及时查明原因，超越验收人处理能力或处理权限的应及时报告并按规定权限和程序限时处理；

⑦及时办理机械设备验收、交接记录，购入、调入的设备应及时建立固定资产卡片和相关账簿记录；

⑧发现机械设备验收异常，购入或调入的应按管理权限或上级批复意见，及时办理退货、换货、返修、索赔等手续；属于租入的，应要求经租方及时更换或修复设备。

四、机械设备日常管理和控制

（一）主要风险

①日常管理不到位，导致机械设备损坏甚至丢失；

②缺乏严格的维修、保养制度，导致设备不能正常运转或损坏；

③大修安排失当，致使设备过度磨损或出现借助频繁大修谋取私利的现象；

④设备使用情况统计不清，导致折旧计提、成本核算失真，引发税务、审计风险；

⑤设备操作人员资质不符合要求，导致操作失误或被政府管理部门处罚；

⑥机械设备内部移交手续不严、缺乏清查盘点机制，导致机械设备核算混乱、账实不符。

（二）机械设备日常管理主要内容及措施

①坚持“定人定机”制度。除固定操作人员外，其他人员未经允许不得操作机械设备；

②坚持“谁使用，谁管理”原则。除操作机械设备外，操作人员在工作时间还应负责机械设备的日常管理，但非工作时间则应由工地值班人员承担机械设备的防火、防盗、防灾等责任；

③机械设备使用部门、人员发生变动时，应及时办理设备移交手续，无移交手续不得移交设备；

④按规定对机械设备进行投保，发生险情，应及时做好理赔工作；

⑤机械设备操作人员必须按政府规定取得相应资质并定期参加培训，无资质人员严禁操作相关设备；

⑥做好机械设备运转记录，为成本核算、设备维修、设备保养提供原始资料；

⑦建立机械设备大修论证、审核、审批制度；

⑧严格执行机械设备的维修、保养制度；

⑨严格执行清查、盘点制度，对机械设备进行定期或不定期清查，定期清查每年至少进行一次。

五、机械设备处置、报废管理和控制

（一）主要风险

①报废、处置制度、程序不规范、不明确；

②处置、报废论证不规范、不严格；

③处置方式不当。

上述风险可能给企业经济利益带来损失，甚至出现重大营私舞弊现象。

（二）机械设备处置、报废主要管理内容及措施

1. 明确制定处置、报废标准

一般来说，符合以下条件的机械设备可以申请报废：

①达到使用年限无继续使用或修复价值的；

②磨损严重，基本部件损坏，经过大修已不能满足施工生产要求和安全生产要求的；

③技术性能落后，能耗高，效率低，无改进价值的；

④修理费用偏高，使用不经济的；

⑤因改建、扩建工程需要必须拆除且无利用价值的；

⑦国家规定淘汰的。

2. 建立处置、报废报批制度

机械设备报废无论是否正常，都应根据分级、分权控制原则，按不同层级管理、审批。需作报废处理的机械设备，由使用单位向设备物资部门提出报废申请，报废申请内容应包括报废理由、原值、预计清理费用、可回收残值、预计出售价值等。

不需用、未使用或其他原因需要转让的机械设备，由管理部门提出处置申请，标明该机械设备的原值、已提折旧、预计使用年限、已使用年限、预计转让价格等，经评估鉴定、报经批准后办理转让。

机械设备的报废、处置应提交《固定资产报废、处置鉴定表》。鉴定表应按规定程序由使用单位相关部门组成鉴定小组出具鉴定意见，经使用单位负责人签署意见后按管理权限呈报上级审批。《固定资产报废、处置鉴定表》的参考格式如表 3 - 13 所示。

3. 建立机械设备处置、报废论证制度

凡拟转让或报废的机械设备，除由内部相关部门进行鉴定外，必要时可聘请专业机构就报废条件、转让原因、处置最低限价等进行论证。

4. 建立非正常报废追责制度

凡使用期未满、非正常报废的机械设备，应由管理部门查明原因和责任，属于管理性原因造成报废的，应经纪监部门出具追责意见后再办理报废手续。

5. 明确规定报废机械设备处置方式

报废机械设备应依据相关部门论证、鉴定最低限价金额大小，明确规定不同的处置方式。通常可以采用逆向招标、逆向动态竞价、逆向竞争性谈判等方式进行拍卖。在处置中必须坚持公开、透明的原则，处置价格较高的设备，应有纪监部门参与处置，防止徇私情况发生。

表 3－13 **固定资产报废、处置鉴定表**

单位名称： 年 月 日 编号：

<table>
<tr><td>资产名称</td><td colspan="3"></td><td>型号规格</td><td></td></tr>
<tr><td>编　　号</td><td></td><td>卡 片 号</td><td></td><td>交付使用日期</td><td></td></tr>
<tr><td>计量单位</td><td></td><td>数　　量</td><td></td><td>预计清理、转让收入</td><td></td></tr>
<tr><td>原　　值</td><td></td><td>累计折旧</td><td></td><td>净　　值</td><td></td></tr>
<tr><td>预计使用年限</td><td></td><td>实际使用年限</td><td></td><td>清理所在地</td><td></td></tr>
<tr><td rowspan="4">附属设备及附件</td><td colspan="2">名称</td><td>规格</td><td>数量</td><td>备注</td></tr>
<tr><td colspan="2"></td><td></td><td></td><td></td></tr>
<tr><td colspan="2"></td><td></td><td></td><td></td></tr>
<tr><td colspan="2"></td><td></td><td></td><td></td></tr>
</table>

报废、处置理由：

申请人：

年 月 日

<table>
<tr><td rowspan="7">鉴定小组</td><td>部　　门</td><td colspan="4">鉴定意见</td><td colspan="2">鉴定人员</td></tr>
<tr><td>工程技术</td><td colspan="4"></td><td colspan="2"></td></tr>
<tr><td>设备物资</td><td colspan="4"></td><td colspan="2"></td></tr>
<tr><td>经营管理</td><td colspan="4"></td><td colspan="2"></td></tr>
<tr><td>财　　务</td><td colspan="4"></td><td colspan="2"></td></tr>
<tr><td></td><td colspan="4"></td><td colspan="2"></td></tr>
<tr><td></td><td colspan="4"></td><td colspan="2"></td></tr>
<tr><td colspan="2" rowspan="2">鉴定结论</td><td>是否同意
报废、处置</td><td></td><td>是否属于
管理责任</td><td></td><td>是否
追责</td><td></td></tr>
<tr><td colspan="6">其他需要说明的情况：</td></tr>
</table>

单位主管： 填报：

六、会计控制

（一）主要风险

①缺乏会计系统控制，不能全面、真实记录和反映机械设备采购、调拨、租赁、修理等各环节的资金流和实物流情况；

②会计记录与机械设备实际增减情况、租赁情况不一致，导致企业机械设备采购、调拨、租赁业务不能如实反映相关情况，造成机械设备和资金受损；

③机械设备业务处理不到位、不及时或资料失真，导致会计折旧、资产减值业务处理

不当，造成企业利益受损或被政府有关部门处罚。

（二）主要管理内容及措施

①加强对机械设备采购、调拨、租赁、验收、付款等各环节的会计控制，确保会计记录与机械设备业务增减记录、使用记录、实存记录等核对一致；

②严格按照国家有关规定，正确办理机械设备计价、折旧计提、减值准备计提和有关费用处理等会计业务；

③正确、及时办理机械设备增加、处置及其他减少业务的会计核算工作，加强对机械设备的会计监管。

七、机械设备清查盘点

（一）主要风险

①清查盘点制度不完善，清查不及时或不进行清查，对机械设备实物监管不到位，导致隐患存在，给企业带来损失；

②清查组织程序、清查内容有缺陷，导致清查结果不准确；

③清查问题处理程序不完善，权责划分不科学，导致重大错弊发生。

（二）主要管理内容及措施

①建立健全清查盘点制度。机械设备的清查盘点通常有操作人员的日常清点、机械设备使用人变动时的交接清点和单位系统组织的清查三种情况。其管理一是应通过制度明确设备管理单位、使用单位、操作人员等各自的日常管理责任，做好设备的日常清点核对工作，以及时发现设备管理中存在的问题和漏洞；二是要明确规定清查的时点、清查的组织形式、清查程序，保证清查规范进行；

②明确不同清查盘点的清查内容。日常管理中，操作人员关注的重点是设备的技术状态、附属零部件是否完整、停放环境的安全等；使用单位关注的重点是设备数量是否完整、运行的技术状态是否正常、使用及停放环境是否安全、有无呆滞不用设备等。使用人变动交接清查，主要是检查设备的技术状态、附属零部件的完整等。单位系统组织的定期、不定期清查，其清点内容包括设备数量、技术状态、外观形态、使用及停放环境、附属零部件数量、业务及会计账卡记录、折旧及减值计提情况等；

③规范清查盘点实施程序。对使用单位的日常清查、项目部或公司系统组织的清查，都要求一是要明确规定清查盘点的具体操作方法，包括清查的时点、清查的范围、清查的组织及实施方式、清查结果的处理等；二是对清查过程、清查结果要有完整的记录；三是对设备操作人员、清查人、结果鉴定人、处置审批人、处置执行人等不相容职务必须分离。对清查过程、清查结果应及时、认真填制规定的清查记录，发现问题必须查明原因并提出整改措施和处理意见。

第四章
建筑企业工程材料及机械使用费成本控制与分析

第一节　工程成本概述

一、工程成本的概念

一般而言，工程成本是指建筑企业为完成特定工程项目施工而发生的各种耗费。项目施工发生的各种成本支出，通过不同渠道逐步归集，最后汇集到工程项目部或企业财务部门，由财务部门进行最终的工程成本核算。

财务部门进行工程成本核算时，通常按成本支出用途的不同，在“合同履约成本”账户及其明细账户下分设以下成本项目进行核算：

1. 直接人工费。指直接为从事工程施工的工人，以及在施工现场为工程制作构件、运料、配料等辅助性生产工人发生的工资、奖金、工资性津贴、职工福利费和劳动保护费等支出。

2. 直接材料费。包括施工过程中耗用的各种构成工程实体的材料、构件、配件、零件、半成品的费用和有助于工程形成的其他材料的费用，以及周转材料、低值易耗品的摊销和租赁费用等。

3. 机械使用费。包括施工过程中使用的自有机械的使用费、租赁机械的租赁费以及施工机械的安装、拆卸和进出场费用等。

4. 其他直接费。指在施工过程中发生的除上述三项费用以外的可以直接计入工程成本的费用，包括场地清理费、现场材料二次搬运费、临时设施摊销费、配合施工费、生产工具和用具使用费、工程保险费等。

5. 间接费用。指施工单位为组织和管理工程施工所发生的的各项开支，包括施工单位管理人员的工资、奖金、工资性津贴、职工福利费、劳动保护费、办公费、差旅费、车辆使用维护费、水电气暖燃煤费等。

成本项目的划分和设置不是绝对不变的。在实际工作中，为满足企业成本管控的需要，对上述成本项目中支出额较大的费用可单独划出，另行作为一个成本项目进行核算。譬如，在交通极度不便的情况下，工程施工所需地材的运杂费甚至超过材料本身的价值，因此，材料运杂费就完全有必要单设成本项目进行核算，以便对其加强管控，降低运杂费支出。

二、工程成本的分类

（一）按成本与施工过程的关系分

按成本与施工过程的关系，工程成本可分为直接成本和间接成本。

直接成本是指在成本发生时就可确定其成本核算对象并直接计入工程核算对象的成本。直接人工费、直接材料费、机械使用费、其他直接费都属于直接成本。

间接成本是指企业内部各施工单位为组织和管理施工生产所发生的与工程形成无直接联系的各种支出。间接成本发生时，通常不能直接确定其应归属的成本核算对象，因而要由财务部门采取一定的方法在有关成本对象间进行分配。工程项目施工的间接成本一般为成本项目中的间接费用。

直接成本和间接成本的划分，对于考核二者的结构比例是否合理，以及正确选择费用计入成本的方法具有重要意义。

（二）按成本与工程量的关系分

按成本与工程量的关系，工程成本可分为变动成本和固定成本。

变动成本指其支出总额随工程量增减而相应增减的成本，其支出额与工程量的变化成正比例关系。如工程直接材料费的支出，工程量增加时，材料费支出通常会随其成正比例增加；反之，工程量减少时，也会随工程量成比例减少。

固定成本指在一定期间或一定业务量范围内其支出总额与工程量增减变化无直接联系而保持相对稳定的成本。其单位成本与工程量变动成反比例关系，工程量增加，单位工程量的固定成本占比就少；工程量减少，单位工程量的固定成本占比就多。固定成本的支出额大小往往与工期的长短有密切联系，工期越长，固定成本所占的比重就越大。

划分变动成本和固定成本，有利于进行成本分析和寻求降低成本支出的途径。一般来说，降低变动成本应从降低工程所耗实物及人工本身的费用支出额着手，如降低材料采购价、机械设备租赁价、人员工资等；降低固定成本则应采取增加工程量、缩短工期、节约支出等措施，以减少成本支出的绝对数。

（三）按成本与成本直接责任承担者的关系分

按成本与成本直接责任承担者的关系，工程成本可分为可控成本和不可控成本。

可控成本指其支出内容在成本直接责任者的职责范围内，因而其支出额能为成本直接责任者所控制的成本。如材料消耗定额的执行，对于班组工人来说，材料消耗量控制在其责任范围之内，因而属于可控成本；而对于材料采购人员而言，材料消耗量支出则是不可控成本。

不可控成本指其发生额不能被企业内部特定成本责任者控制的成本。如材料采购成本，对于材料采购人员来说在其职责范围之内，属于可控成本；对于班组生产工人来说材料采购成本则属于不可控成本。

划分可控成本与不可控成本，对于加强企业成本管理责任制，促使各成本责任单位或人员努力减少支出、不断降低工程成本具有重要意义。

（四）按成本资料的形成及用途分

按成本资料的形成及用途，工程成本可分为预算成本、计划成本或责任成本和实际成本。

预算成本指根据施工图设计确定的实体工程量和预算单价，以及规定的取费标准等计算确定的工程成本，其构成内容一般对应于建筑安装工程概（预）算中建筑安装工程费的直接工程费。预算成本是实行投资包干的工程办理工程价款结算的依据和招标投标工程确定投标标价、招标标底的基础，因而是建筑企业控制工程成本支出、考核工程成本节超的根本尺度。

计划成本是企业以工程预算成本为基础，根据计划期内各种消耗定额和费用预算、企业对降低成本的要求等，在充分考虑各种可能采取的增产节约、内部挖潜等技术组织措施的前提下，以计划形式确定的成本。计划成本是企业为加强成本管理，在施工过程中有效控制成本消耗所确定的工程成本目标值，是企业降低实际成本的奋斗目标，是控制和检查成本计划执行情况的依据。

责任成本是由实行责任成本核算的企业，以相关部门、单位或个人为责任中心编制的预算成本。责任成本是企业各成本责任中心的可控成本，不断降低工程成本，力保责任成本预算指标不被突破，是各成本责任中心的成本管控主要目标。

实际成本是建筑企业为完成特定建筑安装工程施工任务而实际发生的各种支出的总和，它是影响企业经济效益高低的重要因素，也是企业施工生产耗费水平和企业经济效益的综合反映。正确计算工程实际成本，并将其与预算成本、计划成本或责任成本对比、分析，以不断降低其支出数额，是企业成本核算和成本管理的中心内容。

三、工程成本核算对象的确定

（一）工程成本核算对象的概念

工程成本核算对象指在工程成本核算中确定的对各项支出进行归集的标的。合理确定成本对象，是正确组织成本核算、加强成本管理的重要条件之一。成本核算对象划分过粗，无法反映各具体工程合同履约成本的实际成本水平，不利于考核和控制成本支出；成本核算对象划分过细，则会增加工作量，降低工作效率，不利于及时组织成本核算、难以突出成本管控的重点。

（二）工程成本核算对象确定的一般原则

1. 根据工程承包合同内容、工程项目规模、工期、施工组织、现场环境、施工生产特点、费用支出构成和经营管理要求确定。

2. 与概、预算对口并与统计资料和工程竣工交付要求协调一致。

3. 工程成本核算对象应在工程项目开工前由企业或项目部负责人牵头，组织工程技术、设备物资、人力资源、财务会计等部门和成本核算、管理相关的其他部门共同参与，共同协商确定。如上级单位同时进行成本核算、汇总的，应报上级单位审批或备案。

（三）工程成本核算对象的一般确定方法

工程成本核算对象一般应根据建造合同的内容、施工生产的特点、费用支出的构成及经营管理的要求来确定，同时要与预算管理等所需资料一致。工程成本的核算一般应以具有独立施工图预算的单位工程为对象，根据实际情况作如下处理：

1. 仅包括一项工程且该工程工序简单的建造合同，通常将该建造合同作为一个成本核算对象。例如，有独立建造合同的单项土方开挖工程、单段的路基工程等。

2. 仅包括一项工程且该工程工序比较复杂的建造合同，可按照主要工序设置成本核算对象。如某大桥施工的建造合同，就可以设置桥台、架梁等若干个成本核算对象。

3. 包括多个单项工程且每个单项工程均有独立施工预算的建造合同，应按每个单项工程设置成本核算对象。如某建造合同为承建高速铁路某标段，其实物工程包括一座隧道、一座大桥和 10 公里的路基及多个涵洞，则可分别按照隧道、大桥、涵洞、路基设置成本核算对象。若单个涵洞工程较大，且管理上有必要单独考核其成本的，则每单个涵洞或部分单个涵洞还可单独作为成本核算对象。

4. 同一合同，结构类型相同，开竣工时间相近且造价不高的若干单位工程，可根据需要合并为一个成本核算对象。如某高速公路建造合同包括 8 公里的路基和若干座小桥，则可按路基和小桥设置两个成本核算对象。

5. 实行工程承包的单位，可将承包单位所承包范围内的工程作为一个成本核算对象。

6. 设备安装工程，可以按照单位工程或者专业项目作为工程成本核算对象。

工程成本核算对象一经确定，不得随意变更，并应及时通知企业内部与成本核算、成本管理有关的各个部门，以统一成本核算口径。企业所有反映成本费用的原始资料，都应按统一的成本核算对象填写清楚，以保证成本核算的准确性。

四、建筑企业工程成本的核算、管理体系

为保证企业工程成本核算、管理工作的高效、顺利进行，企业应构建一个完整的工作体系。其主要内容包括：

（一）科学、高效的工程成本核算、管理体制

工程成本管控是企业经营管理的核心任务之一，而工程成本核算、管理在横向上涉及

财务会计、设备物资、工程技术等多个部门，在纵向上涉及从企业总部到最基层的施工生产单位乃至一线生产工人。因此，科学、高效地组织工程成本核算、管理工作是一个复杂的系统工程，建立科学、高效的工程成本核算、管理体制则是顺利进行成本核算、管理工作的组织基础。

工程成本核算、管理的基本体制通常有“四级管理、三级核算制”和“三级管理、二级核算制”两种。

1. 四级管理、三级核算制

“四级管理”是指由工程公司、工程项目部、施工队和作业班组根据各自的成本管理内容和权限逐级进行成本管理；“三级核算”是指由工程公司、工程项目部、施工队三级按其分工逐级进行成本核算。其中：

工程公司负责全面领导所属各单位的成本核算、管理工作，规划、设计公司成本核算、管理的框架，制定完整的成本核算、管理制度，编制并控制项目责任成本预算，指导所属单位补充建立适合自身实际的成本管理细则、措施和实施办法。公司负责本级的管理费用核算，汇总全公司的合同履约实际成本以及商品生产、劳务作业等成本，审核汇总所属各单位的成本费用报表和竣工成本决算，定期组织进行全面、完整的成本分析，并据以提出和落实成本管理改进措施，考核成本指标完成情况并落实奖罚政策，总结、推广成本管理经验。

工程项目部负责执行、落实公司成本核算、管理的各项制度、计划，并在公司成本核算、管理框架和成本核算、管理制度的基础上，根据施工生产及管理的实际情况，补充制定、完善适合自身成本核算、管理需要的具体细则、办法，建立健全相应制度。工程项目部负责优化施工方案、编制并控制各责任中心责任预算，负责本项目的完整合同履约成本核算，归集、管控间接费用支出，定期编制本项目部完整的工程成本报表，并进行具体成本分析和控制，不断提高成本管理水平。

施工队应根据自身承担的施工生产任务和作业手段，以人工费、材料费、机械使用费发生的原始资料为依据，分项核算项目施工的直接成本，优化作业流程、控制责任成本，定期进行成本及定额指标完成情况分析，以提高作业效率和降低人工、材料、机械台班消耗量为主要方向，挖掘成本控制潜力，降低工程成本支出。

施工作业班组通常不进行成本核算，但应根据“干什么、管什么、算什么”的基本原则，以提高产量或作业进度、降低材料或油料等消耗、减少废品或返工损失为着眼点，以实物消耗量节超为主控制工程成本支出，实行以人力用工（台班作业）、材料消耗、施工质量、安全作业为基础的责任成本包干，定期或逐日进行施工进度及各项消耗定额节超情况分析。

“四级管理、三级核算制”一般适用于大中型企业的大中型项目施工成本核算、管理。

对于大型、特大型企业，可以“四级管理、三级核算制”为基础，实行股份公司、集团公司、工程公司三级法人制，并在工程成本核算、管理的权、责方面作出相应调整。

2. 三级管理、二级核算制

“三级管理”是指由工程公司、工程项目部、施工队三级进行成本管理，由工程公司、工程项目部两级进行成本核算的成本核算、管理体制。其中，工程公司、工程项目部的成本核算、管理分工，与“四级管理、三级核算制”基本相同，施工队则同时承担“四级管理、三级核算制”中施工队、施工班组的成本核算和管理的职责。

“三级管理、二级核算制”通常适合于中小型企业采用。

此外，小微型建筑企业也可进一步简化为“两级管理、一级核算”，即工程公司、项目部均进行成本管理，但只由工程公司进行成本核算。工程公司的成本核算、管理分工，涵盖了“四级管理、三级核算制”中工程公司、工程项目部的内容；工程项目部的成本管理职责则基本等同于“四级管理、三级核算制”中的工程队。对于成本核算，工程项目部应设置专职人员，负责将项目施工发生的各种原始凭证定期送交公司财务部门，统一进行工程成本核算。

需要说明的是：

1. 在各类不同的工程成本核算、管理体制中，上级机构对下级均负有相关业务的领导、指导的权力和责任，而下级则负有接受领导、指导的责任。

2. 工程成本核算、管理体制的确立及责、权分工，对于不同的企业或在同一企业的不同时期都不是一成不变的。它不仅取决于企业生产经营规模的大小，同时也受不同时期施工生产外部环境、企业员工素质、企业文化等诸多因素的影响，不同的企业不能简单套用他人的模式，同一企业也不能一劳永逸地按老办法核算和管理，而应该根据不同企业、同一企业不同时期的不同情况对成本核算、管理体制进行调整和完善。

（二）规范、务实的工程成本核算、管理制度体系

企业管理制度是保证企业正常运行的行为规范。建筑企业的成本核算、管理涉及企业的方方面面，为保证工程成本核算、管理的科学、高效，必须建立完善、规范、务实的制度保障体系。

1. 建筑企业成本核算、管理制度涵盖的内容

建筑企业的成本核算、管理制度，至少应涵盖以下内容：

①工程成本预算管理。

②工程成本预控和优化管理。

③工程量控制管理。

④文明施工及环保管理。

⑤劳务管理。

⑥物资设备管理。

⑦间接费管理。

⑧工程变更索赔管理。

⑨工程计量支付管理。

⑩合同管理。

⑪工程成本核算管理。

⑫工程成本报表管理。

⑬工程成本分析和考核管理。

⑭工程项目收尾及交付后维护管理。

⑮工程成本督查管理。

各建筑企业应主要就以上内容，以公司为主体根据自身实际情况制定具体管理制度、措施和实施方案。

2. 建立、完善建筑企业成本核算、管理制度的原则

①符合自身实际情况。成本核算、管理制度建立、完善必须基于自身的实际情况，对于其他单位的相关制度，可以参考、借鉴，但不能生搬硬套。

②“责、权、利”对等。不管任何机构、部门、岗位，只要承担了一定的成本核算、管理责任，就必须赋予相应的权力，否则其责任就难以履行到位；同时，责任的履行情况必须与其经济利益或其他利益挂钩，奖罚分明，以调动其履责的主观能动性。同理，不管任何机构、部门、岗位，只要拥有一定的权力，就必须承担相应的责任。

③受制度约束的主体间“责、权、利”不交叉、不重合。主体间“责、权、利”交叉是管理中的重大忌讳。主体间“责、权、利”交叉，在实务中极易出现推诿、争权、抢利等现象，最终导致管理混乱。

④具有可操作性。成本核算、管理制度的建立、完善，必须基于客观现实，客观务实，保证相关制度在常态下通过员工的适当努力能被正常实施。尤其要防止脱离现实，盲目为所谓“树形象”“博眼球”追求高指标、制定“假、大、空”的制度及条款。

（三）科学、完整的工程成本核算、管理责任体系

工程成本核算、管理责任体系包括责任主体设置和责任划分两个方面的内容。建筑企业应根据建筑安装工程施工生产的特点，确定其成本核算、管理涉及的全流程工作环节、整体工作内容及预期工作效果，再根据企业规模、人文环境、员工素质、外部环境、内部控制要求等设置不同的管理层级、管理机构及岗位，即成本核算、控制的责任人，把确定的工作内容、工作要求赋予相应的部门、岗位，形成完整的工程成本核算、管理责任体系。

工程成本核算、管理责任体系的建立，应符合以下要求：

（1）确认的工作内容必须涵盖成本核算、管理的各个方面，并分别划归相应的部门、岗位，做到事事有人管。

（2）机构、岗位的设置必须符合内部控制制度的要求，尤其必须符合不相容职务分离的要求。

（3）各个机构、岗位设置必须注意“责、权、利”配套、相互协调。

（4）不同机构、岗位的工作内容不交叉、不重合、无遗漏。

（5）坚持“以事设岗、以事定岗”原则，防止“以人设岗、以人定岗”。

建筑企业涉及成本核算、管理的机构、岗位的设置，在公司层面通常设置相关业务部。在项目部层面，工程规模大的，一般设置与公司相对应的科室；工程规模小的一般不设科室，只设专职或兼职的业务处理岗位，配备一名或多名业务人员。

就工程项目部而言，工程成本核算、管理的责任人通常为项目部经理、工程经营及管理部门（人员）、施工技术部门（人员）、材料及设备部门（人员）、财务部门（人

员)、人力资源部门(人员)、质检及安检部门(人员)、施工队、施工班(组)及员工等。

五、工程成本核算、管理的基础工作

(一) 设置完整的成本核算、管理原始记录体系

成本核算、管理的原始记录是进行成本核算并据以进行成本管控的基础资料。科学设置、准确填制、及时提交成本核算、管理的各种书面原始记录、相关报表或其电子数据，对于成本管控具有十分重要的意义。

1. 成本核算、管理原始记录的分类

成本核算、管理原始记录包括与成本核算、管理相关的各种会计核算、统计核算、业务核算资料。按其反映内容的不同，成本核算、管理原始记录可分为以下几类：

①反映材料动态的原始记录和凭证。主要包括反映材料采购、验收、领发、使用及退库等情况的各种原始凭证、账簿记录、核算报表等资料。

②反映机械设备使用情况的原始记录和凭证。主要包括反映机械设备交付使用、运转、维修、事故发生、安全生产等情况的资料。

③反映劳动工资情况的原始记录和凭证。主要包括反映员工人数、员工调动、考勤、工时利用、工资结算等情况的资料。

④反映施工生产活动的原始记录和凭证。主要包括反映施工生产的组织、进度、工程质量、验工计价等情况的资料。

⑤反映各种费用开支的原始记录和凭证。主要包括反映水、电、劳务以及办公费、差旅费报销等情况的资料。

2. 成本核算、管理原始记录设置、传递的基本要求

正确组织成本核算、管理原始记录的设置、填制和传递工作，对正确、及时进行成本核算、管理工作，加强岗位责任制具有重要作用。

①成本核算、管理原始记录必须根据业务类型的不同，由企业根据自身生产经营活动的特点，结合企业内各部门和人员的分工情况以及成本核算、管理的需要，恰当地规定成本核算、管理所需各种原始记录的种类、格式、填制数量等。成本核算、管理原始记录及其项目的设置，必须能够满足成本核算和管理的要求，同时应力求简明、扼要，便于操作，防止“文牍主义”“形式主义”。

②明确规定各种成本核算、管理原始记录的填制、复核、审核等责任部门和责任人。

③成本核算、管理原始记录的填制要求数据准确、书写清楚，数据书写及行文方式必须符合管理规定。手工书写的内容必须清楚、规范，便于辨认，并防止涂改；通过电子设备填制、自动生成的内容，填制人员、软件设计人员必须分离，以防止舞弊。

④需多部门、多岗位处理的原始记录，应明确规定提交时间、传递程序、流经环节及停留时间，要求既要满足有关部门、岗位进行成本核算、管控的需要，又要避免不必要的传递环节、过长的停留时间，以提高工作效率。

（二）加强企业定额管理，建立完善的定额管理制度

1. 企业定额管理的意义

企业定额是建筑企业以政府有关工程造价、概预算编制等的相关规定为基础，根据自身施工技术和管理水平等制定的，为完成特定施工生产任务而将要发生的资源利用、消耗的控制标准。企业定额只限在企业内部使用。建立完善的定额管理体系在建筑企业管理中的意义主要表现为：

①完善的定额管理体系可以为企业工程投标标书编制提供重要的参考依据。企业定额代表着企业施工生产技术、管理和实际耗费的综合水平，基于企业定额编制工程标书，有利于企业合理预测成本、利润，增强企业市场竞争力。

②建立完善的定额管理体系，有利于责任成本计划的编制、落实。

③通过定额与实际成本对比，有利于进行成本费用的节超分析，便于分析、查找影响成本节超的相关因素，从而加强成本控制。

2. 建筑企业的定额种类

按施工生产耗费支出种类的不同，建筑企业的定额可分为以下几类：

①材料消耗定额。一般以完成特定工程量施工耗费的材料数量来表示，也可以消耗特定材料数量应完成的工程量来表示。材料消耗定额应按材料的具体种类，并根据不同施工对象和不同地域、水文、气候等条件分别制定。

此外，材料采购的途中损耗、材料库存损耗等以及材料库存储备所占资金，也会对工程成本造成影响，通常也应制定相关定额进行管理。

②机械设备利用定额。通常以完成特定工程量施工所耗用的机械设备台班、工时等来表示，也可以耗用特定机械设备单位台班、工时等应完成的工程量来表示。机械设备利用定额应按机械设备的不同种类、型号，并根据不同施工对象和不同地域、水文、气候等条件分别制定。

③劳动定额。通常以完成特定工程量施工所耗用的工天、工时来表示，也可以耗用单位工天、工时应完成的工程量来表示。劳动定额也应根据不同施工对象和不同地域、水文、气候等条件分别制定。

④费用支出定额。工程成本中的费用支出主要是间接费用支出。如前所述，间接费用是施工单位为组织和管理工程施工所发生的各项开支，如施工单位管理人员的薪酬性支出及办公费、差旅费、车辆使用维护费、水电气等支出。费用支出定额可以完成特定工程单位产值的费用支出额来表示。费用支出定额应按特定工程项目施工并按主要费用支出种类来编制。在实际工作中，费用支出更多是以编制费用支出计划方式进行控制。

3. 建筑企业定额制定、修订的原则

建筑企业定额制定、修订应遵循以下原则：

①保持平均先进水平。企业定额不可过低，也不可过高。定额标准既要有利于成本的有效控制，增强企业竞争力，又要注意调动职工的劳动生产积极性。定额过低，在施工生产中轻而易举就可达到定额标准，不利于调动员工的工作积极性，极易导致成本上升；定额过高，通过很大努力也达不到定额标准，则会挫伤员工的积极性。

②定额是针对特定企业的特定内外环境制定的，当影响定额制定的相关因素发生重大变化时，应适时修订定额。特别是因企业所属各工程项目部内外环境的不同，企业应有针对性地对其使用的定额进行调整。

③定额制定、修订必须重点突出、简明适用、便于操作。对于定额体系不够完善的企业，应本着“先粗后细、先重后全”的原则逐步完善。

④定额代表着企业的成本管理水平，能反映企业的综合竞争实力，因此具有较强的保密性，企业必须注意保守机密。

（三）实行严格的实物计量、收发、领退和盘点制度

实行严格的实物计量、收发、领退和盘点制度，是保证成本核算数据真实、准确的基础。企业应重点做好以下工作：

①明确规定不同实物计量的程序、方法。

②涉及实物计量的设备、工具、仪表等应配备齐全。

③对实物计量的设备、工具、仪表等应经常校正、维修，保证其合理的精确度。

④物资收发、领退必须有完善、合理的制度并严格按制度办理相关业务。

⑤财产物资必须定期、不定期盘点，并以制度形式确定相关的奖罚办法。

（四）正确确定成本控制对象

项目工程施工通常是一个庞大而复杂的系统工程，影响其成本支出的因素贯穿于工程投标到项目移交后的维护保修等整个过程，实际发生的成本、费用则散布于人、财、物方方面面的支出、利用和损耗。因此，工程成本的核算和管控往往不应在单一方向进行，而应实行多维度的核算、管控。其核算、管控对象可以从以下三方面确认：

1. 以项目成本形成过程为控制对象

影响项目工程成本的因素十分复杂，但按项目成本形成过程可将其分为施工准备阶段控制、项目施工阶段控制和项目工程竣工阶段控制三大环节。

（1）施工准备阶段的成本控制。施工准备阶段成本控制可分为标前控制和标后控制两个部分。

标前控制即工程投标前的成本控制，其重点内容包括核实工程情况、进行成本初步预测、策划投标方案、审核合同条款等。工程成本的标前控制内容与设备物资部门没有太多的直接联系。

标后控制即工程中标后的成本控制，其主要内容包括项目部机构设置、图纸会审、施工组织设计、施工方案设计、工程技术交底、施工现场规划、施工队伍组建、材料及机械设备配置、材料及机械设备供应渠道规划、工程成本预测、工程成本计划编制等。

对于设备物资部门来说，标后成本管控的主要工作包括：

①参与施工组织及施工方案设计。主要管控内容是参与施工中人机搭配、材料选用方案决策，并以其为基础确定施工机械设备配置、原材料配置和周转材料配置等方案，以最大限度提高施工效率，加快工程施工进度，降低机械设备使用成本和材料使用、消耗成本。

②参与施工现场规划。应在保障施工的基础上，尽量缩小平面场地占用，提高工作及空间利用效率，减少成本支出。具体管控的目标是，充分考虑季节、气候、环保等要求，保证高效益满足施工需求；减少临时占地，降低土地租金及青苗补偿等支出；缩短材料物资运输距离、减少二次运输装卸次数，降低材料物资运输和装卸等支出；减少材料物资和机械设备存放等所使用的临时设施的修建。

③合理规划材料及机械供应渠道。一是应以结存材料为基础，以保障施工生产进度和质量要求，最大限度降低材料利用、损耗费用为目的，在集采料、自购料、自制料、租用周转材料等供应渠道中合理规划材料供应方案；二是以自有机械设备为基础，以保障施工生产进度和质量要求、最大限度提高机械设备利用效率、降低机械使用费为目的，在购入、经营租赁、融资租赁等不同供应渠道中合理规划机械设备供应方案；三是以保障施工生产进度和质量要求、最大限度降低水、电、气等能源消耗费用为目的，在购入、自产之间选择能源最佳供应方案。

（2）项目施工阶段的成本控制。项目施工阶段是项目工程成本的实际发生阶段，也是项目工程成本核算和管控的中心环节。为全方位管控工程成本，施工阶段必须从项目部实际组建、施工生产组织及工期、工程质量、施工技术、施工安全、材料设备供应及利用、环境保护、文明施工、工程分包、合同管理、资金收支、成本核算与管理、工程变更及索赔、工程交付及结算等各个环节入手，强化规范管理，以最大限度防范负面差异的出现和风险的发生，降低工程成本，提高企业经济效益。

在项目工程施工阶段，设备物资部门成本管控的主要工作是在保证工程进度和工程质量的基础上做好以下工作：

①保证施工生产所需材料、设备的及时、足量供应，防止“停工待料”“停工待机”情况的发生。

②科学、合理实施机械设备、材料供应方案，并在工程进度及外部相关环境发生变化时，及时、合理调整供应方案，减少材料储备数量和设备待用时间，降低资金占用量和占用期，最大限度降低材料、设备的资金占用成本。

③控制材料、设备的供应成本。一是要选择合理的供应方式，如材料是集中采购还是自行采购、自行生产、租赁等，设备是自行购置还是经营租赁或融资租赁等，无论是公司或项目部管理制度的确定或实施方案的选择，都应以最大限度降低成本为基础。二是要根据不同供应方式努力降低其供应成本，如通过有效管控，最大限度降低材料采购价格、运杂费用、途中损耗费用、设备租赁价格支出等。

④加强材料、设备收发管理，以保证材料、设备的收发数量准确、质量合格、性能良好等。

⑤加强材料、设备的现场管理，保证责任到人，防止发生意外损失。

⑥定期、不定期进行以材料、设备使用、利用情况为主线的工程成本分析，不断挖掘材料、设备的使用、利用潜力。

⑦对大中型施工机械设备进行单机、单车核算和考核，主要对其实际完成工作量及其质量状况、油料及辅助材料等的节超情况、设备维修保养情况等进行分析、奖罚。

（3）项目工程竣工阶段的成本控制。项目工程竣工阶段是项目工程施工的收尾阶段。

本阶段影响工程成本的工作内容主要包括工程移交及工程竣工决算、现场清理、往来款项清算、工程资料归档及移交、工程保修期管理等内容。

在项目工程竣工阶段，设备物资部门成本管控的主要工作包括：

①清理施工现场，回收可利用材料、处置残废料及不能退回的包装物等。

②清退包装物，清算包装物押金、租金。

③退还租赁的周转材料和经营性租赁的机械设备，清算周转材料和机械设备租金。

④编制自有机械设备处理方案，报经审批后按批复意见留用、调出或处置。

⑤按工程保修方案制定保修需用材料、设备的保障计划。

按项目成本形成过程为对象进行的成本管控，主要应以制度形式结合施工生产活动内容，对成本管控目标、管控方法和程序、管控责任人、管控结果评价考核等作出具体规定。相关制度的建立以及制度的实施监管，一般以公司及其相关部门为主体责任单位，项目部及其相关部门或岗位为制度执行主体责任单位。

2. 以成本责任人为成本控制对象

以成本责任人为对象进行成本控制，其控制的基本方法是以制度形式确定各自的成本控制内容和责任，并以价值或数量指标对特定对象进行考核控制。

作为成本控制对象的成本责任人，可以分为直接从事施工生产的单位、岗位和从事施工生产管理以及为施工生产提供直接服务的职能部门、岗位两大部分。

工程项目部、施工队、施工班组和不同施工生产岗位作为直接从事施工生产的单元，以及承担不同施工作业任务的岗位均可作为成本控制对象。对这些控制对象，除“量身”为其制定与成本相关的制度外，还应该通过成本计划、责任成本、工程进度、消耗定额等价值或数量指标对其进行分析、考核，而其自身也应以这些指标、制度为准绳，履行自己的成本控制责任，规范自己的成本管控行为。

作为为施工生产提供直接服务的经营管理、工程技术、设备物资、人力资源、财务会计等职能部门及职能人员，应根据各自业务分工的不同，以成本管理制度的形式分别确定其成本管控内容和管控责任，并作为成本管控履责情况的考核标准。对一些特定部门、人员，也可根据其分管业务的特点，制定下达量化考核指标，如工程合格率、部门费用支出降低率等。

作为成本控制对象责任人的设备物资部门，其成本管控的主要内容既分布于施工生产的不同环节，也集中归集于以工程成本核算对象为成本控制对象的材料费、机械使用费成本项目中，其内容在本章“以项目成本形成过程为控制对象”及“以工程成本核算对象为成本控制对象”的条目中已讲述，此处不再赘述。

3. 以工程成本核算对象为成本控制对象

如前述，工程成本核算对象是在工程成本核算中确定的对各项支出进行归集的标的。以工程成本核算对象为成本控制对象，是建筑企业成本控制的最主要方式。按工程成本核算对象控制成本的主要方法，就是以财务部门归集的工程实际成本为基础，以计划（预算）成本为尺度，分析各核算对象的总成本、单位成本乃至各核算对象中的各成本项目的节超情况，并最终通过寻找成本节超原因，采取对应措施，实现对工程成本的有效管控。

（五）实行成本定期分析及奖罚制度

成本分析，主要是以各种成本支出信息资料为基础，以降低其支出为目的，运用专门的方法，对企业生产过程及各种成本要素进行分析的一项重要工作。正确组织和有效地开展成本分析，对于企业总结过去，预测未来，控制现在，以达到最大限度地降低成本费用支出，进而改善企业经营管理、提高企业经济效益具有重要意义。

成本分析工作，一是要求定期进行，二是要求进行全员分析、分级进行，三是要求结合实际，分析方法得当，否则将流于形式。对成本分析工作的组织形式、分析时间、内容等，应通过制度加以规范和固定。

第二节　工程成本控制

工程成本控制是指建筑企业或工程项目部根据预先确定的成本管理目标，由成本控制主体在其责、权范围内，在各项成本费用发生之前，对各种影响成本的因素和条件采取一系列预防和调节措施，以保证成本管理目标实现的过程。

工程成本是建筑企业为完成特定工程项目施工而发生的各种耗费的价值表现。建筑企业的成本耗费贯穿于整个施工生产过程，如何有效控制工程成本，必须依托于科学、合理、便于操作的方法和措施。

一、工程成本的控制程序

工程成本控制的逻辑程序为确定成本控制标准，根据控制标准控制成本的形成，最终再以控制标准为准绳，揭示实际成本控制的差异，寻找差异形成的原因，采取相关措施，改进未来的成本控制工作。

（一）确定成本控制标准

成本控制标准是工程施工过程中成本耗费的限额，也是判定成本节超的尺度。成本控制标准一般以定额或计划的形式表示。

1. 成本控制标准按适用对象不同分类

（1）工程计划成本。作为成本控制标准的工程计划成本，包括工程计划总成本和工程计划单位成本两项指标。工程计划总成本为实际完成工程总量与工程计划单位成本的乘积。在实务操作中，不同成本计算期内的工程计划总成本会因实际完成工程总量的不同而不同。因此，工程计划总成本多用于工程总成本节超分析。当成本核算期实际完成工程总量与计划完成工程总量发生差异时，工程总成本节超分析不能直接套用期初制定的工程计划总成本，而必须按实际完成工程量重新计算新的计划总成本。计划单位成本是按完成单位工程量计划支出的人工费、材料费、机械使用费、其他直接费、间接费用等构成成本的各项支出确定的成本，它既可用于工程单位成本的节超分析，也可用于日常的成本支出控制，同时也可据以计算工程总量变动后的计划总成本。

工程计划成本主要适用于能进行比较完整的成本核算、形成工程总成本及单位成本指标的生产性单位。

（2）费用支出预算。费用支出预算是指为了控制相关费用支出而以预算或计划指标形式确定的单项费用及总费用支出的限额。费用支出预算主要适用于非直接生产单位的各项支出的控制，如材料供应成本中的采购保管费支出总额、采购保管费中仓储人员的劳动保护费等单项支出额、构成工程成本的项目部间接费用支出总额以及项目部生产管理人员的薪酬、办公费、差旅费等单项费用支出额。这些费用支出构成工程成本，但与工程进度、同期完成的工作量等一般没有直接关联。费用支出预算应按成本核算期编制，通常年度编制总预算，分段再编制季度预算、月度预算等。

费用支出预算通常视为控制相关费用支出的最高限额，也是成本核算期末评价其节超的标准。生产经营中如出现特殊情况，需要对费用支出预算进行调整的，必须按企业规定程序报批。

（3）企业定额。企业定额主要适用于生产单位直接形成工程成本的各种支出的控制。企业定额可分为实物定额和费用定额两种。实物定额既适用于无完整成本核算的单位如施工队、施工班组的成本控制，也适用于进行完整成本核算单位的成本控制和分析。费用定额可以是直接发生费用支出的定额，如完成特定工程量或特定产值发生的间接费用支出，更多的是表现为根据完成特定工程量发生的各种材料消耗、台班使用、人工使用等，按其消耗、使用的实物定额乘以相应单价，所得的费用支出总额。如每立方米的钢筋混凝土浇筑，其材料消耗就包括水泥、钢筋、砂石料等，按不同材料的实物定额乘以相应单价，其价值总和即为费用定额。费用定额只适用于进行完整成本核算单位的成本控制和分析。

（4）责任成本包干指标。责任成本包干指标主要表现为根据责任成本预算按责任人分解后的价值指标，也可以是根据责任成本管理深度、层次的不同，将费用指标转化为实物消耗定额的数量指标。

责任成本包干指标适用于实行责任成本核算的所有单位和部门、人员的成本控制。

2. 成本控制标准按控制目标层次分类

（1）理想标准。是以影响工程施工的各种因素处于最佳状态为基础确定的控制标准。

（2）正常标准。是以影响工程施工的各种因素处于常态为基础确定的控制标准。

（3）基本标准。是以影响工程施工的各种因素处于施工生产管理要求的最低状态为基础确定的控制标准。

成本控制应按具体标准分别确定其控制目标层次。不同的控制目标层次，可按不同控制标准的数量差异加以区分，但实际操作难度较大，也可按一定百分比的浮动标准加以区分。

（二）控制成本形成过程

即通过各种控制手段，力争实际成本的发生不超过控制标准，以保证成本控制目标和企业经营目标的实现。成本形成在不同环节有不同的特点，应根据不同特点采用合适的方法进行控制。限于本书的阅读对象，本书只在后文中对工程成本材料费、机械使用费的成本形成控制进行阐述。

（三）揭示成本差异

即将实际发生的成本费用与控制标准进行比较，反映其节超情况，同时对节超形成的原因进行分析。影响成本差异形成的原因可分为可控原因（因素）和不可控原因（因素）。可控原因是成本责任人对差异形成可通过发挥主观能动性对其进行控制的原因。对可控原因导致的差异应采取有效措施予以控制或总结管控经验进行推广，并对有关部门和人员兑现奖罚措施，以改进成本管控工作。对不可控原因，因其超越了成本责任人乃至企业的管控能力，在成本控制中只能尽量提前预测并加以规避，防止在成本控制中给企业造成损失。

二、工程成本的控制方法

工程成本的控制方法一般可概括为以下三种：

1. 制度控制

就是企业根据自身制定的各项成本管理办法、实施细则、内部制度等进行的控制，如材料采购及领用制度、机械设备管理制度、费用报销制度等。

制度控制是对办理与工程成本相关业务的部门、人员的业务活动进行的规范性、损耗标准性控制。

2. 定额控制

即以企业内部制定的各种定额为标准，对工程项目各项成本支出进行实物量、价值量控制。

具体实施时，企业通常应将工程成本中人工费、材料费、机械使用费等直接费按计划或定额标准分解落实到施工任务单上，以施工任务单为标准控制工程成本中的直接费支出；将工程成本的间接费用，按费用支出的部门编制间接费用使用计划，以此控制间接费用的支出。

直接从事施工生产的施工队、施工班组等的消耗定额，通常可以通过消耗台账等方式进行统计和对比分析，以控制其成本支出。材料消耗台账的参考格式如表 4－1 所示。

表 4－1　材料逐日消耗统计台账

工程名称：　　　　　　　　　　　　　　　　　　施工单位：

年		实际完成工作量	耗用材料								
月	日		HRB335ϕ28 螺纹钢（t）			P042.5 水泥（t）			……		
			定额消耗	实际消耗	节超	定额消耗	实际消耗	节超	定额消耗	实际消耗	节超
合计											

注：

①某材料定额消耗＝该材料消耗定额×实际完成工程量；

②某材料实际消耗为当日该材料用料总和；

③节超＝某材料定额消耗－某材料实际消耗。

机械设备台班耗用也可参照表4－1设计。

3. 计划（责任成本预算）控制

即以工程项目成本计划或责任成本预算为标准，对项目工程成本进行价值量控制。

在具体实施中，企业应在每一单位工程开工之前，根据设计文件、施工定额和施工组织设计的要求编制责任预算，并层层分解落实到分部分项工程和承担施工的相应施工队、施工班组乃至个人，以此作为成本控制的依据。

第三节　工程材料及机械使用费成本控制

一、工程直接材料费的控制

工程材料费成本的大小，主要取决于材料供应成本和材料消耗量两方面的因素。因此控制工程材料费成本也要从控制材料供应成本和控制材料消耗量两个方面进行。降低材料费成本的主要途径为：

1. 材料供应成本控制

工程项目部的材料供应渠道主要有集采料、自购料、自制料、租入料等几种，在材料费成本控制中应区别不同情况采取相应措施，加强对材料供应成本的管理。

对材料供应成本的控制主要应从以下几方面展开：

①加强材料供应的计划管理。物资部门应根据月度施工进度计划和工程预算等资料，分析计算各分部分项工程所需各种材料的用量，编制月度材料供应计划，计划中应明确材料的进场批次、批量和时间，使之既要保证施工生产的连续进行，又要防止超储积压占用资金。

②对大宗采购材料应尽可能采用集中采购供应方式，利用批量采购优势取得降低采购价格的先机。采用集中采购供料，应注意选择离工程项目最近的地点交货，以减少需自身负担的材料运输、装卸等费用。

③材料采购应引入竞争机制，根据企业和项目部的具体情况，酌情选择战略采购、招标采购、框架协议采购、竞争性谈判采购等不同采购方式，以最大限度降低材料采购价格，规避采购市场价格波动风险。

④实行采购价报批、报备制度，加强材料采购控制。无论是集中采购还是自行采购，都必须在保质保量的前提下，货比三家，择优购料。凡高于公司指导价的材料采购，必须经过复查，审核通过后方可采购。

⑤建立区域材料市场价格监控系统，及时根据市场价格变动情况调整公司材料采购控制价、指导价。

⑥砂石料、道砟、混凝土拌合等自制材料的加工，原则上应就近选址加工，必须进行严格的成本核算和控制。

⑦周转材料、小型机具的租赁，应在进行充分市场调查的基础上确定租赁指导价，办理材料、机具租赁时，租赁价格一般不得高于指导价。

⑧严格控制材料运杂费支出。对于外购材料，应就近购料，合理组织运输，原则上应选用最经济的运输方式，以降低运输成本和途中损耗；工地材料存放应在项目场地规划时，合理选择材料堆放地点，以减少材料装卸次数和二次搬运费支出。

⑨合理处理材料采购价和材料资金占用成本的关系，合理确定进货批量与批次。对大批量的材料采购，应采取“总量订货，分批购买”方式，既保证施工生产的正常需求，又尽量减少材料库存，降低材料储备资金占用成本。对市场供应充分、交通运输便利的材料，可实行零库存的即时采购，降低材料储存成本。

2. 材料消耗量控制

对材料消耗量的控制，主要应做好以下几方面的工作：

①严把材料进场验收关。材料进场时，交接双方必须对材料的数量、质量进行严格验收，不合格的不能办理进场手续。

②注意回收并有效利用材料入库、进场整理挑选过程中发生的下脚料、废料。

③严格控制材料消耗量。一次性投入和使用的材料通常应实行限额领料制度，不便通过限额领用操作的，应在材料需求计划范围内分期按量签发领（发）料单；辅助性材料可以按照工程造价的一定比例控制其消耗总额，也可以按照应耗数量进行控制；周转材料、低值易耗品应按照工程造价的一定比例进行消耗总额控制。各种超耗材料必须查明超耗原因，提出改进措施，报经批准后方可继续供料。

④加强材料的计量控制。材料的计量控制包括领（发）料时双方的计量验收，也包括材料使用时的配比计量。如混凝土、砂浆加工作业中的水泥、钢筋、砂石等的配比，如果计量不准，不仅影响工程质量，也会造成材料费用超标。加强计量控制，必须对计量器具定期检验、校正。

⑤优化施工技术及组织措施，在不降低工程质量的前提下，尽可能利用高效能材料、代用材料，以及合理利用废旧材料。

⑥以制度及指标考核形式，鼓励施工人员从细节入手，合理下料、用料，减少边角余料，降低材料消耗，坚决杜绝“大材小用、长材短用、优材劣用、整材零用”。

⑦对加工材料实行统一安排，集中配料，提高出材率和利用率。

⑧做好余料及不可退回包装物的回收工作。

⑨加强材料现场管理，合理堆放，减少搬运次数和距离，制定仓储损耗定额，努力降低并考核仓储损耗费用。

⑩加强已领未用材料的现场实物管理，防止因管理不善出现非耗用的意外损失。

⑪严把工程质量关，避免因工程返修、报废增加材料耗用。

⑫加强周转材料和各种料具的管理。周转材料及料具管理主要包括三个方面的工作：一是对自有周转材料及料具的日常保管和养护。工程施工露天作业的特点，决定了周转性使用的材料极易因风吹雨打、日晒雨淋而发生锈蚀、腐烂等，因此加强日常保养，做好防锈、防腐工作，对于延长其使用寿命、降低其使用费是非常重要的；二是合理使用自有周转材料及料具。如自有工程用模板、架料通常都是以原料方式购入，再根据工程使用部位

的不同加工成材，这就要求应在施工前对模板进行放样，精准下料，避免出现原料“大改小、小板改无”的现象，造成材料浪费；三是要加强租入周转材料及料具的管理。租入周转性材料一般都是按期间支付租金，因此，合理安排施工进度，避免过早租、过多进材料造成材料积压，缩短租期，提高周转材料在租期内的使用效率，对于降低周转材料使用费具有重要影响。

⑬对扎丝、铁钉、擦拭用品等细小辅助材料直接对使用人员实行按期、按作业完成量包干使用。

⑭注重修旧利废，提高材料利用率。

⑮定期检查材料消耗定额的执行情况，分析差异，及时纠正偏差或调整定额。

二、工程机械使用费的控制

工程成本中机械使用费支出的大小，主要取决于机械使用台班成本和耗用的机械台班数量两方面的因素。因此控制工程机械使用费成本也要从控制机械使用台班成本和耗用的机械台班数量两个方面入手。

建筑企业工程机械设备的配置来源主要包括自有设备和租赁设备两类。二者的来源渠道不同，其台班成本也不相同，因此其控制方法也不同。

1. 自有机械使用费的控制

自有机械台班单位成本表现为自有机械的台班使用费用。一定工程施工期间内发生的全部自有机械作业支出，除以该期间内实际完成的全部机械作业台班数，即求得单位作业台班成本。

企业自有机械作业的支出主要包括作业机械的折旧费、油料费、日常维修维护费、辅助及擦拭材料费、机械操作司机的薪酬支出，以及施工机械的安装、拆卸和进出场费用等。

自有机械使用费的控制主要应从以下几方面进行：

①做好自有机械设备调配工作，科学确定机械设备进场时间。

②结合工程结构特点和工期要求，优化施工组织方案，合理选择不同种类、型号的机械，合理组织不同机械设备的相互搭配、人机搭配，以充分发挥不同机械设备的作业效能，提高机械设备的作业效率。

③合理布局施工现场和设备配置，优化施工机械作业流程，缩短作业运距、加油往返距离和时间等，提高作业台班利用效率。

④坚持按规章、按制度加强现场机械设备的维修、保养工作，杜绝“重使用、轻保养、轻维修”的思想，以降低大修理和经常性修理的次数和修理费用的支出，提高机械设备的利用率和完好率，防止因非正常使用造成机械设备停置。

⑤对大中型机械设备实行单机、单车核算，对小型机械设备实行按设备分类或按工程量单独核算，严格控制机械设备油料等各种消耗，考核其利用效率，对于核算发现的异常情况应及时查明原因并采取相应措施。

⑥努力降低油料、配件及各种辅助材料的消耗及供应成本。

⑦需要委外办理的机械设备修理业务，应采取招标竞争方式确定承修单位。

⑧定期对实际台班数、定额台班数，以及定额台班单价、实际台班成本进行对比分析，揭示差异、找出原因。

⑨严格坚持机械设备操作人员持证上岗制度，并定期组织安全教育和技术培训，以不断提高其机械设备操作、管理技能，提高机械设备作业效率和台班产量。

⑩机械施工结束，应及时对机械设备进行清理，及时申请将设备调走或进行封存。

2. 租入机械使用费的控制

租入机械使用费的控制应重点从以下几方面开展工作：

①优化施工组织方案，以自有施工机械为基础，以高效组织不同机械设备的相互搭配、人机搭配为标准，准确确定需租入机械设备的种类、型号和数量。

②广泛、及时掌握租赁市场信息，充分利用社会机械设备资源，从多角度选择机械设备来源以降低其租赁价格。

③合理组织施工生产，准确确定租赁机械设备的进、退场时间，防止因过早进场、过晚退场导致设备闲置、窝工，或进场过晚导致误工。

④通过租赁合同明确、具体规定双方的权利、责任和义务，如油料费用、耗电费用、擦拭及润滑材料费用、操作人员工资、设备保养维护费用和设备进场及安装、退场及拆卸等费用的承担，机械设备的最低利用率，以及租赁价格计算方式及其支付时间、支付方式等。在实务中，通常应采用价格总包方式，项目部只承担租赁费支出，其他各种费用支出均由出租方承担，以免因机械设备性能等原因导致耗油、耗电量过高等出现经济纠纷。

⑤机械租赁的出租商应采用招标、竞争性谈判等竞争方式确定，以最大限度降低租赁价格。

⑥机械租赁应实行报批、报备制度，一方面对机械租赁数量进行控制，另一方面对租赁价格进行控制，以降低机械使用费支出。

⑦优化施工方案，通过各种措施提高租入机械设备的工作效率，避免窝工现象发生。

⑧机械施工结束，应及时对机械设备进行清理，及时办理退租手续。

第四节　工程材料及机械使用费成本分析

一、工程成本分析的意义

（一）工程成本分析的任务

所谓工程成本分析，是指利用一定时期的统计核算、业务核算和会计核算等成本核算资料，评价工程成本计划完成情况，确定相关人员经济责任，并对工程成本及费用形成过程和影响成本升降的因素进行分析，以寻求工程成本及费用降低途径的过程。工程成本分析是建筑企业成本管理的重要步骤和主要内容之一，也是企业内部控制营运分析的重要组成部分。

成本水平的高低，是决定企业经济效益，也是衡量企业经营管理水平的最重要指标之一。降低成本，意味着生产过程中人力、物力、财力的节约。为了不断降低工程成本，企业就必须加强成本管理，制定成本降低目标和计划，加强成本的核算、考核和控制工作，采取有效措施，保证成本管理目标的实现。为了挖掘降低成本的潜力，寻找降低成本的途径和方法，企业必须进行经常性的定期和不定期成本分析工作，通过对成本变动情况和趋势及成本影响因素的全面分析，为制定成本降低措施提供科学依据。

工程成本分析的主要任务：

1. 正确评价企业成本计划的执行情况。只有正确评价企业成本计划的执行情况，才能消除责任不明、“吃大锅饭”的状况，培养员工讲求经济效益的自觉性。

2. 揭示成本升降的原因。成本是反映项目施工生产活动耗费的一项综合性指标，通过对影响成本的各因素进行分析，测定各因素变动对成本的影响程度，找出主要因素，才能为制定成本降低措施、改善项目工程施工管理提供依据。

3. 分析影响工程成本的各项因素，查找成本变动的规律，为加强成本控制提供技术手段。

4. 总结各单位、部门成本管理的经验，促进降本增效工作的全面、深入开展。

（二）工程成本分析的主要内容

影响建筑企业工程成本的因素很多，但可以将其分为企业外部因素和企业内部因素两大类。

影响工程成本的外部因素包括工程项目所处的地理位置、水文地质条件、可利用资源和运输条件、材料及燃料的市场供求和价格状况等，这些因素一般是影响成本的客观因素，通常不为企业所控制，企业只能尽可能对其作出准确判断，并制定相应的应对措施，以最大限度规避风险。

影响工程成本的内部因素包括企业规模、技术装备水平、专业化及协作水平、施工组织能力、企业文化、员工工作态度及技术水平和操作熟练程度、材料和能源的利用效果、机械设备的利用效果、工程施工的质量水平、员工薪酬水平和其他费用水平等。这些因素的变化反映着企业生产技术、生产组织的状况和经营管理水平，通常可以通过企业经营管理加以控制。因此，对影响工程成本的内部因素的分析是成本分析的重点。综合而言，成本分析的主要内容为：

1. 按分析目的分

①分析成本费用计划的完成情况，并与前期对比，观察成本费用变动的趋势。

②分析降低成本费用支出的方向及其关键环节，检查降低成本费用技术组织措施的执行情况。

③分析成本费用升降的原因，促使成本费用不断降低。

2. 按分析范围分

①工程成本综合分析。是对全部工程成本对象及其构成内容的总括分析。通过综合分析，可从总的方面观察工程成本计划的完成情况，分析全部工程成本节超情况及其原因，分析成本降低的趋势，并为进一步深入分析提供线索。

②单位工程成本分析。是对各个施工单位工程成本的节超情况及对工程总成本的影响进行的分析。

③成本项目分析。是对成本对象的成本构成项目进行的成本分析。

④单项费用分析。是对最终给工程成本形成具有较大影响的单项费用，如间接费用、采购保管费、材料二次搬运费、机械设备维修费等进行的分析。

⑤工程成本技术组织措施计划完成情况的分析。是对为降低工程成本而采取的技术组织措施计划的完成程度及其差异产生的原因等进行的分析。

（三）工程成本分析应遵循的基本要求

1. 充分占有资料，全面掌握情况。工程项目施工是一个极其复杂的系统工程，进行工程成本分析必须充分占有反映其成本支出的各种资料，全面掌握成本支出的具体情况，切忌以偏概全，进行“盲人摸象”式的分析、判断。

2. 建立统一的成本分析考核的流程和方法。主要包括：

①统一以责任预算、成本计划、企业定额、施工进度等作为成本分析考核的基本评价依据。

②统一成本分析考核对象。成本分析考核对象一般为成本核算对象，但未进行完整成本核算的单位，应根据“干什么、管什么、算什么”的原则，“干什么、分析什么”。对于作业内容、方式相同、相近的单位应统一规定其分析考核的对象。

③统一分析考核指标。除成本费用节超额、节超率外，还应建立统一的实物消耗量节超、利用率等分析考核指标，如工天、各种材料、各种机械设备、各种小型机具的耗用量和利用效率指标等。

④统一分析时点。即明确规定统一的分析起、止时间，起、止时间外的经济活动不再纳入当次成本分析考核范围。

⑤统一分析考核方法。一是要明确什么内容用什么方法、什么程序进行分析，二是要明确不同的分析结果怎样考核，应有针对性地制定奖罚措施。

⑥统一分析过程、结果应填制、提交的资料。包括应提交资料的种类、格式、包含的指标、提交的程序和时间等。

3. 引用的数据资料必须具有可靠性、可比性。可靠性要求数据一是要真实，二是要准确；可比性要求用于分析的数据之间必须具有统一的口径、内在的联系。否则，必然得出错误的结论。

4. 坚持实事求是的科学分析态度。应充分利用各种数据进行定量分析，以翔实、准确的数据说话，客观反映成本支出情况；作出的分析、评价结论必须与据以分析的数据之间具有必然的因果关系，避免抽象定性，防止主观臆断、盲目做出结论。

5. 突出重点，不面面俱到。在工程成本分析中影响的因素众多，无论是对分析对象还是分析内容，都必须突出重点，忌讳面面俱到。如对成本节超额较小的成本对象，进行成本分析时应予舍弃或不作为重点分析；而对于节超额较大的成本对象，则应由浅入深进行重点分析。无重点的分析，极易造成管理措施、精力分散，最终导致重点问题不能有效解决。

在成本分析中，应重点关注大额成本对象、项目的节超，如分包费用节超、钢筋消耗节超、商品混凝土费用节超、周转材料费用节超、机械使用费用节超、临时设施费用节超等。

6. 注重分析的时效性。在成本管理过程中，发现问题应及时进行成本分析，并提出解决问题的有效措施，做到及时发现问题、及时解决问题。否则，极有可能贻误时机，甚至造成难以挽回的损失。

7. 及时总结经验、教训。对分析发现的问题，应及时提出有效改进措施，切实解决矛盾；发现好经验、好的措施，应及时进行总结、规范，并为后期管理、其他单位管理提供借鉴。

二、工程成本费用分析涉及的主要资料

工程成本分析主要是围绕工程成本的节超以及分析、查找其节超原因展开的，因此，工程成本分析必须以反映工程实际成本支出情况和衡量其节超尺度的各种资料为基础进行。工程成本分析所涉及的资料主要包括以下内容：

1. 反映工程实际成本费用支出的具体资料：

①工程总成本及单位成本支出额。可直接在财务部门成本费用报表及成本费用账簿中查找。

②成本项目分项总成本及分项单位成本。可直接在财务部门成本费用报表中查找。

③各成本对象工、料、机等实物量消耗统计及原始资料。主要由设备物资部门、人力资源部门及各工程施工单位根据物资设备发放及使用情况、人工出勤和作业情况等提供。

④工程完工实物量资料。主要由工程管理部门及各工程施工单位根据工程实际完工情况汇总提供。

⑤其他直接费支出数明细资料。主要由其他直接费主要支出项目如场地清理费、现场材料二次搬运费、临时设施摊销费、生产工具和用具使用费、工程保险费等涉及的相关业务部门和各工程施工单位汇总提供。

⑥间接费用支出明细资料。主要由财务部门根据成本费用报表及相关账簿记录提供。

⑦影响工程成本的非正常因素的量化资料，如工程因质量、气候影响导致报废、返工等。主要由涉及的相关业务部门及施工单位根据有关原始资料汇总提供。

2. 工程成本计划。主要由计划统计部门提供。

3. 工程成本预算资料。主要由施工技术部门提供。

4. 工程责任成本资料。主要由计划统计部门提供。

5. 工程实物消耗定额。主要由相关业务的主管部门提供。

6. 工程成本及费用支出历史资料。主要由前述各分管部门或档案部门提供。

三、工程成本分析的基本方法

工程成本分析的方法主要有比较分析法、比率分析法和因素分析法三类。

（一）比较分析法

比较分析法是通过经济指标对比确定数量差异的方法，亦称指标对比法。其主要作用在于揭示差异，发现问题，一方面可反映成本费用计划、定额指标等的完成程度，另一方面可根据差异程度确定分析重点，为进一步分析差异形成的原因、挖掘管理潜力指明方向。

工程成本分析对比分析的主要内容包括：

（1）实际指标与计划或定额指标对比。主要用于反映计划或定额的完成情况，为进一步分析和寻求差异形成的原因提供方向。进行对比分析时，必须要注意计划或定额指标的先进性和合理性，否则可能得出错误结论，挫伤相关单位和人员的积极性。

（2）本期实际指标与前期实际指标对比。通常与月、季、年、同期或历史最好水平对比，主要用于反映各项指标的变动情况，并可据变动差异进一步寻找变动原因。

（3）本单位与国内外同类企业对比。可以反映本单位在行业中的成本管理水平和与同行的差距，有助于单位确定奋斗目标，找出差距，提高经营管理水平。

在实务操作中，成本支出的相关指标通常都被视为企业的商业秘密，因此，本单位与其他单位的成本管理指标对比通常只能在企业内部或系统内部进行。

采用比较分析法可以直观反映相关指标的完成情况，因此在各类经济活动分析中被广泛运用。如地质情况相近的同一高速公路路基土方机械作业，定额 $10m^3$ 燃油消耗费用 20 元，甲作业队实际消耗 21 元，乙作业队 19 元，丙作业队 19.50 元，通过列表对比就可一目了然地看出各队的燃油消耗水平，进而分析差距形成的原因。但需要注意的是，进行比较分析时要求比较指标之间必须具有内在的联系，具有可比性，重点应考虑指标之间的计算口径、计价基础、外在经济环境等是否一致。不一致的，必须调整后方可进行分析。

（二）比率分析法

比率分析法，是将需对比的两个以上的绝对数指标转换为相对数指标，即以比例形式观察其相互之间的关系，进而进行分析的方法。比率分析法可分为以下几种：

1. 相关比率分析法

相关比率分析法是将两个性质不同但又相互关联的总量指标进行对比，求出比率，以分析经济活动情况的方法。

相关比率计算公式为：

$$相关比率=\frac{某项经济指标的绝对数}{另一项有关联的经济指标的绝对数}\times 100\%$$

例如，利润和成本是两个完全不同的指标，但它们之间却存在投入与获利的内在联系。通常，企业都希望能以最小的成本支出获得最大的利润，因此，利用成本利润率指标就可以考核企业成本支出的获利水平。

【例4－1】兴达建筑公司2021年利润总额为3 480 000元，成本费用总额为58 000 000元。求该公司2021年成本利润率。

$$成本利润率=\frac{3\ 480\ 000}{58\ 000\ 000}\times 100\%=6\%$$

将不同年度的成本利润率指标进行对比，即可反映成本利润率的变动趋势；将不同企业的成本利润率指标进行对比，即可反映不同企业的投入获利能力差异。

2. 构成比率分析法

构成比率分析法又称比重分析法或结构对比分析法。是根据某一经济指标的各个组成部分在总体中所占的比重，分析其构成内容的变化，以便进一步掌握该项经济活动的特点和变化趋势的方法。在成本分析中常用于成本项目变化、间接费用支出计划等具有不同结构的指标完成情况的分析。如直接材料费、机械使用费在成本中的占比等。

比率计算公式为：

$$某项指标构成比率=\frac{某项经济指标的部分数值}{某项经济指标的总体数值}\times 100\%$$

比如，同一标段的同一成本对象施工，本年第一、第二、第三季度的直接材料费支出与工程成本的占比分别为60%、63%、67%，其对比就反映出材料费比重在显著增加，必须注意分析、查找材料费用逐季增加的原因。

3. 动态比率分析法

动态比率分析法是将不同时期同类指标的绝对值进行对比，求出比率，分析该项指标的发展方向和增减速度，以观察经济活动变化趋势的方法。

根据分析要求的不同，可分为以下三类动态比率：

（1）发展速度。发展速度是以不同时期的数额与相同基期的数额对比的比率，反映某项经济活动在某一时期内的发展程度。因计算对比采用的基期数值不同，可分为如下三种动态指标：

①同比发展速度。是以分析期数值与上年同期（月、季等）数值之比，反映分析期发展的相对速度，常用于反映经济现象发展的长期趋势。其计算公式为：

$$同比发展速度=\frac{本年度分析期数值}{上年度同期数值}\times 100\%$$

②环比发展速度。是分析期发展水平与前一期（两个相邻期间）发展水平之比所计算的动态比率，它反映某一经济现象逐期发展的速度。常用于反映经济现象发展的短期趋势。其计算公式为：

$$环比发展速度=\frac{分析期数值}{前一期数值}\times 100\%$$

③定基发展速度。是以各报告期数值同某固定基期数值对比计算的动态相对数，它反映某经济现象在一个较长时期内的总发展速度。其计算公式为：

$$定基发展速度=\frac{分析期数值}{固定基期数值}\times 100\%$$

（2）增长速度。增长速度是各个时期较基期的增长数值和基期数值相对比的比率，它反映某项经济活动在某一时期内增长的程度。具体可分为同比增长速度、环比增长速度和定基增长速度三种动态比率。

①同比增长速度。是本年度某分析期（月、季等）数值和上一年度同期数值的差额与上年度同期数值之比计算的比率，它反映某经济现象的同期增长速度。其计算公式为：

$$同比增长速度 = \frac{本年度分析期数值 - 上年度同期数值}{上年度同期数值} \times 100\%$$

②环比增长速度。是相邻期间的增长量与前一期水平之比，它反映某经济现象本期与上期相比的增长速度。其计算公式为：

$$环比增长速度 = \frac{分析期增长数值}{前一期数值} \times 100\%$$

③定基增长速度。是分析期累计增长量与某一时期固定基期水平之比，反映某经济现象在一个较长时期内总的增长速度。其计算公式为：

$$定基增长速度 = \frac{分析期增长数值}{固定基期数值} \times 100\%$$

（3）平均发展、增长速度。

①平均发展速度。是各期环比发展速度的平均值，它反映某经济现象在一个较长时期内逐期发展的平均水平。其计算公式为：

$$平均发展速度 = \sqrt[期数]{\frac{末期数值}{基期数值}} \times 100\%$$

②平均增长速度。是反映某经济现象在一个较长时期内逐期递增的平均水平。其计算公式为：

$$平均增长速度 = \sqrt[期数]{\frac{末期数值}{基期数值}} \times 100\% - 1$$

增长速度 = 发展速度 - 1

发展速度 = 增长速度 + 1（或 100%）

（三）因素分析法

因素分析法是将指标分解为若干具体构成要素，再对各要素进行观察分析，以推断哪些环节可能存在问题，以确定审查重点的方法。

按其分析特点，因素分析法可分为连环替代法和差额计算法两种。

（1）连环替代法。为因素分析法的基本形式。是将相互联系的各因素实际值逐个替代基数指标值，以计算各因素变动对经济指标影响程度的一种分析方法。

计算分析程序如下：

①确定影响因素及其排列顺序（确定替代顺序的基本原则是先数量指标、后价值指标，一个指标受多个因素影响时应按主次排列）。

②根据经济指标和影响因素之间的相互关系列出表达式，并将各个因素的原始数值作为基数值代入表达式，再算出指标值。

③连环替代。即按照因素的先后顺序，用各个因素的实际值逐个替代其基数值，并分别计算指标值。

④把每个因素替代后计算的结果与替代前的计算结果相比较，计算因素变动对经济指标的影响程度。

⑤计算各因素影响程度的代数和（等于经济指标实际值与基数值之间的总差异）。

设经济指标 N 的影响因素为 a、b、c：

基数值：N_0、a_0、b_0、c_0；

实际值：N_1、a_1、b_1、c_1

a、b、c 变动的差异：N_a、N_b、N_c；

总差异：n

则其计算公式及计算程序为：

基数值：$N_0 = a_0 b_0 c_0$

替代 a：$N_2 = a_1 b_0 c_0$

替代 b：$N_3 = a_1 b_1 c_0$

替代 c：$N_1 = a_1 b_1 c_1$

计算各因素的影响程度：

因素 a 的影响程度：$N_a = N_2 - N_0$

因素 b 的影响程度：$N_b = N_3 - N_2$

因素 c 的影响程度：$N_c = N_1 - N_3$

$n = N_a + N_b + N_c = N_1 - N_0$

【例 4－2】 兴达建筑公司第一项目部2022 年4 月，在桥梁混凝土浇筑施工中，水泥消耗费用情况如表 4－2 所示：

表 4－2 **水泥消耗费用对比分析表**

单位：兴达建筑公司第一项目部

指标	计量单位	计划	实际	节超
混凝土浇筑量	立方米	50 000	51 000	1 000
水泥单耗量	吨	0. 25	0. 24	－0. 01
水泥单价	元	380	400	20
水泥消耗费用	元	4 750 000	4 896 000	146 000

要求：分析各因素变动对水泥消耗费用的影响。

据表 4－2 资料，可分析得出关系式：

①水泥消耗费用＝混凝土浇筑量×水泥单耗量×水泥单价

本期实际水泥消耗费用：51 000×0. 24×400＝4 896 000（元）

本期（基期）计划水泥消耗费用：50 000×0. 25×380＝4 750 000（元）

分析对象：4 896 000－4 750 000＝146 000（元）

②计算替代：

计划指标体系：50 000×0. 25×380＝4 750 000（元）

替代第一因素：51 000×0. 25×380＝4 845 000（元）

替代第二因素：51 000×0. 24×380＝4 651 200（元）

替代第三因素：51 000 × 0.24 × 400 = 4 896 000（元）（实际指标体系）

③确定各因素变动对水泥消耗费用的影响程度：

混凝土浇筑量的影响：4 845 000 − 4 750 000 = 95 000（元）

水泥单耗量的影响：4 651 200 − 4 845 000 = −193 800（元）

水泥单价的影响：4 896 000 − 4 651 200 = 244 800（元）

最后检验分析结果：95 000 − 193 800 + 244 800 = 146 000（元）

通过上述分析、计算可以看出，一是水泥单价变动导致水泥消耗费用增加了 244 800 元，是影响水泥消耗费用变动的最大因素，因此应重点分析水泥单价变动的原因，审查其变动是否有人为因素，以总结经验教训，采取相应措施，必要时追究相关人员责任等；二是水泥单耗量的减少，导致水泥消耗费用降低 193 800 元，也是影响水泥消耗费用变动的重要因素，也应重点分析其减少的具体原因，是采取了有效的管理措施，还是存在偷工减料的现象等。总之，因素分析法虽然不能揭示差异形成的原因，但可以通过差异确定分析的重点和方向。

（2）差额计算法。是在连环替代分析过程中，直接利用各因素的变动差额来计算确定各因素对指标值影响程度的一种方法。

设经济指标 N 的影响因素为 a、b、c：

基数值：N_0、a_0、b_0、c_0；

实际值：N_1、a_1、b_1、c_1

a、b、c 变动的差异：N_a、N_b、N_c；

总差异：n

则其计算公式及计算程序为：

因素 a 变动的影响程度：$(a_1 - a_0)\ b_0c_0 = N_a$

因素 b 变动的影响程度：$a_1\ (b_1 - b_0)\ c_0 = N_b$

因素 c 变动的影响程度：$a_1b_1\ (c_1 - c_0) = N_c$

$n = N_a + N_b + N_c = N_1 - N_0$

仍以【例 4 − 2】计算：

混凝土浇筑量的影响：（51 000 − 50 000）× 0.25 × 380 = 95 000（元）

水泥单耗量的影响：51 000 ×（0.24 − 0.25）× 380 = −193 800（元）

水泥单价的影响：51 000 × 0.24 ×（400 − 380）= 244 800（元）

最后检验分析结果：95 000 − 193 800 + 244 800 = 146 000（元）

四、工程成本、费用分析的基本程序

工程成本、费用的分析可概括为以下几个基本步骤：

1. 确认成本及费用分析、计算采用的实际完成工程量与计划完成工程量、分析考核时点等资料的口径是否一致，尤其涉及设计图纸修改、施工工艺或者条件改变、返工、报废、索赔等特殊情况的，应防止重复或漏计工程量。计划完工进度与实际进度不同步的，应以实际完工进度确认成本计算分析指标。

2. 通过比较分析法、比率分析法等对各成本、费用对象相关指标进行对比。

3. 将对比结果中差异较大，尤其是成本、费用节超幅度较大或节超绝对数较大的对象的成本、费用项目与计划成本等相关指标进行对比。

4. 将节超幅度较大或节超绝对数较大的成本、费用项目进行影响因素分解、分析，找出差异形成的原因，提出相应的应对措施。

5. 根据成本、费用节超分析结果落实奖罚政策。

五、工程项目材料成本费用分析

与工程项目材料成本、费用控制同步，材料成本、费用分析一般也分为三个阶段。

（一）施工准备阶段的分析

在施工准备阶段，物资部门涉及工程成本材料费用的主要业务包括：

1. 参与工程材料选用方案决策，确定原材料及周转材料等的配置方案，通过不同材料的合理配置满足施工生产需要，并力求降低材料使用费。

2. 参与施工现场规划，尽量缩小材料供应、存放场地占用面积，减少场地占用成本支出。

3. 规划现场物资搬运、装卸方案，缩短物资运输距离、减少二次搬运及装卸次数。

4. 规划材料供应渠道，在保障工程进度、质量的前提下，最大限度降低材料供应成本。

5. 合理规划水、电、气等能源供应方案，最大限度降低能源供应及使用成本。

以上业务实施情况如何，最终都将不同程度影响到材料及能源消耗的成本、费用，从理论上讲，都应该而且可以对上述业务的影响进行具体分析和考核。例如，对已规划的现场材料搬运、装卸方案，在后期施工中根据实际情况进行了优化、调整，调整前后产生的材料二次搬运、装卸等费用必然形成差异；材料采购方案的变化也必然导致采购价格发生变动。但在实际操作中，对上述业务变化导致的材料费用变动进行分析，工作量较大，技术操作也比较麻烦，所以对一般变化不专门进行分析。如果上述业务发生重大变化，而且对材料成本、费用产生重大影响时，通常应按不同方案计算各自实施后发生的费用支出和带来的经济效果，最后将不同方案执行形成的经济效益进行对比，评价其优劣。

（二）施工实施阶段的分析

施工实施阶段的成本、费用分析是整个工程成本分析的核心部分，其构成内容包括工程成本综合分析、单位工程成本分析、成本项目分析、单项费用分析及降低工程成本技术组织措施计划完成情况的分析等内容。

在施工实施阶段，物资部门的成本分析主要是以工程成本综合分析为基础，进行工程成本项目中的材料使用费分析、采购成本分析、周转材料租赁成本分析、自制材料成本分析和采购保管费分析等。

1. 工程成本综合分析

（1）一般分析。工程成本综合分析主要是根据“工程成本表”“施工图预算”“工程成本计划”或“责任成本预算”及其他有关资料进行。分析时，首先应采用比较分析法，通过实际成本与预算成本、计划成本或责任预算成本、上年同期成本以及所属各单位之间成本对比寻找差异，分析各成本对象或各施工单位成本的升降情况，为后续深入分析提供线索。

【例 4－3】 兴达建筑公司第三项目部 2022 年 6 月工程成本有关资料如表 4－3 所示。

表 4－3　　　　工程成本表

编制单位：兴达建筑公司第三项目部　　2022 年 6 月 30 日　　计量单位：万元

工程项目	计量单位	实际产量	单位成本		总成本	
			本年计划	本期实际	按本年预算单位成本计算	本期实际
马家峪大桥	（略）	（略）	（略）	（略）	1 160	1 107
其中：人工费					80	78
材料费					680	622
机械使用费					300	310
其他直接费					82	80
间接费用					18	17
路基土石方	（略）	（略）	（略）	（略）	462.5	460
其中：人工费					90	89
材料费					110	105
机械使用费					202	206
其他直接费					40.5	41
间接费用					20	19
合　计					1 622.5	1 567

根据表 4－3 进行工程成本分析，应编制工程成本分析表，如表 4－4 所示。

表 4－4　　　　工程成本分析表

编制单位：兴达建筑公司第三项目部　　2022 年 6 月 30 日　　计量单位：万元

工程项目	预算总成本（实际完成工程量×预算单价或定额）	实际总成本（工程成本报表填报完成实际工程量的成本数额）	升降额（实际成本－预算成本）	升降率（%）
马家峪大桥	1 160	1 107	－53	－4.57
其中：人工费	80	78	－2	－2.5
材料费	680	622	－58	－8.53
机械使用费	300	310	＋10	＋3.33
其他直接费	82	80	－2	－2.44

续表

工程项目	预算总成本（实际完成工程量×预算单价或定额）	实际总成本（工程成本报表填报完成实际工程量的成本数额）	升降额（实际成本 - 预算成本）	升降率（%）
间接费用	18	17	-1	-5.6
路基土石方	462.5	460	-2.5	-0.54
其中：人工费	90	89	-1	-1.11
材料费	110	104.5	-5.5	-5
机械使用费	202	206	+4	+1.98
其他直接费	40.5	41	+0.5	+1.23
间接费用	20	19.5	-0.5	-2.5
工程总成本	1 622.5	1 567	-55.5	-3.42

按计划完工进度计算，假定2022年6月第三项目部计划成本为1 700万元，成本降低率为3%，计划成本降低额51万元。通过表4-4可以看出：

①按实际完工进度，本期工程计划总成本为1 622.5万元，实际总成本为1 567万元，实际总成本降低额为55.5万元，实际总成本降低率3.42%。除工程进度未完成计划外，工程成本降低额、降低率指标均已超额完成。

②表4-4中两个成本分析对象的成本节超幅度不同：马家峪大桥实际成本降低53万元，降低率4.57%；而路基土石方的实际成本降低额仅2.5万元，实际降低率0.54%。显而易见，从成本对象的角度来看，进行进一步成本分析的重点应是马家峪大桥，应具体分析其成本降低的原因；但路基土石方项目总体未完成成本降低率指标，尤其是机械使用费不但没有降低，反而超支4万元，应关注其未完成的具体原因。

③马家峪大桥各成本项目中，材料费降低额高达58万元，降低率也高达8.53%；机械使用费未降反升，上升额10万元，上升率3.33%。材料费、机械使用费应予重点分析。以材料费成本项目为例，根据表4-3、表4-4资料，以及材料消耗等资料，应编制表4-5作进一步分析。

表4-5　　马家峪大桥工程施工材料费节超分析表

编制单位：兴达建筑公司第三项目部　　2022年6月30日　　计量单位：万元

材料种类	单位	定额用量	实际用量	预算单价	实际单价	预算成本	实际成本	预算价格成本	节超			
									总额	其中		节超率（%）
										量差	价差	
甲	乙	1	2	3	4	5=3×1	6=4×2	7=3×2	8=6-5=9+10	9=7-5	10=6-7	11=8÷5
A材料	t	570	580	0.5	0.41	285	237.8	290	-47.2	+5	-52.2	-16.56
B材料	t	9 000	8 800	0.03	0.03	270	264	264	-6	-6	0	-2.22
C材料	t	260	250	0.1	0.092	26	23	25	-3	-1	-2	-11.54

续表

材料种类	单位	定额用量	实际用量	预算单价	实际单价	预算成本	实际成本	预算价格成本	节超			
									总额	其中		节超率（%）
										量差	价差	
D 材料	t	490	480	0.2	0.2	98	96	96	-2	-2	0	-2.04
E 材料	t	50	48	0.02	0.025	1	1.2	0.96	+0.2	-0.04	+0.24	+20
合计						680	622	675.96	-58	-4.04	-53.96	-8.53

从表 4 -5 可以看出：

①A 材料耗用成本较预算成本降低了 472 000 元，降低率占预算成本的 16.56%，其中价差为 522 000 元，直接导致了 A 材料消耗费用的降低；A 材料量差没有降低，反而超支 50 000 元，绝对数较大。对 A 材料价差降低、量差上涨的潜在原因都应重点进行分析。

②C 材料虽然只降低消耗 30 000 元，但其降比达 11.54%；E 材料消耗较预算超耗虽仅仅 2 000 元，但超耗达 20%，并且完全是因价差超耗。此两项应作为次重点分析其节超的具体原因。

③B 材料、D 材料耗费均有不同程度降低，但降低额及占比都不大，可进行适当分析即可。

以下对表 4 -5 中的 A 材料节超情况，采用因素分析法作如下分析：

假定本期马家峪大桥工程施工成本节超计算如表 4 -6 所示。

表 4 -6　　钢筋混凝土浇筑 A 材料成本节超计算表

工程项目：马家峪大桥工程　　2022 年 6 月 30 日

项　目	单位	计划	实际	差异
钢筋混凝土浇筑量	m^3	10 000	10 000	0
A 材料定额用量	t/m^3	0.057	0.058	+0.001
A 材料单价	元	5 000	4 100	-900
材料费总额	元	2 850 000	2 378 000	-472 000

从表 4 -6 可看出，钢筋混凝土浇筑 A 材料耗用总额实际数较计划数降低 472 000 元，是由于定额耗用量、采购单价两项指标发生了变动。各指标变动给 A 材料费用节超产生的影响可通过表 4 -7 进行因素替换分析。

表 4 -7　　钢筋混凝土浇筑 A 材料费用节超因素分析表

工程项目：马家峪大桥工程　　2022 年 6 月　　计量单位：元

指　标	连环代替的计算	差异	差异原因
计划指标	10 000 ×0.057 ×5 000 =2 850 000		
替换指标①	10 000 ×0.057 ×5 000 =2 850 000	0	工程量变动
替换指标②	10 000 ×0.058 ×5 000 =2 900 000	+50 000	耗用量变动
替换指标③（即实际指标）	10 000 ×0.058 ×4 100 =2 378 000	-522 000	材料单价变动
合　计		-472 000	

根据表 4－7 分析，A 材料每立方米单耗量增加 0.001t，造成 A 材料消耗费用增加 50 000元；A 材料实际采购单价降低 900 元，导致 A 材料消耗费用降低 522 000 元。两因素抵销，最终导致 A 材料消耗费用降低 472 000 元。其中，A 材料实际采购单价降低是导致最终消耗费用降低的主要因素，因此应进一步分析单价降低的具体原因。

（2）影响工程材料费用节超的主要因素：

对比分析结束，企业、项目部应有重点地对材料费差异形成的原因进行深入分析，以采取相应的改进措施。

导致材料消耗量节超的主要因素通常有：

①量差分析：

第一，材料消耗降低的一般原因：

一是施工中采用了先进、合理的技术组织措施和管理方法。二是材料供应、运输中，改进了运输、贮存方式、手段。三是材料使用中优化了材料的裁截技术，强化边角余料回收，修旧利废。

第二，材料消耗超支的一般原因：

一是材料使用方面：技术及组织措施不到位，未严格按技术组织措施进行施工；材料配比增加或任意提高混凝土捣厚等；工程质量差，返工事故多；工程变更未能索赔或索赔工程量不足；超发外包工程用料等。二是材料供应方面：材料供应不及时、不配套，不得已大材小用，优材劣用；材料运输、贮存损耗超标；材料发放手续不严，超标、超范围发放材料等。三是工地材料管理方面：材料的日常管理不严，有丢失、浪费、意外损失发生等。

②价差分析：

第一，客观因素。主要有材料价格、运输费用等发生涨跌，运输方式改变等。客观因素导致的材料费用节超，与内部人员无直接关联责任，但应分析其影响范围及程度，并尽可能规避。

第二，主观因素：

一是施工单位方面：未按规定等级、标号使用材料，“大材小用”“长材短用”或“优才劣用”，租入周转材料不能有效利用等，都会导致材料费用增加；反之，或“劣才优用”，或偷工减料，将导致材料费用违法、违规降低，造成工程质量隐患、安全隐患；采用新技术、新工艺、新材料，或合规选用代用材料，则可能使材料费用节约。

二是供应单位方面：材料供应配置方案不佳，采购、租赁价格不合理，未就地取材，采购地不合理，运输方式及费用支出不合理，租入材料过早进场或未及时退场，采购保管费超支，加工成本过高等，都将导致材料消耗费用增加。

2. 采购保管费支出分析

采购保管费是建筑企业在组织材料采购、供应、储备等过程中发生的费用，其内容包括材料采购保管人员的工资、工资附加费、劳动保护费、办公费、差旅费，以及材料采购保管过程中发生的固定资产使用费、工具用具使用费、检验试验费、材料正常损耗、材料整理及零星运费和材料物资的盘亏及毁损等。采购保管费是建筑企业材料采购成本的组成部分，进行工程项目成本费用分析时，必须对材料采购保管费进行分析、考核。

采购保管费的分析，一般根据采购保管费年度支出计划、采购保管费日常会计核算资料等，通过采购保管费分析表，采用对比方法来进行。采购保管费分析表的一般格式如表4－8所示。

表4－8　　采购保管费分析表

编制单位：　　　　年　月　　　　单位：元

项目	本年计划支出	本年实际累计支出	上年同期实际支出	本年较上年同期差异		本月（季）计划支出	本月（季）实际支出	本月（季）较计划节超	
				金额	差异率（%）			金额	节超率（%）
职工薪酬									
劳动保护费									
工具用具使用费									
折旧费									
办公费									
差旅费									
……									
合计									

根据表4－8资料：

①对比本年实际累计支出与本年计划至同期累计支出，可以反映采购保管费年度支出计划的执行进度。

②对比本年实际累计支出与上年同期实际支出，可以反映采购保管费的同期支出差异。

③对比本月（季）实际支出与计划支出，可以反映本期采购保管费支出的节超情况。

通过上述三方面指标的对比，即可以根据对比差异有重点地对导致差异形成的原因进行具体分析和评价。应注意的是采购保管费的分析必须有重点地进行，分析的对象通常应是支出额较大、节超额或节超率较大的项目，支出额较小的项目通常可以忽略不计。

3. 材料采购成本分析

材料采购成本分析通常应该按大宗消耗材料的品种或类别通过编制“材料采购成本分析表”来进行，为突出重点，消耗量较小的材料一般可不列表分析。“材料采购成本分析表”所列材料种类应与“材料采购”账户中的类别一致。

仍以 A 材料采购为例，“材料采购成本分析表”的一般格式如表 4－9 所示。

表 4－9　　材料采购成本分析表

编制单位：兴达建筑公司第三项目部　　2022 年 6 月 30 日　　计量单位：万元

材料种类	计量单位	计划采购量	实际采购量	指导（计划）价	实际采购价	指导（计划）价计划采购总额	实购价实际采购总额	指导（计划）价实际采购总额	节超			
									总额	其中		节超率（%）
										量差	价差	
甲	乙	1	2	3	4	5＝3×1	6＝4×2	7＝3×2	8＝6－5 ＝9＋10	9＝7－5	10＝6－7	11＝8÷5
A 材料	t	600	540	0.5	0.41	300	221.4	270	－78.6	－30	－48.6	－26.2
……												
合计												

根据表 4－9 资料可以发现：

①本期购入 A 材料比计划购入量少 60t，完成采购计划 90%，按公司指导价计算，降低了采购资金支出 30 万元。在不影响施工进度的情况下减少材料采购量、降低采购资金支出，可以减少资金占用成本。其具体原因应予分析。

②实际采购单价 4 100 元，较公司指导价低 900 元，按实际采购量计算，降低了采购资金支出 486 000 元。材料采购价格降低的原因应再深入分析，如系管理原因，应进行总结、推广、表彰。

对于其他种类的材料，如出现采购成本发生较大差异的也应比照 A 材料进行同理分析。

4. 周转材料租赁费用分析

周转材料租赁通常有按工程量总包租赁和按期间租赁两种方式。

按工程量总包方式租赁，企业只需要在工程施工完成后向出租方支付租金即可，将实际支付的租金与计划支付的租金（一般为计划租入周转材料数量与指导或定额租赁单价的乘积）对比，即可直接求出实付租金的节超，而对其使用过程则无需进行成本费用节超分析。对其节超额，必要时应对节超的具体原因进行分析。

按期间租赁，影响周转材料租赁费支出的因素主要有两个方面：一是租赁价格。实际支付的租金会因实租单价和公司指导租赁单价不同而形成差异；二是周转材料的利用即周转效率。周转材料的利用率高，周转次数多，可以减少周转材料的租入数量或缩短租赁时间，减少租金支出。反之，周转材料的利用率低，周转次数少，则会增加租入数量或延长租赁期间，导致租赁费增加。

周转材料租赁费节超分析如表 4－10 所示。

表 4-10 周转材料租赁费用分析表

编制单位： 年 月 单位：元

材料种类	计量单位	计划租入量	实际租入量	公司指导价	实租价	指导价计划支付租金总额	实租价实际支付租金总额	指导价实际支付租金总额	节超			
									总额	其中		节超率（%）
										量差	价差	
甲	乙	1	2	3	4	5=3×1	6=4×2	7=3×2	8=6-5=9+10	9=7-5	10=6-7	11=8÷5
周转材料 A	件	100	90	500	510	50 000	45 900	45 000	-4 100	-5 000	+900	-8.2
周转材料 B												
周转材料 C												
……												
合计												

根据表 4-10 分析可知：

①周转材料 A 本期计划支出租金 50 000 元，实际支付 45 900 元，节约租赁费支出 4 100元；

②周转材料 A 本期租入数量 90 件，较计划租入量少 10 件，按指导租赁单价 500 元计算，减少租赁费支出 5 000 元；

③周转材料 A 本期租入单价为 510 元，较公司指导单价高出 10 元，按实际租入数量 90 件计算，多付租赁费 900 元。

④周转材料租入量减少和租赁单价上涨的共同影响导致租赁费减少支出 4 100 元，其中租入量减少是租赁费降低的主要原因，应具体分析租入量减少的具体原因。在实务中，租入数量减少的主要原因通常为周转效率提高，租用期内周转材料使用次数增加。

以上各成本、费用分析、评价基本结束后，应根据分析结果作如下处理：

①确认分析差异与企业或项目部确实无关联责任的，应审视预算、定额、指导价或中标合同条款是否合理，必要时应会同招标人或内部有关部门协商调整相关指标。

②针对分析结果提出相应措施。导致成本费用超支的，应提出有效、可行的改进、防范措施；对于促使成本、费用节约的，应总结经验，加以规范并进行推广。

③兑现奖罚政策。

（三）工程竣工阶段的分析

竣工工程成本分析，主要是分析、评价整个竣工工程完整的成本支出情况，总结经验教训，提出积极措施，为确认项目施工管理的有关部门、人员的经济责任和今后的项目工程施工成本管理、控制提供参考依据。

竣工工程成本分析，一般应从以下两方面进行：

1. 竣工项目工程成本综合分析

竣工项目工程成本的综合分析，是对竣工项目的开、竣工时间和工程成本节超情况进行的分析。

进行竣工项目工程成本的综合分析，凡有多个单位工程并且是单独进行成本核算的施工项目，首先应进行各单位工程竣工成本分析，再以其为基础，汇总进行全部竣工工程成本的综合分析。

竣工工程成本综合分析，首先应编制竣工工程成本分析表，假设兴达建筑公司第一项目部 2021 年 7 月竣工工程成本分析表如表 4－11 所示。

表 4－11　　竣工工程成本分析表

编制单位：兴达建筑公司第一项目部　　2021 年度　　单位：万元

工程名称	竣工工程量	开工时间		竣工时间		预算成本		实际成本		成本降低额	成本降低率（%）
		计划	实际	计划	实际	总成本	其中：上年结转	总成本	其中：上年结转		
1. 东山隧道	1 000 延米	2 020. 6	2 020. 6	2 021. 8	2 021. 6	7 500	3 000	7 200	2 900	300	4
其中：人工费											
材料费											
机械使用费	（略）	（略）	（略）	（略）	（略）	（略）	（略）	（略）	（略）	（略）	（略）
其他直接费											
间接费用											
2. A 标路基	3 000 延米	2 021. 3	2 021. 3	2 021. 6	2 021. 6	6 000	—	5 900		100	1. 67
其中：人工费	（略）	（略）	（略）	（略）	（略）	（略）		（略）		（略）	（略）
……											
合计	20 000m²					13 500	3 000	13 100	2 900	400	3

从表 4－11 可以看出，兴达建筑公司第一项目部本年有东山隧道、A 标路基两项工程竣工。其中，东山隧道工程按计划如期开工，并提前两个月竣工。该工程上年结转的已完工程实际成本为 2 900 万元，预算成本 3 000 万元，实际成本比预算成本降低 100 万元（2 900万元－3 000 万元），比预算成本降低 3. 3%（$\frac{100}{3\ 000}\times 100\%$）。本年完工程预算成本为 4 500 万元，实际成本 4 300 元，实际工程成本比预算成本降低了 200 万元，比预算成本降低了 4. 4%（$\frac{200}{4\ 500}\times 100\%$）。东山隧道全部工程成本总额降低了 300 万元，降低率为 4%，本年成本降低率 4. 4% 明显高于上年 3. 3%，说明本年度施工管理及成本管理水平比上年有较大程度的提高。

从 A 标路基工程看，工程全部在本年度完成，开竣工时间均如期实现。整个工程全部预算成本 6 000 万元，实际成本 5 900 万元，成本降低额 100 万元，成本降低率 1. 67%。该工程略有盈余，但降比不大。

2. 单位工程竣工成本的分析

单位工程竣工成本分析是就各成本核算对象的竣工成本进行的分析。其分析方法与工程施工中成本分析方法相同，故不再赘述。

除上述分析外，在竣工成本分析时还应就竣工工程主要资源节超、主要技术降本措施及经济效果进行分析。

主要资源节超分析应按主要资源种类列表将实际消耗量与预算或计划消耗量、实际消耗价值与预算或计划消耗价值进行对比，找出差异，并寻找节超的原因。

主要技术降本措施及经济效果分析，应根据已实施的不同措施、方案实施前后的成本数据列表进行对比，找出差异，分析评价其经济效果。

六、工程项目机械使用费分析

随着我国经济及科学技术的发展，我国建筑企业机械化施工水平不断提高，工程机械使用费在成本中的比重也越来越大，对工程项目机械使用费的控制、分析变得日趋重要。

与工程项目材料成本、费用分析相同，机械使用费的分析一般也分为三个阶段进行。

（一）施工准备阶段的分析

在施工准备阶段，设备物资部门涉及机械使用费成本的主要业务有：

1. 参与工程机械设备选用方案决策，寻求不同机械设备及人机的组合方式，确定不同机械设备的配置方案，以最大限度提高工程作业水平，降低机械使用费支出。

2. 参与施工现场规划，尽量缩小机械设备进出场、停放、维修等的占地面积，降低场地占用成本支出。

3. 参与施工组织设计方案制定，合理规划机械施工作业进度、步骤等，以加快施工进度，降低工程成本。

4. 合理规划机械设备供应渠道，在保障工程进度、质量的前提下，最大限度降低机械设备供应成本。

5. 合理规划油料、燃料等能源供应方案，最大限度降低能源供应及机械设备油料、燃料使用成本。

在施工生产进行过程中，如涉及上述方案的有关情况发生变化，或对有关方案进行了优化，并由此对机械使用成本、费用产生较大影响时，应对方案调整带来的机械设备使用成本、费用节超和经济效果进行分析、评价。

（二）施工实施阶段的分析

施工阶段机械使用成本费用的分析主要包括三个方面的内容。

首先，应根据工程成本分析表分别确认不同成本核算对象机械使用费成本项目的节超情况；其次，根据机械使用费成本项目节超额和节超幅度的不同，就其节超原因进行具体分析；最后，根据节超的具体原因制定相应的具体措施。

1. 机械使用费节超的一般分析

如前所述，根据表 4－4 工程成本分析表已知，在兴达建筑公司第三项目部 2022 年 6 月工程施工中，按实际完工进度计算，工程计划总成本 1 622.5 万元，实际总成本为 1 567 万元，实际总成本降低额为 55.5 万元，实际总成本降低率 3.42%。其中，马家峪大桥实际成本降低 53 万元，降低率 4.57%；路基土石方的实际成本降低额 2.5 万元，实际降低率 0.54%。按总成本降低率 3% 的要求，在工程成本中机械使用费都是未降反升，超支额达 14 万元，超支额占机械使用费预算成本的 2.79%。其中马家峪大桥机械使用费超支额 10 万元，超支率 3.33%；路基土石方机械使用费超支 4 万元，占预算成本的 1.98%。

为寻求机械使用费超支的具体原因，应根据工程预算、工程成本计划、施工机械使用记录等资料编制机械使用费分析表进行对比分析。以马家峪大桥为例，应编制机械使用费分析表，如表 4－12 所示。

表 4－12　　马家峪大桥工程施工机械使用费节超分析表

编制单位：兴达建筑公司第三项目部　　2022 年 6 月 30 日　　计量单位：元

机械名称	单位	定额用量	实际用量	预算单价	台班成本	预算成本	实际成本			预算价格成本	节超			
							金额	其中：停置			总额	其中		节超率（%）
								台班	金额			量差	价差	
甲	乙	1	2	3	4	5＝3×1	6＝4×2	7	8＝4×7	9＝3×2	10＝6－5＝11＋12	11＝9－5	12＝6－9	13＝10÷5
A 机械	台班	880	900	700	720	616 000	648 000			630 000	＋32 000	＋14 000	＋18 000	＋5.19
B 机械	台班	600	620	800	850	480 000	527 000	30	25 500	496 000	＋47 000	＋16 000	＋31 000	＋9.79
C 机械	台班	650	640	700	730	455 000	467 200			448 000	＋12 200	－7 000	＋19 200	＋2.68
D 机械	台班	900	880	250	230	225 000	202 400	8	1 840	220 000	－22 600	－5 000	－17 600	－10.04
中小型机械						1 224 000	1 255 400				＋31 400			＋2.57
合计						3 000 000	3 100 000				＋100 000			

从表 4－12 可以看出：

①马家峪大桥工程施工机械使用费超支 100 000 元系多种机械的使用费超支所致。其中 A 机械超支 32 000 元，B 机械超支 47 000 元，C 机械超支 12 200 元，中小型机械超支 31 400 元，唯有 D 机械降低 22 600 元。A 机械、B 机械超支率都较高，尤其是 B 机械超支率高达 9.79%。C 机械超支比率虽然仅 2.68%，但绝对数达 12 200 元。因此，上述四种机械的使用费均应分析其节超的具体原因。

②前三种机械实际单价均有不同程度的上涨，应分析其上涨的具体原因。

③中小型机械使用费超支比例不高，但超支额达 31 400 元，由于没有进行单机单车核算，应关注其超支的具体情况。

④B 机械、D 机械为租入机械，使用中都有停置未用的情况，应分析其停置的原因，采取相应措施，提高施工组织水平。

为查明各因素对机械使用费节超的影响，以 B 机械为例，可根据有关资料通过表 4－13 进行具体分析。

表 4 - 13　　钢筋混凝土浇筑 B 机械使用费节超分析表

工程项目：马家峪大桥工程　　2022 年 6 月 30 日

项　目	单位	计划	实际	差异
钢筋混凝土浇筑量	m^3	10 000	10 000	0
台班定额用量	台班	0.06	0.059	-0.001
台班成本	元	800	850	+50
实际使用机械使用费	元	480 000	501 500	+21 500
停置台班量	台班	—	30	+30
停置台班费	元	—	25 500	+25 500
机械使用费总额	元	480 000	527 000	+47 000

注：实际台班定额用量 =（耗用台班 - 停置台班）÷实际完成工作量

= （620 - 30） ÷ 10 000 = 0.059

从表 4 - 13 可以看出：

①钢筋混凝土浇筑 B 机械使用费总额实际数较计划数上涨 47 000 元，扣除停置费 25 500元，实际使用机械的使用费 501 500 元，较计划机械使用费超支 21 500 元。

②扣除停置的 30 台班，机械台班实际单位用量较计划减少了 0.001 台班，实际台班单位成本较计划上涨 50 元，共导致实际使用机械台班费超支 21 500 元。

由于台班定额耗用量、台班成本各有增减，该两项变动对 B 机械使用费超支 21 500 元的影响可通过表 4 - 14 进行因素分析。

表 4 - 14　　钢筋混凝土浇筑 B 机械使用费节超因素分析表

工程项目：马家峪大桥工程　　2022 年 6 月　　计量单位：元

指　标	连环代替的计算	差异	差异原因
计划指标	10 000 × 0.06 × 800 = 480 000		
替换指标①	10 000 × 0.06 × 800 = 480 000	0	工程量变动
替换指标②	10 000 × 0.059 × 800 = 472 000	-8 000	定额用量变动
替换指标③（即实际指标）	10 000 × 0.059 × 850 = 501 500	+29 500	台班成本变动
合　计		+21 500	

根据表 4 - 14 分析可以看出：

①B 机械使用每立方米工程量单耗减少 0.001 台班，致使 B 机械使用费总额减少8 000 元；B 机械实际使用台班成本为 850 元，较计划增加 50 元，使 B 机械实际使用费总额增加 29 500 元。两项费用共致实际使用的机械使用费超支 21 500 元。

②B 机械实际使用费总额增加的 21 500 元中，机械台班成本增加是导致 B 机械使用费超支的唯一因素，应进一步分析其增加的具体原因。

2. 影响机械使用费节超的主要因素

影响机械使用费节超的因素也可分为量差和价差两个方面。

（1）影响量差的因素。量差因素即影响机械台班使用数量的因素。导致机械台班使用量节超的主要因素通常有：

①施工方案是否合理。施工组织、机械调配状况都会直接影响机械设备使用的数量和台班。

②机械设备是否配套。不同种类、规格、型号的机械设备是否配套，对施工效率、机械设备使用的数量、台班有直接影响。

③机械设备完好率、利用率高低。机械设备的完好率是保证其正常使用、提高利用率的前提，完好率、利用率高低直接决定施工需要的机械设备数量和工作台班或租赁期间。机械设备的完好率与机械设备的日常维护、保养、操作方式等直接相关。

④有无不合格工程及工程事故。工程质量不合格及发生工程事故，通常都会导致返工，从而增加工程成本。

⑤操作人员专业水平。操作人员的专业水平首先是对机械作业效率产生影响，同时也对机械设备的完好率产生影响。

⑥机械设备日常管理是否到位。日常管理不严，容易导致机械设备锈蚀、损坏和发生各种意外损失。

（2）影响价差的因素。价差因素即直接影响机械台班使用价值量变化的因素。导致机械设备使用价值量直接变动的主要因素通常有：

①机械进出场时间是否精准、合理。机械设备进场过早、退场过晚都会导致机械使用费增加。

②租赁价格是否合理。

③机械设备是否配套。机械设备与工程需求不配套，容易形成“小马拉大车、大马拉小车”情况，导致机械使用成本上涨，或使机械设备过度磨损而增加维修等费用。

④油料、燃料价格高低。油料、燃料价格高低既受市场价格的影响，也受采购成本的影响。

⑤操作人员专业水平。操作人员的专业水平、操作方法直接影响燃油、日常擦拭、润滑材料的消耗量。

⑥设备修理制度是否建立、执行到位。

机械设备工程竣工阶段的分析与材料相似，不再专门叙述。

第五章
建筑企业材料及机械设备核算与管理审计

建筑企业物资和机械设备的相关支出是企业成本费用构成的主体内容，对企业利润、税收、总体经济效益有着决定性的影响。因此，建筑企业物资和机械设备的核算和管理，既是国家审计机关、税务部门等国家机关审计和检查的重点，也是会计师事务所、企业内部审计等监督部门审计和检查的重点。建筑企业设备物资管理人员了解、熟悉、掌握必备的审计知识，对于防范审计、税务风险，提高业务水平具有十分重要的意义。

第一节　审计概述

一、审计的概念和对象

（一）审计的概念

从本质上讲，审计是由资源财产所有人授权或委托专门机构或人员，对其所拥有的资源财产的使用人经济责任的履行情况进行审查，并向所有人提出报告，借以维护资源财产所有人经济利益的一种经济监督、评价、鉴证活动。

就我国而言，审计则是指由独立于被审计单位之外的专职机构或人员，接受授权或委托依法对被审计的企业、事业单位财政财务收支及其有关经济活动的真实性、合法性和效益性进行审查、评价，以确定被审计单位经济责任，维护财经法纪、改善经营管理、提高经济效益的独立经济监督活动。

审计具有以下特点：

1. 社会地位的独立性

社会地位的独立性主要表现为审计机构、组织实行垂直领导，不受其他任何部门干预。审计的独立性特点具体表现在以下三个方面：

（1）组织独立，即审计机构和人员独立于被审计单位之外，单独设置。

（2）经济独立，即审计机构和人员在经济上有法定的资源作保证，不受被审计单位的牵制。

(3) 工作独立，即审计机构独立行使其监督权，不受外来因素的影响及干预。

在我国，社会经济监督体系包括财政监督、税收监督、工商行政管理监督、会计监督等，但审计监督与其相比较，具有超脱性、独立性的特点，是其他专业经济监督的再监督，具有综合性更强，层次更高的属性。

2. 审计结论的客观性

审计是广义经济管理的一个环节，并不参与具体的经济管理（即是与从事会计或经济活动无关的第三者）。正因为超脱于具体管理，才能严格公正地实施监督。

3. 审计范围的广泛性

审计涉及的范围包括被审计单位已经发生的、正在发生的和将要发生的所有经济活动。

4. 审计结论的建设性

除对被审计单位实施经济监督外，审计人员在审计活动结束后，还应对被审计单位的经济活动提出改进建议和措施，政府审计和内部审计还可进行后续审计，以检查这些建议和措施的执行情况，帮助被审计单位提高经营管理水平。

（二）审计对象

审计对象即审核监督的客体。审计对象包括两个方面的含义：一是指被审计的实体，即被审计单位；二是指被审计的经济活动内容。

审计对象，无论是被审计单位还是被审计内容，都因审计主体即实施审计的单位不同而不同。但通常是指被审计单位特定方面、特定时段内的经济活动及其相关的管理（内部控制）制度。其具体内容为被审计单位客观存在的，已经发生、正在进行或将要发生的经济活动，包括通过会计记录或其他载体反映出来的和被审计单位有意或无意不在会计记录或其他载体中反映、遗漏或隐匿的经济活动。

二、审计的目标、职能和作用

（一）审计目标

审计目标即通过审计所要达到的目的。审计目标的具体内容包括就以下内容对审计对象进行审查和评价：

1. 经济活动的真实性和公允性

审查、评价经济活动的真实性和公允性是审计的首要目标。审计人员应通过审查被审计单位的有关经济活动，评价其会计、计划、统计及其他经济业务数据是否真实、准确、全面、完整、公允地反映了被审计单位的经济活动，以从中发现错误、舞弊情况，并提出针对性的意见、建议。

2. 经济活动的合法性和合规性

审查、评价经济活动的合法性和合规性，一是要评价被审计单位有关经济活动是否符合党和国家及各级政府的法律、法规、政策、制度等规定，二是是否符合被审计单位内部的各项规章制度，揭露并查处各种违法乱纪行为，保护被审计单位涉及的各方的资源、财产安全，依法保证各方的经济利益。

3. 经济活动的合理性和效益性

审查、评价经济活动的合理性、效益性，一是要检查、评价被审计单位的经济活动的目标、决策、计划等是否科学、合理、可行；二是评价经济活动是否实现了预定的经济效益及社会效益目标、计划等的要求。同时要审查、评价经济活动是否符合经济活动的一般规律，是否符合企业经营管理的基本原则，内部控制制度是否建立、健全、合理、可行。

（二）审计的职能

审计职能是指审计在经济监督中应具有的功能。审计的具体职能主要包括经济监督职能、经济鉴证职能和经济评价职能三项。

经济监督职能是审计最基本的职能。由于审计主体不同，审计监督的具体内容不尽相同，但其基本内容就是基于审计目标，对被审计单位经济活动的合法性、合规性、效益性及其记录信息的真实性、公允性等进行审查、监督。不同审计主体的具体内容，可参阅本书审计组织和人员中不同审计主体的职责等内容。

（三）审计的作用

审计的基本作用表现为审计的防护性和审计的建设性。

1. 审计的防护性。即以事实为依据，以党和国家的各项方针、政策、制度以及被审计单位的规章、经济活动规律为准绳，通过审计防范和打击各种错弊行为，保护被审计单位及有关各方的合法经济利益。

2. 审计的建设性。是指通过审计揭露矛盾，总结经验教训，促进被审计单位经济管理水平的提高，促进其经济活动良性发展。

审计的具体作用主要体现在以下几个方面：

（1）审查会计资料的真实性和正确性，保证其可靠、有用；

（2）监督财务计划或财政预算的制定和执行，保证被审计单位经济活动的顺利发展；

（3）揭露经济活动中的错弊行为，维护正常的经济秩序；

（4）审核内部控制制度的建立和运行情况，提高被审计单位的经济管理水平；

（5）检查被审计单位资源财产的利用情况，促使其挖掘潜力，提高经济效益。

三、审计组织和人员

（一）审计组织

根据宪法和有关法律的规定，我国的审计组织机构有三种形式，即国家审计机关、内部审计机构和社会审计组织。

1. 国家审计机关

（1）国家审计机关的机构设置：

我国国家审计机关的设置：

①国务院设审计署，在国务院总理的领导下，主管全国的审计工作，对国务院负责并报告工作。

②县及市辖区以上地方各级政府设审计局，在本级人民政府第一行政负责人和上级审计机关的领导下，负责本行政区内的审计工作，并对本级人民政府和上一级审计机关负责和报告工作。

③根据需要，经本级人民政府批准，各级审计机关可以在其审计管辖范围内设立派出机构常驻所辖行政区内特定地区或被审计单位，根据审计机关的授权，依法进行审计工作。

（2）国家审计机关的职责：

①审计署对中央预算执行情况、决算草案以及其他财政收支情况、中央银行的财务收支进行审计监督。

②审计机关根据被审计单位的财政、财务隶属关系或者国有资产监督管理关系，确定审计管辖范围，对下列对象进行审计监督：

第一，国有金融机构和国有资本占控股地位或者主导地位的金融机构的资产、负债、损益及其他财务收支情况，以及必要时经国务院批准对前述以外的金融机构进行专项审计调查或者审计；

第二，国家事业组织的财务收支；

第三，国有企业和国有资本占控股地位或者主导地位的企业的资产、负债、损益及其他财务收支情况；

第四，政府投资和以政府投资为主的建设项目的预算的执行情况和决算；

第五，国有资源、国有资产；

第六，其他关系国家利益和公共利益的重大公共工程项目的资金管理使用和建设运营情况；

第七，政府部门管理的和社会团体受政府委托管理的社会保障基金、社会捐赠资金以及其他有关基金、资金的财务收支；

第八，国际组织和外国政府援助、贷款项目的财务收支；

第九，其他法律、法规规定的审计事项。

③对与国计民生有重大关系的国有企业、接受财政补贴较多或者亏损数额较大的国有企业，以及国务院和本级地方人民政府指定的其他国有企业，应当有计划地定期进行审计。

④根据国务院规定，对国有资产占控股地位或者主导地位的企业进行审计监督。

⑤对与国家财政收支有关的特定事项，向有关地方、部门、单位进行专项审计调查，并向本级人民政府和上一级审计机关报告审计调查结果。

⑥指导和监督内部审计工作。

⑦指导、监督和管理社会审计工作。

（3）国家审计机关的权限：

①有权要求被审计单位按照审计机关的规定提供财务、会计资料以及与财政收支、财

务收支有关的业务、管理等资料，包括电子数据和有关文档。被审计单位不得拒绝、拖延、谎报。

被审计单位负责人应当对本单位提供资料的及时性、真实性和完整性负责，审计机关需要向被审计单位核实有关情况的，被审计单位应当予以配合。

②国家政务信息系统和数据共享平台应当按照规定向审计机关开放。通过政务信息系统和数据共享平台取得的电子数据等资料能够满足需要的，审计机关不得要求被审计单位重复提供。

③有权检查被审计单位的财务、会计资料以及与财政收支、财务收支有关的业务和管理等资料及其资产，有权检查被审计单位信息系统的安全性、可靠性、经济性，被审计单位不得拒绝。

④有权就审计事项的有关问题向有关单位和个人进行调查，并取得有关证明材料。有关单位和个人应当支持、协助，如实向审计机关反映情况，提供有关证明材料。

经县级以上人民政府审计机关负责人批准，有权查询被审计单位在金融机构的账户；有证据证明被审计单位违反国家规定将公款转入其他单位、个人在金融机构账户的，经县级以上人民政府审计机关主要负责人批准，有权查询有关单位、个人在金融机构与审计事项相关的存款。

⑤被审计单位不得转移、隐匿、篡改、毁弃财务、会计资料以及与财政收支、财务收支有关的业务、管理等资料，不得转移、隐匿、故意毁损所持有的违反国家规定取得的资产。如有违反，审计机关有权予以制止；必要时，经县级以上人民政府审计机关负责人批准，有权封存有关资料和违反国家规定取得的资产；对其中在金融机构的有关存款需要予以冻结的，应当向人民法院提出申请。

对被审计单位正在进行的违反国家规定的财政收支、财务收支行为，审计机关有权予以制止；制止无效的，经县级以上人民政府审计机关负责人批准，通知财政部门和有关主管机关、单位暂停拨付与违反国家规定的财政收支、财务收支行为直接有关的款项，已经拨付的，暂停使用。

审计机关采取上述措施时不得影响被审计单位合法的业务活动和生产经营活动。

⑥认为被审计单位所执行的上级主管机关、单位有关财政收支、财务收支的规定与法律、行政法规相抵触的，应当建议有关主管机关、单位纠正；有关主管机关、单位不予纠正的，审计机关应当提请有权处理的机关、单位依法处理。

⑦可以向政府有关部门通报或者向社会公布审计结果，但通报或者公布审计结果，应当保守国家秘密、工作秘密、商业秘密、个人隐私和个人信息，遵守法律、行政法规和国务院的有关规定。

⑧可以提请公安、财政、自然资源、生态环境、海关、税务、市场监督管理等机关予以协助，有关机关应当依法予以配合。

2. 内部审计机构

（1）内部审计机构的设置：

内部审计是指对本单位及所属单位财政财务收支、经济活动、内部控制、风险管理实施独立、客观的监督、评价和建议，以促进单位完善治理、实现目标的活动。内部审计机构是单位内部设置专职从事内部审计活动、履行内部审计职责的机构。

根据审计法和《审计署关于内部审计工作的规定》，国务院各部门和地方人民政府各部门、国有的金融机构和企业事业组织，以及法律、法规、规章规定的其他单位，依法实行内部审计制度，并在下列单位设立独立的内部审计机构：

①审计机关未设派出机构，财政、财务收支金额较大或者所属单位较多的政府部门；

②县级以上国有金融机构；

③国有大中型企业；

④国有资产占控股地位或者主导地位的大中型企业；

⑤国家大型建设项目的建设单位；

⑥财政、财务收支金额较大或者所属单位较多的国家事业单位；

⑦其他需要设立内部审计机构的单位。

国有企业应当按照有关规定建立总审计师制度。

根据内部审计机构设置的范围，我国内部审计机构包括部门内部审计机构和单位内部审计机构。部门内部审计机构，指国务院和县以上地方各级政府按行业划分的业务主管部门设置的专门审计机构。单位内部审计机构，指国有金融机构、国有企业及事业等单位设置的专门机构。

内部审计机构应当在本单位党组织、主要负责人的直接领导下开展内部审计工作，对其负责并报告工作。内部审计机构应当依照国家法律、法规和政策，以及本部门、本单位的规章制度，对本单位及所属单位的财政、财务收支及其经济效益进行内部审计监督，独立行使内部审计监督权。

（2）内部审计机构的职责：

内部审计机构应当按照国家有关法律法规、规章的要求，履行以下职责：

①对本单位及所属单位贯彻落实国家重大方针政策、公司经营战略、发展规划及重要决策措施情况进行审计；

②对本单位及所属单位年度预算执行情况和结果进行审计；

③对本单位及所属单位的财务收支及经济管理和效益情况、内部控制与风险管理进行审计监督与评价；

④对本单位及所属单位的工程承包、投融资、房地产、固定资产投资、重大科研、固定资产投资、自然资源资产管理和生态环境保护责任的履行情况进行审计；

⑤对本单位及所属单位的境外机构、境外资产和境外经济活动进行审计；

⑥对所属单位负责人履行经济责任情况进行审计；

⑦对发生重大财务异常情况的单位进行专项经济责任审计；

⑧对本单位及所属单位重大专项业务和高风险领域开展专项审计调查；

⑨对所属单位年度和任期经营绩效指标完成情况进行复核审计；

⑩协助本单位主要负责人督促落实审计发现问题的整改工作；

⑪制定内部审计工作制度，指导、监督和管理所属单位的内部审计工作；

⑫监督、评价本单位所聘请的社会审计机构的审计工作质量；

⑬其他与内部审计事项有关的职责。

（3）内部审计机构的权限：

内部审计机构履行职责时享有下列权限：

①要求被审计单位按时报送发展规划、战略决策、重大措施、内部控制、风险管理、财政财务收支等有关资料，以及必要的计算机技术文档；

②参加本单位有关生产经营和财务管理方面的会议，召开与审计事项有关的会议；

③参与研究制定有关的规章制度，提出制定内部审计规章制度的建议；

④检查被审计单位有关财务收支、经济活动、内部控制、风险管理的文件资料和现场勘察实物；

⑤检查与内部经济活动有关业务的电子数据和资料；

⑥就审计事项中的有关问题，向有关单位和个人开展调查和询问，取得相关证明材料；

⑦对正在进行的严重违法违规、严重损失浪费行为及时向单位主要负责人报告，经同意作出临时制止决定；

⑧对可能被转移、隐匿、篡改、毁弃的会计凭证、会计账簿、会计报表以及与经济活动有关的资料，经本单位主要负责人批准，有权予以暂时封存；

⑨提出纠正、处理违法违规行为的意见和改进管理、完善内部审计、提高绩效的建议；

⑩对违法违规和造成损失浪费的被审计单位和人员，给予通报批评或者提出追究责任的建议；

⑪对严格遵守财经法规、经济效益显著、贡献突出的被审计单位和个人，可以向单位党组织、董事会（或者主要负责人）提出表彰建议。

⑫对审计中发现被审计单位及人员涉嫌违反国家法律法规、党纪政纪、单位内部管理制度的问题线索，按规定程序审批后，向纪检监察部门移送；

⑬按规定选聘、解聘公司聘请的社会审计组织；

⑭国家或本单位授予的其他有关权限。

3. 社会审计组织

（1）社会审计组织的构架：

社会审计组织是经政府有关部门批准，并注册登记、采取有偿服务的方式，面向社会开展审计查证和咨询、鉴证等业务的社会组织。

我国的社会审计组织主要为经政府有关部门批准成立的会计师事务所。会计师事务所的行业管理组织为中国注册会计师协会和各省、自治区、直辖市注册会计师协会。国家财政部和地方各省、自治区、直辖市财政部门对注册会计师协会、会计师事务所、注册会计师依法进行监督、指导。

社会审计组织可以接受审计机关的委托，也可以接受企事业单位、其他社会经济组织和个人的委托进行审计。

（2）社会审计组织的权限和义务：

对国家机关委托办理的审计、查证、鉴定、验资等事项，根据业务需要，会计师事务所有权查阅有关会计资料和文件，查看业务现场和设施，向与委托事项有关的单位和个人进行调查并索取证明材料。对其他人委托办理的业务，由委托人和事务所在委托书或书面协议中约定有关查阅账目、文件、资料和核查资财的权限。

社会审计组织应向委托人提交审计、查证、鉴定、验资报告，并对报告内容的真实性和合法性负责。社会审计人员在执行业务中，如发现委托方提供虚假资料或者有违纪行为，应当在出具的报告中提出。对委托人示意作不实或者不当证明的，有权拒绝出具有关报告。社会审计人员对执业中知悉的商业秘密，负有保密义务。

（二）审计人员

1. 国家审计人员

（1）中央政府在审计署设审计长。审计长是审计署的行政首长，为国务院成员，由国务院总理提名，全国人民代表大会决定人选，国家主席任命。副审计长由国务院任免。

（2）各级地方政府在审计局设局长。审计局局长是审计局的行政首长，为地方政府成员，由同级人民代表大会常务委员会任免。副局长由本级人民政府任免。地方各级审计机关负责人的任免均应事先征求上一级审计机关的意见。

（3）其他审计人员。按《国家公务员暂行条例》和干部管理权限任免。

2. 内部审计人员

内部审计人员是指部门、单位设置的独立的内部审计机构中，专职从事审计工作的人员。内部审计人员在本单位主要负责人直接领导下依法行使职权并受法律保护，任何单位和个人不得打击报复。

坚持原则，敢于斗争，忠于职守，秉公办事，是每个内部审计人员必须严格遵守的行动准则。在我国，内部审计人员按干部管理权限的规定任免。

内部审计人员应当具备审计岗位所必备的审计、会计、造价、法律或者管理等专业知识和业务能力。内部审计机构负责人应当具备审计师、会计师等以上专业技术职称资格，并有从事相关工作三年以上的经历。

3. 社会审计人员

社会审计人员是指在社会审计组织中从事审计业务的人员，主要包括注册会计师和业务助理人员。其中，注册会计师必须依法取得注册会计师证书，执业时必须加入会计师事务所。我国目前的注册会计师证书是通过中国注册会计师协会定期组织的注册会计师资格考试取得。

四、审计标准

（一）审计标准的概念

审计标准亦称审计依据，是审计人员在审计过程中用来判断被审计事项是非，评价其优劣、高低的准绳。

就其本质来看，审计标准首先是对审计客体的要求，是被审计单位进行经济活动时必须遵守的规则。

就审计标准的内容和范围而言，目前除财务会计审计的标准外，其余部分各国都尚未形成一个较为完整、健全的体系。我国则以党和国家及各级地方政府颁布的各项方针、政策、法律、法规、行业规章等为执行标准。

（二）审计标准的种类

1. 按审计标准的来源分

（1）被审计单位内部制定的审计标准。包括各种规章制度、计划、定额、指标等。在审计引用时，审计人员必要时应对其科学性、合理性进行分析、评价。

（2）外部单位制定的审计标准。主要包括：

①国际法、国际惯例；

②国家及被审计对象所在地政府确定的经济方针和颁布的财经政策、财经法规、财务会计制度及准则、行业规章制度等；

③被审计单位上级制定的规章制度、技术规范，下达的指示、命令等。

2. 按审计标准的性质和内容分

（1）法律、法规、政策和指示；

（2）规章制度，包括被审计单位及其主管部门或上级的规章制度；

（3）计划、预算和经济合同；

（4）业务规范和技术经济指标；

（5）会计制度和会计准则。

3. 按对审计内容和审计目的的适用性分

（1）财务会计审计依据；

（2）经济效益审计依据；

（3）财经法纪审计依据。

（三）审计标准的特点

1. 层次性，审计标准按其制定机构层级和管辖范围不同分为不同层次。一般可分为国际法和国际惯例、国家法律、国家管理机关行政法规、地方及行业性法律法规、主管部门制定的规章制度、被审计单位自行制定的规章制度等。层次越高，原则性越强，管辖范围越大。运用时如发生冲突，原则上应以层次较高的为准。

2. 时效性，即特定的标准通常只在一定的时期内有效。运用时，应以经济活动发生时的时间为准，而不能以审计实施的时间为准。

3. 地域性、行业性，运用审计标准时，应考虑到地域、行业因素的影响，选用适当的标准。

4. 相关性，即要求选用的审计标准必须与被审计事项相关，具有内在的逻辑关系。

五、审计证据

（一）审计证据的概念

一般来说，审计证据是指审计人员在执行审计业务中所获得的，能够证明被审计单位经济活动真相，并据以形成审计结论和审计意见的一切凭据。

审计证据是形成审计结论和审计意见的基础，没有合理、可靠、充分的审计证据作为支持，所形成的审计结论和审计意见就是不可信赖的。在审计过程中，审计人员的大量工作就是收集、审查、鉴定审计证据，并最终据以形成审计结论和审计意见。因此，从一定意义上说，审计过程就是收集、审查、鉴定审计证据，形成审计结论和审计意见的过程。

鉴于审计证据的重要性，我国在国家审计、社会审计、内部审计方面都制定了相应的规范。

（二）审计证据的作用

1. 证明被审事项的真实性、合法性、正确性；

2. 证明被审计单位有关人员、部门在相关经济活动中的经济责任和审计人员的审计责任；

3. 证明审计结论和审计意见的正确性。

（三）审计证据的特点

1. 客观性。指审计证据必须能够反映客观存在的事实，是客观事实的外在表现。它不是任何主观臆测、假设、虚构的东西，而是不以人们主观意志为转移的客观存在，这是审计证据具有证明力的基础。

2. 充分性。指审计证据必须能充分满足支持审计人员作出的审计结论、审计意见。

判断审计证据是否充分，通常应考虑下列因素：

（1）审计风险。风险越大，需要的审计证据的数量就应越多；反之，可酌情减少。风险大小一般由审计人员根据经验判断。

（2）具体审计项目的重要程度。越是重要的项目，需要的证据就越多；反之，可适当减少。重要程度的大小，通常在审计计划中确定。

（3）审计人员的执业经验。经验丰富的审计人员需要的证据较少；反之，较多。

（4）是否发生错弊。发生错弊的事项需用证据较多；反之，较少。是否发生错弊，要根据事实来确定。

（5）总体规模与特征。被审计对象总体规模较大的，需用证据较多。同时应考虑审计对象具体内容构成的同质性，同质性强的，需用证据较少。总体规模与特征一般由审计人员根据经验确定。

总之，获取的审计证据，在证实被审计事项的证明材料时，证据的证明力必须大于反证明力；在否定某一被审计事项的证明材料时，必须能足以推翻它，使其无说服力。

3. 时效性。审计证据的使用具有很强的时效限制。在审计实务中，审计人员必须尽可能在短期内完成审计任务，以避免因时效失去审计证据的使用价值。

4. 层次性。即审计证据作用的发挥具有层次性，即必须由可能证明力、现实证明力转化为充分证明力。要求审计人员应对所得证据进行科学地鉴定、判断、综合和分析，对审计证据进行筛选，有所取舍，使获取的每一审计证据具有现实证明力，并在整体上对审计结论、审计意见具有充分的证明力，以得出正确的结论。不能满足这一要求的各种凭据则不足以构成审计证据。

5. 合法性。指审计人员取得证据时，必须遵循法定程序，按照法定程序进行。要求：

①收集的书面证明材料必须有提供者加按的手印、图章或签名；

②收集的影像资料、电子数据资料必须符合有关规定；

③收集证明材料时，审计人员不得少于二人；

④书写的证明材料必须符合档案管理规定，书写要规范，不得涂改；

⑤向被审计单位以外的单位或个人调查取证时，审计人员应出示工作证件和审计通知书副本。

6. 适当性。指审计证据应当与审计目的相关联，并能如实地反映客观事实。适当性包括了相关性和可靠性。相关性是指证据必须是与审计目的有内在联系的客观事实，它不仅是作出审计评价和决定的必要条件，而且是充分条件；可靠性是指证据本身及其取得来源必须是真实可靠、合法的，是通过法定程序和科学的取证方法取得的。

（四）审计证据的种类

按其形态分类，审计证据可分为：

1. 实物证据。是指在审计对象应作为实物形态存在的情况下，审计人员通过观察、清点等手段获取、用以确定某些实物资产是否确实存在的证据。通常，实物证据被认为是最可靠的证据，对财产物资的存在具有很强的证明力，但实物证据首先并不能证明财产物资的归属权，在被审计单位查明存在的财产物资，被审计单位却不一定对其拥有所有权；其次，实物证据并不能证明客观存在的财产物资的物质属性本身赋予它的使用价值，即不能证明其是否能正常使用。因此，对财产物资的真实性进行审计时，实物证据必须与其他证据结合使用。

2. 书面证据。亦称文书证据，是以书面记录形式提供证明的证据。书面证据大多在审计实施之前就已经形成并存在于被审计单位，比较容易获取。书面证据在全部审计证据中所占比重较大，但其来源广、数量多，整理、归类较为困难，并且容易被伪造和涂改，取得和使用时必须注意鉴定其可靠性。

3. 口头证据。亦称言词证据，是以口语形式提供的证据，获取时通常应形成证明笔录并加按陈述人指纹、签名等。口头证据也可通过录音、录像等形式获取。在审计实务中，口头证据往往容易参杂证据提供人的主观意见，证明力较差。但口头证据往往可提供问题线索，并在一定程度上对其他证据起佐证作用。

4. 环境证据。指对被审计单位经济活动产生影响的各种环境事实。环境证据可分为三类：

①反映企业内部控制情况的环境证据；

②反映被审计单位管理人员素质的环境证据；

③反映企业各种管理条件和管理水平的环境证据。

环境证据对被审计单位的经济活动和各种记录有着不同程度的影响，进而影响到审计结论和意见的形成。环境证据一般不作为直接证据使用，但它对其他证据的采集和使用有直接影响，可以提高或降低其他审计证据的可信程度。

六、审计的分类

1. 按审计的主体划分

（1）政府审计。亦称国家审计，是由各级国家审计机关组织进行的审计。

（2）内部审计。是由各企事业单位内部审计机构组织进行的审计。

（3）社会审计。是由社会审计组织受托进行的审计。

2. 按审计内容和目的划分

（1）财政财务审计。是以国务院各部门和地方各级政府的财政预算、决算收支情况，以及各企事业单位的财务活动为对象进行的审计。其目的是对被审计内容的真实性、合法性、合规性、有效性、公允性等作出判断，从而明确被审计单位及有关人员的受托责任履行情况，并发现问题、确定问题性质，提出改进意见，促进经济管理水平提高。

（2）经济效益审计。是以企业生产经营活动的经济效益或事业单位业务活动的实现程度和途径为对象进行的审计，其内容一般包括资金（经费）使用、经营成果（业务完成情况）及投资效益（履职效果）等几个方面。其审计目的是改善被审计单位管理水平，提高被审计单位经济效益。

（3）财经法纪审计。是以被审计单位财经法纪执行情况为对象进行的审计。其目的是维护财经法纪，保证党和国家各项方针政策的贯彻落实，保护经济活动中各方的合法利益。

在具体审计实务中，财经法纪审计可以单独进行，也可以结合其他审计同时进行。对于一般性问题，可结合财政财务审计或经济效益审计综合进行，对案情重大的违法乱纪事件，则应单独立案，进行专案审计。

上述三种审计既有联系又有区别。

财政财务审计要对相关经济活动的合规性、合法性作出判断，也要对会计记录等是否真实、正确进行审查，并就公允性、真实性作出证明，起鉴证作用。因此，财政财务审计既有监督性又有公证性。

经济效益审计通常从财政财务审计入手，并结合进行财经法纪审计，对违反财经法纪的行为也必须进行处理，只有确保财政财务收支的真实性、合法性，才能使经济效益分析、评价有可靠、准确的数据。但在审计实务中，三者又各有所侧重。

3. 按审计的时间划分

（1）事前审计。是在经济活动发生之前进行的审计，通常是针对计划和预算进行。事前审计主要适用于内部审计，可以协助部门和单位负责人进行决策和管理，以避免决策上的重大失误。其作用在经济效益审计中尤为明显。

（2）事中审计。是在经济活动进行之中进行的审计。主要适用于内部审计及周期较长的经济活动的外部审计。其作用主要在于反映经济活动计划及各项经济指标的完成情况，及时发现重大错弊，保证经济活动按预期目标进行。

（3）事后审计。是在经济活动结束后进行的审计。其目的在于对已发生的经济活动做出评价，明确相关部门、人员的管理责任，总结经验教训。在审计实务中，绝大部分审计均属事后审计。

4. 按审计时间的确定性划分

（1）定期审计。即按预先规定时间周期性进行的审计。定期审计一般在年末或半年末进行。

（2）不定期审计。是根据实际管理需要非周期性进行的审计。

5. 按审计范围划分

（1）全面审计。是对被审计单位一定期间内全部经济活动进行的审计，其内容涵盖被审计单位横向的各个方面、纵向的整个时段。全面审计工作量较大，一般只在需对被审计单位经济活动作出全面评价时才进行。

（2）局部审计。是对被审计单位一定期间内某些特定经济活动进行的审计，其内容只包括被审计单位横向的某些方面，但在纵向上仍涵盖经济活动存续期间内的整个时段。局部审计工作量较小，可根据需要随时进行。局部审计一般针对容易出现错弊的或重要的经济活动进行。

（3）专题审计。亦称专项审计。是对被审计单位某个特定审计事项的经济活动进行的审计。如离任审计、纳税审计、特定的经济犯罪案件等。

七、审计方法

审计方法是完成审计任务，达到审计目的而采用的各种手段。审计方法包括审查书面资料的方法和证实客观事物的方法两类。

（一）审查书面资料的方法

包括审阅法、核对法、复算法和分析法四种。

1. 审阅法

审阅法是通过阅读和审查被审计单位会计资料和其他资料，以获取审计证据的方法。审阅的内容，包括政策性审阅和技术性审阅两方面。

（1）政策性审阅。政策性审阅也叫实质性审阅，即对相关资料的合理性、合法性进行审阅。

对经济业务的发生，首先应审核其是否合理，即确认所发生的经济业务是否与被审计单位所从事的经营活动、业务活动相关；是否存在与被审计单位的经济活动周期相悖的情况，如季节、气候、外部等原因导致经济活动低谷时出现设备、材料等费用的大额支出；是否符合经济活动的一般规律，如逆向运输、资源取得舍近求远、结算价格异常波动等。

合法性审阅是以党和国家的有关方针、政策、法令、制度和被审计单位的计划、预算、定额等为依据，对相关资料所记录的经济业务进行审核，确认其是否有违法、违规的现象，是否背离计划、预算定额等，有无贪污、盗窃、虚报冒领、伪造凭证等违法乱纪行为。

（2）技术性审阅。技术性审阅也叫形式性审阅，即审核相关料是否完整、填制是否符合要求等。审核的主要内容包括反映特定经济业务的资料是否齐全、页数是否完整，如材料盘亏处理中的清查盘点记录、盘亏报告、批复处置手续等是否形成一个完整的业务处理资料链；各种资料所必须具备的基本内容，如单位名称、日期、数量、单价、金额等是否齐全；文字、数字填写是否正确、清楚，有无涂改或伪造的痕迹；有关人员的签章是否齐全等。

审阅法的主要作用在于发现疑点、线索和问题，缩小审计范围，是一种常用的审计方法，但审阅法不是一种孤立使用的方法。一般来说，审阅法是运用其他方法进行进一步审计的基础，但在运用审阅法时，对于发现的疑点、问题，必须运用其他方法（如复核法、核对法、分析法等）进行查实，以确认问题、疑点是否存在，并分析产生的原因和性质。

2. 核对法

核对法是将两种及其以上相关联的记录或资料进行核对，以验证其内容或金额是否一致的方法。核对法有助于发现各种记录及其所反映的经济活动中存在的问题，分析产生的原因和性质。核对的主要内容通常包括：

①汇总资料与据以汇总的原始资料是否相符；

②有关账证、账账、账卡、账实、账表之间的数据是否相符；

③银行对账单、往来账款清单与本单位有关账目记录是否相符；

④合同、计划、考勤记录、生产记录、实物验收及发放记录、验工计价等相关文件、记录、报表是否相互衔接一致。

3. 复算法

复算法，亦称验算法、复核法，是对有关记录中特定的数据进行重新计算，以审查其是否正确，并分析差错原因，确定问题所在及其性质的方法。复核的主要内容通常有：

①原始资料中的数量、单价、金额和合计数的计算是否正确；

②汇总原始资料的汇总数计算是否正确；

③账簿、报表中的小计数、合计数、总计数的计算是否正确；

④费用分配、分摊公式及计算表中数据计算是否正确。

4. 分析法

分析法是通过对有关指标的观察推理、分解和综合，揭示其本质，了解其构成要素间的相互关系，并获取证据的方法。分析法一般包括比较分析法、因素分析法、平衡分析法、趋势分析法、账龄分析法等几种具体方法，本书只介绍最常用的比较分析法和因素分析法。

（1）比较分析法。是将有关指标进行对比分析，通过数量上的差异发现和查证问题的审计方法。

比较分析的指标主要有以下几种：

①实际指标与计划指标对比。主要作用在于说明计划或预算的完成情况，为进一步分析和寻求差异形成的原因提供方向。

②本期指标与前期指标对比。可说明各项指标的变动情况，并可根据变动差异进一步

寻找变动原因，总结经验教训。

③被审计单位指标与行业平均指标或行业先进指标对比。可反映被审计单位在行业中的业务水准，有助于被审计单位确定奋斗目标，找出差距、提高经营管理水平。

（2）因素分析法。对因素分析法已在第四章中具体介绍，本章不再赘述。

（二）证实客观事物的方法

1. 盘点法

盘点法是指对被审计单位财产进行实物清点，以确定其数量及存在状况的方法。盘点法虽然能够确定财产物资的实际数量及其存在的状况，但不能确定财产物资的应存数量及其存在状况，因此必须与审阅法结合运用，以相互印证、揭示差异。

2. 观察法

观察法是指通过对被审计单位、被审计项目实地观察并取得审计环境证据，以查明其经济活动是否得到真实、客观、公允反映和记录的方法。

观察法必须与查询法等其他审计方法结合使用，以提高其效果。

3. 鉴定法

鉴定法是运用专门技术鉴别被审计具体对象真伪、价值及其存在状况的方法。是在运用前两种方法的基础之上，为进一步取得审计证据而运用的方法。

4. 查询法

查询法是通过调查、询问以取得相关资料或证实问题的方法。《中华人民共和国审计法》规定，在审计实施中“审计人员通过审查财务、会计资料，查阅与审计事项有关的文件、资料，检查现金、实物、有价证券和信息系统，向有关单位和个人调查等方式进行审计，并取得证明材料”。查询法就是调查的具体方法之一，它可以帮助审计人员了解有关记录未能详尽提供的信息和记录本身存在的问题。不仅可以用来审查书面资料，还可以用来证实客观事物，如相关资料记录的业务是否存在、是否真实，记录的内容与实际经济业务是否一致、记录数据是否准确等。查询法按其形式不同可分为面询和函询两种。

采用查询法应注意以下问题：

①事前必须确定查询目的；

②根据目的确定查询对象；

③根据查询对象确定查询方式，并预计可能出现的情况；

④函询内容应简要、明了，易懂易答；

⑤查询时审计人员应当不少于二人，并出示其工作证件和审计通知书副本。

（三）审计方法的选用原则

1. 要适应审计目的；
2. 要适应审计对象；
3. 要适应审计方式；
4. 要适应被审计单位实际。

第二节　材料核算与管理审计

在工程建设项目中，建筑企业的材料消耗通常占工程成本的65%左右，因此强化材料管理及其审计工作具有十分重要的意义。材料核算与管理的审计主要包括材料核算与管理内部控制制度评审、材料采购审计、材料发放及使用审计、材料结存审计、材料节超分析考核等几大部分内容。

一、材料核算与管理的审计目标

材料核算与管理的审计目标主要是对材料供应及采购计划的制定、采购供应商选择及管理、采购方式、采购合同的签订和执行、采购过程、采购结算等情况进行全面审查，以评价采购过程全链条业务的合理性、合规性，揭示存在的薄弱环节及潜在风险，并提出合理的改进措施和建议。

二、材料核算与管理的内部控制制度评审

如前所述，内部控制制度是否健全、有效，是进行审计的基础，它直接决定审计方法的采用和审计的方向、重点。在建筑企业材料核算与管理审计中，主要是按材料业务处理流程，对其重点、关键环节的内部控制制度的健全、有效程度进行评审。评审的主要内容包括以下几个方面：

1. 有无严格的职务分离控制制度。主要审查材料采购、领用计划的制定、审批、合同签订、执行、验收、结算等控制点有无健全、有效的职务分离控制制度；
2. 有无严格的交接及验收计量制度；
3. 有无恰当的业务记录控制；
4. 有无材料的定期盘存制度；
5. 有无定期的材料使用节超分析、考核制度；
6. 包括会计核算在内的材料核算程序及方法是否合规、合理，如账簿（账户）设置、费用分配方法、盘存核算方法等；
7. 相关业务人员的专业资质、德才素质是否适应专业岗位的要求。

三、材料采购管理审计

材料采购管理审计主要是对其采购业务流程中的各个环节进行审计。采购业务流程主要涉及需求计划和采购计划编制、请购、供应商选择、采购价格确定、订立框架协议或采购合同、采购实施、材料验收、材料退货及索赔、采购结算等环节。

（一）采购计划制定审计

被审计单位列入需求计划的材料，除由业主提供或上级单位供应者外，需通过市场采购的均应列入采购计划。业主提供或上级单位供应的材料则应编制材料申请计划，经有关部门会签和主管领导批准后逐级上报，最后由业主或上级单位根据经批准的材料申请计划组织材料供应。

1. 审计重点

（1）采购计划是否符合工程现场施工的实际需求。重点是审查材料需求计划的编制程序是否符合编制要求，是否严格遵循由用料单位技术部门根据施工图、施工进度计划、工程预算、材料预算定额或材料消耗定额等提出用料计划、分管技术人员（工程师）或领导审核签章、物资部门审核汇总的基本程序；

（2）采购计划的编制是否已充分考虑可减少采购量的现有库存材料、甲供及上级集采材料、加工自制材料、租用材料、修旧利废及技术革新等可减少的材料消耗、固定资产及临时设施报废拆除材料等因素；

（3）是否存在采购计划因施工进度变化等原因调整不恰当、不及时造成材料采购过剩和浪费；

（4）大宗或关键材料的数量、规格、型号是否准确；

（5）是否存在采购计划分散上报，以规避相关招标采购规定的情况；

（6）是否存在通过非正常集中采购、超前采购等手段舞弊的情况。

2. 审计方法

（1）查阅资料。重点查阅工程项目物资需求及采购总计划、年度计划、月度计划、采购计划调整资料、用料单位材料需求计划、施工图及工程预算、历年的采购计划、相关决策文件（会议记录、纪要、批复资料）等；

（2）询问或访谈采购需求及管理部门相关人员，了解材料需求计划编制、采购计划制定的整体情况；

（3）对比采购计划和相关审批资料，核查采购计划是否按审批文件执行；

（4）审查物资采购计划调整资料，确认调整是否依据充分，计划调整是否及时，是否按照相关审批文件执行。

3. 常见主要问题

（1）被审计单位没有严格按照施工进度和施工图纸要求编制材料需求计划，进而导致采购计划编制不合理，或是现场施工变化导致材料计划调整不及时造成采购无相关依据，或是材料采购计划未按相关程序审批导致材料采购过剩造成损失；

（2）被审计单位采用各种手段和方法将依规必须招标的物资化整为零或者以其他方式规避招标。

（二）材料供应市场调查审计

工程项目施工前，施工单位必须进行市场调查。调查内容包括材料供应渠道、供应价格和供应方式等，应就调查结果提出调查报告及材料供应建议。同时应进行供应商调查，获取其营业执照、生产许可证、质量认证书、样品检验报告等资料，由物资部门负责召集技术、安质、试验、财务部门对供应商生产能力、供货能力、交货方式、运输条件、履约情况及服务质量等方面进行评价，确定合格供应商名册。

1. 审计重点

（1）材料供应市场调查组人员构成情况是否符合相关规定；

（2）市场调查工作实施的程序、对象、调查对象数量、时点、方法等是否合理、科学，是否符合相关规定；

（3）市场调查结论的确定是否客观、合理，有无重大错误或舞弊行为；

（4）市场调查结论是否及时并按规定程序提交。

2. 审计方法

（1）查阅资料。重点查阅有关制度、办法和材料供应市场调查报告等资料，评价调查工作的合规性、调查报告相关内容的真实性；

（2）询问被审计单位负责人、物资部门人员及其他相关人员，了解调查组人员组成、工作开展和存在问题等情况。

3. 常见主要问题

（1）材料供应市场调查工作流于形式或不规范，存在仅有材料部门人员参与调查的情况；

（2）调查对象数量过少，或调查对象不具有代表性，调查结论未能真实反映市场情况；

（3）调查内容不全面、未形成调查报告甚至未组织实施调查等。

（三）供应商管理审计

供应商管理是指被审计单位通过优化公司可利用范围内的材料供应商结构，统筹供应商资源，并通过招标、签订合同最终确定材料供应商的过程。被审计单位应建立供应商资料库，寻找稳定、优秀的供应商，确保工程项目在材料供应过程中的质量、价格、服务等方面有序可控，促进材料供应工作良性开展。

1. 审计重点

（1）是否按照国家法律、法规及企业内部管理制度规定，确定恰当的供应商选择方式并按相关规定选取供应商。

（2）供应商资质、业绩、规模、信誉、技术人员资历、资格、财务状况等是否满足工程实际需求。

（3）是否存在不合格供应商或黑名单供应商进行材料供应的情况。

（4）是否对供应商进行复评及其他后续管理工作；

（5）供应商管理档案资料是否真实、完整。

2. 审计方法

（1）查阅资料。重点是查阅供应商清单、合格供应商名册和黑名单供应商名册、合格供应商档案资料、相关决策会议纪要等，检查列入名册的供应商资质等情况，审查其是否符合相关要求，审查供应商名册更新是否及时，是否存在选择不合格或黑名单供应商供货。

（2）问询或访谈用料单位及管理部门相关人员，了解供应商管理的整体情况，包括供应商选择、准入等内容，审查供应商实际管理状况与相关资料是否吻合。

3. 常见主要问题

（1）名册中供应商资质不能满足相关准入要求；

（2）供应商档案资料不健全、不完整；

（3）合格供应商名册更新不及时。

（四）材料采购实施审计

材料采购实施业务主要包括材料请购、采购招标、供应商选择、采购价格确定、采购合同签订、材料验收及退货、采购结算等环节，材料采购实施审计通常围绕上述环节进行。

1. 审计重点

（1）采购范围、采购量是否符合公司关于集中采购权限划分的规定，有无越权或规避规定采购的情况。

（2）采购实施程序尤其是采购方式是否符合相关管理制度规定。除业主或上级供应的材料外，应审查其余超过规定限额的大宗材料采购是否按规定组织招标采购，招标机构人员的组成、招标的程序等是否严格遵守相关规定，有无违规或其他错弊行为。

（3）投标供应商是否在企业合格供应商名册范围之内。

（4）采购是否按采购计划实施，请购办理是否符合相关规定和要求。如前文所述，物资部门通常应在经审批的材料采购总计划范围内，根据工程进度计划分期、分次采购材料，因工期或其他原因导致工程进度发生变化需要调整采购数量或超前采购时，物资部门应另行办理请购手续，经批准后方可进行采购。

（5）采购合同的签订是否符合国家及内部管理制度的相关规定。重点包括：

①合同签订主体与中标主体是否一致；

②合同内容与招标结果是否一致，尤其是采购材料的数量、规格、型号、价格、供货时间、交货地点和方式等是否一致；

③合同签订程序是否符合规定；

④合同条款是否存在重大风险事项。

（6）零星采购是否按规定办理请购手续，采购价格是否符合上级指导价格的要求或实际市场行情，采购品种、数量、规格型号等与施工生产需求是否一致。如前文所述，材料的具体采购实施和采购计划的分管岗位不能由同一人员担任，因此办理具体采购业务时必须按规定办理请购手续。

（7）在《合格供方名册》外的采购是否符合相关规定。当《合格供方名册》中的供方提供的产品满足不了工程施工需要而工程又急需时，被审计单位可采取应急采购措施，即可以在《合格供方名册》之外选择供货方，但必须进行市场调查，提出意见，经主管领导签字同意后再进行采购。整个采购业务办理过程要有相关记录资料，并及时补办供方评价手续。

2. 审计方法

（1）查阅资料。查阅的资料主要包括材料采购明细账、询比价资料、竞争性谈判记录、招投标文件、开标资料、评标资料、中标通知书、相关决策文件（会议记录、纪要、批复资料等）、材料采购合同、材料合同台账、合同补充协议、结算资料、付款资料等。

重点应关注以下内容：

①对比采购计划与材料采购明细账等资料，核查采购时间是否有出入；

②核查采购明细账及相关资料，确定招标、询比价、竞争性谈判等采购方式是否合规；

③核查招投标资料、询比价资料、竞争性谈判资料，审查相关程序是否符合国家法规和企业内部相关管理制度规定，对比相关投标文件或报价资料确认是否存在围标、串标等情况；

④核查采购资料，审核采购材料数量、规格型号、用途与采购计划是否相符，如有差异是否按规定程序审批；

⑤查阅相关人员花名册，核查中标单位或其他关联投标单位是否存在内部人员担任股东或管理人员的情况，结合访谈等方式了解有无相关人员向供应单位透露采购信息；

⑥对比材料采购结果、采购合同及相关审批资料，审查是否存在未经审批就签订合同或合同审批滞后的情况；

⑦审查采购合同是否存在合同内容与采购结果不符情况，同时重点关注合同条款的合规性、合理性，如采购单价是否执行价税分离、税率是否符合国家税收政策、发票类型是否合规、单价设定是否模糊、供货量设定是否准确、质量约定和货物验收规定是否明确、付款方式和违约责任是否清晰准确等；

⑧查阅采购合同、进场材料数量及相关财务凭证，审查结算内容是否真实；

⑨查阅采购合同、结算单、付款申请、付款审批等相关资料，审查采购结算、付款过程是否按照内部制度管理规定执行；采购结算、付款是否真实、是否根据合同条款约定及时结算付款，付款金额是否准确；是否存在合同外预付款或超付款，预付款理由是否充分；

⑩查阅付款申请单、银行对账单、采购合同、结算资料等，关注质保金是否扣留。

（2）问询或访谈相关部门、人员，了解招投标情况、供应商选定、物资采购价格确定、合同签订及履行情况是否合理、合法、合规，企业与供应商间的纠纷、诉讼处理是否正常。

3. 常见主要问题

（1）依法依规必须招标的材料规避招标。

①以化整为零方式规避招标。

②以虚假的技术存在特殊要求、投标供应商数量有限等虚假理由为借口故意改为竞争性谈判等规避招标；

③以瞒报、迟报等方式利用时间差故意改为询价规避招标等。

（2）招投标过程不合规。

①未按规定设置投标保证金；

②未设置招标控制价或控制价设置不合理；

③招标资料编制不严谨；

④采取先供应材料后补招投标程序等，使招标流于形式；

⑤评标过程不规范，如无效报价参与评标、应废标未废标、无理由废标等；

⑥流标后未重新组织招标；

⑦投标人存在围标、串标等情况。

（3）合同签订、执行主体存在漏洞。

一是签订供应合同的材料供应商本身不具备合同签订的资格，没有履约能力，但通过违规方式中标并签订购销合同；二是中标企业将合同供应业务转给其他供应商并从中获利。

（4）合同约定供应材料数量执行完毕不重新组织招标，以补充协议形式签订新合同规避招标。

（5）先进场后补充合同。

（6）未按合同约定收取履约保证金。

（7）供应商违约但未按合同约定扣除其违约金。

（8）合同内容不严谨，存在纠纷、风险隐患和违约风险。

（9）未按合同规定进行结算。

①结算日期早于材料实际进场日期；

②未按合同约定单价进行结算，超合同单价付款；

③未按规定扣留保证金；

④合同条款未约定，实际进行预付款拨付；

⑤结算内容与实际进场数量、规格型号等内容不一致；

⑥材料调价未按合同约定调价时间执行。

⑦因各种原因造成实质性超额付款。

（五）材料验收审计

材料验收是指材料接收人员对其所接收的材料就其实物数量（或重量、体积）、质量、规格型号等检验无误后接手管理并出具验收手续的业务处理过程。材料验收是采购材料业务处理的重要环节。材料验收对保证企业财产安全、完整和工程质量、工程施工安全等都有极其重大的影响。2017 年轰动社会的“西安地铁电缆”事件就是因为建设单位、施工单位及工程监理单位未认真履行责任，在线缆进场验收方面没有严格执行有关管理规定，导致问题电缆在地铁工程建设中使用，造成严重后果，使建筑企业在经济效益、企业信誉等方面都遭受了重大损失。因此，材料验收不仅是企业物资管理，而且是企业材料审计中的一个十分重要的环节。

甲供料或上级供应的材料到货，自制材料、退库材料等所有作入库管理的材料入库，用料单位对领用或进场的材料等均应进行材料验收。本章内容主要以材料采购验收审计为基础进行阐述。

1. 审计重点

（1）验收的采购材料与采购计划、采购合同在采购时间、批量、交货地点、交货方式等方面是否一致。

（2）验收程序是否符合内部相关管理制度的规定，是否按规定程序进行，材料验收人员职责是否履行到位。

（3）验收方法是否科学、合理，验收结果是否真实、准确：

①验收人员是否具备验收的专业资质、能力，尤其对于质量有特殊要求的材料，通常应聘请有专业资质的单位或人员进行验收；

②结合材料规格、型号等要求，审查材料验收的计量单位选择是否科学、合理，以防范不良供应商作弊、欺诈。如钢筋等按长度计量的材料，应注意审查材料直径等规格是否符合要求；按重量计量的材料则应注意其数量是否短缺；

③以采购合同为基础，依据供应单位提供的发票、运单等，审查与验收材料的实际数量、质量是否相符，有无以次充好和数量不够等情况；

④收料单有无不按实际验收数量而按发票数量或领导要求数量填写的情况；

⑤已验收材料的原始验收资料是否保存完整、入账登记是否及时完整；

⑥出现与合同约定的差异，是否按照相关要求及时作退货、换货、补货、索赔等处理；

⑦必须由供应商随料提交的相关技术资料、合格证书、质保凭证等是否完整移交并妥善保管。

（4）入库材料是否逐项如实点验，有无按批点验或不点验直接入库的现象。

（5）入库材料验收凭证是否及时转送财务部门，期末与财务部门账簿记录是否一致。

（6）财务部门对验收材料的计价、运杂费等分配是否符合有关规定，物资部门向财务部门提供的采购材料重量、数量等费用分配原始数据是否真实、准确。

2. 审计方法

（1）查阅资料。主要通过查阅材料采购合同、采购申请单、购料发票、收料单、材料入库或进场台账、相关材料检验报告、质量保证书、合格证明文件、财务部门账簿记录等，通过相关资料的相互对比、综合分析，就上述审计重点查找问题和薄弱环节。

（2）问询或访谈相关部门、人员，了解材料验收管理的实际运作情况，核实已查阅资料的真实性、准确性和相关制度、程序的执行状况。

（3）深入料库或项目施工现场：

①检查材料验收的度量衡具精度是否符合要求；

②抽查存放材料，核实入库（进场）材料质量是否与已查阅资料一致，能否满足项目施工要求；

③核查随料所收供应商提交的相关资料保管是否符合要求；

④盘点大宗消耗材料或审计人员认为有必要审查的特定材料数量，通过期初结存数量、盘点数量、发出数量倒推验收材料数量的真实性、准确性；

⑤必要时，在有条件的情况下可以通过微服私访等方式到现场观察材料验收的实际运作情况。

3. 常见主要问题

（1）验收制度缺失或存在缺陷。

（2）未履行验收程序或程序履行不到位。

（3）材料类别、数量、规格、质量等与合同约定不一致。

（4）对验收差异未及时进行有效处理。

（5）材料入库（进场）记录等资料缺失。

（6）材料入库（进场）数量不实，有账外材料。账外材料形成的主要渠道通常有：

①采购料不验收、不入库，或有验收但不入账、不入库；

②工地退料、废旧料或其他来源的材料不入账、不入库；

③材料发放数量不足。

账外材料是有关人员、部门营私舞弊、私建小金库的物质基础，审计人员应予高度重视。

（六）材料发放、减少的审计

材料发放是建筑企业物资部门根据材料需求计划及施工进度等填制“领（发）料单”向自有施工队伍发放材料，或根据材料需求计划及项目相关工程技术人员提交的施工进度计划等资料，开具给工程分包商“领（发）料单”向其发放材料的业务处理过程。发放材料是建筑企业材料支出的最大构成项目。此外，材料盘亏、报废等也将导致材料的减少，形成材料支出。材料费支出在建筑企业整个资金支出及成本费用中占有很大比重，其管理状况如何，对建筑企业利税及整体经济效益有着重大影响。

1. 审计重点

（1）材料消耗总量与完工工程量是否吻合。

（2）材料领用是否有计划，计划外用料的原因是什么，计划外用料及非生产用料是否经过审批。

（3）分包商物资材料领用人员是否有分包商委托授权函。

（4）材料发放手续是否齐全，发放资料填写是否完整，签章手续是否齐全。

（5）特殊材料领用是否有相应的管理制度：

①低值易耗品是否有以旧（废）换新及实物管理制度；

②贵重材料及火工产品等特殊材料是否有专门的领用审批手续和特殊的行之有效的管理措施。

（6）领（发）料单是否有涂改现象。

（7）是否存在超限额发料情况及超限额发料的原因。

（8）发出材料的计价是否正确，有无利用不同计价调节工程成本的情况。

（9）材料领用数量与定额或投产产量的比例是否相符或相近。

（10）对分包商是否存在已包含在劳务单价中的材料费，再行发料及发放后是否扣款。

（11）材料列销是否按规定时间（通常按月）进行，费用列销是否及时、准确，并如实反映项目物资消耗状况。

（12）主材是否存在异常消耗，有无严重超耗或结余等现象，对异常消耗有无不能合理解释原因。

（13）各施工队之间借用材料是否经过物资部门调配并办理相应手续。

2. 审计方法

审计人员对材料领（发）及减少的审计，主要是通过查阅有关业务资料并审查其与实际情况是否相符的方法来进行。

（1）查阅施工合同承包工程量及工程进度计划中已完工部分与材料累计领（发）数量是否吻合，有无利用材料消耗调整工程成本、偷工减料、违规费用报销及其他错弊现象。

审计时通常应就消耗量大、单位价值高的各种耗用材料分别进行对比分析，并就应消耗材料总量与实际消耗总量存在明显不合理差异，或对成本费用影响较大材料的差异原因进行分析。材料实际消耗总量明显大于应消耗总量时，重点应查找有无“跑冒滴漏”或故意加大成本以偷税漏税，或假借材料名义违法违规列销费用的情况；材料实际消耗总量明显小于应消耗总量时，则重点应查找有无偷工减料的情况。

差异的形成原因，应从材料需求计划制定、采购合同签订、材料入库及领（发）、施工日志记录等全链条查找分析。

被审计期间某材料应消耗总量计算公式为：

$$\begin{matrix}\text{被审计期间某}\\\text{材料应消耗总量}\end{matrix}=\text{被审计期间实际完成工程总量}\times\text{单位工程应消耗该材料定额}$$

（2）查阅材料领用计划、分包商领料授权委托资料，审查材料领用计划制定是否科学合理、分包商领料授权委托是否合理合规，有无超计划、超限额领（发）材料的现象。

（3）查阅领（发）料单、分包商材料领用表，审查其填制是否真实、准确、及时，程序是否合规，手续是否齐全，有无涂改、造假等错误或舞弊现象。

（4）查阅分包商计价扣款资料，审查是否对分包商分包费用外领用材料进行扣款。

（5）查阅材料列销资料，审查其列销是否真实、准确、及时，计价方式是否符合规定，计入对象是否合理、合规、合法，有无利用材料列销偷税、漏税及其他营私舞弊的现象。

（6）审查材料发放计量器具是否准确，有无故意利用计量误差舞弊的现象。

（7）查阅材料盘点资料，结合现场情况，审查账实是否一致，是否存在因保管不善等导致的非正常丢失、被盗现象。

3. 常见主要问题

①材料库存账实不符，存在非正常丢失、被盗现象；

②实际进料与工程应耗量存在差异，出现进料不足或严重超耗；

③未对材料超耗的分包商进行足额扣款；

④未对费用包含在劳务单价里的材料扣款。

（七）周转材料管理审计

周转材料使用费在建筑施工工程成本中占有很大比重，并且其获取、使用、费用计算等环节较其他材料有较大差异，因此在审计中应予区别对待。

1. 审计重点

相对于其他材料的一次性投入、列销，周转材料具有使用的重复性、费用列销的多次性等特点，审计的重点应关注其需求计划制定的准确性、合理性，使用过程的动态管理、核算和摊销的真实性、准确性、合理性、合规性，以及回收、处置、调剂、盘盈盘亏处置和监督检查等。

2. 审计方法

（1）查阅资料。一是查阅周转材料管理和使用的有关制度办法，项目部周转材料需求（或配备）计划及审批资料、采购计划及审批资料等，审查有关制度是否健全、完整、科学，分析其相关计划制定的准确性、合理性。二是查阅周转材料台账、使用过程相关记录、盘点及处置的相关资料，评价周转材料管理和使用的合规性、效益性。

（2）现场勘查。主要是深入现场查看周转材料的现场管理和存放，了解相关情况与查阅的资料是否相符，分析存在的问题。

3. 常见主要问题：

①没有需求计划、购置计划，周转材料配置与工程需求不配套；

②未实施过程动态管理，施工完毕后未及时清理、回收；

③管理制度不健全，管理责任落实不到位，存在日常管理混乱、被盗等现象；

④周转材料摊销随意，人为调整工程成本；

⑤回购劳务队周转材料未经评估、回购价值偏高、回购资产不入账等；

⑥对周转材料调出、出售等变动不及时进行账务处理；

⑦处置过程不规范，未经鉴定、比选、审批，处置收入不及时、足额入账。

（八）材料库存业务审计

1. 审计重点

①储备定额制定是否科学、合理。建筑企业项目工程因施工对象、施工地点、施工条件等诸多因素的不同，所以必须根据各项目的具体情况分别确定其储备定额，而不能采用统一的储备定额；

②实际库存数量是否超定额或库存不足。在实务中，项目工程施工进度常常受到水文、地质、气候以及其他因素的影响而变化。因此，其材料储备是否不足或超定额，应根据其现实情况分析判断；

③不同种类、等级的材料是否分别存放并有明显标志；

④是否建立完善的材料卡片或明细账并及时登记；

⑤库存材料是否账实相符、账卡相符，有无账外材料；

⑥库存材料有无腐烂、锈蚀、变质等情况；

⑦材料的保管是否有可能导致灾害或被盗的潜在原因；

⑧库存材料是否有定期、不定期清查盘点、自点制度并切实实施；

⑨盘亏调整和损失的处理是否合规，重点审查其原因是否合理，处理是否经过批准；

⑩现场已领未用材料是否视同库存材料管理。

2. 审计方法

主要通过资料查阅并与现场实际情况核对实施审计。

（1）查阅资料。查阅的资料主要包括：

①材料管理、使用的有关规章制度，直接据以评价其合规性、健全性和可操作性；

②材料储备定额及其制定过程的相关资料，据以评价定额制定的科学性、合理性；

③材料储备定额调整所依据的相关资料，据以评价定额调整的科学性、合理性；

④导致材料储备节超发生的工程进度变化相关资料，主要是针对工程进度发生变化而未能调整储备定额时，据以评价定额节超的必然性、合理性；

⑤材料核算账、卡的建立及登记情况，主要是据以评价核算账、卡建立的完善性、科学性，以及账、卡登记的真实性、及时性、合规性；

⑥材料清查盘点记录，主要是据以评价材料清查盘点制度的落实情况，并结合现场勘查评价其真实性、合理性和科学性；

⑦材料清查盘点结果处置相关资料，主要是据以评价材料清查盘点结果处置的合规性、合法性。

（2）现场勘查：

①查看材料现场管理和存放情况，据以评价其是否有效执行相关管理制度；

②重点通过清查盘点了解材料的实际库存数量、质量状况，评价其账实记录的一致性，为相关问题的分析提供基础资料。

清查盘点的重点对象一般为：

①对工程成本有重大或较大影响的材料；

②贵重或管理上有特殊要求的材料；

③管理上比较混乱的材料或仓库；

④经管人员德、才欠佳的材料或仓库；

⑤有舞弊现象的材料或仓库。

3. 常见主要问题：

①无定额储备制度，材料储备随意性强；

②材料储备定额制定不科学、不合理；

③因工期或施工进度变化，材料储备定额未及时调整，材料储备节超严重；

④材料管理制度落实不到位，现场实物堆放混乱，存在丢失、被盗、损坏等现象。

（九）材料使用情况审计

材料使用情况审计，重点是评价项目部材料实物数量及费用的节超情况、考核材料节超奖罚制度及其实施状况的合规性、效益性。

1. 审计重点

（1）材料节超情况。主要包括已完工工程材料应耗量、合理损耗率、材料实际消耗、材料实物数量及费用的节超对比、日常分析考核及奖罚情况。

（2）拌合站投入产出情况。主要包括拌合站产出数量、原料消耗数量、配合比执行标准、日常分析考核及奖罚情况。

（3）应由劳务队承担材料费用扣款情况。主要包括限额领料执行和考核、超限额材料及其他应由劳务队承担材料费用扣除等情况。

2. 审计方法

（1）查阅资料。重点查阅：

①施工图、施工调度日报、项目工程部门提报的已完工程材料应耗量、材料盘点表、材料总分类账、明细分类账和动态表、项目材料节超对比分析等资料，复核已完工工程材料应耗量、合理损耗率选用和材料消耗情况，据以计算分析材料节超情况，评价项目材料消耗节超管控的合规性、效益性；

②项目拌合站生产方量统计资料、配合比、材料盘点资料，材料总分类账、明细分类账、动态表等，复核项目对比分析资料，计算分析投入产出情况，据以评价项目拌合站材料管控的合规性、效益性；

③劳务队限额领料台账、领（发）料单、材料明细账、材料动态表、材料扣款台账、会计账簿等，据以评价应扣款项扣除情况。

（2）现场勘查、盘点：

①盘点现场库存材料，据以计算、分析材料的收、发、存及使用情况；

②勘查现场工程进度、检查现场材料管理和拌合站管理情况，了解材料管理相关基本情况。

3. 常见主要问题

（1）材料节超考核控制方面：

①材料超耗造成成本增加，对超耗原因未进行系统分析；

②材料异常少用或节约，未对原因进行分析，存在风险隐患；

③对属于劳务队原因造成超耗的材料费用未扣回，对属于自身管理原因造成超耗相关责任人未进行处罚追责。

（2）拌合站投入产出考核控制方面：

①未实施单独核算管理，对材料节超情况不掌握；

②因收料环节对砂石料含水率控制不严及其他管理原因，造成材料超耗形成损失；

③日常核算管理不规范，存在未定期进行材料盘点、未组织实施节超分析和考核，分析走过场或仅对比数据，不追究问题根源并采取有针对性措施。

（3）劳务队承担材料费用扣除管理方面：

①限额领料制度未能有效执行；

②未扣、少扣应由劳务队承担的材料费；

③材料扣款单价套用错误导致少扣费用。

第三节　机械设备核算与管理审计

一、机械设备管理的审计目标

1. 评审机械设备内部控制制度的健全性、有效性。

2. 评审机械设备配置、引入决策的科学性、正确性。

3. 审查机械设备实物数量的真实性、正确性。

4. 审查机械设备计价、减值准备计提的合理性、合规性。

5. 审查机械设备配置及变动的合理性、合规性和正确性。

6. 审查机械设备折旧、修理的合理性、正确性。

二、机械设备内部控制制度的评审

机械设备内部控制制度评审的内容主要包括以下几个方面：

1. 是否按机械设备配置及引入决策分析、购置、建造、租入、使用、日常管理、维修、处置等环节设置相应控制环节和控制制度。

2. 是否有完整的相关账卡记录和业务手续。如前文所述，企业机械设备管理应设置固定资产总分类账、固定资产明细分类账、固定资产登记簿、固定资产卡片等账、卡，并保持账卡之间的一致。机械设备增减变动、折旧计提等业务的发生，必须办理相关的业务手续，以保证业务的真实性、准确性和合规性。

3. 有无定期的清查盘点制度。定期清查盘点是查明机械设备数量、确认其存在状况、强化机械设备日常管理的重要手段。因此，作为固定资产管理的机械设备清查盘点制度是企业必须建立的重要管理制度。

4. 是否按规定建立机械设备减值分析、评价并按规定计提减值准备的相关制度。

5. 评价企业内部控制制度是否有效。内部控制制度是否有效取决于内部控制制度的健全性、科学性、合理性和可操作性，同时又受相关人员的业务能力和综合素质的制约。对内部控制制度有效性的评审，既要对制度本身进行评价，同时也要根据机械设备实际管理效果验证其有效程度。

三、机械设备核算和管理主要环节的审计

（一）机械设备计划管理审计

机械设备是建筑企业设备物资部门所管理的固定资产的最主要组成部分，也是企业进行生产作业的根本手段，机械设备计划管理审计的基本目标就是评价机械设备配置的合理性、合规性。

1. 审计重点

（1）机械设备需求计划的编制及报批。

（2）机械设备配置、引入方案的论证分析。

（3）机械设备配置计划的执行。

2. 审计方法

（1）查阅资料。查阅项目机械设备需求计划、机械设备配置计划、机械设备配置和引入方案决策分析及对应的评审记录（纪要）、审核及报备审批、机械设备台账等资料，评价机械设备配置、引入的合理性、合规性。

（2）现场勘查及询问：

①询问项目经理、工程及设备物资部门相关人员，了解机械设备配置情况及存在的问题，查明机械设备计划的编制及执行情况；

②通过清查盘点，查明机械设备的实际配置情况。

3. 常见主要问题

①未编制机械设备需求计划或编制不规范、不及时；

②未编制机械设备配置计划或编制缺乏市场调查等依据；

③机械设备配置、引入方案未经科学、严谨的论证分析；

④机械设备需求计划、配置计划未按规定进行评审和报批；

⑤未严格按照已批复的配置计划配置机械设备。

上述问题的出现，在技术上将导致机械设配置不合理，不能有效提高机械作业效率；在经济上将导致效益低下，乃至企业经济效益严重受损。

（二）机械设备采购管理审计

机械设备采购管理审计的主要目标是评价设备采购管理的合规性及集中采购制度的执行情况。

1. 审计重点

①机械设备采购程序的执行情况；

②机械设备采购计划的执行情况；

③机械设备供货商评价制度的建立和执行情况；

④购入机械设备计价是否合规；

⑤企业对项目机械设备采购的监督检查情况。

2. 审计方法

（1）查阅资料：

①查阅企业与机械设备有关的制度、文件、管理办法、岗位职责、管理和监督检查制度等资料，评价职责分工规定及履行情况；

②查阅机械设备购置计划及审核、报批、采购等资料，评价购置计划编制、调整、审核、报批、执行等情况；

③查阅机械设备招标采购有关资审、评标等过程资料，了解和评价招标采购程序及执行的合法、合规性；

④查阅机械设备合格供应商名册、相关考察评价、供应商黑名单及对应报批等资料，了解和评价合格供应商评价制度的建立和执行情况；

⑤查阅项目部执行机械设备集中采购的相关资料和企业对其执行情况的检查和考核奖惩资料，评价企业落实机械设备集中采购的情况；

⑥查阅机械设备采购的相关发票等原始凭证及账簿记录，评价其计价的合规性。

（2）调查询问：

①与设备物资部门分管领导和设备物资部门、纪检监察部门、财务部门等人员座谈，了解机械设备采购及落实集中采购情况；

②对相关人员个别询问，调查了解机械设备采购相关情况。

3. 常见主要问题

①未经招标、越权招标、超出采购计划范围、向不合格供货商采购机械设备；

②机械设备购置计划未按规定报批，未实施动态管理；

③机械设备招标不规范；

④机械设备采购招标收入不入账；

⑤未按规定建立机械设备合格供货商评价制度。

（三）机械设备经营性租入审计

由施工生产经营特点所决定，经营性租入是建筑企业获取机械设备使用权的主要渠道之一。因此，强化经营性租入机械设备的审计，对于加强建筑企业经营管理，促进企业经济效益提高，防范租赁中错弊和违法违纪情况发生具有重要意义。机械设备经营性租入审计的主要目标，就是评价租入设备管理、结算的真实性、合规性和效益性。

1. 审计重点

①机械设备租赁计划编制及报备审批情况；

②机械设备市场询价和招标情况；

③机械设备租赁合同评审及管理情况；

④机械设备经租人资质、状况审查情况；

⑤机械设备租赁结算情况。

2. 审计方法

（1）查阅资料。查阅的主要资料包括：

①企业机械设备租赁有关的制度、管理办法以及监督检查、考核奖罚等资料，据以评价机械设备租赁管理制度是否建立健全和职责履行情况；

②项目机械设备需求计划、租赁计划及报备审批资料，据以评价机械设备租入的合理性和程序办理的合规性；

③机械设备经租人资质审查和询价、招投标等资料，据以评价租赁机械设备选用的合理性、合法性、合规性；

④机械设备租赁合同、设备进场记录、结算单、设备管理台账、设备运转记录、应付设备租赁费台账、会计记录、施工日志等资料，据以评价机械设备租入的真实性和租入机械设备的日常管控及结算的合规性、效益性。

（2）调查询问和现场勘查：

①对设备物资、财务部门及现场技术人员、设备操作人员进行询问调查，了解租入机械设备管理情况和存在的问题；

②深入作业现场，实地了解租入机械设备的实际状况和施工运转情况。

3. 常见主要问题

①无计划租入机械设备；

②机械设备租赁过程中未能进行月租与临租模式经济比选，长期连续采用临租代替月租，导致租赁费增加；

③机械设备使用计划性和超前性控制不足，导致租赁机械设备现场闲置或使用率不高，造成机械设备租赁成本增加；

④租入机械设备未进行招标或市场询价；

⑤人为提高机械设备租赁价格，存在利益输送；

⑥虚假租入机械设备，套取资金；

⑦违规租赁内部人员机械设备；

⑧外租机械设备结算不规范，如无机械设备运转记录计价结算、乱签租赁使用台班、重复结算，应扣燃油费未扣除，以台班及油料考核或临时工工资等形式对租赁机械设备进行违规补偿；

⑨合同约定范围内应由劳务队承担的机械设备相关费用由项目部代买、代租、代修，长期未清理并扣款，造成经济效益流失。

（四）机械设备现场管理审计

在现代化工程施工中，企业往往以大量机械设备作为施工手段，而野外施工作业无时不受水文、地质、气候、人文等诸多因素的影响，因此，以审计为手段促使建筑企业加强施工机械设备现场管理，规范机械设备现场管理规章制度，落实管理责任、程序，降低机械设备使用的各种损耗，对于提高企业经济效益具有重要的意义。现场机械设备管理审计的基本目标就是要评价机械设备管理的合规性、效益性，揭示机械设备管理过程中的薄弱环节和存在的问题，提出对应的改进措施和建议。

1. 审计重点

①机械设备账实数量符合情况，包括附属零部件、附属设备的完整性；

②机械设备日常管理责任制度建立、完善和执行情况；

③施工现场机械设备基础管理，主要包括进场机械设备验收、持证上岗、交接班及运转记录填写、台账建立、特种机械设备管理等；

④机械设备维护保养，主要包括维护保养计划编制、审核、组织实施、记录等；

⑤机械设备燃油使用管理，主要包括机械设备燃油使用全流程管理和核算情况，

⑥各级监督检查情况，主要包括公司、项目部对现场机械设备管理、机械设备维护、机械设备保养等的监督检查。

2. 审计方法

（1）查阅资料：

①查阅项目外部租赁机械设备验收记录、机械设备进出场签认记录、一般机械设备台账、特种机械设备台账、特种机械设备操作人员台账、机械设备交接班记录、机械设备运转记录、机械设备管理检查记录等资料，评价项目机械设备管理的合规性、效率性；

②查阅项目机械设备维修保养计划及审批资料、机械设备修理竣工验收交接记录、机械设备维修保养记录、机械设备修理竣工报告、机械设备会计核算资料等，评价项目机械设备维护保养的合规性、合理性；

③查阅项目油料明细账、外租机械设备合同、加油记录及台账、机械设备燃油消耗核算单、机械设备会计核算资料等，评价燃油管理控制的合规性、效益性、真实性；

④查阅公司有关检查记录和考核评比及奖罚资料、机械设备安全运行记录、事故调查处理等资料，评价公司对机械设备管理的监督检查、考核奖惩、职责履行等情况；

⑤查阅企业机械设备维护保养方面的制度、管理办法、会议记录、年度计划、监督检查资料、闲置机械设备维护保养记录等资料，评价公司对机械设备维护、保养的管理和监督检查职责履行情况。

（2）现场查看及访谈评价：

①深入现场查看设备管理情况，并与公司设备物资部门、财务部门及项目经理、现场技术人员等进行访谈，了解机械设备管理情况及存在的问题；

②征询内外部专家意见，分析评价机械设备管理情况。

3. 常见主要问题

①项目机械设备现场管理不规范，如机械设备进场未进行验收、机械设备台账登记不及时、结算无依据或多结算、对存在问题不整改等；

②项目机械设备维修保养计划编制、审核和执行程序不规范，如未编制机械设备维修保养计划和未经审批自行安排维修保养、维修保养过程资料不规范、记录不完整等。

③燃油管理不规范，缺乏加油记录及机械设备燃油消耗核算等资料，漏扣应由劳务队承担的油料等；

④未对机械设备进行单机核算和管理；

⑤机械设备事故未彻查，未遵循事故原因未查清不放过、责任人员未处理不放过、责任人和员工未受教育不放过、整改措施未落实不放过的“四不放过”原则；

⑥瞒报机械设备事故问题，并因机械设备事故问题给单位造成效益和信誉损失；

⑦公司及项目部未对项目机械设备使用、保养、维修情况进行监督或监督走过场、监督发现的问题未按规定进行处罚和督促整改；

⑧现场机械设备闲置或未充分利用；

⑨对闲置机械设备未严格执行保养、维修等规定；

⑩机械设备账实不符，存在机械设备丢失、被盗等；

⑪机械设备账账不符，项目部设备物资与财务部门不对账或对账流于形式；

⑫机械设备报废认定、处置不规范，存在私自处置、低价处置造成损失问题。

（五）机械设备减少的审计

建筑企业机械设备减少的原因主要有报废、盘亏、对外转让、内部调动等几种情况。无论何种原因，机械设备的减少都与企业的重大利益乃至国家税收密切相关，因此，强化其审计监督具有十分重要的意义。自有机械设备减少的审计目标主要是评价减少业务的合法性、处理程序的合规性和效益的合理性。

1. 审计重点

①报废清理是否经认真分析、鉴定并按规定程序报经审批；

②报废原因是否正常，非正常报废的是否已查明原因并追究有关人员的责任；

③报废清理机械设备的处理是否合理、合规，有无营私舞弊现象；

④机械设备调出、转让是否符合有关规定并经审批，手续是否齐全；

⑤机械设备调出、转让计价是否正确；

⑥机械设备盘亏是否查明原因、追查责任，并按规定报批处理。

2. 审计方法

（1）查阅资料：

①查阅内部相关制度、管理办法，评价机械设备减少的内部控制制度是否健全、有效；

②查阅机械设备减少办理的相关记录，评价其业务处理的合法性、合规性；

③查阅机械设备报废、转让的技术论证、价值评估等资料，评价其业务的真实性及处理的合理性、合规性、合法性；

④查阅机械设备盘亏、毁损责任追查相关记录，评价责任追究的落实情况。

（2）调查询问。主要是通过对相关部门、人员进行调查询问，核实已查阅资料中相关情况的真实性以及在已查阅资料中尚未记录、反映而隐匿的问题。

3. 常见主要问题

①机械设备是否应报废、已毁损无论证程序或论证不严谨、科学、合理；

②报废、毁损机械设备残余价值计算不合理；

③报废、毁损机械设备处置未按规定程序办理；

④机械设备盘亏、报废、毁损责任追究不到位，后续管理措施没有及时跟进。

（六）机械设备折旧的审计

折旧是企业固定资产核算、管理的常规业务，其审计目标是审查折旧计提的合法性、合理性和准确性。

1. 审计重点

①折旧的计提范围是否正确；

②折旧方法是否合理、合法，是否按规定折旧年限和折旧方法计提折旧；

③机械设备变动、使用状况、实际完成工作量等折旧计提的基础资料是否准确；

④折旧计提的会计处理是否正确。

2. 审计方法

主要通过查阅折旧计提依据的机械设备变动、使用状况、实际完成工作量统计、折旧计提计算、会计账簿记录等资料，并通过相关资料的相互核对，审查折旧计提的真实性、准确性、合理性、合法性。

3. 常见主要问题

①折旧计提方法选用不合理，导致计入成本费用对象的折旧费不合理；

②机械设备变动反馈不及时，导致折旧计算不准确，计入成本费用对象不合理；

③机械设备实际完成工作量数据统计、提交不准确，导致折旧费负担不合理。

（七）机械设备减值审计

根据我国《企业会计准则第 8 号——资产减值》要求，企业应当于会计期末对固定资产进行检查，如发现存在下列情况，应当计算固定资产的可收回金额，并与账面价值相减。可收回金额低于账面价值的部分即为减值损失，应由财务部门计入当期损益，并提取资产减值准备：

①固定资产市价当期大幅度下跌，其跌幅明显高于因时间的推移或正常使用而预计的下跌；

②企业经营所处的经济、技术或者法律等环境以及资产所处的市场在当期或者将在近期发生重大变化，从而对企业产生不利影响；

③市场利率或者其他市场投资报酬率在当期已经提高，从而影响企业计算资产预计未来现金流量现值的折现率，导致资产可收回金额大幅度降低；

④有证据表明资产已经陈旧过时或者其实体已经损坏；

⑤资产已经或者将被闲置、终止使用或者计划提前处置；

⑥企业内部报告的证据表明资产的经济绩效已经低于或者将低于预期，如资产所创造的净现金流量或者实现的营业利润（或者亏损）远远低于（或者高于）预计金额；

⑦其他表明资产可能已经发生减值的迹象。

固定资产减值损失一经确认，在以后会计期间不得转回。

机械设备减值审计的目标就是要确认资产减值损失的确认和减值准备的计提是否符合企业会计准则的要求，包括减值准备计提的方法是否恰当、据以计提的相关资料是否准确、减值准备的计提是否充分、减值准备增减变动记录是否完整、减值准备的列报和披露是否恰当等。

1. 审计重点

①企业设备物资及其他与机械设备减值因素相关的部门是否及时向财务部门提交机械设备减值的相关信息；

②企业是否于会计期末在机械设备发生减值迹象时正确确认其减值损失；

③企业财务部门是否按企业会计准则要求正确、及时进行相关账务处理；

④企业财务部门是否按企业会计准则要求正确、及时对外披露机械设备发生减值信息。

2. 审计方法

（1）查阅资料：

①查阅企业内部相关制度、管理办法，评价机械设备减值确认的内部控制制度是否健全、有效。

②查阅机械设备减值确认的相关资料，审查减值损失计算、减值准备计提是否真实、合理、合规。

③查阅机械设备减值确认相关资料和相关时期反映机械设备可回收金额的其他资料，审查企业是否按照相关规定确认机械设备减值损失。

（2）调查询问。主要通过对内部设备物资部门、财务部门相关人员、外部与机械设备减值确认相关的机构、人员访谈，核实机械设备减值是否确认以及确认的真实性、合法性、准确性。

3. 常见主要问题

①对机械设备减值迹象监管的部门、人员在制度中规定不明确，或缺乏相关制度；

②相关部门所提交反映机械设备减值迹象的信息数据不准确、不及时；

③已提取减值准备的机械设备在后续折旧计提时未考虑减值准备因素；

④利用固定资产减值准备调节利润，多提或少提减值准备。

（八）机械设备修理的审计

如前文所述，机械设备修理分为经常性修理（中小修）和大修理，二者发生的支出处理方式是不同的：经常性修理应在费用发生时，根据机械设备使用情况按受益对象一次性计入当期损益。而大修理费用的支出，符合固定资产确认条件的，应计入固定资产价值，即作为资本化支出；不符合固定资产确认条件的，应作为费用化支出，计入“长期待摊费用”账户核算，然后在固定资产大修理间隔期内平均摊销，根据固定资产使用情况计入有关成本费用。由此可见，作为固定资产重要组成部分的施工机械设备，其修理费用支出性质的不同，对企业工程成本和应纳税金的影响是不同的。因此，机械设备修理的审计目标首先就是要确认对其修理费用支出的划分是否正确、合法；其次，要确认发生修理费用支出时有无违法、违规行为。

1. 审计重点

①机械设备修理是否按规定提出申请、进行技术经济分析鉴定、上报审核批准等规定程序办理；

②机械设备委外修理是否经过市场调研、受托方资质调查、市场招标等程序办理；

③机械设备修理完成后有无鉴定、验收程序；

④机械设备修理费用结算是否合理、合规，有无营私舞弊情况发生；

⑤机械设备修理费用核算是否合理、合法。

2. 审计方法

（1）查阅资料：

①查阅企业内部相关制度、管理办法，评价机械设备修理的内部控制制度是否健全、有效；

②查阅机械设备修理申请提出、鉴定及技术经济论证、审核批准等相关资料，审查修理业务启动流程的真实性、合理性、合规性、合法性；

③查阅机械设备委外修理市场调研、受托方资质调查、受托方名录、招投标实施、修理合同签订等资料，评价委外修理业务的真实性、合理性、合规性、合法性；

④查阅机械设备修理费用支出的结算凭证、发票等资料，审查修理费支出的真实性、合规性、合法性；

⑤查阅会计核算凭证、账簿等资料，审查机械设备修理费用支出会计处理的合法性、合规性。

（2）调查询问。主要通过对设备物资部门、财务部门有关人员、机械设备操作人员乃至承修单位进行调查询问，核实机械设备维修业务的真实性、合法性。

3. 常见主要问题

①机械设备修理未进行技术经济分析鉴定，或未按规定报经审核批准；

②机械设备委外修理未经过市场调研、对承修单位资质未经审核调查或市场招标；

③机械设备修理完成后无严格鉴定、验收手续；

④修理费用支出审核、复核把控不严。

附录一
企业内部控制应用指引目录

第 1 号——组织架构
第 2 号——发展战略
第 3 号——人力资源
第 4 号——社会责任
第 5 号——企业文化
第 6 号——资金活动
第 7 号——采购业务
第 8 号——资产管理
第 9 号——销售业务
第 10 号——研究与开发
第 11 号——工程项目
第 12 号——担保业务
第 13 号——业务外包
第 14 号——财务报告
第 15 号——全面预算
第 16 号——合同管理
第 17 号——内部信息传递
第 18 号——信息系统

附录二
企业内部控制基本规范

第一章 总 则

第一条 为了加强和规范企业内部控制，提高企业经营管理水平和风险防范能力，促进企业可持续发展，维护社会主义市场经济秩序和社会公众利益，根据《中华人民共和国公司法》《中华人民共和国证券法》《中华人民共和国会计法》和其他有关法律法规，制定本规范。

第二条 本规范适用于中华人民共和国境内设立的大中型企业。

小企业和其他单位可以参照本规范建立与实施内部控制。

大中型企业和小企业的划分标准根据国家有关规定执行。

第三条 本规范所称内部控制，是由企业董事会、监事会、经理层和全体员工实施的、旨在实现控制目标的过程。内部控制的目标是合理保证企业经营管理合法合规、资产安全、财务报告及相关信息真实完整，提高经营效率和效果，促进企业实现发展战略。

第四条 企业建立与实施内部控制，应当遵循下列原则：

（一）全面性原则。内部控制应当贯穿决策、执行和监督全过程，覆盖企业及其所属单位的各种业务和事项。

（二）重要性原则。内部控制应当在全面控制的基础上，关注重要业务事项和高风险领域。

（三）制衡性原则。内部控制应当在治理结构、机构设置及权责分配、业务流程等方面形成相互制约、相互监督，同时兼顾运营效率。

（四）适应性原则。内部控制应当与企业经营规模、业务范围、竞争状况和风险水平等相适应，并随着情况的变化及时加以调整。

（五）成本效益原则。内部控制应当权衡实施成本与预期效益，以适当的成本实现有效控制。

第五条 企业建立与实施有效的内部控制，应当包括下列要素：

（一）内部环境。内部环境是企业实施内部控制的基础，一般包括治理结构、机构设置及权责分配、内部审计、人力资源政策、企业文化等。

（二）风险评估。风险评估是企业及时识别、系统分析经营活动中与实现内部控制目标相关的风险，合理确定风险应对策略。

（三）控制活动。控制活动是企业根据风险评估结果，采用相应的控制措施，将风险控制在可承受度之内。

（四）信息与沟通。信息与沟通是企业及时、准确地收集、传递与内部控制相关的信息，确保信息在企业内部、企业与外部之间进行有效沟通。

（五）内部监督。内部监督是企业对内部控制建立与实施情况进行监督检查，评价内部控制的有效性，发现内部控制缺陷，应当及时加以改进。

第六条　企业应当根据有关法律法规、本规范及其配套办法，制定本企业的内部控制制度并组织实施。

第七条　企业应当运用信息技术加强内部控制，建立与经营管理相适应的信息系统，促进内部控制流程与信息系统的有机结合，实现对业务和事项的自动控制，减少或消除人为操纵因素。

第八条　企业应当建立内部控制实施的激励约束机制，将各责任单位和全体员工实施内部控制的情况纳入绩效考评体系，促进内部控制的有效实施。

第九条　国务院有关部门可以根据法律法规、本规范及其配套办法，明确贯彻实施本规范的具体要求，对企业建立与实施内部控制的情况进行监督检查。

第十条　接受企业委托从事内部控制审计的会计师事务所，应当根据本规范及其配套办法和相关执业准则，对企业内部控制的有效性进行审计，出具审计报告。会计师事务所及其签字的从业人员应当对发表的内部控制审计意见负责。

为企业内部控制提供咨询的会计师事务所，不得同时为同一企业提供内部控制审计服务。

第二章　内部环境

第十一条　企业应当根据国家有关法律法规和企业章程，建立规范的公司治理结构和议事规则，明确决策、执行、监督等方面的职责权限，形成科学有效的职责分工和制衡机制。

股东（大）会享有法律法规和企业章程规定的合法权利，依法行使企业经营方针、筹资、投资、利润分配等重大事项的表决权。

董事会对股东（大）会负责，依法行使企业的经营决策权。

监事会对股东（大）会负责，监督企业董事、经理和其他高级管理人员依法履行职责。

经理层负责组织实施股东（大）会、董事会决议事项，主持企业的生产经营管理工作。

第十二条　董事会负责内部控制的建立健全和有效实施。监事会对董事会建立与实施内部控制进行监督。经理层负责组织领导企业内部控制的日常运行。

企业应当成立专门机构或者指定适当的机构具体负责组织协调内部控制的建立实施及日常工作。

第十三条　企业应当在董事会下设立审计委员会。审计委员会负责审查企业内部控制，监督内部控制的有效实施和内部控制自我评价情况，协调内部控制审计及其他相关事宜等。

审计委员会负责人应当具备相应的独立性、良好的职业操守和专业胜任能力。

第十四条　企业应当结合业务特点和内部控制要求设置内部机构，明确职责权限，将权利与责任落实到各责任单位。

企业应当通过编制内部管理手册，使全体员工掌握内部机构设置、岗位职责、业务流程等情况，明确权责分配，正确行使职权。

第十五条　企业应当加强内部审计工作，保证内部审计机构设置、人员配备和工作的独立性。

内部审计机构应当结合内部审计监督，对内部控制的有效性进行监督检查。内部审计机构对监督检查中发现的内部控制缺陷，应当按照企业内部审计工作程序进行报告；对监督检查中发现的内部控制重大缺陷，有权直接向董事会及其审计委员会、监事会报告。

第十六条　企业应当制定和实施有利于企业可持续发展的人力资源政策。人力资源政策应当包括下列内容：

（一）员工的聘用、培训、辞退与辞职。

（二）员工的薪酬、考核、晋升与奖惩。

（三）关键岗位员工的强制休假制度和定期岗位轮换制度。

（四）掌握国家秘密或重要商业秘密的员工离岗的限制性规定。

（五）有关人力资源管理的其他政策。

第十七条　企业应当将职业道德修养和专业胜任能力作为选拔和聘用员工的重要标准，切实加强员工培训和继续教育，不断提升员工素质。

第十八条　企业应当加强文化建设，培育积极向上的价值观和社会责任感，倡导诚实守信、爱岗敬业、开拓创新和团队协作精神，树立现代管理理念，强化风险意识。

董事、监事、经理及其他高级管理人员应当在企业文化建设中发挥主导作用。

企业员工应当遵守员工行为守则，认真履行岗位职责。

第十九条　企业应当加强法制教育，增强董事、监事、经理及其他高级管理人员和员工的法制观念，严格依法决策、依法办事、依法监督，建立健全法律顾问制度和重大法律纠纷案件备案制度。

第三章　风险评估

第二十条　企业应当根据设定的控制目标，全面系统持续地收集相关信息，结合实际情况，及时进行风险评估。

第二十一条 企业开展风险评估，应当准确识别与实现控制目标相关的内部风险和外部风险，确定相应的风险承受度。

风险承受度是企业能够承担的风险限度，包括整体风险承受能力和业务层面的可接受风险水平。

第二十二条 企业识别内部风险，应当关注下列因素：

（一）董事、监事、经理及其他高级管理人员的职业操守、员工专业胜任能力等人力资源因素。

（二）组织机构、经营方式、资产管理、业务流程等管理因素。

（三）研究开发、技术投入、信息技术运用等自主创新因素。

（四）财务状况、经营成果、现金流量等财务因素。

（五）营运安全、员工健康、环境保护等安全环保因素。

（六）其他有关内部风险因素。

第二十三条 企业识别外部风险，应当关注下列因素：

（一）经济形势、产业政策、融资环境、市场竞争、资源供给等经济因素。

（二）法律法规、监管要求等法律因素。

（三）安全稳定、文化传统、社会信用、教育水平、消费者行为等社会因素。

（四）技术进步、工艺改进等科学技术因素。

（五）自然灾害、环境状况等自然环境因素。

（六）其他有关外部风险因素。

第二十四条 企业应当采用定性与定量相结合的方法，按照风险发生的可能性及其影响程度等，对识别的风险进行分析和排序，确定关注重点和优先控制的风险。

企业进行风险分析，应当充分吸收专业人员，组成风险分析团队，按照严格规范的程序开展工作，确保风险分析结果的准确性。

第二十五条 企业应当根据风险分析的结果，结合风险承受度，权衡风险与收益，确定风险应对策略。

企业应当合理分析、准确掌握董事、经理及其他高级管理人员、关键岗位员工的风险偏好，采取适当的控制措施，避免因个人风险偏好给企业经营带来重大损失。

第二十六条 企业应当综合运用风险规避、风险降低、风险分担和风险承受等风险应对策略，实现对风险的有效控制。

风险规避是企业对超出风险承受度的风险，通过放弃或者停止与该风险相关的业务活动以避免和减轻损失的策略。

风险降低是企业在权衡成本效益之后，准备采取适当的控制措施降低风险或者减轻损失，将风险控制在风险承受度之内的策略。

风险分担是企业准备借助他人力量，采取业务分包、购买保险等方式和适当的控制措施，将风险控制在风险承受度之内的策略。

风险承受是企业对风险承受度之内的风险，在权衡成本效益之后，不准备采取控制措施降低风险或者减轻损失的策略。

第二十七条　企业应当结合不同发展阶段和业务拓展情况，持续收集与风险变化相关的信息，进行风险识别和风险分析，及时调整风险应对策略。

第四章　控制活动

第二十八条　企业应当结合风险评估结果，通过手工控制与自动控制、预防性控制与发现性控制相结合的方法，运用相应的控制措施，将风险控制在可承受度之内。

控制措施一般包括：不相容职务分离控制、授权审批控制、会计系统控制、财产保护控制、预算控制、运营分析控制和绩效考评控制等。

第二十九条　不相容职务分离控制要求企业全面系统地分析、梳理业务流程中所涉及的不相容职务，实施相应的分离措施，形成各司其职、各负其责、相互制约的工作机制。

第三十条　授权审批控制要求企业根据常规授权和特别授权的规定，明确各岗位办理业务和事项的权限范围、审批程序和相应责任。

企业应当编制常规授权的权限指引，规范特别授权的范围、权限、程序和责任，严格控制特别授权。常规授权是指企业在日常经营管理活动中按照既定的职责和程序进行的授权。特别授权是指企业在特殊情况、特定条件下进行的授权。

企业各级管理人员应当在授权范围内行使职权和承担责任。

企业对于重大的业务和事项，应当实行集体决策审批或者联签制度，任何个人不得单独进行决策或者擅自改变集体决策。

第三十一条　会计系统控制要求企业严格执行国家统一的会计准则制度，加强会计基础工作，明确会计凭证、会计账簿和财务会计报告的处理程序，保证会计资料真实完整。

企业应当依法设置会计机构，配备会计从业人员。从事会计工作的人员，必须取得会计从业资格证书。会计机构负责人应当具备会计师以上专业技术职务资格。

大中型企业应当设置总会计师。设置总会计师的企业，不得设置与其职权重叠的副职。

第三十二条　财产保护控制要求企业建立财产日常管理制度和定期清查制度，采取财产记录、实物保管、定期盘点、账实核对等措施，确保财产安全。

企业应当严格限制未经授权的人员接触和处置财产。

第三十三条　预算控制要求企业实施全面预算管理制度，明确各责任单位在预算管理中的职责权限，规范预算的编制、审定、下达和执行程序，强化预算约束。

第三十四条　运营分析控制要求企业建立运营情况分析制度，经理层应当综合运用生产、购销、投资、筹资、财务等方面的信息，通过因素分析、对比分析、趋势分析等方法，定期开展运营情况分析，发现存在的问题，及时查明原因并加以改进。

第三十五条　绩效考评控制要求企业建立和实施绩效考评制度，科学设置考核指标体系，对企业内部各责任单位和全体员工的业绩进行定期考核和客观评价，将考评结果作为确定员工薪酬以及职务晋升、评优、降级、调岗、辞退等的依据。

第三十六条　企业应当根据内部控制目标，结合风险应对策略，综合运用控制措施，对各种业务和事项实施有效控制。

第三十七条　企业应当建立重大风险预警机制和突发事件应急处理机制，明确风险预警标准，对可能发生的重大风险或突发事件，制定应急预案、明确责任人员、规范处置程序，确保突发事件得到及时妥善处理。

第五章　信息与沟通

第三十八条　企业应当建立信息与沟通制度，明确内部控制相关信息的收集、处理和传递程序，确保信息及时沟通，促进内部控制有效运行。

第三十九条　企业应当对收集的各种内部信息和外部信息进行合理筛选、核对、整合，提高信息的有用性。

企业可以通过财务会计资料、经营管理资料、调研报告、专项信息、内部刊物、办公网络等渠道，获取内部信息。

企业可以通过行业协会组织、社会中介机构、业务往来单位、市场调查、来信来访、网络媒体以及有关监管部门等渠道，获取外部信息。

第四十条　企业应当将内部控制相关信息在企业内部各管理级次、责任单位、业务环节之间，以及企业与外部投资者、债权人、客户、供应商、中介机构和监管部门等有关方面之间进行沟通和反馈。信息沟通过程中发现的问题，应当及时报告并加以解决。

重要信息应当及时传递给董事会、监事会和经理层。

第四十一条　企业应当利用信息技术促进信息的集成与共享，充分发挥信息技术在信息与沟通中的作用。

企业应当加强对信息系统开发与维护、访问与变更、数据输入与输出、文件储存与保管、网络安全等方面的控制，保证信息系统安全稳定运行。

第四十二条　企业应当建立反舞弊机制，坚持惩防并举、重在预防的原则，明确反舞弊工作的重点领域、关键环节和有关机构在反舞弊工作中的职责权限，规范舞弊案件的举报、调查、处理、报告和补救程序。

企业至少应当将下列情形作为反舞弊工作的重点：

（一）未经授权或者采取其他不法方式侵占、挪用企业资产，牟取不当利益。

（二）在财务会计报告和信息披露等方面存在的虚假记载、误导性陈述或者重大遗漏等。

（三）董事、监事、经理及其他高级管理人员滥用职权。

（四）相关机构或人员串通舞弊。

第四十三条　企业应当建立举报投诉制度和举报人保护制度，设置举报专线，明确举报投诉处理程序、办理时限和办结要求，确保举报、投诉成为企业有效掌握信息的重要途径。

举报投诉制度和举报人保护制度应当及时传达至全体员工。

第六章　内部监督

第四十四条　企业应当根据本规范及其配套办法，制定内部控制监督制度，明确内部审计机构（或经授权的其他监督机构）和其他内部机构在内部监督中的职责权限，规范内部监督的程序、方法和要求。

内部监督分为日常监督和专项监督。日常监督是指企业对建立与实施内部控制的情况进行常规、持续的监督检查；专项监督是指在企业发展战略、组织结构、经营活动、业务流程、关键岗位员工等发生较大调整或变化的情况下，对内部控制的某一或者某些方面进行有针对性的监督检查。

专项监督的范围和频率应当根据风险评估结果以及日常监督的有效性等予以确定。

第四十五条　企业应当制定内部控制缺陷认定标准，对监督过程中发现的内部控制缺陷，应当分析缺陷的性质和产生的原因，提出整改方案，采取适当的形式及时向董事会、监事会或者经理层报告。

内部控制缺陷包括设计缺陷和运行缺陷。企业应当跟踪内部控制缺陷整改情况，并就内部监督中发现的重大缺陷，追究相关责任单位或者责任人的责任。

第四十六条　企业应当结合内部监督情况，定期对内部控制的有效性进行自我评价，出具内部控制自我评价报告。

内部控制自我评价的方式、范围、程序和频率，由企业根据经营业务调整、经营环境变化、业务发展状况、实际风险水平等自行确定。

国家有关法律法规另有规定的，从其规定。

第四十七条　企业应当以书面或者其他适当的形式，妥善保存内部控制建立与实施过程中的相关记录或者资料，确保内部控制建立与实施过程的可验证性。

第七章　附　则

第四十八条　本规范由财政部会同国务院其他有关部门解释。

第四十九条　本规范的配套办法由财政部会同国务院其他有关部门另行制定。

第五十条　本规范自2009年7月1日起实施。

附录三
企业内部控制应用指引第 7 号——采购业务

第一章　总　则

第一条　为了促进企业合理采购，满足生产经营需要，规范采购行为，防范采购风险，根据有关法律法规和《企业内部控制基本规范》，制定本指引。

第二条　本指引所称采购，是指购买物资（或接受劳务）及支付款项等相关活动。

第三条　企业采购业务至少应当关注下列风险：

（一）采购计划安排不合理，市场变化趋势预测不准确，造成库存短缺或积压，可能导致企业生产停滞或资源浪费。

（二）供应商选择不当，采购方式不合理，招投标或定价机制不科学，授权审批不规范，可能导致采购物资质次价高，出现舞弊或遭受欺诈。

（三）采购验收不规范，付款审核不严，可能导致采购物资、资金损失或信用受损。

第四条　企业应当结合实际情况，全面梳理采购业务流程，完善采购业务相关管理制度，统筹安排采购计划，明确请购、审批、购买、验收、付款、采购后评估等环节的职责和审批权限，按照规定的审批权限和程序办理采购业务，建立价格监督机制，定期检查和评价采购过程中的薄弱环节，采取有效控制措施，确保物资采购满足企业生产经营需要。

第二章　购　买

第五条　企业的采购业务应当集中，避免多头采购或分散采购，以提高采购业务效率，降低采购成本，堵塞管理漏洞。企业应当对办理采购业务的人员定期进行岗位轮换。重要和技术性较强的采购业务，应当组织相关专家进行论证，实行集体决策和审批。

企业除小额零星物资或服务外，不得安排同一机构办理采购业务全过程。

第六条　企业应当建立采购申请制度，依据购买物资或接受劳务的类型，确定归口管理部门，授予相应的请购权，明确相关部门或人员的职责权限及相应的请购和审批程序。

企业可以根据实际需要设置专门的请购部门，对需求部门提出的采购需求进行审核，并进行归类汇总，统筹安排企业的采购计划。

具有请购权的部门对于预算内采购项目，应当严格按照预算执行进度办理请购手续，并根据市场变化提出合理采购申请。对于超预算和预算外采购项目，应先履行预算调整程序，由具备相应审批权限的部门或人员审批后，再行办理请购手续。

第七条　企业应当建立科学的供应商评估和准入制度，确定合格供应商清单，与选定的供应商签订质量保证协议，建立供应商管理信息系统，对供应商提供物资或劳务的质量、价格、交货及时性、供货条件及其资信、经营状况等进行实时管理和综合评价，根据评价结果对供应商进行合理选择和调整。

企业可委托具有相应资质的中介机构对供应商进行资信调查。

第八条　企业应当根据市场情况和采购计划合理选择采购方式。大宗采购应当采用招标方式，合理确定招投标的范围、标准、实施程序和评标规则；一般物资或劳务等的采购可以采用询价或定向采购的方式并签订合同协议；小额零星物资或劳务等的采购可以采用直接购买等方式。

第九条　企业应当建立采购物资定价机制，采取协议采购、招标采购、谈判采购、询比价采购等多种方式合理确定采购价格，最大限度地减小市场变化对企业采购价格的影响。

大宗采购等应当采用招投标方式确定采购价格，其他商品或劳务的采购，应当根据市场行情制定最高采购限价，并对最高采购限价适时调整。

第十条　企业应当根据确定的供应商、采购方式、采购价格等情况拟订采购合同，准确描述合同条款，明确双方权利、义务和违约责任，按照规定权限签订采购合同。

企业应当根据生产建设进度和采购物资特性，选择合理的运输工具和运输方式，办理运输、投保等事宜。

第十一条　企业应当建立严格的采购验收制度，确定检验方式，由专门的验收机构或验收人员对采购项目的品种、规格、数量、质量等相关内容进行验收，出具验收证明。涉及大宗和新、特物资采购的，还应进行专业测试。

验收过程中发现的异常情况，负责验收的机构或人员应当立即向企业有权管理的相关机构报告，相关机构应当查明原因并及时处理。

第十二条　企业应当加强物资采购供应过程的管理，依据采购合同中确定的主要条款跟踪合同履行情况，对有可能影响生产或工程进度的异常情况，应出具书面报告并及时提出解决方案。

企业应当做好采购业务各环节的记录，实行全过程的采购登记制度或信息化管理，确保采购过程的可追溯性。

第三章　付　款

第十三条　企业应当加强采购付款的管理，完善付款流程，明确付款审核人的责任和权力，严格审核采购预算、合同、相关单据凭证、审批程序等相关内容，审核无误后按照合同规定及时办理付款。

企业在付款过程中，应当严格审查采购发票的真实性、合法性和有效性。发现虚假发票的，应查明原因，及时报告处理。

企业应当重视采购付款的过程控制和跟踪管理，发现异常情况的，应当拒绝付款，避免出现资金损失和信用受损。

企业应当合理选择付款方式，并严格遵循合同规定，防范付款方式不当带来的法律风险，保证资金安全。

第十四条　企业应当加强预付账款和定金的管理。涉及大额或长期的预付款项，应当定期进行追踪核查，综合分析预付账款的期限、占用款项的合理性、不可收回风险等情况，发现有疑问的预付款项，应当及时采取措施。

第十五条　企业应当加强对购买、验收、付款业务的会计系统控制，详细记录供应商情况、请购申请、采购合同、采购通知、验收证明、入库凭证、商业票据、款项支付等情况，确保会计记录、采购记录与仓储记录核对一致。

企业应当指定专人通过函证等方式，定期与供应商核对应付账款、应付票据、预付账款等往来款项。

第十六条　企业应当建立退货管理制度，对退货条件、退货手续、货物出库、退货货款回收等作出明确规定，并在与供应商的合同中明确退货事宜，及时收回退货货款。涉及符合索赔条件的退货，应在索赔期内及时办理索赔。

附录四
企业内部控制应用指引第 8 号——资产管理

第一章 总 则

第一条 为了提高资产使用效能，保证资产安全，根据有关法律法规和《企业内部控制基本规范》，制定本指引。

第二条 本指引所称资产，是指企业拥有或控制的存货、固定资产和无形资产。

第三条 企业资产管理至少应当关注下列风险：

（一）存货积压或短缺，可能导致流动资金占用过量、存货价值贬损或生产中断。

（二）固定资产更新改造不够、使用效能低下、维护不当、产能过剩，可能导致企业缺乏竞争力、资产价值贬损、安全事故频发或资源浪费。

（三）无形资产缺乏核心技术、权属不清、技术落后、存在重大技术安全隐患，可能导致企业法律纠纷、缺乏可持续发展能力。

第四条 企业应当加强各项资产管理，全面梳理资产管理流程，及时发现资产管理中的薄弱环节，切实采取有效措施加以改进，并关注资产减值迹象，合理确认资产减值损失，不断提高企业资产管理水平。

企业应当重视和加强各项资产的投保工作，采用招标等方式确定保险人，降低资产损失风险，防范资产投保舞弊。

第二章 存 货

第五条 企业应当采用先进的存货管理技术和方法，规范存货管理流程，明确存货取得、验收入库、原料加工、仓储保管、领用发出、盘点处置等环节的管理要求，充分利用信息系统，强化会计、出入库等相关记录，确保存货管理全过程的风险得到有效控制。

第六条　企业应当建立存货管理岗位责任制，明确内部相关部门和岗位的职责权限，切实做到不相容岗位相互分离、制约和监督。

企业内部除存货管理、监督部门及仓储人员外，其他部门和人员接触存货，应当经过相关部门特别授权。

第七条　企业应当重视存货验收工作，规范存货验收程序和方法，对入库存货的数量、质量、技术规格等方面进行查验，验收无误方可入库。

外购存货的验收，应当重点关注合同、发票等原始单据与存货的数量、质量、规格等核对一致。涉及技术含量较高的货物，必要时可委托具有检验资质的机构或聘请外部专家协助验收。

自制存货的验收，应当重点关注产品质量，通过检验合格的半成品、产成品才能办理入库手续，不合格品应及时查明原因、落实责任、报告处理。

其他方式取得存货的验收，应当重点关注存货来源、质量状况、实际价值是否符合有关合同或协议的约定。

第八条　企业应当建立存货保管制度，定期对存货进行检查，重点关注下列事项：

（一）存货在不同仓库之间流动时应当办理出入库手续。

（二）应当按仓储物资所要求的储存条件贮存，并健全防火、防洪、防盗、防潮、防病虫害和防变质等管理规范。

（三）加强生产现场的材料、周转材料、半成品等物资的管理，防止浪费、被盗和流失。

（四）对代管、代销、暂存、受托加工的存货，应单独存放和记录，避免与本单位存货混淆。

（五）结合企业实际情况，加强存货的保险投保，保证存货安全，合理降低存货意外损失风险。

第九条　企业应当明确存货发出和领用的审批权限，大批存货、贵重商品或危险品的发出应当实行特别授权。仓储部门应当根据经审批的销售（出库）通知单发出货物。

第十条　企业仓储部门应当详细记录存货入库、出库及库存情况，做到存货记录与实际库存相符，并定期与财务部门、存货管理部门进行核对。

第十一条　企业应当根据各种存货采购间隔期和当前库存，综合考虑企业生产经营计划、市场供求等因素，充分利用信息系统，合理确定存货采购日期和数量，确保存货处于最佳库存状态。

第十二条　企业应当建立存货盘点清查制度，结合本企业实际情况确定盘点周期、盘点流程等相关内容，核查存货数量，及时发现存货减值迹象。企业至少应当于每年年度终了开展全面盘点清查，盘点清查结果应当形成书面报告。

盘点清查中发现的存货盘盈、盘亏、毁损、闲置以及需要报废的存货，应当查明原因、落实并追究责任，按照规定权限批准后处置。

第三章　固定资产

第十三条　企业应当加强房屋建筑物、机器设备等各类固定资产的管理，重视固定资产维护和更新改造，不断提升固定资产的使用效能，积极促进固定资产处于良好运行状态。

第十四条　企业应当制定固定资产目录，对每项固定资产进行编号，按照单项资产建立固定资产卡片，详细记录各项固定资产的来源、验收、使用地点、责任单位和责任人、运转、维修、改造、折旧、盘点等相关内容。

企业应当严格执行固定资产日常维修和大修理计划，定期对固定资产进行维护保养，切实消除安全隐患。

企业应当强化对生产线等关键设备运转的监控，严格操作流程，实行岗前培训和岗位许可制度，确保设备安全运转。

第十五条　企业应当根据发展战略，充分利用国家有关自主创新政策，加大技改投入，不断促进固定资产技术升级，淘汰落后设备，切实做到保持本企业固定资产技术的先进性和企业发展的可持续性。

第十六条　企业应当严格执行固定资产投保政策，对应投保的固定资产项目按规定程序进行审批，及时办理投保手续。

第十七条　企业应当规范固定资产抵押管理，确定固定资产抵押程序和审批权限等。

企业将固定资产用作抵押的，应由相关部门提出申请，经企业授权部门或人员批准后，由资产管理部门办理抵押手续。

企业应当加强对接收的抵押资产的管理，编制专门的资产目录，合理评估抵押资产的价值。

第十八条　企业应当建立固定资产清查制度，至少每年进行全面清查。对固定资产清查中发现的问题，应当查明原因，追究责任，妥善处理。

企业应当加强固定资产处置的控制，关注固定资产处置中的关联交易和处置定价，防范资产流失。

第四章　无形资产

第十九条　企业应当加强对品牌、商标、专利、专有技术、土地使用权等无形资产的管理，分类制定无形资产管理办法，落实无形资产管理责任制，促进无形资产有效利用，充分发挥无形资产对提升企业核心竞争力的作用。

第二十条　企业应当全面梳理外购、自行开发以及其他方式取得的各类无形资产的权属关系，加强无形资产权益保护，防范侵权行为和法律风险。无形资产具有保密性质的，应当采取严格保密措施，严防泄露商业秘密。

企业购入或者以支付土地出让金等方式取得的土地使用权，应当取得土地使用权有效证明文件。

第二十一条　企业应当定期对专利、专有技术等无形资产的先进性进行评估，淘汰落后技术，加大研发投入，促进技术更新换代，不断提升自主创新能力，努力做到核心技术处于同行业领先水平。

第二十二条　企业应当重视品牌建设，加强商誉管理，通过提供高质量产品和优质服务等多种方式，不断打造和培育主业品牌，切实维护和提升企业品牌的社会认可度。

附录五
企业内部控制应用指引第 16 号——合同管理

第一章 总 则

第一条 为了促进企业加强合同管理，维护企业合法权益，根据《中华人民共和国合同法》等有关法律法规和《企业内部控制基本规范》，制定本指引。

第二条 本指引所称合同，是指企业与自然人、法人及其他组织等平等主体之间设立、变更、终止民事权利义务关系的协议。

企业与职工签订的劳动合同，不适用本指引。

第三条 企业合同管理至少应当关注下列风险：

（一）未订立合同、未经授权对外订立合同、合同对方主体资格未达要求、合同内容存在重大疏漏和欺诈，可能导致企业合法权益受到侵害。

（二）合同未全面履行或监控不当，可能导致企业诉讼失败、经济利益受损。

（三）合同纠纷处理不当，可能损害企业利益、信誉和形象。

第四条 企业应当加强合同管理，确定合同归口管理部门，明确合同拟定、审批、执行等环节的程序和要求，定期检查和评价合同管理中的薄弱环节，采取相应控制措施，促进合同有效履行，切实维护企业的合法权益。

第二章 合同的订立

第五条 企业对外发生经济行为，除即时结清方式外，应当订立书面合同。合同订立前，应当充分了解合同对方的主体资格、信用状况等有关内容，确保对方当事人具备履约能力。

对于影响重大、涉及较高专业技术或法律关系复杂的合同，应当组织法律、技术、财会等专业人员参与谈判，必要时可聘请外部专家参与相关工作。

谈判过程中的重要事项和参与谈判人员的主要意见，应当予以记录并妥善保存。

第六条　企业应当根据协商、谈判等的结果，拟订合同文本，按照自愿、公平原则，明确双方的权利义务和违约责任，做到条款内容完整，表述严谨准确，相关手续齐备，避免出现重大疏漏。

合同文本一般由业务承办部门起草、法律部门审核。重大合同或法律关系复杂的特殊合同应当由法律部门参与起草。国家或行业有合同示范文本的，可以优先选用，但对涉及权利义务关系的条款应当进行认真审查，并根据实际情况进行适当修改。

合同文本须报经国家有关主管部门审查或备案的，应当履行相应程序。

第七条　企业应当对合同文本进行严格审核，重点关注合同的主体、内容和形式是否合法，合同内容是否符合企业的经济利益，对方当事人是否具有履约能力，合同权利和义务、违约责任和争议解决条款是否明确等。

企业对影响重大或法律关系复杂的合同文本，应当组织内部相关部门进行审核。相关部门提出不同意见的，应当认真分析研究，慎重对待，并准确无误地加以记录；必要时应对合同条款作出修改。内部相关部门应当认真履行职责。

第八条　企业应当按照规定的权限和程序与对方当事人签署合同。正式对外订立的合同，应当由企业法定代表人或由其授权的代理人签名或加盖有关印章。授权签署合同的，应当签署授权委托书。

属于上级管理权限的合同，下级单位不得签署。下级单位认为确有需要签署涉及上级管理权限的合同，应当提出申请，并经上级合同管理机构批准后办理。上级单位应当加强对下级单位合同订立、履行情况的监督检查。

第九条　企业应当建立合同专用章保管制度。合同经编号、审批及企业法定代表人或由其授权的代理人签署后，方可加盖合同专用章。

第十条　企业应当加强合同信息安全保密工作，未经批准，不得以任何形式泄露合同订立与履行过程中涉及的商业秘密或国家机密。

第三章　合同的履行

第十一条　企业应当遵循诚实信用原则严格履行合同，对合同履行实施有效监控，强化对合同履行情况及效果的检查、分析和验收，确保合同全面有效履行。

合同生效后，企业就质量、价款、履行地点等内容与合同对方没有约定或者约定不明确的，可以协议补充；不能达成补充协议的，按照国家相关法律法规、合同有关条款或者交易习惯确定。

第十二条　在合同履行过程中发现有显失公平、条款有误或对方有欺诈行为等情形，或因政策调整、市场变化等客观因素，已经或可能导致企业利益受损，应当按规定程序及时报告，并经双方协商一致，按照规定权限和程序办理合同变更或解除事宜。

第十三条　企业应当加强合同纠纷管理，在履行合同过程中发生纠纷的，应当依据国家相关法律法规，在规定时效内与对方当事人协商并按规定权限和程序及时报告。

合同纠纷经协商一致的，双方应当签订书面协议。合同纠纷经协商无法解决的，应当根据合同约定选择仲裁或诉讼方式解决。

企业内部授权处理合同纠纷的，应当签署授权委托书。纠纷处理过程中，未经授权批准，相关经办人员不得向对方当事人作出实质性答复或承诺。

第十四条 企业财务部门应当根据合同条款审核后办理结算业务。未按合同条款履约的，或应签订书面合同而未签订的，财务部门有权拒绝付款，并及时向企业有关负责人报告。

第十五条 合同管理部门应当加强合同登记管理，充分利用信息化手段，定期对合同进行统计、分类和归档，详细登记合同的订立、履行和变更等情况，实行合同的全过程封闭管理。

第十六条 企业应当建立合同履行情况评估制度，至少于每年年末对合同履行的总体情况和重大合同履行的具体情况进行分析评估，对分析评估中发现合同履行中存在的不足，应当及时加以改进。

企业应当健全合同管理考核与责任追究制度。对合同订立、履行过程中出现的违法违规行为，应当追究有关机构或人员的责任。

附表一

复利终值系数表（*F/P*，*i*，*n*）

期数	1%	2%	3%	4%	5%	6%	7%	8%	9%	10%	11%	12%	13%	14%	15%
1	1.0100	1.0200	1.0300	1.0400	1.0500	1.0600	1.0700	1.0800	1.0900	1.1000	1.1100	1.1200	1.1300	1.1400	1.1500
2	1.0201	1.0404	1.0609	1.0816	1.1025	1.1236	1.1449	1.1664	1.1881	1.2100	1.2321	1.2544	1.2769	1.2996	1.3225
3	1.0303	1.0612	1.0927	1.1249	1.1576	1.1910	1.2250	1.2597	1.2950	1.3310	1.3676	1.4049	1.4429	1.4815	1.5209
4	1.0406	1.0824	1.1255	1.1699	1.2155	1.2625	1.3108	1.3605	1.4116	1.4641	1.5181	1.5735	1.6305	1.6890	1.7490
5	1.0510	1.1041	1.1593	1.2167	1.2763	1.3382	1.4026	1.4693	1.5386	1.6105	1.6851	1.7623	1.8424	1.9254	2.0114
6	1.0615	1.1262	1.1941	1.2653	1.3401	1.4185	1.5007	1.5869	1.6771	1.7716	1.8704	1.9738	2.0820	2.1950	2.3131
7	1.0721	1.1487	1.2299	1.3159	1.4071	1.5036	1.6058	1.7138	1.8280	1.9487	2.0762	2.2107	2.3526	2.5023	2.6600
8	1.0829	1.1717	1.2668	1.3686	1.4775	1.5938	1.7182	1.8509	1.9926	2.1436	2.3045	2.4760	2.6584	2.8526	3.0590
9	1.0937	1.1951	1.3048	1.4233	1.5513	1.6895	1.8385	1.9990	2.1719	2.3579	2.5580	2.7731	3.0040	3.2519	3.5179
10	1.1046	1.2190	1.3439	1.4802	1.6289	1.7908	1.9672	2.1589	2.3674	2.5937	2.8394	3.1058	3.3946	3.7072	4.0456
11	1.1157	1.2434	1.3842	1.5395	1.7103	1.8983	2.1049	2.3316	2.5804	2.8531	3.1518	3.4786	3.8359	4.2262	4.6524
12	1.1268	1.2682	1.4258	1.6010	1.7959	2.0122	2.2522	2.5182	2.8127	3.1384	3.4985	3.8960	4.3345	4.8179	5.3503
13	1.1381	1.2936	1.4685	1.6651	1.8856	2.1329	2.4098	2.7196	3.0658	3.4523	3.8833	4.3635	4.8980	5.4924	6.1528
14	1.1495	1.3195	1.5126	1.7317	1.9799	2.2609	2.5785	2.9372	3.3417	3.7975	4.3104	4.8871	5.5348	6.2613	7.0757
15	1.1610	1.3459	1.5580	1.8009	2.0789	2.3966	2.7590	3.1722	3.6425	4.1772	4.7846	5.4736	6.2543	7.1379	8.1371
16	1.1726	1.3728	1.6047	1.8730	2.1829	2.5404	2.9522	3.4259	3.9703	4.5950	5.3109	6.1304	7.0673	8.1372	9.3576
17	1.1843	1.4002	1.6528	1.9479	2.2920	2.6928	3.1588	3.7000	4.3276	5.0545	5.8951	6.8660	7.9861	9.2765	10.7613
18	1.1961	1.4282	1.7024	2.0258	2.4066	2.8543	3.3799	3.9960	4.7171	5.5599	6.5436	7.6900	9.0243	10.5752	12.3755
19	1.2081	1.4568	1.7535	2.1068	2.5270	3.0256	3.6165	4.3157	5.1417	6.1159	7.2633	8.6128	10.1974	12.0557	14.2318
20	1.2202	1.4859	1.8061	2.1911	2.6533	3.2071	3.8697	4.6610	5.6044	6.7275	8.0623	9.6463	11.5231	13.7435	16.3665
21	1.2324	1.5157	1.8603	2.2788	2.7860	3.3996	4.1406	5.0338	6.1088	7.4002	8.9492	10.8038	13.0211	15.6676	18.8215
22	1.2447	1.5460	1.9161	2.3699	2.9253	3.6035	4.4304	5.4365	6.6586	8.1403	9.9336	12.1003	14.7138	17.8610	21.6447
23	1.2572	1.5769	1.9736	2.4647	3.0715	3.8197	4.7405	5.8715	7.2579	8.9543	11.0263	13.5523	16.6266	20.3616	24.8915
24	1.2697	1.6084	2.0328	2.5633	3.2251	4.0489	5.0724	6.3412	7.9111	9.8497	12.2392	15.1786	18.7881	23.2122	28.6252
25	1.2824	1.6406	2.0938	2.6658	3.3864	4.2919	5.4274	6.8485	8.6231	10.8347	13.5855	17.0001	21.2305	26.4619	32.9190
26	1.2953	1.6734	2.1566	2.7725	3.5557	4.5494	5.8074	7.3964	9.3992	11.9182	15.0799	19.0401	23.9905	30.1666	37.8568
27	1.3082	1.7069	2.2213	2.8834	3.7335	4.8223	6.2139	7.9881	10.2451	13.1100	16.7387	21.3249	27.1093	34.3899	43.5353
28	1.3213	1.7410	2.2879	2.9987	3.9201	5.1117	6.6488	8.6271	11.1671	14.4210	18.5799	23.8839	30.6335	39.2045	50.0656
29	1.3345	1.7758	2.3566	3.1187	4.1161	5.4184	7.1143	9.3173	12.1722	15.8631	20.6237	26.7499	34.6158	44.6931	57.5755
30	1.3478	1.8114	2.4273	3.2434	4.3219	5.7435	7.6123	10.0627	13.2677	17.4494	22.8923	29.9599	39.1159	50.9502	66.2118

续表

期数	16%	17%	18%	19%	20%	21%	22%	23%	24%	25%	26%	27%	28%	29%	30%
1	1. 1600	1. 1700	1. 1800	1. 1900	1. 2000	1. 2100	1. 2200	1. 2300	1. 2400	1. 2500	1. 2600	1. 2700	1. 2800	1. 2900	1. 300
2	1. 3456	1. 3689	1. 3924	1. 4161	1. 4400	1. 4641	1. 4884	1. 5129	1. 5376	1. 5625	1. 5876	1. 6129	1. 6384	1. 6641	1. 6900
3	1. 5609	1. 6016	1. 6430	1. 6852	1. 7280	1. 7716	1. 8158	1. 8609	1. 9066	1. 9531	2. 0004	2. 0484	2. 0972	2. 1467	2. 1970
4	1. 8106	1. 8739	1. 9388	2. 0053	2. 0736	2. 1436	2. 2153	2. 2889	2. 3642	2. 4414	2. 5205	2. 6014	2. 6844	2. 7692	2. 8561
5	2. 1003	2. 1924	2. 2878	2. 3864	2. 4883	2. 5937	2. 7027	2. 8153	2. 9316	3. 0518	3. 1758	3. 3038	3. 4360	3. 5723	3. 7129
6	2. 4364	2. 5652	2. 6996	2. 8398	2. 9860	3. 1384	3. 2973	3. 4628	3. 6352	3. 8147	4. 0015	4. 1959	4. 3980	4. 6083	4. 8268
7	2. 8262	3. 0012	3. 1855	3. 3793	3. 5832	3. 7975	4. 0227	4. 2593	4. 5077	4. 7684	5. 0419	5. 3288	5. 6295	5. 9447	6. 2749
8	3. 2784	3. 5115	3. 7589	4. 0214	4. 2998	4. 5950	4. 9077	5. 2389	5. 5895	5. 9605	6. 3528	6. 7675	7. 2058	7. 6686	8. 1573
9	3. 8030	4. 1084	4. 4355	4. 7854	5. 1598	5. 5599	5. 9874	6. 4439	6. 9310	7. 4506	8. 0045	8. 5948	9. 2234	9. 8925	10. 6045
10	4. 4114	4. 8068	5. 2338	5. 6947	6. 1917	6. 7275	7. 3046	7. 9259	8. 5944	9. 3132	10. 0857	10. 9153	11. 8059	12. 7614	13. 7858
11	5. 1173	5. 6240	6. 1759	6. 7767	7. 4301	8. 1403	8. 9117	9. 7489	10. 6571	11. 6415	12. 7080	13. 8625	15. 1116	16. 4622	17. 9216
12	5. 9360	6. 5801	7. 2876	8. 0642	8. 9161	9. 8497	10. 8722	11. 9912	13. 2148	14. 5519	16. 0120	17. 6053	19. 3428	21. 2362	23. 2981
13	6. 8858	7. 6987	8. 5994	9. 5964	10. 6993	11. 9182	13. 2641	14. 7491	16. 3863	18. 1899	20. 1752	22. 3588	24. 7588	27. 3947	30. 2875
14	7. 9875	9. 0075	10. 1472	11. 4198	12. 8392	14. 4210	16. 1822	18. 1414	20. 3191	22. 7374	25. 4207	28. 3957	31. 6913	35. 3391	39. 3738
15	9. 2655	10. 5387	11. 9737	13. 5895	15. 4070	17. 4494	19. 7423	22. 3140	25. 1956	28. 4217	32. 0301	36. 0625	40. 5648	45. 5875	51. 1859
16	10. 7480	12. 3303	14. 1290	16. 1715	18. 4884	21. 1138	24. 0856	27. 4462	31. 2426	35. 5271	40. 3579	45. 7994	51. 9230	58. 8079	66. 5417
17	12. 4677	14. 4265	16. 6722	19. 2441	22. 1861	25. 5477	29. 3844	33. 7588	38. 7408	44. 4089	50. 8510	58. 1652	66. 4614	75. 8621	86. 5042
18	14. 4625	16. 8790	19. 6733	22. 9005	26. 6233	30. 9127	35. 8490	41. 5233	48. 0386	55. 5112	64. 0722	73. 8698	85. 0706	97. 8622	112. 4554
19	16. 7765	19. 7484	23. 2144	27. 2516	31. 9480	37. 4043	43. 7358	51. 0737	59. 5679	69. 3889	80. 7310	93. 8147	108. 8904	126. 2422	146. 1920
20	19. 4608	23. 1056	27. 3930	32. 4294	38. 3376	45. 2593	53. 3576	62. 8206	73. 8641	86. 7362	101. 7211	119. 1446	139. 3797	162. 8524	190. 0496
21	22. 5745	27. 0336	32. 3238	38. 5910	46. 0051	54. 7637	65. 0963	77. 2694	91. 5915	108. 4202	128. 1685	151. 3137	178. 4060	210. 0796	247. 0645
22	26. 1864	31. 6293	38. 1421	45. 9233	55. 2061	66. 2641	79. 4175	95. 0413	113. 5735	135. 5253	161. 4924	192. 1683	228. 3596	271. 0027	321. 1839
23	30. 3762	37. 0062	45. 0076	54. 6487	66. 2474	80. 1795	96. 8894	116. 9008	140. 8312	169. 4066	203. 4804	244. 0538	292. 3003	349. 5935	417. 5391
24	35. 2364	43. 2973	53. 1090	65. 0320	79. 4968	97. 0172	118. 2050	143. 7880	174. 6306	211. 7582	256. 3853	309. 9483	374. 1444	450. 9756	542. 8008
25	40. 8742	50. 6578	62. 6686	77. 3881	95. 3962	117. 3909	144. 2101	176. 8593	216. 5420	264. 6978	323. 0454	393. 6344	478. 9049	581. 7585	705. 6410
26	47. 4141	59. 2697	73. 9490	92. 0918	114. 4755	142. 0429	175. 9364	217. 5369	268. 5121	330. 8722	407. 0373	499. 9157	612. 9982	750. 4685	917. 3333
27	55. 0004	69. 3455	87. 2598	109. 5893	137. 3706	171. 8719	214. 6424	267. 5704	332. 9550	413. 5903	512. 8670	634. 8929	784. 6337	968. 1044	1192. 5333
28	63. 8004	81. 1342	102. 9666	130. 4112	164. 8447	207. 9651	261. 8637	329. 1115	412. 8642	516. 9879	646. 2124	806. 3140	1004. 3363	1248. 8546	1550. 2933
29	74. 0085	94. 9271	121. 5005	155. 1893	197. 8136	251. 6377	319. 4737	404. 8072	511. 9516	646. 2349	814. 2276	1024. 0187	1285. 5504	1611. 0225	2015. 3813
30	85. 8499	111. 0647	143. 3706	184. 6753	237. 3763	304. 4816	389. 7579	497. 9129	634. 8199	807. 7936	1025. 9267	1300. 5038	1645. 5046	2078. 2190	2619. 9956

附表二

复利现值系数表（*P/F*，*i*，*n*）

期数	1%	2%	3%	4%	5%	6%	7%	8%	9%	10%	11%	12%	13%	14%	15%
1	0.9901	0.9804	0.9709	0.9615	0.9524	0.9434	0.9346	0.9259	0.9174	0.9091	0.9009	0.8929	0.8850	0.8772	0.8696
2	0.9803	0.9612	0.9426	0.9246	0.9070	0.8900	0.8734	0.8573	0.8417	0.8264	0.8116	0.7972	0.7831	0.7695	0.7561
3	0.9706	0.9423	0.9151	0.8890	0.8638	0.8396	0.8163	0.7938	0.7722	0.7513	0.7312	0.7118	0.6931	0.6750	0.6575
4	0.9610	0.9238	0.8885	0.8548	0.8227	0.7921	0.7629	0.7350	0.7084	0.6830	0.6587	0.6355	0.6133	0.5921	0.5718
5	0.9515	0.9057	0.8626	0.8219	0.7835	0.7473	0.7130	0.6806	0.6499	0.6209	0.5935	0.5674	0.5428	0.5194	0.4972
6	0.9420	0.8880	0.8375	0.7903	0.7462	0.7050	0.6663	0.6302	0.5963	0.5645	0.5346	0.5066	0.4803	0.4556	0.4323
7	0.9327	0.8706	0.8131	0.7599	0.7107	0.6651	0.6227	0.5835	0.5470	0.5132	0.4817	0.4523	0.4251	0.3996	0.3759
8	0.9235	0.8535	0.7894	0.7307	0.6768	0.6274	0.5820	0.5403	0.5019	0.4665	0.4339	0.4039	0.3762	0.3506	0.3269
9	0.9143	0.8368	0.7664	0.7026	0.6446	0.5919	0.5439	0.5002	0.4604	0.4241	0.3909	0.3606	0.3329	0.3075	0.2843
10	0.9053	0.8203	0.7441	0.6756	0.6139	0.5584	0.5083	0.4632	0.4224	0.3855	0.3522	0.3220	0.2946	0.2697	0.2472
11	0.8963	0.8043	0.7224	0.6496	0.5847	0.5268	0.4751	0.4289	0.3875	0.3505	0.3173	0.2875	0.2607	0.2366	0.2149
12	0.8874	0.7885	0.7014	0.6246	0.5568	0.4970	0.4440	0.3971	0.3555	0.3186	0.2858	0.2567	0.2307	0.2076	0.1869
13	0.8787	0.7730	0.6810	0.6006	0.5303	0.4688	0.4150	0.3677	0.3262	0.2897	0.2575	0.2292	0.2042	0.1821	0.1625
14	0.8700	0.7579	0.6611	0.5775	0.5051	0.4423	0.3878	0.3405	0.2992	0.2633	0.2320	0.2046	0.1807	0.1597	0.1413
15	0.8613	0.7430	0.6419	0.5553	0.4810	0.4173	0.3624	0.3152	0.2745	0.2394	0.2090	0.1827	0.1599	0.1401	0.1229
16	0.8528	0.7284	0.6232	0.5339	0.4581	0.3936	0.3387	0.2919	0.2519	0.2176	0.1883	0.1631	0.1415	0.1229	0.1069
17	0.8444	0.7142	0.6050	0.5134	0.4363	0.3714	0.3166	0.2703	0.2311	0.1978	0.1696	0.1456	0.1252	0.1078	0.0929
18	0.8360	0.7002	0.5874	0.4936	0.4155	0.3503	0.2959	0.2502	0.2120	0.1799	0.1528	0.1300	0.1108	0.0946	0.0808
19	0.8277	0.6864	0.5703	0.4746	0.3957	0.3305	0.2765	0.2317	0.1945	0.1635	0.1377	0.1161	0.0981	0.0829	0.0703
20	0.8195	0.6730	0.5537	0.4564	0.3769	0.3118	0.2584	0.2145	0.1784	0.1486	0.1240	0.1037	0.0868	0.0728	0.0611
21	0.8114	0.6598	0.5375	0.4388	0.3589	0.2942	0.2415	0.1987	0.1637	0.1351	0.1117	0.0926	0.0768	0.0638	0.0531
22	0.8034	0.6468	0.5219	0.4220	0.3418	0.2775	0.2257	0.1839	0.1502	0.1228	0.1007	0.0826	0.0680	0.0560	0.0462
23	0.7954	0.6342	0.5067	0.4057	0.3256	0.2618	0.2109	0.1703	0.1378	0.1117	0.0907	0.0738	0.0601	0.0491	0.0402
24	0.7876	0.6217	0.4919	0.3901	0.3101	0.2470	0.1971	0.1577	0.1264	0.1015	0.0817	0.0659	0.0532	0.0431	0.0349
25	0.7798	0.6095	0.4776	0.3751	0.2953	0.2330	0.1842	0.1460	0.1160	0.0923	0.0736	0.0588	0.0471	0.0378	0.0304
26	0.7720	0.5976	0.4637	0.3607	0.2812	0.2198	0.1722	0.1352	0.1064	0.0839	0.0663	0.0525	0.0417	0.0331	0.0264
27	0.7644	0.5859	0.4502	0.3468	0.2678	0.2074	0.1609	0.1252	0.0976	0.0763	0.0597	0.0469	0.0369	0.0291	0.0230
28	0.7568	0.5744	0.4371	0.3335	0.2551	0.1956	0.1504	0.1159	0.0895	0.0693	0.0538	0.0419	0.0326	0.0255	0.0200
29	0.7493	0.5631	0.4243	0.3207	0.2429	0.1846	0.1406	0.1073	0.0822	0.0630	0.0485	0.0374	0.0289	0.0224	0.0174
30	0.7419	0.5521	0.4120	0.3083	0.2314	0.1741	0.1314	0.0994	0.0754	0.0573	0.0437	0.0334	0.0256	0.0196	0.0151

续表

期数	16%	17%	18%	19%	20%	21%	22%	23%	24%	25%	26%	27%	28%	29%	30%
1	0. 8621	0. 8547	0. 8475	0. 8403	0. 8333	0. 8264	0. 8197	0. 8130	0. 8065	0. 8000	0. 7937	0. 7874	0. 7813	0. 7752	0. 7692
2	0. 7432	0. 7305	0. 7182	0. 7062	0. 6944	0. 6830	0. 6719	0. 6610	0. 6504	0. 6400	0. 6299	0. 6200	0. 6104	0. 6009	0. 5917
3	0. 6407	0. 6244	0. 6086	0. 5934	0. 5787	0. 5645	0. 5507	0. 5374	0. 5245	0. 5120	0. 4999	0. 4882	0. 4768	0. 4658	0. 4552
4	0. 5523	0. 5337	0. 5158	0. 4987	0. 4823	0. 4665	0. 4514	0. 4369	0. 4230	0. 4096	0. 3968	0. 3844	0. 3725	0. 3611	0. 3501
5	0. 4761	0. 4561	0. 4371	0. 4190	0. 4019	0. 3855	0. 3700	0. 3552	0. 3411	0. 3277	0. 3149	0. 3027	0. 2910	0. 2799	0. 2693
6	0. 4104	0. 3898	0. 3704	0. 3521	0. 3349	0. 3186	0. 3033	0. 2888	0. 2751	0. 2621	0. 2499	0. 2383	0. 2274	0. 2170	0. 2072
7	0. 3538	0. 3332	0. 3139	0. 2959	0. 2791	0. 2633	0. 2486	0. 2348	0. 2218	0. 2097	0. 1983	0. 1877	0. 1776	0. 1682	0. 1594
8	0. 3050	0. 2848	0. 2660	0. 2487	0. 2326	0. 2176	0. 2038	0. 1909	0. 1789	0. 1678	0. 1574	0. 1478	0. 1388	0. 1304	0. 1226
9	0. 2630	0. 2434	0. 2255	0. 2090	0. 1938	0. 1799	0. 1670	0. 1552	0. 1443	0. 1342	0. 1249	0. 1164	0. 1084	0. 1011	0. 0943
10	0. 2267	0. 2080	0. 1911	0. 1756	0. 1615	0. 1486	0. 1369	0. 1262	0. 1164	0. 1074	0. 0992	0. 0916	0. 0847	0. 784	0. 0725
11	0. 1954	0. 1778	0. 1619	0. 1476	0. 1346	0. 1228	0. 1122	0. 1026	0. 0938	0. 0859	0. 0787	0. 0721	0. 0662	0. 0607	0. 0558
12	0. 1685	0. 1520	0. 1372	0. 1240	0. 1122	0. 1015	0. 0920	0. 0834	0. 0757	0. 0687	0. 0625	0. 0568	0. 0517	0. 0471	0. 0429
13	0. 1452	0. 1299	0. 1163	0. 1042	0. 0935	0. 0839	0. 0754	0. 0678	0. 0610	0. 0550	0. 0496	0. 0447	0. 0404	0. 0365	0. 0330
14	0. 1252	0. 1110	0. 0985	0. 0876	0. 0779	0. 0693	0. 0618	0. 0551	0. 0492	0. 0440	0. 0393	0. 0352	0. 0316	0. 0283	0. 0254
15	0. 1079	0. 0949	0. 0835	0. 0736	0. 0649	0. 0573	0. 0507	0. 0448	0. 0397	0. 0352	0. 0312	0. 0277	0. 0247	0. 0219	0. 0195
16	0. 0930	0. 0811	0. 0708	0. 0618	0. 0541	0. 0474	0. 0415	0. 0364	0. 0320	0. 0281	0. 0248	0. 0218	0. 0193	0. 0170	0. 0150
17	0. 0802	0. 0693	0. 0600	0. 0520	0. 0451	0. 0391	0. 0340	0. 0296	0. 0258	0. 0225	0. 0197	0. 0172	0. 0150	0. 0132	0. 0116
18	0. 0691	0. 0592	0. 0508	0. 0437	0. 0376	0. 0323	0. 0279	0. 0241	0. 0208	0. 0180	0. 0156	0. 0135	0. 0118	0. 0102	0. 0089
19	0. 0596	0. 0506	0. 0431	0. 0367	0. 0313	0. 0267	0. 0229	0. 0196	0. 0168	0. 0144	0. 0124	0. 0107	0. 0092	0. 0079	0. 0068
20	0. 0514	0. 0433	0. 0365	0. 0308	0. 0261	0. 0221	0. 0187	0. 0159	0. 0135	0. 0115	0. 0098	0. 0084	0. 0072	0. 0061	0. 0053
21	0. 0443	0. 0370	0. 0309	0. 0259	0. 0217	0. 0183	0. 0154	0. 0129	0. 0109	0. 0092	0. 0078	0. 0066	0. 0056	0. 0048	0. 0040
22	0. 0382	0. 0316	0. 0262	0. 0218	0. 0181	0. 0151	0. 0126	0. 0105	0. 0088	0. 0074	0. 0062	0. 0052	0. 0044	0. 0037	0. 0031
23	0. 0329	0. 0270	0. 0222	0. 0183	0. 0151	0. 0125	0. 0103	0. 0086	0. 0071	0. 0059	0. 0049	0. 0041	0. 0034	0. 0029	0. 0024
24	0. 0284	0. 0231	0. 0188	0. 0154	0. 0126	0. 0103	0. 0085	0. 0070	0. 0057	0. 0047	0. 0039	0. 0032	0. 0027	0. 0022	0. 0018
25	0. 0245	0. 0197	0. 0160	0. 0129	0. 0105	0. 0085	0. 0069	0. 0057	0. 0046	0. 0038	0. 0031	0. 0025	0. 0021	0. 0017	0. 0014
26	0. 0211	0. 169	0. 0135	0. 0109	0. 0087	0. 0070	0. 0057	0. 0046	0. 0037	0. 0030	0. 0025	0. 0020	0. 0016	0. 0013	0. 0011
27	0. 0182	0. 0144	0. 0115	0. 0091	0. 0073	0. 0058	0. 0047	0. 0037	0. 0030	0. 0024	0. 0019	0. 0016	0. 0013	0. 0010	0. 0008
28	0. 0157	0. 0123	0. 0097	0. 0077	0. 0061	0. 0048	0. 0038	0. 0030	0. 0024	0. 0019	0. 0015	0. 0012	0. 0010	0. 0008	0. 0006
29	0. 0135	0. 0105	0. 0082	0. 0064	0. 0051	0. 0040	0. 0031	0. 0025	0. 0020	0. 0015	0. 0012	0. 0010	0. 0008	0. 0006	0. 0005
30	0. 0116	0. 0090	0. 0070	0. 0054	0. 0042	0. 0033	0. 0026	0. 0020	0. 0016	0. 0012	0. 0010	0. 0008	0. 0006	0. 0005	0. 0004

附表三

年金终值系数表（$F/A, i, n$）

期数	1%	2%	3%	4%	5%	6%	7%	8%	9%	10%	11%	12%	13%	14%	15%
1	1.0000	1.0000	1.0000	1.0000	1.0000	1.0000	1.0000	1.0000	1.0000	1.0000	1.0000	1.0000	1.0000	1.0000	1.0000
2	2.0100	2.0200	2.0300	2.0400	2.0500	2.0600	2.0700	2.0800	2.0900	2.1000	2.1100	2.1200	2.1300	2.1400	2.1500
3	3.0301	3.0604	3.0909	3.1216	3.1525	3.1836	3.2149	3.2464	3.2781	3.3100	3.3421	3.3744	3.4069	3.4396	3.4725
4	4.0604	4.1216	4.1836	4.2465	4.3101	4.3746	4.4399	4.5061	4.5731	4.6410	4.7097	4.7793	4.8498	4.9211	4.9934
5	5.1010	5.2040	5.3091	5.4163	5.5256	5.6371	5.7507	5.8666	5.9847	6.1051	6.2278	6.3528	6.4803	6.6101	6.7424
6	6.1520	6.3081	6.4684	6.6330	6.8019	6.9753	7.1533	7.3359	7.5233	7.7156	7.9129	8.1152	8.3227	8.5355	8.7537
7	7.2135	7.4343	7.6625	7.8983	8.1420	8.3938	8.6540	8.9228	9.2004	9.4872	9.7833	10.0890	10.4047	10.7305	11.0668
8	8.2857	8.5830	8.8923	9.2142	9.5491	9.8975	10.2598	10.6366	11.0285	11.4359	11.8594	12.2997	12.7573	13.2328	13.7268
9	9.3685	9.7546	10.1591	10.5828	11.0266	11.4913	11.9780	12.4876	13.0210	13.5795	14.1640	14.7757	15.4157	16.0853	16.7858
10	10.4622	10.9497	11.4639	12.0061	12.5779	13.1808	13.8164	14.4866	15.1929	15.9374	16.7220	17.5487	18.4197	19.3373	20.3037
11	11.5668	12.1687	12.8078	13.4864	14.2068	14.9716	15.7836	16.6455	17.5603	18.5312	19.5614	20.6546	21.8143	23.0445	24.3493
12	12.6825	13.4121	14.1920	15.0258	15.9171	16.8699	17.8885	18.9771	20.1407	21.3843	22.7132	24.1331	25.6502	27.2707	29.0017
13	13.8093	14.6803	15.6178	16.6268	17.7130	18.8821	20.1406	21.4953	22.9534	24.5227	26.2116	28.0291	29.9847	32.0887	34.3519
14	14.9474	15.9739	17.0863	18.2919	19.5986	21.0151	22.5505	24.2149	26.0192	27.9750	30.0949	32.3926	34.8827	37.5811	40.5047
15	16.0969	17.2934	18.5989	20.0236	21.5786	23.2760	25.1290	27.1521	29.3609	31.7725	34.4054	37.2797	40.4175	43.8424	47.5804
16	17.2579	18.6393	20.1569	21.8245	23.6575	25.6725	27.8881	30.3243	33.0034	35.9497	39.1899	42.7533	46.6717	50.9804	55.7175
17	18.4304	20.0121	21.7616	23.6975	25.8404	28.2129	30.8402	33.7502	36.9737	40.5447	44.5008	48.8837	53.7391	59.1176	65.0751
18	19.6147	21.4123	23.4144	25.6454	28.1324	30.9057	33.9990	37.4502	41.3013	45.5992	50.3959	55.7497	61.7251	68.3941	75.8364
19	20.8109	22.8406	25.1169	27.6712	30.5390	33.7600	37.3790	41.4463	46.0185	51.1591	56.9395	63.4397	70.7494	78.9692	88.2118
20	22.0190	24.2974	26.8704	29.7781	33.0660	36.7856	40.9955	45.7620	51.1601	57.2750	64.2028	72.0524	80.9468	91.0249	102.4436
21	23.2392	25.7833	28.6765	31.9692	35.7193	39.9927	44.8652	50.4229	56.7645	64.0025	72.2651	81.6987	92.4699	104.7684	118.8101
22	24.4716	27.2990	30.5368	34.2480	38.5052	43.3923	49.0057	55.4568	62.8733	71.4027	81.2143	92.5026	105.4910	120.4360	137.6316
23	25.7163	28.8450	32.4529	36.6179	41.4305	46.9958	53.4361	60.8933	69.5319	79.5430	91.1479	104.6029	120.2048	138.2970	159.2764
24	26.9735	30.4219	34.4265	39.0826	44.5020	50.8156	58.1767	66.7648	76.7898	88.4973	102.1742	118.1552	136.8315	158.6586	184.1678
25	28.2432	32.0303	36.4593	41.6459	47.7271	54.8645	63.2490	73.1059	84.7009	98.3471	114.4133	133.3339	155.6196	181.8708	212.7930
26	29.5256	33.6709	38.5530	44.3117	51.1135	59.1564	68.6765	79.9544	93.3240	109.1818	127.9988	150.3339	176.8501	208.3327	245.7120
27	30.8209	35.3443	40.7096	47.0842	54.6691	63.7058	74.4838	87.3508	102.7231	121.0999	143.0786	169.3740	200.8406	238.4993	283.5688
28	32.1291	37.0512	42.9309	49.9676	58.4026	68.5281	80.6977	95.3388	112.9682	134.2099	159.8173	190.6989	227.9499	272.8892	327.1041
29	33.4504	38.7922	45.2189	52.9663	62.3227	73.6398	87.3465	103.9659	124.1354	148.6309	178.3972	214.5828	258.5834	312.0937	377.1697
30	34.7849	40.5681	47.5754	56.0849	66.4388	79.0582	94.4608	113.2832	136.3075	164.4940	199.0209	241.3327	293.1992	356.7868	434.7451

续表

期数	16%	17%	18%	19%	20%	21%	22%	23%	24%	25%	26%	27%	28%	29%	30%
1	1.0000	1.0000	1.0000	1.0000	1.0000	1.0000	1.0000	1.0000	1.0000	1.0000	1.0000	1.0000	1.0000	1.0000	1.0000
2	2.1600	2.1700	2.1800	2.1900	2.2000	2.2100	2.2200	2.2300	2.2400	2.2500	2.2600	2.2700	2.2800	2.2900	2.3000
3	3.5056	3.5389	3.5724	3.6061	3.6400	3.6741	3.7084	3.7429	3.7776	3.8125	3.8476	3.8829	3.9184	3.9541	3.9900
4	5.0665	5.1405	5.2154	5.2913	5.3680	5.4457	5.5242	5.6038	5.6842	5.7656	5.8480	5.9313	6.0156	6.1008	6.1870
5	6.8771	7.0144	7.1542	7.2966	7.4416	7.5892	7.7396	7.8926	8.0484	8.2070	8.3684	8.5327	8.6999	8.8700	9.0431
6	8.9775	9.2068	9.4420	9.6830	9.9299	10.1830	10.4423	10.7079	10.9801	11.2588	11.5442	11.8366	12.1359	12.4423	12.7560
7	11.4139	11.7720	12.1415	12.5227	12.9159	13.3214	13.7396	14.1708	14.6153	15.0735	15.5458	16.0324	16.5339	17.0506	17.5828
8	14.2401	14.7733	15.3270	15.9020	16.4991	17.1189	17.7623	18.4300	19.1229	19.8419	20.5876	21.3612	22.1634	22.9953	23.8577
9	17.5185	18.2847	19.0859	19.9234	20.7989	21.7139	22.6700	23.6690	24.7125	25.8023	26.9404	28.1287	29.3692	30.6639	32.0150
10	21.3215	22.3931	23.5213	24.7089	25.9587	27.2738	28.6574	30.1128	31.6434	33.2529	34.9449	36.7235	38.5926	40.5564	42.6195
11	25.7329	27.1999	28.7551	30.4035	32.1504	34.0013	35.9620	38.0388	40.2379	42.5661	45.0306	47.6388	50.3985	53.3178	56.4053
12	30.8502	32.8239	34.9311	37.1802	39.5805	42.1416	44.8737	47.7877	50.8950	54.2077	57.7386	61.5013	65.5100	69.7800	74.3270
13	36.7862	39.4040	42.2187	45.2445	48.4966	51.9913	55.7459	59.7788	64.1097	68.7596	73.7506	79.1066	84.8529	91.0161	97.6250
14	43.6720	47.1027	50.8180	54.8409	59.1959	63.9095	69.0100	74.5280	80.4961	86.9495	93.9258	101.4654	109.6117	118.4108	127.9125
15	51.6595	56.1101	60.9653	66.2607	72.0351	78.3305	85.1922	92.6694	100.8151	109.6868	119.3465	129.8611	141.3029	153.7500	167.2863
16	60.9250	66.6488	72.9390	79.8502	87.4421	95.7799	104.9345	114.9834	126.0108	138.1085	151.3766	165.9236	181.8677	199.3374	218.4722
17	71.6730	78.9792	87.0680	96.0218	105.9306	116.8937	129.0201	142.4295	157.2534	173.6357	191.7345	211.7230	233.7907	258.1453	285.0139
18	84.1407	93.4056	103.7403	115.2659	128.1167	142.4413	158.4045	176.1883	195.9942	218.0446	242.5855	269.8882	300.2521	334.0074	371.5180
19	98.6032	110.2846	123.4135	138.1664	154.7400	173.3540	194.2535	217.7116	244.0328	273.5558	306.6577	343.7580	385.3227	431.8696	483.9734
20	115.3797	130.0329	146.6280	165.4180	186.6880	210.7584	237.9893	268.7853	303.6006	342.9447	387.3887	437.5726	494.2131	558.1118	630.1655
21	134.8405	153.1385	174.0210	197.8474	225.0256	256.0176	291.3469	331.6059	377.4648	429.6809	489.1098	556.7173	633.5927	720.9642	820.2151
22	157.4150	180.1721	206.3448	236.4385	271.0307	310.7813	356.4432	408.8753	469.0563	538.1011	617.2783	708.0309	811.9987	931.0438	1067.2796
23	183.6014	211.8013	244.4868	282.3618	326.2369	377.0454	435.8607	503.9166	582.6298	673.6264	778.7707	900.1993	1040.3583	1202.0465	1388.4635
24	213.9776	248.8076	289.4945	337.0105	392.4842	457.2249	532.7501	620.8174	723.4610	843.0329	982.2511	1144.2531	1332.6586	1551.6400	1806.0026
25	249.2140	292.1049	342.6035	402.0425	471.9811	554.2422	650.9551	764.6054	898.0916	1054.7912	1238.6363	1454.2014	1706.8031	2002.6156	2348.8033
26	290.0883	342.7627	405.2721	479.4306	567.3773	671.6330	795.1653	941.4647	1114.6336	1319.4890	1561.6818	1847.8358	2185.7079	2584.3741	3054.4443
27	337.5024	402.0323	479.2211	571.5224	681.8528	813.6759	971.1016	1159.0016	1383.1457	1650.3612	1968.7191	2347.7515	2798.7061	3334.8426	3971.7776
28	392.5028	471.3778	566.4809	681.1116	819.2233	985.5479	1185.7440	1426.5719	1716.1007	2063.9515	2481.5860	2982.6444	3583.3438	4302.9470	5164.3109
29	456.3032	552.5121	669.4475	811.5228	984.0680	1193.5129	1447.6077	1755.6835	2128.9648	2580.9394	3217.7984	3788.9583	4587.6801	5551.8016	6714.6042
30	530.3117	647.4391	790.9480	966.7122	1181.8816	1445.1507	1767.0813	2160.4907	2640.9164	3227.1743	3942.0260	4812.9771	5873.2306	7162.8241	8729.9855

附表四

年金现值系数表（*P/A*，*i*，*n*）

期数	1%	2%	3%	4%	5%	6%	7%	8%	9%	10%	11%	12%	13%	14%	15%
1	0.9901	0.9804	0.9709	0.9615	0.9524	0.9434	0.9346	0.9259	0.9174	0.9091	0.9009	0.8929	0.8850	0.8772	0.8696
2	1.9704	1.9416	1.9135	1.8861	1.8594	1.8334	1.8080	1.7833	1.7591	1.7355	1.7125	1.6901	1.6681	1.6467	1.6257
3	2.9410	2.8839	2.8286	2.7751	2.7232	2.6730	2.6243	2.5771	2.5313	2.4869	2.4437	2.4018	2.3612	2.3216	2.2832
4	3.9020	3.8077	3.7171	3.6299	3.5460	3.4651	3.3872	3.3121	3.2397	3.1699	3.1024	3.0373	2.9745	2.9173	2.8550
5	4.8534	4.7135	4.5797	4.4518	4.3295	4.2124	4.1002	3.9927	3.8897	3.7908	3.6959	3.6048	3.5172	3.4331	3.3522
6	5.7955	5.6014	5.4172	5.2421	5.0757	4.9173	4.7665	4.6229	4.4859	4.3553	4.2305	4.1114	3.9975	3.8887	3.7845
7	6.7282	6.4720	6.2303	6.0021	5.7864	5.5824	5.3893	5.2064	5.0330	4.8684	4.7122	4.5638	4.4226	4.2883	4.1604
8	7.6517	7.3255	7.0197	6.7327	6.4632	6.2098	5.9713	5.7466	5.5348	5.3349	5.1461	4.9676	4.7988	4.6389	4.4873
9	8.5660	8.1622	7.7861	7.4353	7.1078	6.8017	6.5152	6.2469	5.9952	5.7590	5.5370	5.3282	5.1317	4.9464	4.7716
10	9.4713	8.9826	8.5302	8.1109	7.7217	7.3601	7.0236	6.7101	6.4177	6.1446	5.8892	5.6502	5.4262	5.2161	5.0188
11	10.3676	9.7868	9.2526	8.7605	8.3064	7.8869	7.4987	7.1390	6.8052	6.4951	6.2065	5.9377	5.6869	5.4527	5.2337
12	11.2551	10.5753	9.9540	9.3851	8.8633	8.3838	7.9427	7.5361	7.1607	6.8137	6.4924	6.1944	5.9176	5.6603	5.4206
13	12.1337	11.3484	10.6350	9.9856	9.3936	8.8527	8.3577	7.9038	7.4869	7.1034	6.7499	6.4235	6.1218	5.8424	5.5831
14	13.0037	12.1062	11.2961	10.5631	9.8986	9.2950	8.7455	8.2442	7.7862	7.3667	6.9819	6.6282	6.3025	6.0021	5.7245
15	13.8651	12.8493	11.9379	11.1184	10.3797	9.7122	9.1079	8.5595	8.0607	7.6061	7.1909	6.8109	6.4624	6.1422	5.8474
16	14.7179	13.5777	12.5611	11.6523	10.8378	10.1059	9.4466	8.8514	8.3126	7.8237	7.3792	6.9740	6.6039	6.2651	5.9542
17	15.5623	14.2919	13.1661	12.1657	11.2741	10.4773	9.7632	9.1216	8.5436	8.0216	7.5488	7.1196	6.7291	6.3729	6.0472
18	16.3983	14.9920	13.7535	12.6593	11.6896	10.8276	10.0591	9.3719	8.7556	8.2014	7.7016	7.2497	6.8399	6.4674	6.1280
19	17.2260	15.6785	14.3238	13.1339	12.0853	11.1581	10.3356	9.6036	8.9501	8.3649	7.8393	7.3658	6.9380	6.5504	6.1982
20	18.0456	16.3514	14.8775	13.5903	12.4622	11.4699	10.5940	9.8181	9.1285	8.5136	7.9633	7.4694	7.0248	6.6231	6.2593
21	18.8570	17.0112	15.4150	14.0292	12.8212	11.7641	10.8355	10.0168	9.2922	8.6487	8.0751	7.5620	7.1016	6.6870	6.3125
22	19.6604	17.6580	15.9369	14.4511	13.1630	12.0416	11.0612	10.2007	9.4424	8.7715	8.1757	7.6446	7.1695	6.7429	6.3587
23	20.4558	18.2922	16.4436	14.8568	13.4886	12.3034	11.2722	10.3711	9.5802	8.8832	8.2664	7.7184	7.2297	6.7921	6.3988
24	21.2434	18.9139	16.9355	15.2470	13.7986	12.5504	11.4693	10.5288	9.7066	8.9847	8.3481	7.7843	7.2829	6.8351	6.4338
25	22.0232	19.5235	17.4131	15.6221	14.0939	12.7834	11.6536	10.6748	9.8226	9.0770	8.4217	7.8431	7.3300	6.8729	6.4641
26	22.7952	20.1210	17.8768	15.9828	14.3752	13.0032	11.8258	10.8100	9.9290	9.1609	8.4881	7.8957	7.3717	6.9061	6.4906
27	23.5596	20.7069	18.3270	16.3296	14.6430	13.2105	11.9867	10.9352	10.0266	9.2372	8.5478	7.9426	7.4086	6.9352	6.5135
28	24.3164	21.2813	18.7641	16.6631	14.8981	13.4062	12.1371	11.0511	10.1161	9.3066	8.6016	7.9844	7.4412	6.9607	6.5335
29	25.0658	21.8444	19.1885	16.9837	15.1411	13.5907	12.2777	11.1584	10.1983	9.3696	8.6501	8.0218	7.4701	6.9830	6.5509
30	25.8077	22.3965	19.6004	17.2920	15.3725	13.7648	12.4090	11.2578	10.2737	9.4269	8.6938	8.0552	7.4957	7.0027	6.5660

续表

期数	16%	17%	18%	19%	20%	21%	22%	23%	24%	25%	26%	27%	28%	29%	30%
1	0.8621	0.8547	0.8475	0.8403	0.8333	0.8264	0.8197	0.8130	0.8065	0.8000	0.7937	0.7874	0.7813	0.7752	0.7692
2	1.6052	1.5852	1.5656	1.5465	1.5278	1.5095	1.4915	1.4740	1.4568	1.4400	1.4235	1.4074	1.3916	1.3761	1.3609
3	2.2459	2.2096	2.1743	2.1399	2.1065	2.0739	2.0422	2.0114	1.9813	1.9520	1.9234	1.8956	1.8684	1.8420	1.8161
4	2.7982	2.7432	2.6901	2.6386	2.5887	2.5404	2.4936	2.4483	2.4043	2.3616	2.3202	2.2800	2.2410	2.2031	2.1662
5	3.2743	3.1993	3.1272	3.0576	2.9906	2.9260	2.8636	2.8035	2.7454	2.6893	2.6351	2.5827	2.5320	2.4830	2.4356
6	3.6847	3.5892	3.4976	3.4098	3.3255	3.2446	3.1669	3.0923	3.0205	2.9514	2.8850	2.8210	2.7594	2.7000	2.6427
7	4.0386	3.9224	3.8115	3.7057	3.6046	3.5079	3.4155	3.3270	3.2423	3.1611	3.0833	3.0087	2.9370	2.8682	2.8021
8	4.3436	4.2072	4.0776	3.9544	3.8372	3.7256	3.6193	3.5179	3.4212	3.3289	3.2407	3.1564	3.0758	2.9986	2.9247
9	4.6065	4.4506	4.3030	4.1633	4.0310	3.9054	3.7863	3.6731	3.5655	3.4631	3.3657	3.2728	3.1842	3.0997	3.0190
10	4.8332	4.6586	4.4941	4.3389	4.1925	4.0541	3.9232	3.7993	3.6819	3.5705	3.4648	3.3644	3.2689	3.1781	3.0915
11	5.0286	4.8364	4.6560	4.4865	4.3271	4.1769	4.0354	3.9018	3.7757	3.6564	3.5435	3.4365	3.3351	3.2388	3.1473
12	5.1971	4.9884	4.7932	4.6105	4.4392	4.2784	4.1274	3.9852	3.8514	3.7251	3.6059	3.4933	3.3868	3.2859	3.1903
13	5.3423	5.1183	4.9095	4.7147	4.5327	4.3624	4.2028	4.0530	3.9124	3.7801	3.6555	3.5381	3.4272	3.3224	3.2233
14	5.4675	5.2293	5.0081	4.8023	4.6106	4.4317	4.2646	4.1082	3.9616	3.8241	3.6949	3.5733	3.4587	3.3507	3.2487
15	5.5755	5.3242	5.0916	4.8759	4.6755	4.4890	4.3152	4.1530	4.0013	3.8593	3.7261	3.6010	3.4834	3.3726	3.2682
16	5.6685	5.4053	5.1624	4.9377	4.7296	4.5364	4.3567	4.1894	4.0333	3.8874	3.7509	3.6228	3.5026	3.3896	3.2832
17	5.7487	5.4746	5.2223	4.9897	4.7746	4.5755	4.3908	4.2190	4.0591	3.9099	3.7705	3.6400	3.5177	3.4028	3.2948
18	5.8178	5.5339	5.2732	5.0333	4.8122	4.6079	4.4187	4.2431	4.0799	3.9279	3.7861	3.6536	3.5294	3.4130	3.3037
19	5.8775	5.5845	5.3162	5.0700	4.8435	4.6346	4.4415	4.2627	4.0967	3.9424	3.7985	3.6642	3.5386	3.4210	3.3105
20	5.9288	5.6278	5.3527	5.1009	4.8696	4.6567	4.4603	4.2786	4.1103	3.9539	3.8083	3.6726	3.5458	3.4271	3.3158
21	5.9731	5.6648	5.3837	5.1268	4.8913	4.6750	4.4756	4.2916	4.1212	3.9631	3.8161	3.6792	3.5514	3.4319	3.3198
22	6.0113	5.6964	5.4099	5.1486	4.9094	4.6900	4.4882	4.3021	4.1300	3.9705	3.8223	3.6844	3.5558	3.4356	3.3230
23	6.0442	5.7234	5.4321	5.1668	4.9245	4.7025	4.4985	4.3106	4.1371	3.9764	3.8273	3.6885	3.5592	3.4384	3.3254
24	6.0726	5.7465	5.4509	5.1822	4.9371	4.7128	4.5070	4.3176	4.1428	3.9811	3.8312	3.6918	3.5619	3.4406	3.3272
25	6.0971	5.7662	5.4669	5.1951	4.9476	4.7213	4.5139	4.3232	4.1474	3.9849	3.8342	3.6943	3.5640	3.4423	3.3286
26	6.1182	5.7831	5.4804	5.2060	4.9563	4.7284	4.5196	4.3278	4.1511	3.9879	3.8367	3.6963	3.5656	3.4437	3.3297
27	6.1364	5.7975	5.4919	5.2151	4.9636	4.7342	4.5243	4.3316	4.1542	3.9903	3.8387	3.6979	3.5669	3.4447	3.3305
28	6.1520	5.8099	5.5016	5.2228	4.9697	4.7390	4.5281	4.3346	4.1566	3.9923	3.8402	3.6991	3.5679	3.4455	3.3312
29	6.1656	5.8204	5.5098	5.2292	4.9747	4.7430	4.5312	4.3371	4.1585	3.9938	3.8414	3.7001	3.5687	3.4461	3.3317
30	6.1772	5.8294	5.5168	5.2347	4.9789	4.7463	4.5338	4.3391	4.1601	3.9950	3.8424	3.7009	3.5693	3.4466	3.3321

参考文献

全国人民代表大会常务委员会，1999 年 10 月 31 日．中华人民共和国会计法

全国人民代表大会常务委员会，1994 年 8 月 31 日．中华人民共和国审计法

中华人民共和国国务院令 134 号，1993 年 12 月 13 日．中华人民共和国增值税暂行条例

中华人民共和国国务院令 12 号，1988 年 9 月 8 日．现金管理暂行条例

中华人民共和国财政部，财会字［1996］19 号，2019 年 3 月 14 日．会计基础工作规范

中华人民共和国财政部第 33 号，2006 年 2 月 15 日．企业会计准则

中国人民银行令〔2003〕第 5 号，2003 年 4 月 10 日．人民币银行结算账户管理办法

中国人民银行，银发［1998］288 号，1988 年 9 月 24 日．现金管理暂行条例实施细则

国家税务总局令第 37 号，2014 年 12 月 27 日．国家税务总局关于修改《中华人民共和国发票管理办法实施细则》的决定

中华人民共和国审计署令第 11 号，2018 年 1 月 12 日．审计署关于内部审计工作的规定

何成旗，马卫周，2013. 工程项目成本控制．中国建筑工业出版社

栾庆忠，2020. 增值税纳税实务与节税技巧．中国市场出版社

财政部会计资格评价中心，2021. 中级会计资格 财务管理［M］. 经济科学出版社

中国注册会计师协会，2021. 财务成本管理［M］. 中国财政经济出版社

财政部会计资格评价中心，2021. 初级会计资格 初级会计实务［M］. 经济科学出版社

财政部，2006. 企业会计准则［M］. 经济科学出版社

周永和，1990. 固定资产核算与管理［M］. 航空工业出版社

何其忠，1981. 工业企业固定资产管理［M］. 山西人民出版社

张学英、涂申清，2012. 工程成本与控制［M］. 重庆大学出版社

王永利、陈立春，2018. 建筑工程成本管理［M］. 北京理工大学出版社

段世明，1993. 新编施工企业会计［M］. 中国财政经济出版社

段世明，余兴喜，高德义，1998. 施工企业会计实务操作指南［M］. 中国铁道出版社